Mariano Delgado
Andreas Lob-Hüdepohl

M a r k i e r u n g e n
Theologie in den Zeichen der Zeit

W0049487

Morus

Die Deutsche Bibliothek – CIP-Einheitsaufnahme

Markierungen : Theologie in den Zeichen der Zeit /
Mariano Delgado ; Andreas Lob-Hüdepohl.
- Berlin : Morus, 1995
ISBN 3-87554-300-9
NE: Delgado, Mariano;
Lob-Hüdepohl, Andreas

© 1995 Morus Verlag, Berlin
Alle Rechte vorbehalten.
Umschlaggestaltung: Günter Pietsch, Schellerten-Ottbergen
Satz: imprint, Söhlde
Druck und Bindung: Weihert-Druck GmbH, Darmstadt
ISBN 3-87554-300-9

Inhalt

Vorwort

Vor dreißig Jahren ging das Zweite Vatikanische Konzil zu Ende. Dieses epochale Ereignis hat die katholische Kirche radikal verändert und über sie hinaus auch dem gesamten Christentum wichtige Impulse gegeben. Das Konzil stellt das Ergebnis eines kirchlichen Erneuerungsprozesses dar. Zugleich bedeutet es den Anfang eines theologischen Frühlings, der alle Fachgebiete der Theologie erfaßt hat. Die Konzilstexte „programmatischen" Charakters haben Kirche und Theologie neue Dimensionen erschlossen: das geschichtliche Denken, den Dialog, die interreligiöse wie binnenchristliche Ökumene. Vor allem aber haben sie eine grundlegende theologische Denkform zur Sprache gebracht, die aus der nachkonziliaren Theologie nicht mehr wegzudenken ist: die Pflicht, „nach den Zeichen der Zeit zu forschen und sie im Licht des Evangeliums zu deuten", denn es gilt, „die Welt, in der wir leben, ihre Erwartungen, Bestrebungen und ihren oft dramatischen Charakter zu erfassen und zu verstehen" (Gaudium et spes 4). Sich darauf stützend, haben viele Theologinnen und Theologen nach dem Konzil Fragen aufgegriffen, in denen sie „Zeichen der Zeit" sehen, die uns zu denken geben und unser Christsein herausfordern.

Um einige Fragen geht es in diesem Band. Er versammelt einerseits Beiträge aus den „etablierten" Fachgebieten theologischer Forschung, auch wenn sich das systematische Übergewicht nicht verleugnen läßt. Andererseits lassen sie sich spezifischen Perspektiven zuordnen: um *Zeitbestimmungen* geht es in den Beiträgen von Hans Waldenfels, Mariano Delgado, Tiemo R. Peters, Hedwig Meyer-Wilmes und Gregory Baum, indem sie situative Kontexte heutiger theologischer Reflexion aufgreifen und sie in ihrem systematischen Ertrag sichern wollen. Daß damit zugleich *Quellensicherungen* vorgenommen werden müssen, insbesondere mit Blick auf die biblischen Traditionen, unterstreichen Józef Niewiadomski, Erich Zenger und Helmut Merklein. Beide, Zeitbestimmungen und Quellensicherungen, dienen der Subjektwerdung von Menschen in Kirche und Welt; wie solche *Subjektwerdungen* gelingen könnten, verdeutlichen exemplarisch die Beiträge von Andreas Lob-Hüdepohl, Elmar Klinger und Albert Gerhards. Schließlich beschäftigen sich die Beiträge von Ottmar Fuchs und Werner Simon mit zentralen *Herausforderungen* heutigen Christseins in Gemeinde und Schule.

Die Beiträge gehen zurück auf eine „Vorlesungsreihe", die das Seminar für Katholische Theologie an der Freien Universität Berlin in Verbindung mit der Diözesanakademie Berlin im Studienjahr 1993–1994 durchgeführt hat. Diese Kooperation ermöglichte auch deren Drucklegung, für die sich die Herausgeber bei allen Beteiligten herzlich bedanken.

Mariano Delgado   *Andreas Lob-Hüdepohl*

I. Zeitbestimmungen

Hans Waldenfels

Theologie zwischen Universalismus und Partikularismus

Die Kontextualität als neues theologisches Paradigma

1   Problemansage

„Theologie zwischen Universalismus und Partikularismus" klingt auf den ersten Blick eher kompliziert, ist es aber am Ende doch weniger, als es zunächst erscheint. Unbestreitbar verkündet das Christentum seine Heilsbotschaft in der Überzeugung, daß sie für alle Menschen, alle Zeiten und alle Orte und Räume dieser Erde gültig ist. So heißt es bereits im 1. Timotheusbrief 2,4: „Er – Gott – will, daß alle Menschen gerettet werden und zur Erkenntnis der Wahrheit gelangen." Dem folgt dann der andere Satz: „Denn: Einer ist Gott, einer auch Mittler zwischen Gott und den Menschen: der Mensch Christus Jesus, der sich als Lösegeld hingegeben hat für alle, ein Zeugnis zur vorbestimmten Zeit." (2,5f.)

Damit ist zugleich ein locus classicus genannt, an dem festgemacht wird, was in unserer Zeit als „Absolutheitsanspruch des Christentums"[1] angesprochen wird. Inzwischen trifft dieser Anspruch auf viele konkurrierende Ansprüche, die andere Religionen, Weltanschauungen und Ideologien erheben und die vor allem da widersprechen, wo das Christentum seine Heilsvermittlung an die Gestalt des Jesus von Nazaret bindet. Angesichts der vielen Ansprüche wird aber dann der Anspruch des Christentums zu einem Anspruch unter anderen. Universalismus und Partikularismus weisen somit zunächst einmal auf den Widerstreit zwischen dem weltumfassenden Anspruch der christlichen Botschaft und dem Pluralismus der Zeit hin, wobei letzterer vordringlich im Hinblick auf die konkurrierenden Ansprüche im Bereich der Religionen und Weltanschauungen in den Blick kommt.

Es gibt aber eine andere Seite der Fragestellung. Jede in Worten vermittelte Botschaft relativiert sich durch die Sprache, in der sie verkündet wird. Sie konkretisiert sich zugleich, wo der Adressat in seiner Lebenswelt, seiner Zeit und Kultur in den Blick kommt. Das Wort der Botschaft wird dann zugleich zu einer Antwort auf die in einer Zeit und einem bestimmten Raum der Welt gestellten Fragen und Probleme. Aus je anderem Blickwinkel wird dann dasselbe Wort Wort und Antwort.

Je nachdem, welcher Gesichtspunkt im Spannungsfeld von Universalismus und Partikularismus im Vordergrund steht, gibt es in der theologischen Glaubensreflexion unterschiedliche Akzentsetzungen. Zu den neuen Antworten, die in der Zeit eines immer stärker sich ausbreitenden religiösen Pluralismus versucht werden, gehört die in Nordamerika entstandene und inzwischen auch in Europa diskutierte „Pluralistische Religionstheologie"[2].

Wo dagegen die unterschiedlichen Lebenswelten der Adressaten der Verkündigung im Vordergrund stehen, wird, zumal in außereuropäischen Ländern, von „kontextueller Theologie"[3] gesprochen, d. h. einer Theologie, die sich in verstärktem Maße Rechenschaft darüber abgibt, wo, wann und von wem sie betrieben wird. Beide Gestalten heutiger Theologie gehören in den Umkreis jener Fragestellung, die für die Theologie das Spannungsfeld von Universalismus und Partikularismus abschreitet.

Die heutige Theologie ist damit zugleich eine in hohem Maße geschichtsbewußte und auf den geschichtlichen Ort ihrer Verwirklichung hin relativierte Theologie. Daher ist es zweckdienlich, die zeitlos abstrakt erscheinenden Begriffe „Universalität" bzw. „Universalismus" und „Partikularität" bzw. „Partikularismus" in einer vorlaufenden Betrachtung weniger etymologisch zu bestimmen, als sie in die Erfahrung der Geschichte hinein aufzulösen[4]. Erst dabei wird deutlich, wie eigentlich vom Beginn der Christentumsgeschichte an Universalismus und Partikularismus miteinander im Widerstreit lagen und nach Lösung gerufen haben. Es wird aber auch klar, wie die Welt selbst in der Vielfalt ihres Denkens und Sprechens in die Sprache der Botschaft Eingang gesucht hat.

2 Wegetappen

2.1 Von Paulus zu Konstantin

Das Christentum ist aus einer partikulären Religion, der des Volkes Israel, entstanden. Israel erkannte sich aufgrund der besonderen Zuwendung seines Gottes Jahwe als Volk der Erwählung unter den Völkern. Das bedeutete nicht, daß nicht auch die anderen Völker von Gott gerufen sind. Zentrales Glaubensbekenntnis des Alten Testaments ist es, daß der Gott Israels zugleich der Schöpfer des Himmels und der Erde und damit der Gott aller Völker ist. Gottes Herrschaft erstreckt sich über die ganze Welt. Beide Motive – Gottes Erwählung Israels und Gottes Herrschaft über die Völker – durchziehen das biblische Denken.

Verfolgen wir die Frage im Leben Jesu, dann zeigt sich, daß die Frage nach den Adressaten der Verkündigung Jesu heute je nach Orientierung in den Evangelien unterschiedlich beantwortet wird. Dabei geht es nach wie vor um die Frage, ob Jesus sich in seiner Predigt wirklich nur an seine Landsleute gerichtet hat oder ob bzw. wiewiet zu seiner Existenz die Öffnung auch für die Nichtjuden gehörte.

Selbst wenn im Blick auf den historischen Jesus Fragen offen bleiben, so gehört es mit Sicherheit zum paulinischen Selbstverständnis, daß er sich im Namen Jesu zu den „Heiden" gesandt sah. Ohne auf literarkritische Überlegungen einzugehen, sei auf Eph 2 verwiesen, wo die Menschheit in zwei großen Teilen gedacht ist, deren Trennung und Unterscheidung im Kreuze Christi überwunden wird: „Er – Christus Jesus – vereinigte die beiden Teile – Juden und Heiden – und riß durch sein Sterben die trennende Wand der Feindschaft nieder." (2,14) „Er kam und verkündete den Frieden: euch, den Fernen, und uns, den Nahen. Durch ihn haben wir beide in dem einen Geist Zugang zum Vater." (2,17f.)

Zu beachten ist aber dann, daß die Universalisierung des Heilsverständnisses aus dem partikulären Rahmen des jüdischen Selbstverständnisses heraus erfolgt. Von Israel her ist die Welt zweigeteilt in Juden und Nicht-Juden, „Heiden". Die Masse der Heiden hat aber, sieht man vom Nicht-Jude-Sein ab, kein Profil.

Die Universalisierung des Christentums verstärkte sich nach den Christenverfolgungen im Römischen Reich in der sogenannten „Konstantinischen Wende". Diese führte nicht nur zur Tolerierung des Christentums im Rahmen einer religiösen Gesamtszenerie, sondern letztendlich zur Einsetzung des Christentums in die Rolle der Staatsreligion. In der Konsequenz dieser geschichtlichen Entscheidung wurde das Christentum zur führenden religiösen Macht des Römischen Reiches, das seinerseits auch da die politische Signatur blieb, wo es seine Fühler über den mediterranen Raum hinaus nach Norden, Westen und Osten ausstreckte. Bezeichnung und Gestalt der Religion ist zu dieser Zeit die „una sancta catholica et apostolica Ecclesia", eine Bezeichnung, die auch da überlebt, wo die Kirche zunächst im großen Schisma in eine Ost- und Westkirche, die orthodoxen Patriarchalkirchen und die römisch-katholische Papstkirche, zerbricht und schließlich die Westkirche nochmals in die reformatorischen Kirchen und die römische Kirche auseinanderfällt.

Im Laufe dieser Zeit kehren sich die Verhältnisse des Ursprungs um. Aus Heiden werden Christen. Die Nicht-Christen werden marginalisiert, zum Teil ausgerottet. Für die ungetauften Juden bedeutet das in den Städten des Überlebens Ghettoisierung. Die originären Religionen der romanisierten Völker gehen unter dem Einfluß der Christianisierung der Völker zugrunde. Zur Bedrohung des christlichen Abendlandes wird allein die einzige

16

nachchristlich entstandene Religion, der Islam. Er erobert und zerstört das Christentum an seinen Ursprungsorten, im Nahen Osten, in Kleinasien und Nordafrika. Das Kriegerische im Umgang beider Religionen miteinander ist bis heute mehr in seinen historischen Ergebnissen bekannt, als in seinen religiösen Wurzeln erfaßt. Jedenfalls ist nicht zu übersehen, daß das Christentum es überall als Sieg gefeiert hat, wo es gelang, dem weiteren Vordringen des Islam Einhalt zu gebieten. Das war im Westen in Frankreich, später in Spanien der Fall, aber vor allem auch im Osten im Balkan und dann vor Wien.

2.2   Neue Entdeckungen: Fremde

Der Höhepunkt eines universalen Denkens war dort erreicht, wo die „catholica Ecclesia" in der „una Ecclesia" unterzugehen drohte und die Vielfalt und Fülle, die sich hinter der Katholizität verbirgt, einer Einheit in Uniformität geopfert wurde. Das Projekt der Uniformität scheiterte aber bereits, wo die Einheit der Kirche an den Ausbrüchen zerbrach, die zunächst von der Kirche Roms, später in wechselseitigem Urteil zu „Schismata" und „Häresien" erklärt wurden. Der eigentliche Prozeß des Scheiterns setzte aber dort ein, wo die Entdeckung neuer Kontinente das im Abendland gewachsene Bild der einen Welt geographisch, politisch, religiös, auf die Dauer auch kulturell sprengte. Dieser Prozeß, der spätestens mit der Entdeckung Amerikas vor 500 Jahren ins Bewußtsein trat, verlief nochmals in zwei großen Schritten.

2.2.1   Reaktion 1: Widerstand und Kolonisierung

Offensichtlich war die erste Reaktion auf die Entdeckung der neuen Kontinente weniger ein Schock als eine ungeheure Begeisterung über die Leistungskraft europäischen Geistes, hinter der sich freilich ein beträchtlicher Widerstand gegen eine posi-

17

tive Einschätzung des Fremden und Unbekannten aufbaute. Schließlich waren es abendländische naturwissenschaftlich-technische Begabungen, die die Entdeckungsfahrten überhaupt erst ermöglicht hatten. Dem Stolz über die eigenen Leistungen entsprach der Wille zur Unterwerfung der Völker sowohl unter die politische Herrschaft der Mächte Europas als auch unter die religiöse Dominanz des Christentums.

Auch wenn es rückblickend plakativ erscheinen mag, muß gesagt werden, daß das neuentdeckte Fremde selten, wenn überhaupt, in seiner eigenen Würde erkannt und gewürdigt wurde. Im Vordergrund standen die politische Unterwerfung im Prozeß der Kolonialisierung, wirtschaftliche Ausbeutung und religiös die Missionierung. Über das unterschiedliche Gelingen in den verschiedenen Teilen der Welt ist hier nicht zu sprechen[5] . Auch bedarf es nicht der Hinweise auf jene Gestalten und Denkprozesse, die auf die Dauer zu einer veränderten Haltung gegenüber der Fremde und den Fremden führen mußten[6] . Am Anfang gab es zwar Neugierde und Bewunderung des Fremden und Exotischen, jedoch keine partnerschaftliche Begegnung. Unterschwellig herrschten – wie gesagt – der Widerstand gegen das Fremde und die Ablehnung. Erst langsam setzten sich die Überlegungen über Völker- und Menschenrechte durch, die wesentlich von den überraschenden Begegnungen mit den Menschen außerhalb des christlichen Abendlandes inspiriert waren.

Wichtig ist sodann eine andere Beobachtung: Die Hinwendung der Europäer zu den Nicht-Europäern fiel in eine Zeit, in der die Einheit des Reiches und der Kirche endgültig zerbrach.[7] Politisch löste sich das Reich in viele kleine und größere Staatsgebilde auf. Religiös wurden aus der bis zur Reformation zumindest im Westen noch einen Kirche die römische und die reformatorischen, vielfach landesherrlich bestimmten Kirchen, sodann aber auch die sogenannten „Sekten" und Freikirchen. Dieser Prozeß der inneren Auflösung wurde nur dadurch vordergründig neutralisiert, daß das Außenprojekt „Neue Welt" ein Projekt Europas blieb und dieses Projekt in seiner Außensteuerung Europa gleichsam von außen erneut einte.

Zweifellos war das Projekt selbst noch einmal facettenreich. Was aus der Welt hätte werden sollen, wird am deutlichsten an jenem Kontinent, der gerade in seiner Eigenständigkeit bis heute als Tochter Europas firmieren kann: Nordamerika mit den Vereinigten Staaten und Kanada. Auch hier sind die Unterdrückungszüge und der Kampf gegen die indianische Bevölkerung nicht nachträglich folkloristisch als Teil einer legitimen Entwicklung zu betrachten. Doch was geworden ist, ist bis heute Spiegel und Wegweisung für das alte Europa. Die USA und Kanada waren jedenfalls deshalb die ersten wahren außereuropäischen Partner Europas, weil sie nach den Maßstäben Europas diesem Kontinent in Denken und Verhalten am nächsten standen. Es darf nicht übersehen werden: Geurteilt wurde bis in unsere Tage „eurozentrisch", d. h. Beurteilungsmaßstab und Norm waren und blieben Denken und Urteil der Europäer. Sie standen im Mittelpunkt, wenn es galt, Maß zu nehmen.

Demgegenüber gab es auf der anderen Seite das bis heute für die westliche Welt weithin verschlossene chinesische Festland und andere asiatische Kulturländer, die Europa und das Christentum zu zum Teil schmerzhaften Kursänderungen im Umgang mit fremden Völkern und Kulturen gezwungen haben. Dazwischen liegen jene anderen Kontinente, Afrika, Lateinamerika, Ozeanien, deren Kolonialstatus spätestens seit der Mitte dieses Jahrhunderts weithin beendet ist, was freilich nicht bedeutet, daß sie den Prozeß ihrer Identitätssuche abgeschlossen hätten. Die Situation Australiens stellt sich ihrerseits nochmals anders dar, ist aber hier nicht weiterzuverfolgen.

2.2.2   Reaktion 2: Partnerschaftlicher Dialog

Daß unser Planet Erde aus einem bunten Teppich vielfältiger Stämme und Völker, Kulturen und gesellschaftlicher Systeme, Religionen und Weltanschauungen, also aus einer Vielzahl von partikulären bzw. Teilelementen besteht, ist die eigentliche Erfahrung unserer Gegenwart.

Wenn wir uns erlauben, einen Sprung zu machen und auf das Christentum schauen, können wir sagen: Das Christentum ist heute eine „Weltreligion in der Welt der Religionen"[8] . Das Neue an dieser Situation ist, daß das Christentum nicht mehr zeitlos und weltumgreifend seinen Anspruch erheben kann, sondern mit der Konkurrenz und auch dem Widerspruch von seiten anderer Religionen und Weltanschauungen leben muß. Ich selbst bezeichne den Übergang, der sich zunächst innerhalb des europäischen Bewußtseins vollzieht, als Übergang von der europäisch-christlichen Neuzeit zur postchristlichen Moderne.[9] Damit will ich sagen: Wir leben in einer Zeit und Welt, in der das Christentum angesichts des vielschichtigen Pluralismus aufgehört hat, positiv oder negativ als die umfassende Norminstanz angesehen zu werden, und statt dessen – konkurrierend mit anderen Normgebern – zu einer Instanz unter anderen geworden ist.

Inzwischen leben wir auch in der Zeit nach dem Holocaust. Die Ghettos der Juden sind zerstört, eine unüberschaubare Zahl von Juden ist in diesem Jahrhundert vernichtet worden. Doch die Wurzel, aus der das Christentum stammt, lebt mit einem eigenen Stamm und einer eigenen Krone weiter. Anders gesagt, das Judentum kann nicht mehr allein als überholter Untergrund des Christentums angesehen werden. Juden begegnen den Christen neu und in neuer Weise. Sie begegnen aber auch den Anhängern des Islam und anderer Religionen.

Als Christen erfahren wir auch die Präsenz des Islam in neuer Weise unter uns. Wir leben zusammen mit Muslimen. Ihre Gebetsstätten, Moscheen, stehen neben unseren Kirchen und werden oft intensiver besucht als die Kirchen. Die Saat des Buddhismus beginnt zu blühen. Seine Zentren machen sich in den Städten bemerkbar, finden sich aber auch in der Abgeschiedenheit kleinerer Orte. Nicht zuletzt der Einfluß des tibetischen Buddhismus nimmt zu. Immer mehr junge Menschen, die im Christentum keinen Weg mehr erblicken, sehen im Buddhismus einen alternativen Weg.

In nachkonziliarer Zeit wird die Andersdenkenden und Andersglaubenden, auf jeden Fall Fremden gegenüber angemessene Haltung und Einstellung als „Dialog" beschrieben. Er lebt von der grundlegenden Einsicht, die Hanna-Renate Laurien auf die Formel gebracht hat: „Ich bin Dein Fremder, Du bist mein Fremder." Mit einer solchen Formel ändert sich der eigene Blickwinkel radikal. Ich beginne, vom Anderen her zu denken und zu fühlen. Damit ändert sich aber auch das Zentrum meines Urteilens. Erst wo ich zu verstehen anfange, daß die Denkmaßstäbe und die Handlungsprinzipien des Anderen nicht unbedingt dieselben sind wie meine und daß diese Sicht sich dann auch aus dem zwischenmenschlichen Raum in die Ebene der Kulturen verlagern läßt, gesellt sich zur Egozentrik die Eurozentrik und kann Eurozentrik als eine Art kulturell-kollektiver Egozentrik angesehen werden. Wo sich aber die „-zentrik" pluralisiert, begegnen wir dem Phänomen der Polyzentrik in seinen verschiedenen Ebenen.

2.3   Polyzentrik

Wo das einzelne kulturell-religiöse Zentrum zu einem Konzentrationspunkt unter vielen anderen wird, löst die Polyzentrik jede Form von Monozentrik endgültig ab. Wie aber verträgt sich das Mosaik der vielen Zentren mit dem Anspruch von Universalismus? Wir sehen uns gleichsam in das andere Extrem des Umgangs mit der Spannung von Universalismus und Partikularismus getrieben. Das eine Extrem war erreicht, wo die Vielfalt in die Zwangsjacke der Uniformität gezwängt wurde. Das andere wird erreicht, wo die Einheit auf dem Altar absoluter, unversöhnter und unversöhnlicher Pluralität geopfert wird[10] . Beide Extreme sind als Lösung untauglich.

Es geht also um eine neue Verhältnisbestimmung und um neue Verhaltensformen. Da es bei aller Rede in Sach- und Institutionskategorien um Menschen bzw. um Mit- und Zwischenmenschlichkeit geht, bietet sich der mögliche menschlich-zwischenmenschliche Umgang als Ausgangspunkt an, auch wenn wir in den Großstrukturen der Welt denken. Tatsächlich herrscht in der heutigen Gesellschaft bei aller Suche nach bleibender Identität und damit bei allem Rückzug auf das Je-Eigene schon aus Überlebensgründen das „inter". So sprechen wir bei aller Betonung nationaler Identitäten von Internationalität, bei aller Suche nach kultureller Identität von Interkulturalität, bei aller Zugehörigkeit und allem Bekenntnis zu einer bestimmten Religion von Interreligiosität. Trotz vielfältiger „Interessen" im Plural wächst das Bewußtsein, daß die Menschheit ein gemeinsames „Interesse" im Singular verbinden muß, auch wenn sie sich schwertut, dieses „Interesse" inhaltlich gefüllt auf einen verbindlichen Begriff zu bringen. In gewissem Sinne markiert das „inter" jedenfalls das Spannungsfeld zwischen dem Je-Eigenen und dem Fremden / Anderen, öffnet es die „partikulären Interessen" für das „gemeinsame, umfassende Interesse" aller.

Die Diskussion um die Einfügung Gottes in deutsche Verfassungen illustriert auf eigene Weise die Situation, in der wir uns heute befinden. In der Tat geht es nicht um eine Anrufung Gottes, eine „invocatio Dei", in der Verfassung, sondern darum, daß ein Ort der Unverfügbarkeit offengehalten wird, der dem Menschen seine Begrenztheit in Erinnerung hält und eine falsche Anthropozentrik durchkreuzt. Das Wort „Gott" wird damit gleichsam zu einer Chiffre des Unverfügbaren. In diesem Sinne wird auch Hans-Jochen Vogel zitiert, wenn er sagt: „Der Gottesbezug in der Verfassung ist eine Selbsterinnerung an die Grenzen und an die Fehlbarkeit menschlichen Tuns. Er steht dafür, daß Menschen nicht allmächtig sind."[11]

Polyzentrik kann somit nicht das letzte Wort sein, wenn die Menschheit nicht in den Zustand isolierter, selbstgenügsamer Monaden zurückfallen will. Selbst wer einen solchen Zustand als Ideal entwerfen wollte, wird angesichts der Begrenztheiten, die er an sich selbst erfährt, den Anspruch auf Selbstgenügsamkeit für sich nicht aufrechterhalten können. Kein Mensch – gleichgültig, was er auch anstellt und wie er sich bemüht – genügt sich selbst.

3   Kontextualität

Damit können wir die Aufmerksamkeit auf jenes Stichwort lenken, das seit einiger Zeit die neue, an die Theologie zu richtende Forderung zusammenfaßt, nämlich deutlich um die Welt zu wissen, in der wir Menschen leben und die dem Text der Botschaft, die zu künden ist, den Rahmen und die Sprache schenkt: Kontextualität. Das Wort stellt etymologisch keine große Schwierigkeit dar. Es erinnert sowohl an Textilien[12] wie an die schriftlichen „Webformen", die Texte. So oder so geht es um ein Geflecht oder Netzwerk, in dem jeweils der einzelne Punkt nicht ohne viele andere existiert. Im Hinblick auf die Literatur gesagt: Texte bestehen einmal aus einem Geflecht von Wörtern, die zu Sätzen und Ausdrucksformen werden. Sodann aber gibt es keinen Text ohne seinen Kontext[13].

Es bietet sich an, diesen Gedanken zunächst am Umgang mit der Heiligen Schrift zu erläutern, zumal die christliche Theologie wesentlich davon geprägt ist.

3.1   Text und Kontext

Jeder, der wissenschaftlich / methodisch mit Texten umgeht, wird heute darauf aufmerksam gemacht, daß zu jedem Text ein Kontext gehört, nämlich Mitgesagtes und Mitgemeintes, das sich oft erst bei genauerem Hinsehen und Hinhören erschließt. So erscheint in jedem Text mehr oder minder deutlich die Gestalt des Schreibers oder Sprechers, gewinnen sein Ort, seine Zeit, seine Lebenswelt, die gesellschaftlichen, auch die politischen und ökonomischen Verhältnisse, Kultur und Religion Konturen. Vielfach sind diese in ihrer Ungleichzeitigkeit und räumlichen Distanz zunächst einmal äußerst fremd.

Das wird vor allem dort sehr deutlich, wo wir es wie im Fall der Bibel mit Texten einer weit zurückliegenden Zeit sowie einer anderen Kulturlandschaft und Sprachwelt zu tun haben. Will man die Texte in unserer Zeit verstehen, so spielen das Wissen um Ort und Zeit der Entstehung, im Grunde die Kenntnis des ganzen Entstehungszusammenhangs eine bedeutende Rolle. Wenn wir aber vergangene Zeiten mit vollem Bewußtsein als sprachlich und kulturell fremd erfahren, lernen wir bereits im Umgang mit fremdgewordenen Texten ein Stück weit zugleich den Umgang mit Fremdem. Das wiederum läßt sich in das heutige Bemühen um den rechten Umgang mit Fremdem und Fremden einbringen.

Es kommt ein weiteres hinzu: Wo wir uns bemühen, Texte zu verstehen, reicht es nicht aus, wenn wir uns über den mitgesagten und mitgedachten Kontext der Entstehungszeit kundig machen. Wir müssen uns unseres eigenen Lebenskontextes bewußt sein. Wenn wir dann ein Buch wie die Bibel nicht mehr zufällig in die Hand nehmen, sondern es aus einem bestimmten Interesse heraus und mit bestimmten Fragen lesen, stellt sich erst recht das Problem, wie aus dem Text der Vergangenheit ein Text für meine Situation bzw. unsere Zeit werden kann. Diese Frage schließt dann das Bemühen ein, Wege zu finden, wie wir einen Text aus seinem partikulären, begrenzten Ursprungszusammenhang lösen und mit einer anderen Zeit, vielleicht auch einer anderen Kultur, jedenfalls einer anderen Sprache „verweben" und so ein mögliches Verständnis in einem neuen Zeit- und Raumkontext ermöglichen können.

Interessanterweise kann ein Text auch dann noch etwas zu sagen haben, wenn der Autor längst vergessen und somit unbekannt ist. Immer aber dient es dem Verständnis eines Textes, wenn wir ihn, soweit eben möglich, aus seinem Entstehungszusammenhang und von seiner Aussageabsicht her zu begreifen suchen. Denn erst in der Befassung mit der Entstehung und dem Ausgangspunkt tritt der Text selbst als jenes Geflecht in den Blick, das er in Wirklichkeit ist. Erst im Verstehen des ursprünglichen Textes läßt sich vermeiden, daß in ihn hineingelesen wird, was er nicht zu sagen beabsichtigt, und daß aus ihm herausgehört wird, was er in Wahrheit nicht sagt. In jedem Fall ergibt sich somit ein Gefälle vom Text her auf den Hörer bzw. Leser hin, wenn dieser wirklich wissen will, was ihm von woanders her gesagt wird.

3.2   *Dialogisches Spiel in Wort und Antwort*

Die doppelte Blickrichtung beim Umgang mit einem Text – Blick in den Ursprung und Verstehensbemühung im Heute – macht aus dem Vorgang selbst einen Dialog: denn im Gegenüber von Text und Leser zeigt sich die Dreiheit von Sprecher / Autor, Hörer / Leser und Sache[14]. Zumindest im Fortgang des Geschehens läßt sich aber die Position von Sprecher und Hörer auch vertauschen. Aus dem Hörer kann ein Sprecher werden, aus dem ursprünglichen Sprecher dann ein Hörer. Freilich kommt dem ersten Sprecher auf jeden Fall dann ein eigener Rang zu, wenn das Gespräch auf seine Initiative begonnen und er damit zu einem „Provokateur" geworden ist, der durch seine „Provokation" erst die Antwortrede hervorgerufen hat. Man kann gar nicht soweit gehen zu sagen, daß eine echte „Provokation" sein Gegenüber erst sprechfähig macht.

Das Gesagte läßt sich nochmals im Blick auf die Heilige Schrift konkretisieren. Nach ihrem Selbstverständnis begegnen wir in ihr Gottes Wort. Die Initiative zu allem Nachfolgenden liegt dann bei Gott, dem „Schöpfer des Himmels und der Erde". Sein Wort und „Anspruch" machen den Menschen sprech- und handlungsfähig. Des Menschen Wort ist – im Verhältnis von Gott und Mensch ausgesagt – folglich auch zunächst Antwort. Das bedeutet aber nicht, daß der Mensch nicht auch Gott gegenüber zu einem Sprecher werden kann. In diesem Sinne ist die Sprache des jüdisch-christlichen Gebetes stets als dialogisch beschrieben worden. Das aber heißt, daß im Dialog zwischen Gott und Mensch auch aus dem redenden Gott ein antwortender Gott, aus seinem Anspruch eine Antwort werden kann.

Das Wechselverhältnis von Wort und Antwort hat seinen deutlichen Ausdruck in einem Konzilstext gefunden, der für eine kontextorientierte Theologie richtungsweisend geworden ist. So heißt es in der Pastoralkonstitution Gaudium et spes 4: „Zur Erfüllung dieses ihres Auftrags obliegt der Kirche allzeit die Pflicht, nach den Zeichen der Zeit zu forschen und sie im Licht des Evangeliums zu deuten. So kann sie dann in einer jeweils einer Generation angemessenen Weise auf die bleibenden Fragen der Menschen nach dem Sinn des gegenwärtigen Lebens und nach dem Verhältnis beider zueinander Antwort geben. Es gilt also, die Welt, in der wir leben, ihre Erwartungen, Bestrebungen und ihren oft dramatischen Charakter zu erfassen und zu verstehen."

In diesem Text des 2. Vatikanischen Konzils wird die menschliche Situation des Hörers der Botschaft in ihrer zeitgeschichtlichen und gesellschaftlichen Verflochtenheit – „Zeichen der Zeit"[15] – zum Ausgangspunkt erklärt und dann in das Licht des Evangeliums gehalten. Dabei ergibt sich ein elliptisches Verhältnis zwischen Lebenskontext des Hörers, des Suchers und Fragenden und der Botschaft. Die Leuchtkraft des Evangeliums aber geht, auch wenn sie an zweiter Stelle genannt wird, der aktuellen Situation voraus.

Es könnte aber auch umgekehrt – und das geschieht ja auch – das Evangelium in das Licht heutigen Denkens gestellt werden. Dann aber sind die Herrschaftsverhältnisse zu prüfen. Es ist dann zu fragen, welches Licht das beherrschende ist: Ist das Licht des Ursprungs so stark, daß es die heutige Beleuchtung besteht, oder überspielt letztere das ursprüngliche Licht und nimmt ihm dann seine Strahlkraft?

Auch das läßt sich gerade am konkreten Umgang mit der Heiligen Schrift erläutern. So führen in diesem Jahrhundert modernistische Einstellungen immer wieder dahin, daß alles, was nicht dem modernen Denken zu entsprechen scheint, wie die Wunder, die Jungfrauengeburt, das leere Grab u. a. m., als unwirklich getilgt wird. Das ist an dieser Stelle nicht eingehender zu diskutieren. Doch soviel sei kritisch angemerkt: Zumeist beruht die eilige Leugnung dieser Ereignisse wesentlich darin, daß die eigene Denkvorstellung zum Maßstab des Möglichen erhoben wird und dann nicht gewesen ist, was nicht gewesen sein darf. Dem Fremden und Widerständigen dessen, was sich heute nicht oder nicht mehr einordnen läßt, wird keine Chance gegeben. Wer dennoch daran festhält, wird mit intellektuellen Schlagworten wie Fundamentalismus u. ä. niedergeknüppelt.

3.3 Chance des Fremden

In der Beschäftigung mit Kontexten und Perspektiven fällt der Blick immer zugleich auf Eigenes und Fremdes, Bekanntes und Unbekanntes. Der Umgang mit zur Literatur geronnener Sprache verdient daher angesichts der wachsenden Bedeutung des Fremden in unserer vielgestaltigen, pluralistischen Lebenswelt unsere besondere Aufmerksamkeit. Gerade dabei erfahren wir, daß das Fremde keineswegs immer das Bedrohliche und das Böse ist, sondern da, wo es sich erschließt, zu einer Bereicherung werden kann.

In der theologischen Reflexion kommt eine weitere Überlegung hinzu: Gerade die christliche Erinnerung lehrt uns, daß – um mit Pascal zu sprechen – der Gott Abrahams, Isaaks und Jakobs, der Gott Jesu Christi, also der in konkreter Geschichte aufscheinende und damit zunächst im Partikulären und Besonderen wirksam werdende Gott zugleich der Schöpfer des Himmels und der Erde und damit der eine und universale Gott ist. Das allein müßte eigentlich ein Hinderungsgrund dafür sein, daß fremde Kontinente und Kulturen, aber auch nicht-religiöse Lebensbereiche wie Politik und Wirtschaft, selbst Religionen, die nicht in gleicher Weise wie die eigene jüdisch-christliche Tradition sich zu Gott und schon gar nicht zum Gott Jesu Christi bekennen, einfachhin für gott-los und damit für böse erklärt werden. Vielmehr muß die christliche Theologie die Welt und die weltgeschichtliche Stunde, in der sie sich vollzieht, als ihren eigenen Kontext einbeziehen, auch wenn er sich als fremd erweist. Was wir anthropologisch in der christlichen Theologie für das Judentum fordern, nämlich daß Juden nicht nur Objekte unserer Theologie sind, sondern in ihr als Subjekte zu behandeln sind[16] , ist schrittweise auch auf andere Religionen zu übertragen. Allerdings ist die hier geforderte Offenheit dann im Sinne einer dialogischen Grundeinstellung wechselseitig zu fordern. Davon sind wir freilich noch weit entfernt.

4   Kontextuelle Theologie

In einer Zwischenbilanz können wir unsere verschiedenen Überlegungen zu einer kontextbewußten Theologie themen- und thesenhaft zusammenfassen. Dabei wird sich zeigen, daß das, was die sogenannte „pluralistische Religionstheologie" verfolgt, letztendlich ein Anwendungsfall einer kontextuellen Theologie ist.

4.1   Aktueller Anlaß: Pluralismus

Aktueller Anlaß für die Ausbildung einer kontextuellen Theologie ist die Erkenntnis, daß wir in einer Welt leben, in der sich ein umfassender Pluralismus in allen Lebensbereichen durchsetzt, wobei die Träger der unterschiedlichen Standpunkte in der Konsequenz eines absoluten Demokratieverständnisses immer mehr als gleichberechtigte und gleichrangige Partner verstanden sein wollen. Das hat zur Folge, daß die Frage nach einer alles verbindenden und damit verbindlichen Einheit und Mitte immer schwerer zu beantworten ist. Die radikale Anthropozentrik, die hinter dieser Sicht steht, hat zu lange die Frage nach einem dem Menschen vorgegebenen Ordnungsrahmen verdunkelt, so daß der Streit um das Verhältnis von Universalismus und Partikularismus nicht zuletzt ein Streit um das Verhältnis von Beliebigkeit und Verbindlichkeit wird. Zugleich geht es um ein friedvolles, sich gegenseitig bereicherndes Miteinander.

In diesen Widerstreit ist auch die Religion einbezogen, zumal sie sich im Laufe der Geschichte in Religionen artikuliert hat, die wiederum bis in die Gegenwart hinein in unterschiedlicher Stärke lebendig sind, sich heute aber immer weniger geographisch-kulturell zuordnen lassen, sondern in den verschiedenen Kulturräumen gegenseitig zu durchdringen beginnen. Daraus folgt, daß auch die Religion nicht mehr als das verbindende Element der Menschheitsgeschichte in Erscheinung tritt. Viele Menschen erblicken vielmehr heute in der Vielzahl von Religionen eine Kernzelle des Unfriedens in der Welt. Damit ist die Religion selbst in den Widerstreit der Kräfte in der Welt einbezogen. Sie muß daher ihrerseits bemüht sein, einen Beitrag zu leisten, wo die Menschheit sich in Vielheit aufzulösen droht und doch angesichts der Bedrohungen in einem Boot sitzt.

4.2   Chance des Christentums

Die zweite These könnte lauten: Für das Christentum erwächst in dieser Situation nicht nur Gefahr; die Situation ist zugleich eine neue Chance. Sicherlich können sich viele Christen nicht damit abfinden, daß das Christentum zu einer Religion unter vielen geworden ist. Damit hat es in ihren Augen den Führungsanspruch verloren, an den sich die Kirche, also das sozialisierte Christentum, im Laufe der abendländischen Geschichte gewöhnt hatte, der in gewissem Sinne aber auch ideologisiert worden ist. Die Alternative zum Absolutheitsanspruch des Christentums scheint die religiöse „Gleich-gültig-keit" zu sein; braucht man nicht Christ zu sein, könnte man genauso Moslem oder Hindu sein.

Bei dieser hier angedeuteten Reaktion wird aber ein wesentlicher Punkt übersehen: Das Christentum lebt aus einer Tradition, die nicht bei einer spekulativen Überlegung ansetzt, die aus sich heraus universale Gültigkeit beansprucht, sondern aus der Partikularität eines individuellen Lebens zu einer bestimmten Zeit, in einer bestimmten Landschaft: dem Leben und Sterben des Menschen Jesus von Nazaret. Dieses Leben aber steht selbst in einem vielseitigen Kontext, der im Leben und Sterben Jesu mitzudenken ist: die Herkunft aus dem Judentum, die politisch-ge-

sellschaftlichen Verhältnisse der Zeit, die umfassendere Einge-
bettetheit der lokalen jüdischen Kultur in den größeren Kontext
des Römischen Reiches und das religiöse Bewußtsein um die
Einordnung nicht nur Israels, sondern der ganzen Welt in die die
Welt einende Mächtigkeit Gottes.

All das macht aus dem Leben und Sterben Jesu selbst ein Paradigma, wie die Spannung zwischen Partikularität und Universalität gelebt werden kann. Denn es ist gerade die zentrale christliche Lehre, daß wir im Leben und Sterben Jesu einem concretum
universale begegnen. Der Umgang mit diesem concretum, geworden in Zeit und Raum, kann uns aber dann nicht nur inhaltlich, sondern auch im Verfahren mit dem, was wir „Kontexte"
nennen, weiterhelfen.

Wir formulieren noch einmal anders: Was wir zuvor über das
Verhältnis von Text und Kontext gesagt und am Umgang mit der
Heiligen Schrift illustriert haben, findet christlicherseits seine
Grundlegung in der Geschichte des Jesus von Nazaret. Die Erinnerung an diese Geschichte wird aber dann zu einer Erinnerung an die Geschichte überhaupt. Hier läßt sich dann fragen, ob
die christliche Theologie, wenn sie sich in den heutigen Religio-
nendiskurs einschaltet, in diesen nicht entschiedener aus seinen
geschichtlichen Lebenswurzeln heraus, weniger aus den Wurzeln des Denkens, das sie sich – im wörtlichen Sinne des Wortes
– „angeeignet" hat, eintreten müßte. Gerade hier stehen wir alle
an einem neuen Anfang.

4.3   „Anamnetische Kultur"

Was christlicherseits geschehen müßte und dann dem Christentum eine neue Chance eröffnen würde, hat Johann B. Metz mit
einem Ruf nach einer anamnetischen Kultur erläutert[17]. Gemeint
ist Folgendes: Zentral ist für christliches Leben die Anamnese
(lat. memoria) von Tod und Auferstehung des Herrn, wie sie in
jeder Eucharistiefeier ihren Höhepunkt findet und kultisch erneuert wird. Leben und Denken aber gehören zusammen. Hier

aber fragt Metz an, ob die kultische Erinnerung auch „kultiviert" worden ist, so daß sie kulturstiftend und -prägend wirkt. Gibt es infolge der kultischen Anamnese auch eine anamnetische Kultur? Metz vermißt diese Kultur und erkennt statt dessen ein Schisma zwischen beiden. Was er dazu begründend ausführt, ist prägnant formuliert und führt mitten in den Diskurs im eigenen Binnenraum wie mit den Anderen:

„Dieses Schisma zwischen kultischer Anamnese und anamnetischer Kultur reicht indes weit zurück. Es hat in meinen Augen mit einer sehr früh einsetzenden Enterbungsstrategie des Christentums gegenüber Israel zu tun. In der theologischen Diskussion ist dieser Enterbungsvorgang unter dem Begriff der ‚Substitutionstheorie' bekannt: Die Kirche verstand sich als das ‚neue Israel', als das ‚neue Jerusalem', als das ‚eigentliche' Volk Gottes; die bleibende Bedeutung Israels für die Christen, wie sie z. B. Paulus im Römerbrief ausdrücklich einschärft, wurde verdrängt, Israel wurde zu einer überholten heilsgeschichtlichen Voraussetzung des Christentums herabgedeutet. Das machte das Christentum und seine Theologie blind für den Umstand, daß der biblische Monotheismus, daß Israel die Wurzel sowohl für das Christentum wie auch für den Islam ist und bleibt und daß deshalb Auschwitz ein Attentat auf alles war, was nicht zuletzt den Christen hätte heilig sein müssen.

Doch neben und mit dieser verhängnisvollen institutionellen Enterbung Israels setzt auch ein folgenreicher geistiger Enterbungsprozeß ein. Die Art, wie das Christentum zur Theologie wurde, war nämlich zu sehr von der Auffassung geleitet, der Glaube komme zwar aus den biblisch-israelitischen Traditionen, der Geist indessen ausschließlich aus dem Griechentum, also aus einem subjektlosen und geschichtsfernen Seins- und Identitätsdenken, für das Ideen allemal fundierender sind als Erinnerungen. Zu sehr verstellt bleibt das Geist- und Denkangebot aus den biblischen Traditionen selbst: das Bundesdenken als geschichtliches Eingedenken, die Zeit als Horizont des Seins – und im Zusammenhang damit die anamnetische Grundverfassung des Geistes.

Mit dem Primat des ideengeleiteten Denkens gegenüber dem erinnerungsgeleiteten sucht die christliche Theologie ihren universellen Anspruch zu sichern und modernitätsverträglich zu formieren. Ob das wohl gut geht?"

Was Metz zunächst aus seiner Betroffenheit nach Auschwitz formuliert und dann kritisch im Hinblick auf die abendländische Geistesgeschichte und die Verflochtenheit der Theologie mit dieser anmerkt, führt uns an den Anfang der Fragestellung nach Universalismus und Partikularismus zurück. Wer Kontextualität und anamnetische Kultur sagt, nimmt nicht nur den Pluralismus wahr und ernst; er macht ihn bewußt zum Ausgangspunkt seines Denkens, weil Pluralismus immer auch Geschichte und Geschichtlichkeit sagt. Die Antagonismen der Geschichte, ihre Sprünge, aber auch ihre uneingelösten Verheißungen und Utopien werden aber gerade da zur Provokation, wo die Verflochtenheit alles Geschichtlichen relativiert und lähmt.

4.4   Theologie der Religionen

Wir kehren noch einmal zu dem anderen Pol unserer Eingangsüberlegung, der Pluralistischen Religionstheologie, zurück. Es kann hier nicht darum gehen, an dieser Stelle den Diskurs mit dieser Gestalt einer kontextuellen Theologie aufzunehmen. Wohl aber kann im Anschluß an den Hinweis auf den Metzschen Ruf nach einer anamnetischen Kultur gefragt werden, ob nicht die Kritik am Primat eines ideengeleiteten Denkens sowohl die Väter wie die nachfolgenden Advokaten dieser Theologie voll trifft. Denn es fragt sich doch, welche Rolle in dieser Konzeption die Geschichte, nicht das Geschichtliche, das konkrete Ereignis, nicht das Abstraktiv-Begriffliche spielt. Entsprechend ist zu fragen: Wie wird hier wirklich Wahrheit bestimmt, wo wird sie in ihrer Konkretheit abgeholt?

Ein Merkwürdiges läßt sich am Ende dann nicht übersehen. Es wird dem europäischen Christentum vorgeworfen, daß es seine Einsichten und Erkenntnisse, seine Zielvorstellungen und Verhaltensforderungen der ganzen Welt aufoktroyiert hat und immer noch unterschwellig einen Führungsanspruch beansprucht. Hier kann und muß sich das Christentum zweifellos zurücknehmen und anerkennen, daß auch in anderen Religionen der Ruf nach Heil und Erfüllung erschallt. Doch dann sollte nicht übersehen werden, daß, wenn nicht alles täuscht, es noch einmal die Christen sind, die heute im theoretischen Dialog weithin den Fragekatalog bestimmen. Selten kommen Fragen auf den Tisch, die nicht im jüdisch-christlichen Umkreis längst gestellt sind.

Eine der fundamentalen Schwächen der Pluralistischen Religionstheologie ist es, daß sie den fremden Standpunkt noch gar nicht erreicht hat, weil die „Anderen" bislang noch kaum aktive Teilnehmer und damit Subjekte des Diskurses sind. Wahre kontextuelle Theologie aber bezieht nicht nur die nicht-theologischen „Faktoren" der Welt, nicht nur „Systeme" in ihre Überlegung ein, sondern macht die Fremden zu Partnern.

Die Ablösung des ideengeleiteten durch ein erinnerungsgeleitetes Denken bringt es zugleich mit sich, daß die wahrhaft bewegenden Ereignisse nicht im blassen Spiel der Gedanken gesucht werden, sondern dort, wo wirklich „Not zu wenden" ist: bei den Armen, den Leidenden, den Ungetrösteten und Verlassenen und bei all den Suchern, die ahnen, daß ihnen hier keine bleibende Stätte verheißen ist. Das aber geschieht in jeder geschichtlichen Stunde neu. Aus der Solidarität Gottes in Jesus von Nazaret weiß sich christliche Theologie im Kontext von Ort und Stunde solidarisch mit all den Menschen unterwegs. Solidarität aber erschrickt nicht und hat auch nichts zu fürchten. Christlich bleibt sie auch in Zukunft offen und bereit für alle Menschen.

Anmerkungen

1   Vgl. Art. Absolutheitsanspruch des Christentums (H. Waldenfels): LThK[3], Bd. 1, 80 ff. (Lit.).

2   Vgl. dazu den ausführlichen Literaturbericht von P. Schmidt-Leukel, Das Pluralistische Modell in der Theologie der Religionen: ThRv 89 (1993) 353-364.

3   Vgl. dazu – außer H. Waldenfels, Kontextuelle Fundamentaltheologie
    (= KF). Paderborn u. a. ²1988 – die Art. Kontextuelle Theologie (H.
    Waldenfels): K. Müller / Th. Sundermeier (Hgg.), Lexikon missions-
    theologischer Grundbegriffe. Berlin 1987, 224-230; (N.van Nieuwen-
    hove): V. Drehsen u. a. (Hg.), Wörterbuch des Christentums. Gütersloh
    1988, 672f.; H. Döring u. a. (Hg.), Den Glauben denken. Neue Wege der
    Fundamentaltheologie. Freiburg u. a. 1993, 231-244.

4   Damit machen wir uns den am Ende ausführlicher beschriebenen An-
    satz von J. B. Metz zu eigen, der für die Theologie die Wende zu einem
    „erinnerungsgeleiteten Denken" fordert; vgl. A.17.

5   Wir weisen einmal auf die Veröffentlichungen zu Lateinamerika, so-
    dann zu China hin. Vgl. zu Lateinamerika u. a. E. Dussel, Die Geschich-
    te der Kirche in Lateinamerika. Mainz 1988; M. Delgado (Hg.), Gott in
    Lateinamerika. Texte aus fünf Jahrhunderten. Ein Lesebuch zur Geschich-
    te. Düsseldorf 1991; M. Sievernich u. a. (Hgg.), Conquista und Evange-
    lisation. Fünfhundert Jahre Orden in Lateinamerika. Mainz 1992;
    N. Arntz (Hg.), Retten, was zu retten ist? Die Bischofskonferenz in San-
    to Domingo zwischen prophetischem Freimut und ideologischem Zwang.
    Luzern 1993; zu China u. a. J. Gernet, Christus kam bis nach China.
    Eine erste Begegnung und ihr Scheitern. Zürich / München 1984; R.
    Malek / M. Plate (Hg.), Chinas Katholiken suchen neue Wege. Freiburg
    u. a. 1987; D. MacInnis (Hg.), Religion im heutigen China. Politik und
    Praxis. Nettetal 1993.

6   Hier wären für Lateinamerika jene Gestalten zu nennen, die vor Ort ei-
    nen anderen Umgang mit den Indianern lernten und direkt oder indirekt
    die neuzeitliche Diskussion um das Natur- und Völkerrecht in der Zeit
    vor Kant einleiteten; vgl. zu letzterer Art. Naturrecht III-IV.3 (R. Specht
    / A. Hügli): HWP VI 571-594. Für China und andere asiatische Staaten
    und Kulturen wären die verschiedenen Akkomodationsversuche zu be-
    sprechen, ihr Gelingen und ihr Scheitern.

7   Vgl. dazu H. Waldenfels, Begegnung der Religionen. Bonn 1990, 287-
    304.

8   So der Untertitel zu meinem Buch: Phänomen Christentum. Freiburg u.
    a. 1994.

9   Vgl. dazu H. Waldenfels, KF 448ff,; ders., Begegnung (A.7) 336-342.

10 Diese Frage bedarf dort der besonderen Aufmerksamkeit, wo die „Post-
    moderne" thematisiert wird; vgl. dazu u. a. H.-J. Höhn (Hg.), Theolo-
    gie, die an der Zeit ist. Entwicklungen – Positionen – Konsequenzen.
    Paderborn u. a. 1992.

11 Vgl. z. B. F. A. Z. Nr. 24 (29.1.1994) S. 4.

12 Interessant ist vielleicht, daß es in ganz anderem Zusammenhang, beim
    japanischen Philosophen K. Nishida, Überlegungen zum Zusammen-

halt eines Kleidungsstückes durch das gegengesetzte Futter gibt; vgl. dazu H. Waldenfels, Absolutes Nichts. Zur Grundlegung des Dialogs zwischen Buddhismus und Christentum. Freiburg u. a.³1980, 59.

13   Auf eine andere Ansatzmöglichkeit kann hier nur hingewiesen werden: Aus dem Lateinischen ist das Wort conscientia bekannt, das wörtlich von einem „Mit-Wissen" spricht und in der deutschen Sprache die doppelte Bedeutung von „Gewissen" und „Bewußtsein" erhalten hat. Die Implikationen, die sich hier für die Verbindlichkeit von Reden und Handeln ergeben, sind damit nur angedeutet.

14   Vgl. dazu ausführlicher H. Waldenfels, KF 76ff.

15   Vgl. dazu H. Waldenfels, Zeitansage vor der Jahrtausendwende. Herausforderungen heute: LebZeug 48 (1993) 248-260.

16   Vgl. H. Waldenfels, KF 388-392.

17   Vgl. zum Folgenden J. B. Metz, Für eine anamnetische Kultur: H. Loewy (Hg.), Holocaust: Die Grenzen des Verstehens. Eine Debatte über die Besetzung der Geschichte (= rororo Sachbuch 9367). Reinbek 1992, 35-41; Zitate: 39f.

Mariano Delgado

Die Zukunft des Christentums angesichts der „Wiederkehr von Religion"

Versuch einer Auseinandersetzung mit Leonardo Boff und Johann Baptist Metz

Wir befinden uns offenbar in einer geistigen Zeitenwende: In Anbetracht der sozialistischen „Parusieverzögerung" ist nicht mehr die Religionskritik des modernen Atheismus, sondern das „religiöse Gefühl" selbstverständlich, die unverbindliche Öffnung für das Transzendente, was dies auch immer heißen mag. Man fühlt sich regelrecht in die Zeit Ciceros zurückversetzt, der in *De legibus* (I,24f) festhält: „Es gibt kein noch so barbarisches und wildes Volk unter den Menschen, welches nicht wüßte – obgleich es nicht weiß, welchen Gott zu haben sich schickt –, daß man einen Gott haben muß."[1]

Diese „Wiederkehr von Religion" als „Signatur der Postmoderne" ist zuerst von aufmerksamen Religionsphilosophen wahrgenommen worden,[2] sie wird inzwischen aber auch durch empirische Forschungen bestätigt: in Europa etwa jüngst durch eine großangelegte Wertestudie,[3] in Lateinamerika durch die Situationsanalysen im Vorfeld der Konferenz von Santo Domingo, die dann auch z. T. Eingang in das Schlußdokument gefunden haben.[4] Schon ein schneller Blick auf diese Studien läßt erkennen, daß die „Wiederkehr von Religion" verschiedene Gesichter hat:

(1) Den Kult des Esoterischen infolge der Verbreitung tiefenpsychologischer Therapieformen und neugnostischer Heilslehren.

(2) Die postmoderne Rückkehr zum Mythos, die manche Philosophen hierzulande befürworten.

(3) Die nativistischen nachchristlichen Synkretismen, die in den ehemals von europäischen Kirchen im Schatten kolonialer Expansion missionierten Kulturen entstanden sind und dem Westen wie dem Christentum Intoleranz und Grausamkeit vorwerfen, während sie zugleich mit zunehmendem Erfolg für die „Wiederherstellung" der vorchristlichen Kulturen und Religionen werben, für die Begegnung mit dem Göttlichen in den Naturelementen – nicht in Geschichte und Gesellschaft, nicht im Antlitz der Leidenden.

(4) Den Rückzug zu fundamentalistischen Ethik- und Religionsformen als Reaktion auf die unaufhaltsame weltweite Verbreitung der säkularen Kultur des Westens. Diese „Rache Gottes", wie der religiöse Fundamentalismus plakativ in einem bekannten Buch genannt wird,[5] gedeiht aber keineswegs nur im Schatten der drei großen Monotheismen.

(5) Und schließlich die zunehmende „Globalisierung" unserer Erfahrungswerte selbst: Ob wir in einer mehr oder weniger multikulturellen Gesellschaft – wie etwa in New York, London, Paris oder Berlin – leben oder die kulturelle Vielfalt des Weltdorfes nur durch das „Fenster zur Welt" im Wohnzimmer bequem wahrnehmen, wir alle sind damit konfrontiert, daß es verschiedene religiös-kulturelle Möglichkeiten der Daseinsbewältigung gibt, die den Anspruch erheben, wahr und sinnvoll zu sein, so daß sie sich – unter Ausklammerung der historisch-gesellschaftlichen Relevanz in dem jeweiligen kulturellen Kontext – als miteinander konkurrierende religiöse Alternativen verstehen.[6]

Diese hier nur grob beschriebene „Wiederkehr von Religion" stellt eine vorrangige fundamentaltheologische Herausforderung dar, sofern christliche Gottesrede sich gegenüber den darin vorkommenden „Göttern" zu bewähren und zu fragen hat, welches Christentum denn in dieser Zeitenwende Zukunft habe. Wenn der „homo religiosus" wieder gefragt ist, sollte nämlich der „homo christianus" auf der Hut sein.

Bekanntlich begegnen neuerdings viele Theologen dieser Herausforderung mit dem Entwurf einer „pluralistischen Theologie der Religionen", die dem Christentum wie den anderen Religionen im Strom der Religionsgeschichte gerecht zu werden versucht. In diesem Beitrag soll es aber nicht um eine Würdigung solcher Entwürfe gehen.[7] Vielmehr werde ich mich zwei Ansätzen der „politischen Christentumshermeneutik", einer der innovativsten Suchbewegungen nachkonziliarer Theologie,[8] zuwenden, die stark „kontextuelle" Züge tragen: dem im lateinamerikanischen Kontext entstandenen Ansatz von Leonardo Boff (1.) sowie dem im westdeutschen Kontext verankerten Ansatz von Johann Baptist Metz (2.). Abschließend werde ich in Zustimmung und Widerspruch zu ihnen einen kritischen Ausblick zu skizzieren versuchen (3.). Die in der Darstellung beider Ansätze zutage tretenden Zuspitzungen wollen dem besseren Verständnis des Wesentlichen dienen und keineswegs „polemisch" verstanden werden, zumal ich selbst der politischen Christentumshermeneutik große Impulse verdanke.

1 Regnozentrischer Synkretismus im Weltmaßstab?
(Leonardo Boff)

Leonardo Boff entfaltet sein Synkretismusplädoyer in drei Schritten: Zuerst wirbt er grundsätzlich für ein positives Verständnis des Synkretismus, dem ja ansonsten Lehramt und Theologie mit Mißtrauen bis Ablehnung begegnen, als Inkulturationsparadigma (1); dann befaßt er sich aus Anlaß des „Kolumbusjahres" mit der konkreten Christentumsgeschichte Lateinamerikas und vollzieht angesichts der dort feststellbaren Leidensgeschichte eine „nativistische" Wende gegenüber den indianischen Religionen und Kulturen; er meint aber dennoch in der Laienfrömmigkeit des lateinamerikanischen Volkskatholizismus einen in der Kolonialzeit versuchten nachahmenswerten Synkretismus von unten zwischen dem iberischen Christentum und den indianischen und afroamerikanischen Religionen und Kulturen zu finden, in dem die ethisch-prophetische Dimension der Bibel vorherrsche (2). In der weltweiten Verbreitung (mundialización) dieser Art von Synkretismus erblickt Boff schließlich den „entscheidenden Beitrag" der Christen zum anstehenden planetarischen Aufbau „einer neuen Erde in einer neuen Zeit" (3).

(1) Bekanntlich warnt das II. Vaticanum vor jedem Anschein „von Synkretismus und falschem Partikularismus".[9] Ähnlich drückt sich lateinamerikabezogen das Dokument von Santo Domingo aus, wo es heißt, man solle „Möglichkeiten zum Dialog mit den afroamerikanischen Religionen und den Religionen der indigenen Völker suchen; aufmerksam darin die ‚Samenkörner des Wortes' entdecken, mit wahrhaft christlichem Urteilsvermögen, und den Angehörigen dieser Religionen die integrale Verkündigung des Evangeliums anbieten, unter Vermeidung jeglicher Form von religiösem Synkretismus."[10]

Anstatt vor dem Synkretismus zurückzuschrecken, erklärt ihn Boff jedoch „zum Prozeß der Entstehung von Katholizität".[11] Diese divergierende Bewertung ist auf eine unterschiedliche Verwendung des Begriffs zurückzuführen: während das Lehramt darin ein Synonym für eine falsche Aneignungsform des Christentums seitens einer Kultur sieht, in der „heidnische", d. i., nicht christuskonforme Kulturwerte die Oberhand gewinnen, bezeichnet Boff damit einfach die Begegnung des Christentums mit anderen Religionen und Kulturen, in deren Verlauf jede Kultur durch die Konfrontation der eigenen Werte mit den Werten des Evangeliums die ihr angemessene christliche Synthese vollzieht. Obwohl der Synkretismus als solcher für Boff kein Problem ist, unterscheidet er am Ende doch zwischen dem faktisch vorhandenen Synkretismus und dem, „um welchen man sich bemühen muß",[12] also zwischen wahrem und falschem Synkretismus.

Dazu hat er folgende Minimalkriterien aufgestellt: Religion ohne Glauben sei genauso zu vermeiden wie Glaube ohne Religion;[13] die Kultur müsse in ihrem Kern so verändert werden, daß sie aufhört, das zu sein, was sie war, und zur Ausdrucksform des christlichen Glaubens wird;[14] solange das nicht geschieht, bleibt

die Kultur eine missionarische Herausforderung; Magie, Feti-
schismus und Polytheismus müssen ernsthaft abgewiesen werden;[15] die ethisch-prophetische Dimension muß die Oberhand
gewinnen, d. h., es geht um geistigen Gottesdienst sowie um die
ethische Verpflichtung beim Aufbau von Verhältnissen echter
Gerechtigkeit, Brüderlichkeit und Liebe unter den Menschen;[16]
kurzum: „Alles, was der Freiheit und den theologalen Tugenden
der Liebe, Glaube und Hoffnung hilft, stellt einen *wahren Synkretismus* dar und verkörpert die befreiende Botschaft Gottes in
der Geschichte."[17]

In diesem ersten Schritt, den ich hier anhand eines Kapitels
aus dem berühmten Werk *Kirche: Charisma und Macht. Studien
zu einer streitbaren Ekklesiologie* dokumentiert habe, verwendet Boff, wie man sieht, den Begriff „Synkretismus" weitgehend
als Synonym für den in der Theologie eher gebräuchlichen Begriff „Inkulturation", den er dann in den jüngeren Publikationen
öfter gebrauchen wird.[18] Darüber hinaus begegnen uns ansonsten in diesem Zusammenhang nur Aussagen, die jeder vernünf-
tige Theologe unterschreiben kann. So z. B. die Aussage, daß
die Kirche der afroamerikanischen Yoruba-Religion mit missio-
narischer Haltung zu begegnen, ihr die Identität des christlichen
Glaubens zu verkünden und sie zur Bekehrung dazu aufzurufen
habe, weil der darin vorkommende Synkretismus noch nicht die
Grundmerkmale echter Inkulturation aufweise.[19]

(2) Je mehr sich Boff aber im Zusammenhang mit dem
„Kolumbusjahr" auf die Leidensgeschichte im Schatten der Er-
oberung und Missionierung Lateinamerikas einläßt, um so mehr
entfernt er sich von dieser fundamentaltheologischen Beurtei-
lung des Synkretismus. Die zwei Seelen, die er in seiner lateinamerikanischen Brust hat, führen ihn zu einem unkritischen
Lob des *Nativismus von Indios und Afroamerikanern wie des
synkretistischen Volkskatholizismus der mestizisierten Bevölkerung.*[20]

a) *Die nativistische Wende.* Die Betrachtung der Missionsgeschichte im Zeichen einer gegen den Westen und seine Chri-
stentumssynthese gewendeten „Betroffenheit" entspricht dem

unter lateinamerikanischen Intellektuellen weit verbreiteten indigenistischen „Nativismus". Nach diesem Denkmuster gehen die Verteufelung der westlichen Kultur und die Anprangerung der „Inkulturationsunfähigkeit" abendländischen Christentums mit einer kompensatorischen Idealisierung der eingeborenen Kulturen und Religionen einher. Genau dies geschieht bei Boff: Der lateinamerikanischen Kirche wirft er vor, manche Verzerrung, Einseitigkeit, Mehrdeutigkeit und gar manchen Irrtum und Fehler der westlichen Kultur übernommen zu haben, „wie etwa die einseitige Ausrichtung auf das Wort oder einen Ethnozentrismus, der das immense Unvermögen ist, andere Kulturen und Religionen zu akzeptieren und anzuerkennen und friedlich mit ihnen zu leben; wie etwa eine Macht, die immer stärker zentralisiert und als absolute Autorität ausgeübt wird; wie auch das Mißtrauen allem Körperlichen und Materiellen gegenüber; wie den Patriarchalismus, der die Frauen ausschließt und dem Weiblichen in Mann und Frau argwöhnisch gegenübersteht; wie schließlich eine verbissene Einstellung der Sexualität gegenüber; wie den Individualismus usw."[21]

Daß demgegenüber die indianischen Kulturen Amerikas, wie Las Casas und die indianerfreundlichen Franziskaner des 16. Jahrhunderts sagten,[22] das *Gegenteil* verkörpern, versteht sich von selbst: In ihnen findet Boff eine mündliche Kultur, in der die heiligen Orte noch eine große Rolle spielen, ja eine von Ehrfurcht und Verehrung geprägte tiefe „unio mystica" mit der Großen Mutter Erde; die Werte der Gemeinschaft; die Wertschätzung des menschlichen Leibes als integralen Bestandteil der Wertschätzung des gesamten Menschen; ein Verständnis der Machtausübung als Dienst an der Gemeinschaft; Einfachheit und Gleichgültigkeit einer (westlichen) Mentalität gegenüber, die soviel wie möglich an Kapital und Reichtum anzuhäufen versucht.[23]

Doch während Las Casas und die Franziskaner, als sie in einer Zeit allgemeiner „Verteufelung" indianischer Kulturen diese kompensatorische Umkehrung vornahmen, hinzufügten: „Diese Leute wären gewiß die glücklichsten auf der Welt, wenn sie

42

nur über die [wahre] Gotteserkenntnis verfügten",[24] ist Boff die fundamentaltheologische Auseinandersetzung mit dem „nachchristlichen" Charakter (nicht bloß im chronologischen Sinne, sondern im Sinne der darin vorkommenden Vermischung von christlichen und indianischen oder afroamerikanischen Elementen), den so gut wie alle soziologischen, ethnologischen und religionshistorischen Studien den heute vorhandenen indianischen oder afroamerikanischen Synkretismen bescheinigen, kein Bedürfnis mehr. Vielmehr plädiert er allen Ernstes dafür, an die Zeit vor 1492 wiederanzuknüpfen und die alten Religionen um jeden Preis „wieder zurückzugewinnen und aufzubauen", sie in ihrer „Gültigkeit" und „Legitimität" anzuerkennen: als wesentliches Element eines Prozesses zur „Rückgewinnung der früheren Identität", aber auch als Wiedergutmachung, weil sie einst von den Missionaren „bekämpft und regelrecht verboten wurden".[25]

Die Religionen sind für Boff nämlich die „kollektive Antwort" eines gesamten Volkes auf das „Vor-Wort Gottes" und somit als „gültig" und „legitim" zu sehen, so daß Gott in allen Religionen sein Volk heimgesucht hat und dieses Volk in ihnen Gott auch wirklich begegnet ist.[26] Wenn auch nicht alles in den Religionen „gültig und legitim" bleibt, da es sowohl im Christentum wie in den anderen Religionen Fehlentwicklungen gibt, so genüge doch Gottes Wirken in den verschiedenen Kulturen, „um jene Phänomene aufzeigen zu können, die man ‚gesund' nennen kann im Sinne einer Förderung des Lebens – angefangen mit der Förderung des schwächsten, am meisten verletzbaren und bedrohten Lebens – sowie im Sinne der Gemeinschaft und Gemeinsamkeit, der Vergebung der Liebe. Wenn diese Wirklichkeiten in der Alltäglichkeit des menschlichen Lebens entstehen, gedeihen und sich entfalten können, kann man sagen, daß Gott und sein Geist dort am Werke sind." So hat für Boff das Kriterium, ob tatsächlich Leben gefördert wird, „fundamentalen und universalen Wert",[27] aber zur Erhellung dieses Grundkriteriums ist keine von außen kommende Evangelisierung der Kulturen vonnöten; vielmehr evangelisieren sich die Menschen selbst unter der geheimen Führung Gottes. Der christliche Beitrag von außen soll sich nur darauf beschränken, ein prophetisches Verhalten und prophetische Worte an den Tag zu legen, damit der Dialog zwischen den Religionen „im Dienste der Gerechtigkeit, der Freiheit und der Befreiung steht".[28]

b) *Die mestizisierte Wende*. Nach diesem neuen Interpretationsschema hat Lateinamerika im Schatten des Kolonialismus nicht nur ein „Überstülpen des Christentums in einem immensen Prozeß der Verdrängung und Indoktrinierung"[29] erlebt, „ein verzerrtes Evangelium" oder „eine Verunstaltung der Glaubensverkündigung",[30] die den offenen oder subtilen Völkermord an Indios und Schwarzen religiös legitimierten, sondern auch den Versuch eines wahren christlichen „Synkretismus" (wir erinnern uns, daß Synkretismus für Boff ein Synonym für Inkulturation ist), nämlich den von Laien aus den unteren Bevölkerungsschichten geprägten Synkretismus der Volksfrömmigkeit. Ihm gilt Boffs wahre Vorliebe.

Denn durch die Vermischung der Armen unter den Kolonisatoren mit den Nachkommen der ursprünglichen Bevölkerung fand nicht nur eine Kreuzung der Rassen, sondern auch eine solche der Religionen statt. Hier findet Boff das Paradigma einer „Volksevangelisierung", deren Subjekte die Menschen aus dem Volk selbst sind und die nicht nur abseits des perversen, durch Kumpanei mit den Mächtigen geprägten hierarchischen Christentums stattfand, sondern sich heute auch noch weithin dessen Kontrolle entzieht. In diesem Synkretismus sieht er den ethisch-prophetischen Kern des Christentums gewahrt, verbunden mit der Aufnahme von Elementen echter indianischer oder afroamerikanischer Religiosität.[31]

Dieses synkretistische Volkschristentum ist Ausdruck einer Religion des Widerstandes, ein befreiendes Christentum, „das mit Hilfe der Paradigmata der Volkskultur eine neue Glaubenssynthese erarbeitet"[32] und die Voraussetzungen für eine wahre Akkulturation bzw. Inkulturation der christlichen Botschaft in Lateinamerika schafft: „Dadurch erhält das Christentum unter der Mitwirkung aller Rassen und Rassenmischungen auf unserem Kontinent ein neues Gesicht. Sicherlich ist es dabei kein reines römisch-katholisches Christentum mehr, obwohl wichtige Elemente dieses Christentums in die allgemeine Synthese mit eingehen. Dafür ist es aber ein echtes lateinamerikanisches, zugleich amerindisches, afroamerikanisches, mestizisches, weißes und ökumenisches Christentum."[33] Ebendieses synkretistische Volkschristentum und nicht das hierarchische wird Boff zufolge in den Basisgemeinden der Gegenwart fortentwickelt.

(3) Welches Christentum hat also nach Boff Zukunft? Nicht das hierarchische römisch-katholische Paradigma mit seiner Bischofskirche, die vom „Zusammengehen der religiösen mit der politischen Macht" geprägt sei;[34] sie werde zwar noch lange Zeit weiterexistieren, aber von ihr werden, wie die Missionsgeschichte Lateinamerikas zeige, keine befreienden Impulse ausgehen, sondern nur die Reproduktion der autoritären Herrschaftsstrukturen des Zentrums in der Peripherie, die Vernichtung der Kulturen. Aber auch nicht das westlich-protestantische Paradigma hat Zukunft, das Boff als ebensowenig inkulturationsfähig erscheint wie das römisch-katholische.[35]

Die Zukunft gehört nur dem in Lateinamerika entstandenen Paradigma eines in Basisgemeinden organisierten Volkschristentums mit seiner tiefen Mystik, seinem Gemeinschaftssinn, seiner Fähigkeit zum Synkretismus und seiner dezidierten Befreiungsorientiertheit.[36] Es handelt sich um ein „kommunitäres Christentum", das sich auf Menschen und deren Zeugnis, aber nur minimal auf Institutionen stützt, eher den Charakter einer Bewegung als den organisierter Macht hat, der Bewegung Jesu und der Apostel nähersteht als den ekklesiastischen Strukturen, die ab dem 3. Jahrhundert aufgebaut wurden und die im herkömmlichen, vom Klerus angeführten Christentum bis auf den heutigen Tag den Ton angeben. Das in den Basisgemeinden organisierte Volk bilde nun das „Volk Gottes" als theologische Kategorie, das Volk der Armen, das durch weltweite Vernetzung der Basisgemeinden unter den Unterdrückten die befreiende Botschaft Jesu transportiert; es bildet aber auch zusammen mit anderen nichtchristlichen sozialen Akteuren, die dieselben Ziele anstreben und denselben oder ähnlichen Methoden folgen, „das historische Subjekt" oder „den historischen Block, der eine neue Gesellschaft will". Diese neue Gesellschaft, an der Christen zusammen mit anderen Menschen zu bauen haben, hat mit dem heilsgeschichtlichen Entwurf Gottes zu tun und verweist auf „sein Reich in dieser Welt"[37] bzw. auf „eine neue Erde in einer Neuen Zeit"[38], wie Boff neuerdings mit messianischem Pathos ankündigt. Zukunft hat also für ihn nur noch ein synkretistisches Volkschristentum, das sich als eine um die ökologische Dimension erweiterte ethisch-prophetische „Religion des Exodus und des Reichs" versteht und unter Führung des historischen Blocks der Unterdrückten einen befreienden „Synkretismus" von unten mit den anderen Kulturen und Religionen zustande bringt.

So begegnet uns bei Boff in konzentrierter Form eine Variante dessen, was man die weltweite „Regnozentrik" nennen könnte, also die Zentrierung auf den Aufbau des Reiches als die gemeinsame Aufgabe der Religionen,[39] die nach einem bloß praxiologischen Wahrheitsverständnis gleichermaßen als „gültig" und „legitim" betrachtet werden, sofern sie dem Frieden, der Freiheit und der Gerechtigkeit dienen, der Linderung des Elends und der Rettung des Menschen in Zeiten der Gefahr, während das hierarchisch verfaßte Christentum eher als eine Instanz gesehen wird, die diesem Aufbau des Reiches im Wege steht.

2 Der Geist Israels gegen den Marcionismus der Völker? (Johann Baptist Metz)

Die Theologie von Johann Baptist Metz klang in der „utopiegeschwängerten Zeit" (so seine Worte) der sechziger und frühen siebziger Jahre ähnlich regnozentrisch und kirchenkämpferisch wie die Theologie Boffs; und doch hat Metz immer darauf geachtet, „daß unsere eschatologische Hoffnung nicht umstandslos mit einer Utopie verwechselt wurde, zu der bekanntlich niemand betet und schreit"[40]. Seit der Wahrnehmung der „Situation nach Auschwitz" und dem Anbruch postmodernen Denkens widmet sich Metz aber immer mehr, wie er sagt, dem „Grundthema des Christentums". Damit meint er eine „Gottespassion", die, wie im Judentum, zugleich aus Leidenschaft für Gott und aus Leiden an Gott besteht.[41] So läßt sich die letzte Phase Metzscher Gottesrede nicht zuletzt als ein jüdisch interpretiertes Christentum oder – wie einer seiner Schüler gar postuliert[42] – als „potenziertes Judentum" verstehen. Vor diesem Hintergrund stellt Metz die Theodizeefrage ins Zentrum seiner Theologie (1) und sieht in der Apologie eines theodizee- und leidempfindlichen „biblischen" Monotheismus „die" Antwort auf die Gotteskrise(n) der Gegenwart (2).

(1) Wie Habermas in konziser Schärfe zusammengefaßt hat, lautet die Metzsche Diagnose zur Theodizeefrage folgendermaßen: „Ein hellenisiertes Christentum hat sich durch die philosophische Vernunft griechischer Herkunft dem eignen Ursprung aus dem Geiste Israels so weit entfremden lassen, daß die Theologie gegenüber dem Aufschrei des Leidens und dem Verlangen nach universaler Gerechtigkeit unempfindlich geworden ist."[43] Die Therapie lautet folgerichtig: im Christentum das Erbe Israels einzuklagen, um das Christentum theodizee- und leidempfindlich zu machen.

Daher plädiert Metz bekanntlich im Anschluß an Israels „Armut im Geiste" für eine anamnetische Vernunft, deren zentraler Bestandteil die fragende und klagende Erinnerung des Leidens ist, für die Unfähigkeit, sich trösten zu lassen angesichts einer von Leid durchkreuzten Schöpfung (für Metz ist das Leid die einzig wirklich universale Konstante der Geschichte); für ein Offenhalten der Theodizeefrage als Leiden an Gott,[44] als Schrei, als Rückfrage an Gott im apokalyptischen Horizont der Naherwartung in der Hoffnung, daß sich Gott am Tage des Gerichtes doch selbst zu rechtfertigen vermag,[45] wie uns dies in der Sprache der Gebete Israels begegnet: „Die Sprache dieser Gottesmystik ist nicht in erster Linie trostreiche Antwort auf das erfahrene Leid, sondern eher leidenschaftliche Rückfrage aus dem Leid, eine Rückfrage an Gott, voll gespannter Erwartung. In dieser Tradition steht auch ein Grundzug der Gottesmystik Jesu.

Sie ist in einzigartiger Weise eine Mystik des Leidens an Gott. Sein Schrei am Kreuz ist der Schrei jenes Gottverlassenen, der seinerseits Gott nie verlassen hat."[46]

Diese Haltung hat auch die frühe Christenheit eingenommen, deren Biographie ja mit einem christologisch angeschärften Schrei – „Komm, Herr Jesus!" – endet. Doch als die Parusie ausblieb und das Christentum durch den Kontakt mit dem Hellenismus zur „Theologie" wurde, wurde auch Israels Armut im Geiste aufgegeben, die Eschatologie stillgestellt, und die Theologen unternahmen den Versuch, die Gottesrede mit der Theodizeefrage zu versöhnen.

Klassisch sind die Antworten von Marcion und Augustinus, auf die sich Metz bezieht: Auf dem Boden des Platonismus entschärft Marcion (ca. 85 bis ca. 160) zugleich die eschatologische Spannung und die Theodizeefrage. Der apokalyptischen Naherwartung jüdisch-christlicher Tradition auf ein Ende der Zeit (und der Bedrängnis), die etwa im aussichtslosen Bar Kochba-Aufstand (132-135) „zelotische Züge" annahm, setzt er das Axiom der Zeitlosigkeit des Heils und der Heillosigkeit der Zeit gegenüber, was eine gnostische individualethische Hinwendung nach innen – den heutigen therapeutischen und esoterischen Theologien als Reaktion auf die „sozialistische Parusieverzögerung" nicht unähnlich – und eine Distanzierung von der gesellschaftlich-politischen Dimension bedeutete. Und um Gott von der Verantwortung für die Barbareien einer sündigen Menschheit zu entlasten, führte Marcion den dualistischen Unterschied ein zwischen dem alttestamentarischen Schöpfergott der Rache und der Gewalt und dem „fremden", neutestamentarischen Erlösergott der Liebe, der sich in Jesus Christus erstmals offenbarte. Der erste sei für seine von Leid durchkreuzte Schöpfung verantwortlich, der zweite sollte da nicht hineingezogen werden. Marcion betrieb also eine Preisgabe des AT und eine „Entjudaisierung" des NT.

Metz folgt den Analysen von Harnack,[47] wonach Marcion einen Pyrrhussieg gefeiert hat, weil die Kirche letztlich gegen ihn gebaut wurde: Aus Angst vor der dualistischen Versuchung, zwischen dem Schöpfer- und dem Erlösergott zu unterscheiden, ersetzte sie nämlich die offene eschatologische Theodizeefrage nach der Gerechtigkeit Gottes durch die anthropozentrische Frage nach der Sünde des Menschen. So etwa deutlich bei Augustinus, der eine Apologie des Schöpfergottes treibt, keine Rückfragen an Gott zuläßt und den schuldig gewordenen Menschen allein verantwortlich macht für die Leidensgeschichte.

(2) Vor dem Hintergrund der Hinwendung zum „Geist Israels" reagiert Metz auf manche geistigen Phänomene der Gegenwart mit einer dezidierten Apologie des „biblischen" Monotheismus, so z. B. auf das „Lob des Polytheismus" von Odo Marquard, in dem dieser mit dem Mythos der emanzipatorisch-revolutionären Geschichtsphilosophie (etwa des Marxismus), aber auch mit der „politischen Theologie" abrechnet: Beide stellen für ihn die Übertragung der eschatologischen Spannung des biblischen Monotheismus ins Politische dar, was – wie einst beim Bar Kochba-Aufstand – die Entstehung revolutionär-angeschärfter Naherwartungsattitüden begünstige, die unser politisches Leben bedrohen. Demgegenüber plädiert er für einen „aufgeklärten politischen Polytheismus" als Garantie von Toleranz und Gewaltenteilung.[48]

Marquard ist nicht unwidersprochen geblieben, so etwa durch Jacob Taubes, der ihm vorwirft, mit der religionsphilosophischen Apologie des Heidentums und dem philosophischen Lob des Polytheismus nicht nur eine „mythische" Geisteslage zu indizieren, sondern sie geradezu zu produzieren. Taubes, Jude und Religionsphilosoph, hält die Rekurse auf Mythos post Christum für Wiederholungen der Apostasie Julians, die aber schon im 4. Jahrhundert überwunden wird, „als noch Erinnerungen an die Wirklichkeit der Götter nachzitterten".[49] An Marquard richtet Taubes das Angebot, „von einer Philosophie der Mythologie zu einer (selbstverständlich!) ‚aufgeklärten' Philosophie der Offenbarung vorzustoßen".[50]

Metz sieht im geistreichen, aber an sich, wie Taubes zu verstehen gibt, schlecht begründeten „Lob des Polytheismus"

Marquards und in der nihilistischen wie tiefenpyschologischen „Religiosität" der Gegenwart Anzeichen einer tiefen „Gotteskrise", die zum Tod des Menschen zu führen drohe, wenn ihr nicht kräftig entgegengetreten werde. Hier seine Diagnose zur geistigen Lage der Zeit: „Wir leben in einer Art religionsförmiger Gotteskrise. Das Stichwort lautet: Religion, ja – Gott, nein, wobei dieses Nein wiederum nicht kategorisch gemeint ist, im Sinne der großen Atheismen. Es gibt keine großen Atheismen mehr. [...] Religion als Name für den Traum vom leidfreien Glück, als mythische Seelenverzauberung, als psychologisch-ästhetische Unschuldsvermutung für den Menschen: ja. Aber Gott, der Gott Abrahams, Isaaks und Jakobs, der Gott Jesu?"[51]

Auch die Therapie formuliert Metz in gewohnter apodiktischer Schärfe: „entweder die polytheistisch-ästhetischen Götter der Postmoderne oder der biblische Gott, entweder Dionysios oder der Gott Abrahams, Isaaks und Jakobs, der auch der Gott Jesu ist."[52] In der näheren Erklärung dieser Therapie begegnen uns wieder die Gedankengänge, die wir im Zusammenhang mit der Theodizeefrage bereits vorgestellt haben.

(3) Zusammenfassend können wir nach diesen zwei Stichproben aus der Metzschen Gottesrede sagen, daß für Metz nur ein Christentum Zukunft hat, das sich dem biblischen „erinnerungsgeleiteten Paradigma" (Erinnerung als Leidenserinnerung) verpflichtet weiß, gegen Marcion und gegen die in Abwehr zu ihm gebaute Kirche sich auf den Geist Israels zurückbesinnt und diesen in seiner Gottesrede wachzuhalten sucht. Nur so wird das Christentum angesichts der universalen Leidensgeschichte, zu der auch „fremdes Leid" gehört, empfindlicher werden können; nur ein Christentum, das seinem biblischen Ursprung gemäß ein „pathischer" statt ein „machtpolitscher" Monotheismus sein will, wird letztlich auf dem Boden der Moderne bestehen und diese kritisch begleiten können.[53]

Wie einst Martin Buber, so setzt also auch Metz mit viel Pathos „den Geist Israels gegen den offenen oder versteckten Marcionismus der Völker". Und wie der neue Philosoph Bernard-Henri Lévy, so sieht auch Metz im Kampf zwischen polytheistischem Heidentum und biblischem Monotheismus bzw. zwischen Athen und Jerusalem das unumgängliche Dilemma unseres Jahrhunderts, in dem die Moderne „sich konstituiert und auf dem Spiel steht".[54] Aber ist dies angebracht? Abgesehen davon, daß die Demarkationslinie zwischen dem Geist Israels und dem Geist der Völker nicht so deutlich gezogen werden kann, wie Martin Buber, Bernard-Herni Lévy und Metz meinen (ich möchte nicht wissen, was aus dem Christentum ohne die Begegnung mit dem antiken Naturrechtsgedanken und der „philosophischen Vernunft" geworden wäre, die stets den biblischen Hang zum „Fundamentalismus" in Schach gehalten haben!),[55] wird zu fragen sein, ob die Krise des Monotheismus bloß von außen kommt oder ob sie nicht vielmehr von innen her aufbricht.

3 Versuch eines kritischen Ausblicks

Leonardo Boff und Johann Baptist Metz sind allemal verdienstvolle, „tüchtig einseitige" (Kierkegaard) und sprachmächtige Theologen im Zeichen der „Betroffenheit", die die Leidensgeschichte im Schatten des europäischen Kolonialismus wie des Nationalsozialismus ausgelöst hat.[56] Was dem einen die Hinwendung zum lateinamerikanischen Synkretismus ist, ist dem anderen die Hinwendung zum Geist Israels: die Hinwendung zu den Opfern. Sie erinnern uns mahnend daran, daß christliche Theologie vielfach ihre Unschuld verloren hat, das „ideengeschichtliche" Paradigma durch ein „leidens- und erinnerungsgeleitetes" abgelöst werden sollte, und daß wir Theologen nicht mit dem Rücken zu dieser Leidensgeschichte unserem Beruf nachgehen können, besonders nicht gegenüber den Indios, den Schwarzen und den Juden, den Hauptopfern der Christentums- wie der abendländischen Geschichte. Aber kann sich christliche Theologie angesichts der eingangs skizzierten „Wiederkehr von Religion" darauf beschränken, ein Plädoyer für den ethisch-prophetischen Synkretismus der „Religion des Exodus und des

Reichs" zu halten oder „den Geist Israels gegen den offenen oder versteckten Marcionismus der Völker" zu setzen?

Meine abschließenden Überlegungen konzentrieren sich auf die drei Hauptfelder, in denen Boff und Metz dem Christentum Zukunft zu eröffnen versuchen und die auch drei theologische Hauptherausforderungen der Gegenwart darstellen: die Regnozentrik (1), die Apologie des „biblischen" Monotheismus (2) und schließlich das Treiben von Theologie als „Theodizee" (3).

(1) Die Regnozentrik (bzw. der Soteriozentrismus) ist natürlich aus christlicher Sicht die Minimalbedingung für einen sinnvollen interreligiösen Dialog, der „ethische Minimalkonsens", den Hans Küng in seinem Projekt „Weltethos" hierzulande fordert.[57] Schon im Hinblick auf die Metzsche „politische Theologie" der sechziger und frühen siebziger Jahre bemerkte ein kritischer Begleiter, so weit es darum gehe, daß christliche Theologie die aus den besten Traditionen Israels ererbte messianische Vision eines Reiches der Freiheit, des Friedens und der Gerechtigkeit für alle wachzuhalten habe, müsse man der politischen Christentumshermeneutik „ohne Einschränkung und Abschwächung zustimmen".[58] Aber angesichts der spezifischen Züge der Boffschen Regnozentrik hat christliche Theologie jetzt die Aufgabe, das in den nativistischen wie mestizierten Synkretismen Lateinamerikas[59] enthaltene wahrhaft „Messianische" vor dem Umschlag in den „Messianismus" zu bewahren, das heißt, christliche Theologie wird sich immer gegen jene Versuche eines wie auch immer gebildeten „historischen Blocks der Unterdrückten" zu wehren haben, „das verheißene Heil gegenwärtig zu machen, es herbeizuzwingen, zu verzeitlichen oder in anderer Weise darüber zu verfügen". Dazu wird es notwendig sein, die Verzeitlichungen und Materialisierungen messianischer Hoffnung in den nativistischen Synkretismen und im Volkskatholizismus „in jenen eschatologischen Schwebezustand zurückzuschalten oder zu revertieren, welcher einerseits den Blick in die Zukunft offenhält und andererseits die Arbeit an der Zukunft vor Desillusionierung bewahrt". Der Berliner Religionshistoriker Carsten Colpe hält diese Aufgabe zu Recht für eine

der in jeder Zeit „kardinalen Aufgaben" christlicher Theologie überhaupt.[60]

Dies bedeutet natürlich nicht, wir hätten uns mit Elend und Ungerechtigkeit abzufinden, wohl aber auch nicht, das messianische Zeitalter des Geistes warte hinter der nächsten Ecke der Geschichte, wenn sich die „Unterdrückten" nur zu einem einheitlichen „historischen Block" zusammenschließen würden – wie heute, säkular gewendet, der Franziskaner Boff zu verstehen gibt – oder wenn alle zu einem „genus angelicum" gehörenden Indios getauft werden – wie einst im 16. Jahrhundert, noch in frommer Diktion, die joachimitisch geprägten Franziskaner Mexikos meinten. Wenn die Erwartungen zu hoch werden, sie aber letztlich an der „condition humaine" scheitern, so droht am Ausgang der lateinamerikanischen Befreiungsgeschichte die Theodizeefrage in derselben Schärfe aufzutauchen, die sie etwa angesichts der inneren Widersprüche der europäischen Freiheitsgeschichte bekommen hat.

Die Begründung einer handlungsfähigen christlichen Sozialethik in der Perspektive wechselseitiger Abhängigkeit zwischen Lateinamerika und den nordatlantischen Ländern scheint mir der beste Weg zu sein, die in Lateinamerika – und nicht nur in der Theologie der Befreiung – latente Versuchung des politischen Messianismus zu überwinden.[61]

Aber bei allem respektvollen Dialog und Zusammenschluß mit allen Menschen guten Willens wird christliche Theologie letztlich nicht bei einer „Regnozentrik" bleiben können, die von der „Selbstevangelisierung der Kulturen unter der geheimen Führung Gottes" ausgeht und den christlichen Beitrag auf das von Boff postulierte Pathos „prophetischer Worte und Taten" beschränkt. Will christliche Theologie nicht einer falschen „Anerkennung der Anderen in ihrem Anderssein" und einem Wahrheitsrelativismus huldigen, vor denen nicht zuletzt Metz auch warnt,[62] so wird sie nicht darauf verzichten können, die Wahrheitsfrage auf dem Boden einer „theologia naturalis" neuer Prägung – oder einer „aufgeklärten Philosophie der Offenbarung", in der Diktion von Jacob Taubes – zu stellen; aber ebensowenig wird sie verzichten können auf die ausdrückliche Verkündigung der befreienden Botschaft, die sie zu tradieren hat (der Glaube kommt bekanntlich vom Hören), eine Verkündigung, die stets auch eine Kritik der nicht christuskonformen Elemente der Kulturen beinhaltet. Freilich setzt dies voraus, daß Christen bereit sind, wie Boff und Metz auch unermüdlich einfordern, von der „Fremdprophetie" zu lernen, die uns in anderen Religionen und Kulturen begegnet.

Übrigens: Metz selbst hat Boff im europäischen Kontext vorexerziert, worum es geht. Er deutet inzwischen das im I. Vaticanum verkündete Dogma der natürlichen Erkennbarkeit Gottes[63] als eine Art „Menschenrechtserklärung" der Kirche in Sachen Gottes, und zwar als „das Recht aller vernunftbegabten und gutwilligen Menschen, bei der Gottesfrage gehört (und nicht nur belehrt) zu werden".[64] Zugleich aber reagiert er auf das postmoderne „Lob des Polytheismus", wie wir sahen, mit einer dezidierten diskursiven „Apologie des biblischen Monotheismus" und nicht nur mit dem Pathos prophetischer Worte und Taten, mit dem Boff auf den Synkretismus reagieren will.

(2) Was die heutige Krise des Monotheismus betrifft, so täten wir gut daran, davon auszugehen, daß sie nicht primär von außen kommt – etwa durch die Wahrnehmung der allgemeinen Leidensgeschichte der Welt als Theodizeefrage oder durch die postmodernen Versuche, an Mythos, Gnosis und Polytheismus wiederanzuknüpfen, weil der Monotheismus unter den Bedingungen der Moderne nicht demokratie- oder politikfähig sei; vielmehr bricht sie von innen her auf, nämlich durch die Wahrnehmung jener Leidensgeschichte, die der Monotheismus selbst direkt oder indirekt zu verantworten hat und von der die Bibel, besonders aber die durch die christliche Bibelauslegung maßgeblich geprägte abendländische Geschichte beredtes Zeugnis geben. Der biblische Gottesgedanke läßt sich ja nicht auf die messianischen Traditionen eines befreienden Gottes halbieren, der „Freiheit und Gerechtigkeit" für alle sucht. Neben dem wahrhaft messianischen Universalismus begegnen uns darin auch unübersehbare Traditionen eines fundamentalistisch verstande-

nen „partikularen Messianismus", wonach den „Auserwählten" alles erlaubt ist, was zur Zementierung ihrer Herrschaft führt, denn ihr Gott selbst scheint keine Gewaltgrenzen gegenüber seinen Feinden nach dem Prinzip der „Verhältnismäßigkeit" der Mittel zu kennen. Der Fundamentalismus ist damals wie heute die immanente Versuchung des Monotheismus. Manch „aufgeklärter" Zeitgenosse kehrt aus dem Grund dem jüdisch-christlichen Gott den Rücken und flüchtet in die agnostische Religionslosigkeit oder in die ästhetisch-therapeutische Religiosität jenseits des Monotheismus, die Metz heute zu Recht beklagt.[65]

Wird aber die Krise des Monotheismus im hier beschriebenen Sinne als immanente Versuchung verstanden, so kann man auf sie nicht nur – ja nicht einmal primär – mit einer trotzigen Setzung des auf das echt Messianische halbierten Geistes Israels (anamnetische Vernunft, Leidenserinnerung, Sehnsucht nach Freiheit und Gerechtigkeit für alle) gegen den Marcionismus der Völker reagieren. Vielmehr geht es darum, den biblischen Gottesgedanken, wie Jacob Taubes metaphorisch meinte, aus dem „stählernen Gehäuse des Exodus" – d. h. aus jener Ambivalenz, die dem fundamentalistischen Mißbrauch Tür und Tor öffnet – zu befreien,[66] das der neuzeitlichen Freiheits- *und* Leidensgeschichte Pate gestanden hat. Juden und Christen sind bei der gesuchten „Binnenkritik des biblischen Monotheismus" gleichermaßen gefordert. Letztere gar in besonderer Weise, sofern wir diese Aufgabe zu meistern haben, *ohne einem neuen Antijudaismus Nahrung zu geben oder dem Marcionismus zu huldigen, aber auch ohne das Christentum auf einen „Geist Israels" zu reduzieren, zu dem das Faktum Jesus Christus (Person und Geschick) kaum etwas Neues beizutragen scheint.*[67] Der marcionitischen Versuchung einer Abkoppelung des Christentums vom jüdischen Ursprung widerstand die Kirche stets mit Entschiedenheit; gleichwohl ist dies bis in die Gegenwart hinein eine der latenten Grundversuchungen des Christentums geblieben, die in jedem Theologiestudium ausführlich behandelt werden sollte. Auch lehrt der Blick auf die Christentumsgeschichte, daß die Kirchen sich nicht nur gegen die „Entjudaisierung" aussprachen, sondern auch gegen die „Judaisierung", so daß die Christen zwischen der Skylla des Marcionismus und der Charybdis seines Gegenteils ihren Weg suchten.

Statt zwischen Anti- und Philojudaismus zu schwanken, ist nach Auschwitz ein durch demütige Einsicht in den christlichen Anteil an der jüdischen Leidensgeschichte „post Christum" geläuterter Dialog mit dem Judentum gefragt, der die grundlegenden Gemeinsamkeiten ohne Aufhebung der Unterschiede betonen soll. Ob die Umarmung des Judentums – wollen denn das die Juden überhaupt? Ist das nicht wieder eine neue subtilere Form der Vereinnahmung? – durch ein Christentum, das sich nunmehr als „potenziertes Judentum" versteht, diesen Dialog auf die Dauer zu fördern vermag, scheint mir mehr als fraglich zu sein. Die Rabbiner, mit denen ich in Berlin eine dialogale Auseinandersetzung pflege, halten jedenfalls wenig davon. Sind wir vielleicht im jüdisch-christlichen Dialog dabei, die Fehler des marxistisch-christlichen Dialogs der sechziger Jahre zu wiederholen, weil wir Theologen zwar mit gleichgesinnten „Dissidenten" sprechen, aber kaum mit dem Hauptstrom des heutigen Judentums? *Das eigentümliche Messiasverständnis der ersten Judenchristen sowie ihr Anspruch, daß Jesus Christus als der erhöhte Herr „der exklusive Weg zu Heil und Rettung" – somit wohl auch zum Gott Abrahams, Isaaks und Jakobs! – ist, war manchen gesetzestreuen Juden schon ein Ärgernis, bevor sie in Wort und Tat Opfer des christlichen Antijudaismus wurden.*

Viel wäre schon getan, wenn Juden und Christen im Horizont des modernen Menschenrechtsethos (das einen „wechselseitig geläuterten Dialog" voraussetzt), und ohne sich durch ideologische „Substitutions- oder Ausschlußtheorien" die „Auserwählung" streitig zu machen, das Ärgernis „aushalteten", das sie einander sind: die Christen den Juden, weil wir, paulinisch gesprochen (vgl. Röm 9-11), einen gekreuzigten und auferstandenen Juden für den Messias halten, für das fleischgewordene Wort Gottes und den hermeneutischen Schlüssel zur christlichen Rezeption der Tora und der Propheten; die Juden den Christen, weil sie daran festhalten, daß dieser Jesus von Nazaret nichts als ein

Zwischenfall in der tausendjährigen Geschichte Israels mit seinem Gott war, und sie ohne die Vermittlung durch ihn zu ihrem und unserem Gott beten. Mehr als das Aushalten dieses gegenseitigen Ärgernisses ist ohne Hilfe unseres gemeinsamen Gottes theologisch auch nicht möglich. Manches können wir *Ihm* eben nicht abnehmen.

(3) Dies gilt auch und vor allem für die Theodizeefrage, die wir „diesseits", wie Metz immer wieder sagt, nur in Gestalt einer Hoffnung beantworten können, daß Gott selbst sich am Tag des Gerichtes zu rechtfertigen vermag. Doch dennoch ist zu fragen, wie es der Münsteraner Dogmatiker Thomas Pröpper tut, ob es denn für Glaube und Theologie *allein* darum gehe, die Theodizeefrage offenzuhalten und so Theologie *als* Theodizee zu treiben; vielmehr müßte die Theologie die Theodizeefrage auch „bedenken", und zwar so, daß Christen ermutigt werden, die Perspektive, daß Gott die Liebe ist, der Härte des Leids auszusetzen, „wohin immer das führt". Doch: „Was heißt denn und wie ist es möglich, vom Gott der Liebe zu sprechen?"[68] Bei aller Verlegenheit, die eine solche Frage wachruft, kann christliche Theologie hier nicht umhin, das Proprium ihrer eigenen Gottesrede zu reflektieren. Dieses findet sich aber nicht nur in der fragenden und klagenden „Sprache der Gebete", sondern auch und vor allem in der praktischen Sprache der Nachfolge nach Mt 25,31-46, wie sie uns in den großen Nachfolgegeschichten begegnet: als eine „Christuspassion", die Gott angesichts des Leidens nicht vermißt, sondern ihn trotz der an ihn gerichteten offenen und klagenden Fragen im Antlitz der Leidenden zu entdecken weiß;[69] *als ein Glaube, der weiß, daß er gefragt ist, sich in der Liebe zu bewähren, auch wenn nicht alle Fragen beantwortet sind, und der sich dieser Aufgabe gelassen hingibt, weil er hofft, nicht allein zu sein mit der Last der Geschichte.*

Gewiß, wie kaum ein anderer Theologe der Gegenwart spricht gerade Metz von der „Stunde der Nachfolge" und einer „Mystik der offenen Augen" angesichts fremden Leids im Sinne von Mt 25,31-46.[70] Doch die entscheidende Frage ist: Sollen Christen infolge einer Karsamstags-Christologie[71] zum „Widerstand ge-

gen die Götzen und Dämonen einer menschenverachtenden Welt"
nur aus einer skeptischen, wenn auch nicht-defätistischen, „Transzendenz von innen" ermutigt werden, wonach der Mensch
schließlich das Recht hat, besser zu leben als ein Hund, wie Jürgen Habermas (und Ernst Bloch) behaupten?[72] Wird dies genügen, um uns weiterhin zu nötigen und zu ermöglichen, von Hu-
manität und Solidarität, von Unterdrückung und Befreiung zu
reden und gegen himmelschreiende Ungerechtigkeit zu prote-
stieren?[73] Oder sollten sich Christen nicht eher in der tröstlichen
Glaubenszuversicht an die Arbeit machen dürfen, daß ihnen im
Leidenden der um des Menschen willen fleischgewordene Gott
begegnet? Oder ist die „Glaubenserfahrung", der eine solche
Christusmystik „der offenen Augen", wie Metz selbst sagen
würde, entspringt, auch ein „geschichtsferner Mythos", der keinen Trost zu spenden vermag? Dagegen sprächen nicht zuletzt
die Nachfolgegeschichten mit ihrem großen Reichtum an Empathie angesichts fremden Leids – trotz der Theodizeefrage. Ein
Bartolomé de Las Casas schrieb z. B. im Schatten der kolonia-
len Leidensgeschichte: „Ich wurde geboren und Gott hat mich
dazu bestimmt, fremdes Leid unaufhörlich zu beweinen."[74]

(4) Welches Christentum hat also Zukunft? Ich meine nur eines, das angesichts religiöser Vielheit in den „nachchristlichen"
Synkretismen wie in den nichtchristlichen Religionen (die Beziehung zum Judentum wird stets eine besondere sein) zwar bereit ist, aus der darin enthaltenen „Fremdprophetie" zu lernen,
sich zugleich aber weiterhin bemüht, den „fremden" Verstand
durch Vernunftgründe von dem „Anspruch" der Selbstmitteilung
Gottes in Jesus Christus zu überzeugen sowie den „fremden"
Willen sanft zur Zustimmung dazu anzulocken und zu ermah-
nen;[75] ein Christentum, das angesichts der postmodernen Krise
des Monotheismus nicht Jerusalem gegen Athen ausspielt (spätestens seit Tertullian ist das ein gefährliches Unterfangen, das
früher oder später in das fideistische „credo, quia absurdum" –
ich glaube, weil es absurd ist – führt und sich der Anfechtung
durch die historische wie philosophische Vernunft entzieht), sondern eine reinigende Binnenkritik des Monotheismus in den bi-

blischen Schriften wie in der Christentumsgeschichte unternimmt; und nicht zuletzt ein Christentum, das trotz der Theodizeefrage nicht zu betonen vergißt, daß wir angesichts der Leidensgeschiche primär nicht „Fragende", sondern „Gefragte" sind, und den „homo christianus" zur Wahrnehmung „des um des Menschen willen fleischgewordenen Gottes" im Leidenden zu ermutigen versteht (und nicht nur im Namen einer Karsamstags-Christologie).

Anmerkungen

1   Marcus Tullius Cicero, De legibus / Über die Rechtlichkeit. Übersetzung, Anmerkungen und Nachwort von Karl Büchner. Stuttgart 1989, 16f. Ähnlich auch schon Aristoteles in „De caelo" (I,3: 270b): „Alle Menschen haben nämlich eine Meinung über die Götter, und alle teilen dem Gott einen hochgelegenen Ort zu; sowohl die Griechen wie die Barbaren und jeder beliebige andere meinen, daß es die Götter gebe und offenkundig nur ein unsterblicher [Ort] für ein unsterbliches [Wesen] geeignet sei. Denn anders wäre es unmöglich." Auch Laktanz belegt, daß diese Ansicht in der Antike allgemeiner Konsens war, wenn er (Divinarum institutionum III,11: PL 6/376) schreibt: „Es steht also durch die Übereinstimmung der ganzen menschlichen Gattung fest, daß man eine Religion haben muß. Gott wollte, daß die Natur des Menschen so sei, daß sie zwei Dinge begehre und nach ihnen strebe: nach Religion und Weisheit." Zur Aktualität der Gottesfrage vgl. auch David Tracy, Die Rückkehr Gottes in der Theologie der Gegenwart. In: Concilium 30 (1994) 500-507.

2   Vgl. Wiederkehr von Religion? Perspektiven, Argumente, Fragen. Hg. v. Willi Oelmüller. (Kolloquium Religion und Philosophie Bd. 1) Paderborn u. a. 1984; Wahrheitsansprüche der Religionen heute. Hg. v. Willi Oelmüller. (Kolloquium Religion und Philosophie Bd. 1) Paderborn u. a. 1986. Vgl. ironisch dazu: Günter Nenning, Mehr Opium, Herr! Rückwege zur Religion. Düsseldorf 1995.

3   Vgl. Paul M. Zulehner / Hermann Denz, Wie Europa lebt und glaubt – Europäische Wertestudie. 2 Bde. Düsseldorf 1993.

4   Neue Evangelisierung. Förderung des Menschen. Christliche Kultur. Schlußdokument der 4. Generalversammlung der lateinamerikanischen Bischöfe in Santo Domingo 12.-28. Oktober 1992. Hg. v. Sekretariat

der Deutschen Bischofskonferenz. (Stimmen der Weltkirche 34), Bonn 1993.

5   Vgl. Gilles Kepel, Die Rache Gottes. Radikale Moslems, Christen und Juden auf dem Vormarsch. München [3]1994.

6   Ein Beispiel für diese Haltung ist die neuerdings im Auftrag der „Ausländerbeauftragten des Senats von Berlin" von der Religionswissenschaftlerin Gabriele Yonan herausgegebene Fibel „Einheit in der Vielheit. Weltreligionen in Berlin". Berlin [2]1993. Darin werden allen möglichen in Berlin ansässigen Zweigen aus dem Islam, dem Hinduismus und dem Buddhismus sowie den religiösen Bewegungen der Drusen, Jesiden, der Baha'i-Religion, der Sikh-Religion und dem Jainismus lange Seiten eingeräumt, während die in diesem Kulturraum beheimateten christlichen Konfessionen, der Protestantismus und der Katholizismus, so gut wie nicht vorkommen.

7   Vgl. dazu kritisch: Der einzige Weg zum Heil? Die Herausforderung des christlichen Absolutheitsanspruchs durch pluralistische Religionstheologien. Hg. v. Michael von Brück und Jürgen Werbick, (QD 143), Freiburg 1993; vgl. auch den Beitrag von Waldenfels in diesem Band.

8   Vgl. dazu den Beitrag von Tiemo Rainer Peters in diesem Band.

9   So „Ad gentes", Nr. 22: LThK[2], Das Zweite Vatikanische Konzil, Bd. 3, 84f.

10   Santo Domingo (s. Anm. 4) Nr. 138 (S. 104). Ähnlich ablehnend gegenüber dem Synkretismus äußert sich neuerdings ein Dokument des Päpstlichen Rates für den interreligiösen Dialog vom 21. November 1993, „Pastoraler Umgang mit den traditionellen Religionen". In: Die katholischen Missionen, H. 3 (Mai / Juni 1994) 95-97, hier 96.

11   Leonardo Boff, Kirche: Charisma und Macht. Studien zu einer streitbaren Ekklesiologie. Düsseldorf [2]1985, 164.

12   Ebd. 181.

13   Vgl. ebd. 182f.

14   Vgl. ebd. 184.

15   Vgl. ebd. 188.

16   Vgl. ebd. 190f.

17   Ebd. 189.

18   Vgl. ders., Gott kommt früher als der Missionar. Neuevangelisierung für eine Kultur des Lebens und der Freiheit. Düsseldorf 1991, bes. 21-28, wo Boff die von ihm verwendeten Begriffe „Kultur", „Akkulturation", „Enkulturation", „Inkulturation" und „Zivilisation" semantisch abgrenzt.

19   Vgl. ders., Kirche (s. Anm. 11) 185.

20   Damit holt Boff im Grunde nur, wenn auch mit der typischen „theologischen" Verspätung, Entwicklungen wie die „Indigenisierung" und die

„Mestizisierung" nach, die sich in der lateinamerikanischen Kulturgeschichte ab 1900 abgespielt haben. Vgl. Mariano Delgado, Die Metamorphosen des Messianismus in den iberischen Kulturen. Eine religions-
geschichtliche Studie. (Schriftenreihe NZM.34), Immensee 1994.

21 Leonardo Boff, Christentum mit dunklem Antlitz. Wege in die Zukunft
aus der Erfahrung Lateinamerikas. Freiburg 1993, 57f.

22 Zu den Franziskanern vgl. Mariano Delgado, Die „Franzis-
kanisierung" der Indios Neu-Spaniens im 16. Jahrhundert. In: Stimmen der Zeit 210 (1992) 363-376; zu Las Casas vgl. auch meine
Studie: Las Casas als „Anthropologe des Glaubens". In: Bartolomé
de Las Casas, Werkauswahl. Bd. 2: Historische und ethnogra-
phische Schriften. Hg. v. Mariano Delgado. Studien von Hans-
Joachim König, Johannes Meier und Michael Sievernich. Mit 18
Kupferstichen von De Bry. Paderborn 1995, 327-342.

23 Vgl. Boff, Christentum (s. Anm. 21) 53, 54, 58.

24 Bartolomé de Las Casas, Ganz kurzer Bericht über die Zerstörung West-
indiens. In: Ders., Werkauswahl, Bd. 2: Historische und ethnographi-
sche Schriften (s. Anm. 22) 68.

25 Boff, Christentum (s. Anm. 21) 53, 54, 60.

26 Ebd. 55, 151.

27 Ebd. 59f.

28 Ebd. 55.

29 Ebd. 39.

30 Ebd. 50, 130.

31 Vgl. ebd. 40f.

32 Ebd. 138. Ähnlich neuerdings auch Pablo Richard, Der Gott des Lebens
und die Wiedergeburt der Religion. In: Concilium 31 (1995) 165-171.

33 Ebd. 52.

34 Ebd. 130.

35 Ebd. 129-137. Darin stimmt Boff mit Hans Küng überein, der neuerdings in bezug auf Lateinamerika diesen Paradigmen ebenfalls keine
Zukunftschance bescheinigt. Vgl. Hans Küng, Lateinamerika als Herausforderung. Zum Problem der Inkulturation des Christentums. In: Der
„eine" Gott in vielen Kulturen. Inkulturation und christliche Gottesvor-
stellung. Hg. v. Konrad Hilpert und Karl-Heinz Ohlig. Zürich 1993, 259-
276, hier 264-270.

36 Vgl. Boff, Christentum 152. Für Küng hingegen gehört die Zukunft des
Christentums seinem eigenen theologischen Paradigma, dem „postmodernen kritisch-ökumenischen Christentum". Vgl. Küng, Lateinamerika (s. Anm. 35) 272-276, vgl. auch ders., Theologie auf dem Weg zu

einem neuen Paradigma. In: Entwürfe der Theologie. Hg. v. Johannes B. Bauer. Graz 1985, 181-207.

37 Vgl. Boff, Gott kommt früher als der Missionar. Neuevangelisierung für eine Kultur des Lebens und der Freiheit. Düsseldorf 1991, 146ff.

38 Ders., Eine neue Erde in einer neuen Zeit. Plädoyer für eine planetarische Kultur. Düsseldorf 1994.

39 Vgl. Joseph Card. Ratzinger, Der christliche Glaube vor der Herausforderung der Kulturen. In: Evangelium und Inkulturation (1492-1992). Hg. v. Paulus Gordan. Graz 1993, 9-26, 21. In der hiesigen Diskussion um die „pluralistischen Religionstheologien" wird eher von „Soteriozentrismus" gesprochen. Vgl. kritisch dazu Jürgen Werbick, Heil durch Jesus Christus allein? Die „pluralistische Theologie" und ihr Plädoyer für einen Pluralismus der Heilswege. In: Weg (s. Anm. 7), 11-59, hier 15-21.

40 Johann Baptist Metz, Religion, ja – Gott, nein. In: ders. / Tiemo Rainer Peters, Gottespassion. Zur Ordensexistenz heute. Freiburg 1991, 11-62, 43.

41 Vgl. ebd. das gemeinsame Vorwort mit Peters, S. 8.

42 Peters, Evangelische Räte – therapeutische Räte. In: Metz / ders., Gottespassion (s. Anm. 40) 63-103, 68-72. Vgl. auch den Beitrag von Peters in diesem Band.

43 Jürgen Habermas, Israel und Athen oder: Wem gehört die anamnetische Vernunft? Zur Einheit in der multikulturellen Vielfalt. In: Diagnosen zur Zeit. Mit Beiträgen von Johann Baptist Metz u.a. Düsseldorf 1994, 51-64, 52f.

44 Metz, Theologie gegen Mythologie. In: Herder Korrespondenz 42 (1988)187-193, 192. Auch gegenüber den modernen Versuchen spekulativer Theologie (so bei Karl Barth, Eberhard Jüngel, Dietrich Bonhoeffer und Jürgen Moltmann), das menschliche Leid in der trinitarischen Gottesgeschichte aufzuheben, wird Metz nicht müde, das Offenhalten der Theodizeefrage als ein „Leiden an Gott" einzufordern. Vgl. Die Rede von Gott angesichts der Leidensgeschichte der Welt. In: Stimmen der Zeit 210 (1992) 311-320; auch ders., Theologie als Theodizee? In: Willi Oelmüller (Hg.), Theodizee – Gott vor Gericht? München 1990, 103-118; ders., Plädoyer für mehr Theodizee-Empfindlichkeit in der Theologie. In: Oelmüller (Hg.), Worüber man nicht schweigen kann. Neuere Diskussionen zur Theodizeefrage. München 1992, 125-137; ders., Was ist mit der Gottesrede geschehen? In: Herder Korrespondenz 45 (1991) 418-422.

45 Immer wieder zitiert Metz in diesem Zusammenhang die Worte, die der

todkranke Romano Guardini an Walter Dirks richtete: „Er werde sich im letzten Gericht nicht nur fragen lassen, sondern auch selber fragen; er hoffe in Zuversicht, daß ihm dann der Engel die wahre Antwort nicht versagen werde auf die Frage, die ihm kein Buch, auch die Schrift selber nicht, die ihm kein Dogma und kein Lehramt, die ihm keine ‚Theodizee' und Theologie, auch die eigene nicht, habe beantworten können: Warum, Gott, zum Heil die fürchterlichen Umwege, das Leid der Unschuldigen, die Schuld?" Eugen Biser, Interpretation und Veränderung. Werk und Wirkung Romano Guardinis. Paderborn 1979, 132f; vgl. Metz, Rede (s. Anm. 44) 320.

46 Metz, ebd. 319.

47 Vgl. Adolf von Harnack, Marcion. Das Evangelium vom fremden Gott. Eine Monographie zur Geschichte der Grundlegung der katholischen Kirche. Darmstadt 1960.

48 Odo Marquard, Lob des Polytheismus. Über Monomythie und Polymythie. In: ders., Abschied vom Prinzipiellen. Philosophische Studien. Stuttgart 1991, 91-116, 107: „Der Monotheismus hat den Polytheismus und mit ihm die Polymythie entzaubert und negiert. Die moderne Welt aber beginnt [...] damit, daß sich Gott aus der Welt in sein Ende zurückzieht: also mit dem Ende des Monotheismus. Dieses Ende des Monotheismus verschafft [...] dem Polytheismus und der Polymythie eine neue Chance: es läßt – sozusagen – ihre Entzauberung bestehen, aber es negiert ihre Negation. Mit anderen Worten: gerade in der modernen Welt können Polytheismus und Polymythie – entzaubert – wiederkehren: als aufgeklärter Polytheismus und als aufgeklärte Polymythie." Vgl. auch ders., Aufgeklärter Polytheismus – auch eine politische Theologie? In: Religionstheorie und Politische Theologie. Hg. v. Jacob Taubes. Bd. 1: Der Fürst dieser Welt. Carl Schmitt und die Folgen. München-Paderborn 1983, 77-84.

49 Jacob Taubes, Zur Konjunktur des Polytheismus. In: Karl Heinz Bohrer (Hg.), Mythos und Moderne. Frankfurt/M. 1983, 457-470, 464. Vgl. auch Matthias Lutz-Bachmann, Der eine Gott und die vielen Götter. Monotheistischer Wahrheitsanspruch versus „postmoderne Toleranz". In: ders. / Andreas Hölscher (Hgg.), Gottesnamen. Gott im Bekenntnis der Christen. Berlin 1992, 193-205.

50 Taubes, Konjunktur (s. Anm. 49) 465.

51 Metz, Gotteskrise. Versuch „zur geistigen Situation der Zeit". In: Diagnosen zur Zeit (s. Anm. 43) 77f. Mit Blick auf Nietzsche und seine Epigonen schreibt er anderswo, die Religion gebe sich nur dionysisch und scheine alle eschatologische Unruhe im Traum von der Wiederkehr

des Gleichen oder auch, religionsnäher noch, in neu aufkeimenden Seelenwanderungs- und Reinkarnationsphantasien stillgestellt zu haben: „Religion in diesem Sinne ist höchst willkommen. Aber Gott?" Metz, Religion (s. Anm. 40) 24.

52 Ebd. 59.

53 Außer den bereits zitierten Beiträgen sei hier noch verwiesen auf: Metz, Theologie versus Polymythie oder Kleine Apologie des biblischen Monotheismus. In: Odo Marquard (Hg.), Einheit und Vielheit. XIV. Deutscher Kongreß für Philosophie (1987). Hamburg 1990, 170-186; ders., Der Kampf um jüdische Traditionen in der christlichen Gottesrede. In: Kirche und Israel 1987, H. 114-23; ders., Die Synagoge als Gotteslehrerin. In: Luise Schottroff / Johannes Thiele (Hgg.), Gotteslehrerinnen (FS D. Sölle). Stuttgart 1989, 15-22; ders., Für eine anamnetische Kultur. In: H. Loewy (Hg.), Holocaust: Die Grenzen des Verstehens. Eine Debatte über die Besetzung der Geschichte. Reinbek 1992, 35-41; jüngst auch ders., Religion und Politik auf dem Boden der Moderne. Eine Positionsbestimmung im Lichte der Neuen Politischen Theologie. In: Frankfurter Rundschau vom 10. Juni 1995, S. ZB 3; vgl. dazu auch den Beitrag seines Schülers Ottmar John, Monotheismus und postmoderne Mentalität. In: RHS 38 (1995) 26-33; früher nannte Metz sein Paradigma auch ein „nachidealistisches", vgl. ders., Unterwegs zu einer nachidealistischen Theologie. In: Bauer (Hg.), Entwürfe (s. Anm. 36), 209-233.

54 Jacob Taubes, Das stählerne Gehäuse und der Exodus daraus oder ein Streit um Marcion, einst und heute. In: ders. (Hg.), Religionstheorie und Politische Theologie. Bd. 2: Gnosis und Politik. München-Paderborn 1984, 9-15, 14; vgl. auch Bernard-Henri Lévy, Le testament de Dieu. Paris 1979, 10, 76, 130.

55 Selbst Jürgen Habermas bemerkte jüngst, zu flächig sei ihm der von Metz konstruierte Gegensatz zwischen der philosophischen Tradition Athens und dem Geist Israels, denn jene gehe nicht in Platonismus auf und habe im Laufe ihrer Geschichte wesentliche Gehalte der jüdisch-christlichen Überlieferung aufgenommen; so sei die philosophische Tradition durch das Erbe Israels bis in ihre griechischen Wurzeln hinein erschüttert worden. Habermas, Israel (s. Anm. 43) 54. Genauso so wichtig wie die hier angesprochene „Verchristlichung des Hellenismus" scheint mir aber die Ansicht Pannenbergs zu sein, der in der Begegnung mit der hellenistischen Kultur die „Bedingung der Möglichkeit" für die Entstehung des Heidenchristentums und somit für die Universalisierung des christlich tradierten Erbes Israels sieht. Vgl. Wolfhart Pannenberg, Notwendigkeit und Gren-

zen der Inkulturation des Evangeliums. In: Geiko Müller-Fahren-
holz u. a., Christentum in Lateinamerika. Regensburg 1992 , 140-
154, 147f.

56 Dieser Vergleich erfolgt hier natürlich nur unter Vorbehalt der von Adorno
analysierten „Identität in der Nicht-Identität" zwischen dem modernen
industriellen Holocaust und den vormodernen Höllen der Geschichte.
Vgl. Theodor W. Adorno, Minima Moralia. Reflexionen aus dem be-
schädigten Leben. Frankfurt a. M. 1987, 315.

57 Vgl. Hans Küng, Weltfrieden – Weltreligionen – Weltethos. In: Karl-
Josef Kuschel (Hg.), Christentum und nichtchristliche Religionen. Theologische Modelle im 20. Jahrhundert. Darmstadt 1994, 155-171, 163f.;
ders., Projekt Weltethos. München 1990.

58 Karl H. Neufeld, Über fundamentaltheologische Tendenzen der Gegenwart. In: Zeitschrift für katholische Theologie 111 (1989) 26-44, 42.

59 Zu einer empirischen Beschreibung des Synkretismus in Lateinamerika
vgl. Manuel M. Marzal, El sincretismo iberoamericano. Lima 1985.

60 Carsten Colpe, Das Phänomen der nachchristlichen Religion in Mythos
und Messianismus. In: Neue Zeitschrift für systematische Theologie und
Religionsphilosophie 9 (1967) 42-87, 77.

61 Vgl. meine Studien: Metamorphosen (s. Anm. 20) und Warten auf den
„Yawar Inti"? Für einen interkulturellen Dialog zwischen Theologie der
Befreiung und katholischer Soziallehre jenseits der Mythologie. In: Jahrbuch für christliche Sozialwissenschaften 32 (1991) 179-201. In diesem
Sinne sind die verschiedenen Arbeitskonferenzen zwischen lateinamerikanischen und europäischen Theologen im Hinblick auf eine „Fortschreibung der katholischen Soziallehre in lateinamerikanischer Perspektive" sehr zu begrüßen. Sie sind der richtige Weg nicht nur, um den
Beitrag der Theologie zur Schaffung gerechterer Strukturen in den lateinamerikanischen Gesellschaften auszuloten, sondern auch um die
„positiven Impulse" der Theologie der Befreiung durch Verankerung in
dem Hauptstrom katholischer Soziallehre zu retten. Vgl. Peter
Hünermann / Juan Carlos Scannone (Hgg.) (in Zusammenarbeit mit Mar-
git Eckholt), Lateinamerika und die Katholische Soziallehre. Ein latein-
amerikanisch-deutsches Dialogprogramm. 3 Bde. (Bd. 1: Wissenschaft,
kulturelle Praxis, Evangelisierung. Methodische Reflexionen zur Katholischen Soziallehre; Bd. 2: Armut. Herausforderung für Wirtschafts-
und Sozialordnung; Bd. 3: Demokratie. Menschenrechte und politische
Ordnung), Mainz 1993.

62 So u. a. in Metz, So viele Antlitze, so viele Fragen. Lateinamerika mit
den Augen eines europäischen Theologen. In: ders. / Hans Eckehard Bahr,

Augen für die Anderen. Lateinamerika – eine theologische Erfahrung. München 1991, 11-61, bes. 61.

63 „Die heilige Mutter, die Kirche, hält fest und lehrt: Gott, aller Dinge Grund und Ziel, kann mit dem natürlichen Licht der menschlichen Vernunft aus den geschaffenen Dingen mit Sicherheit erkannt werden." Heinrich Denzinger, Kompendium der Glaubensbekenntnisse und kirchlichen Lehrentscheidungen. Lat.-Dt. Hg. von Peter Hünermann. Freiburg [37]1991, 3026.

64 Metz, Karl Rahners Ringen um die theologische Ehre des Menschen. In: Stimmen der Zeit 212 (1994) 383-392, 387. Diese Deutung, wonach das Dogma nicht primär von der Kompetenz der Kirche, sondern „von der natürlichen Kompetenz aller Menschen in Sachen Gott" spricht, sieht Metz „indirekt" bei Rahner angelegt: „Also nimmt dieses Dogma nicht nur und nicht primär die Ungläubigen in die Pflicht, sondern die Kirche und die Theologie und die Glaubenden selbst. Kirche und Theologie müssen bereit sein, in Sachen ihres Gottes mit allen zu sprechen, auf alle zu hören, mit allen zu streiten, denen sie nicht von vornherein Vernunft und guten Willen absprechen können, die also nicht von vornherein als dumm oder böse gelten können." Ebd. 386.

65 Vgl. Franz Buggle, Denn sie wissen nicht, was sie glauben – oder Warum man redlicherweise nicht mehr Christ sein kann. Reinbek 1992; dazu Karl-Josef Kuschel, Ist das Christentum inhuman? Kritische Anmerkungen zu einer Streitschrift. In: Herder Korrespondenz 46 (1992) 222-226; Raymund Schwager, Erlösung durch Blut – Inhumanität eines gewalttätigen Gottes? Zu einem Buch von Franz Buggle. In: Stimmen der Zeit 211 (1993) 168-176.

66 Jacob Taubes plädierte z. B. schon 1984 dezidiert „für die Möglichkeit, die gnostisch-marcionistische Figur als Krise jenes konkreten Messianismus zu lesen, der in dem Bar Kochba-Aufstand [...] einen Höhepunkt erreichte." Es gibt in der Tat einen inneren Zusammenhang von Apokalyptik und Gnostik: Wenn Apokalyptik eine mögliche Antwort auf das Ausbleiben der Erfüllung prophetischer Verheißung ist, so ist es vielleicht nicht zu verwegen, Gnosis (oder die Polytheismussehnsucht und die ästhetisch-therapeutische Religiosität der Gegenwart) als Reaktion auf das Ausbleiben der erwarteten Apokayptik zu verstehen. Jacob Taubes, Das stählerne Gehäuse und der Exodus daraus oder ein Streit um Marcion, einst und heute. In: ders. (Hg.), Religionstheorie und Politische Theologie. Bd. 2: Gnosis und Politik. München-Paderborn 1984, 9-15, 15.

67 Was die geforderte Binnenkritik des Monotheismus betrifft, so scheint

mir der Innsbrucker Dogmatiker Raymund Schwager einer der wenigen zu sein, die sie konsequent zu praktizieren versuchen, wenn auch auf eine sehr umstrittene Art und Weise. Sein auf den Theorien von René Girard beruhendes „Entmischungsprogramm" biblischer Texte läuft zwar nicht zuletzt auf einen apologetischen Erweis der hermeneutischen „Eckstein-Rolle" Jesu Christi im Läuterungsprozeß des biblischen Gottesgedankens hinaus, ist aber keineswegs „neumarcionisch", wie seine Kritiker meinen (so etwa Peter Fiedler, Dramatische Theologie – Drama christlicher Judenfeindschaft. Erwiderung auf R. Schwagers Beitrag „Biblische Texte als Mischtexte" in KatBl 10/94. In: KatBl 119, 1994, 883-887), sondern eben radikal christozentrisch. Vgl. Raymund Schwager, Brauchen wir einen Sündenbock? Gewalt und Erlösung in den biblischen Schriften. Wien-München ³1994; ders., Jesus im Heilsdrama. Entwurf einer biblischen Erlösungslehre. (ITS 29) Innsbruck 1990; ders., Biblische Texte als „Mischtexte". Das hermeneutisch-spirituelle Programm der „Entmischung". In: KatBl 119 (1994) 698-703; ders., Dramatische Theologie als christliche Judenfeindschaft? In: KatBl 120 (1995) 278-282; Józef Niewiadomski / Wolfgang Palaver (Hgg.), Dramatische Erlösungslehre. Ein Symposion. (ITS 38) Innsbruck 1992; vgl. auch dazu in diesem Band den Beitrag von Niewiadomski, der die Position Schwagers vertritt. Freilich sollten Schwager und seine Schüler das Ärgernis der von den Christen und ihrer Theologie verursachten Leidensgeschichte stärker berücksichtigen. Was bedeutet fundamentaltheologisch z. B. die Tatsache, daß das Christentum, das ja eine messianische „Religion der Opfer" ist, nach der konstantinischen Wende nicht zuletzt gegenüber den Juden vielfach zu einer „Religion der Verfolger" geworden ist – daß Christen also Jesus Christus geschichtlich nicht nur getreu „überliefert", sondern ihn (vgl. Mt 25, 31-46) auch „millionenfach ausgeliefert" haben? Vgl. Mariano Delgado, Abschied vom erobernden Gott. Studien zur Geschichte und Gegenwart des Christentums in Lateinamerika. Immensee 1995.

68   Thomas Pröpper, Fragende und Gefragte zugleich. Notizen zur Theodizee. In: Erinnern und Erkennen. Denkanstöße aus der Theologie von Johann Baptist Metz. Hg. v. Tiemo Rainer Peters, Thomas Pröpper, Hermann Steinkamp. Düsseldorf 1993, 61-72, 66.

69   Wenn selbst ein Schalom Ben-Chorin in den Nachfolgegeschichten das Proprium des Christentums sieht, sollten wir es auch tun. Vgl. Schalom Ben-Chorin, Ist im Christentum etwas von Gott her geschehen? Ein Versuch jüdischer Theologie des Christentums. In: Concilium (1988) 123-129, 126.

70 Am eindrucksvollsten etwa in seiner Vorlage für das Dokument „Unsere Hoffnung" der Würzburger Synode. Vgl. Metz, Unsere Hoffnung – Die Kraft des Evangeliums zur Gestaltung der Zukunft. In: Concilium 11 (1975) 710-720; aber auch in: ders., Glaube in Geschichte und Gesellschaft. Studien zu einer praktischen Fundamentaltheologie. Mainz ⁵1992, 63-67; ders., Zeit der Orden? Zur Mystik und Politik der Nachfolge. Freiburg 1977.

71 Metz, dessen Gottespassion – je älter er wird, desto mehr – vorrangig von der Verlassenheitserfahrung Jesu Christi am Kreuz geprägt ist, wird nicht müde, uns die jüdische Unruhe des Gott-Vermissens angesichts der Leidensgeschichte der Welt zu empfehlen; er plädiert für mehr „Karsamstags-Christologie" und mehr „negative Theologie". Vgl. Ekkehard Schuster / Reinhold Boschert-Kimming, Trotzdem hoffen. Mit Johann Baptist Metz und Elie Wiesel im Gespräch. Mainz 1993, 50f.

72 Die Philosophie steht für Habermas „im Zeichen einer Transzendenz von innen und muß sich mit der begründeten Ermutigung zu einem skeptischen, aber nicht-defätistischen ‚Wiederstand gegen die Götzen und Dämonen einer menschenverachtenden Welt' begnügen". Habermas, Israel (s. Anm. 43) 59.

73 Metz, Theologie gegen Mythologie (s. Anm. 44) 192.

74 Vgl. Bartolomé de Las Casas, Obras completas. Bd. 13. Madrid 1995, 329.

75 Vgl. ders., Werkauswahl. Bd. 1: Missionstheologische Schriften. Hg. von Mariano Delgado. Studien von Horst Pietschmann und Michael Sievernich. Paderborn 1994, 107.

Tiemo Rainer Peters

Unterbrechung des Denkens

Warum brauchen wir Politische Theologie?

In einer hochbeschleunigten Zeit wie der unseren, die alles einem gnadenlosen Veralterungs- und Abnutzungsprozeß unterzieht – auch Theorien –, dürften besonders jene Ansätze, die, mit hoher Sensibilität für historische Herausforderungen verbunden, die also gleichsam mit einem „Zeitvermerk" versehen sind, einem um so größeren Verschleiß unterliegen. Politische Theologie, die „Neue", die gern als Hervorbringung der 68er Jahre, als Auf- und Ausbruch von links etikettiert wird, scheint sich zur bestätigenden Überprüfung dieser These besonders anzubieten: Gerade ihre zeitgeschichtliche Ambitioniertheit läßt sie „im Zug der Zeit"[1] so betagt aussehen, so daß es keineswegs ein Kokettieren mit Titeln ist, wenn gefragt wird: „Warum brauchen wir politische Theologie?" – Warum, wenn sie sich kraft eigenen, inzwischen historisch gewordenen Anspruchs verbraucht hätte?

1 Nicht esoterisch, sondern „politisch":
Die Basis theologischen Erkennens

Ich werde mich dieser suggestiven Frage keineswegs beugen und möchte auch ihre pessimistischen Implikationen nicht weiter vertiefen, bis hin vielleicht zu einer quälenden Reflexion über den

69

Verlust der Utopien, über postmoderne Beliebigkeit, die alles zu zersetzen droht, was nun speziell einer „politischen" Theologie von fundamentaler Bedeutung sein muß: Hoffnung ebenso wie Erinnerung und damit auch die Ansprechbarkeit und Behaftbarkeit des geschichtlich situierten Subjekts, das aus seinen vertrauten Horizonten herausgefallen und immer rascheren Dekonstruktionen unterworfen zu sein scheint. Beginnen möchte ich vielmehr dort, wo bereits Karl Rahner und dann auch Johann Baptist Metz ihre Theologien verankert haben[2]: bei Thomas von Aquin (1225-1274), der vielleicht als erster das „Gewicht der Welt" und der Endlichkeit theologisch-systematisch wahrgenommen und seinem Theologiekonzept zugrunde gelegt hatte.[3] Dieser provozierend traditionell scheinende Rückblick empfiehlt sich, weil das „Politische" so in einer ersten und allgemeinsten, mit dem Wesen der endlichen Erkenntnis verbundenen Bedeutung sichtbar und auf denkbar gründliche Weise vor politisierenden Mißverständnissen geschützt werden kann. Vor allem aber, weil im 13. Jahrhundert gleichsam wissenschaftstheoretische Entscheidungen getroffen worden sind, die noch dem letzten Konzil und seinen progressivsten Theologien den Weg bereitet haben und ohne die auch die Politische Theologie nicht verstanden werden kann, sowenig wie die Theologie der Befreiung.

In jener staufischen „Wende zur Welt", der man Thomas zuzurechnen hat, ging es erkenntnistheoretisch um die Abkehr von einem mächtigen, die Christentums- und Theologiegeschichte bis dahin prägenden Denkansatz: dem augustinisch-neuplatonischen, für den die Vernunft – rigoros vereinfacht gesagt – immer schon eingeweiht ist in den Sinnzusammenhang der Welt und des Menschen, ohne dafür eigentlich der Welt und des Menschen zu bedürfen: hat doch, wie Augustinus lehrt, der dreifaltige Gott selbst ihr sein Wesen eingeprägt.[4] Erkenntnis ist Erleuchtung, Eingeweihtsein, Illumination, Unmittelbarkeit der Seele zu Gott. Noch die Theologie Hans Urs von Balthasars, der die Politische Theologie stets von Herzen mißbilligt hat und sich wieder – gerade in fundamentaltheologischen Ansätzen von heu-

70

te[5] – wachsender Zustimmung erfreut, geht von dieser theologisch-gnoseologischen Grundannahme aus.

Gegen Vernunfterkenntnis als Illumination steht Thomas von Aquin mit seinem epochalen Versuch, die aristotelische Philosophie und Erkenntnistheorie in seinen Plan der Theologie einzubeziehen. Aber was heißt „einbeziehen", wenn er sich anschickte, die Theologie, trotz kirchlichen Verbots, auf eine völlig neue Basis zu stellen! Empirie, Ausgang von der gegenständlichen Welt und nicht esoterisches Vertrautsein mit der Wahrheit und dem Gottgeheimnis, erhalten nun erkenntnisleitende Bedeutung: "Offenkundig falsch", heißt es in der Summe wider die Heiden, „ist die Meinung derer, die behaupten, es sei – im Blick auf die Wahrheit des Glaubens – gleichgültig, was einer über die geschaffene Welt denke, wofern er nur über Gott die rechte Meinung habe. Ein Irrtum nämlich über die Schöpfung wirkt sich aus in einem falschen Denken über Gott"[6].

Mit seiner Aristoteles-Rezeption verweist Thomas die theologische Vernunft an jenes eher empirische Denken, dem es um Erfahrung, Gegenstände, um das Fremde, noch nicht Verstandene geht. Erst recht, wie die Politische Theologie präzisierend hinzufügt, um die Ereignisse und Widerfahrnisse der Geschichte. Inbegriff der „endlichen", d.h. sinnlich / materiell / gesellschaftlich und damit immer auch „politisch" vermittelten Erkenntnis ist die „conversio ad phantasma": die Wende zu den Dingen – nicht der Seele, sondern der Außenwelt. – Wo endet sie? Im Grunde müßte jetzt über das Allerbefremdlichste, Zuspitzung all dessen, was uns von außen begegnet und herausfordert, Prüfstein jeder Theologie und ihrer Rede von Gott, gesprochen werden: das Leiden. Im Augenblick genügt es, festzustellen, daß dieses Fremde *erkenntnismäßig* und nicht etwa nur moralisch oder konjunkturell ins Zentrum Politischer Theologie gehört: „conversio ad passionem", Denken als „Umkehr", als „Richtungsänderung" und „Unterbrechung", als Wahrnehmung des Leidens und Hinwendung zu den Leidenden.

Es geht nicht darum, der Neuen politischen Theologie besondere Thomastreue zu attestieren (die es nicht gibt!) oder einen

Aristotelismus zu beschwören, der im Laufe seiner Wirkgeschichte ja nicht nur realitätsfähiger im Sinne wissenschaftlicher Erkenntnis, handlungsfähiger im Sinne des moralischen Denkens oder politikfähiger im Sinne des Parlamentarismus, sondern auch realitätsblinder im Namen herrschender Ideologie (Sepulveda und die Konquista!) gemacht hatte. Wichtig ist vielmehr, daß in dieser Theologie eine philosophische Grundinspiration aufgegriffen, sozusagen eine Warnung an den griechisch-platonischen Geist weitergegeben wird: die vor dem selbstreferentiellen Denken, vor dem Denken als Selbstbespiegelung – geboren aus nichts anderem als der mythischen Angst vor der Welt, vor Wirklichkeitsnähe, vor dem wirklich *anderen* und *dem* Anderen, vor der Berührung mit dem Neuen, auch dem Schrecklichen, vor der ungeschönten Realität. – Narziß verweilt aus keinem anderen Grund lieber bei seinem Spiegelbild: er bleibt *die* griechische Versuchung und Herausforderung für das extravertierte jüdisch-christliche Denken!

Ist aber eine Theologie, die sich ganz auf die Seite der Empirie, der Weltlichkeit und der Geschichte schlägt, nicht unfähig, ihre eigene und eigentliche Aufgabe zu erfüllen: die Wirklichkeit Gottes, das „Heil von Gott her" zu denken? Sollte sich die theologische Vernunft also nicht doch besser an Augustinus, vor allem aber Anselm von Canterbury halten? Tatsächlich gibt es für Thomas keinen direkten und erst recht keinen positiven Weg zum Göttlichen. Zwar begreift er die weltlich werdende und sich bereits hier als „experimentum" darbietende Welt als Schöpfung Gottes, wie er nicht müde wird gegen Aristoteles zu betonen, aber um sie darin gerade in ihrer *Eigen*gesetzlichkeit zu würdigen: Gott bleibt – dies ist der sogenannte „Extrinsezismus", genauer: die Offenbarungstheologie des Thomas – außerhalb, dem Denken letztlich verborgen. Er wird „durch Schweigen geehrt – nicht weil wir von ihm nichts zu sagen oder zu erkennen vermöchten, sondern weil wir unvermögend sind, ihn zu begreifen"[7]. Gott ist als Grenze gegeben, „zu wissen, daß wir ihn nicht wissen."[8]

Heute, so ließe sich diese erste Annäherung abschließen, da

sich unter den Einflüsterungen postmodernen Geistes die Welt als Ort der Verständigung und der Verantwortung zu verflüchtigen droht und wo sich, im Gegenzug, Systematiker und zumal Fundamentaltheologen in beiden Kirchen hilfesuchend auf den Deutschen Idealismus und die Identitätsphilosophie als Basis theologisch-vernünftigen Denkens verständigt zu haben scheinen (an der Seite Anselms, nicht Thomas von Aquins!)[9], insistiert die Politische Theologie auf dem Primat des „Nicht-Identischen" (Adorno) und stellt der Geschichte im Singular den „Plural von Leidensgeschichten" (Metz) entgegen. Sie konfrontiert gleichsam Hegels „Eule der Minerva" – die bekanntlich in der Dämmerung tätig wird, wenn sich die Turbulenzen des Tages gelegt haben – mit den Schrecken und Greueln der Zeit, denen sie sich besonders verpflichtet weiß, weil kein Sinn sie erschließt, weil sie gerade nicht einfach *verstanden* werden können und meistens auch nicht verstanden werden *dürfen*.

2 Gesellschaft als unverzichtbares Thema der Theologie

Wichtiger im Sinne der Abgrenzung als Anselm oder Hegel ist für die Politische Theologie ein Denker dieses Jahrhunderts, ein Staatstheoretiker und begriffssoziologisch argumentierender Jurist: Carl Schmitt, Rechtsberater Hitlers und Entdecker eines Zusammenhangs, der nun in der Tat höchste Aufmerksamkeit verdient: der Verwandtschaft von politischer und religiöser Herrschaft, von staatsrechtlichen und theologischen Begriffen. Ist, so fragte Schmitt in seiner 1922 geschriebenen „Politischen Theologie"[10], nicht eigentlich erst derjenige „souverän", der über den Ausnahmezustand entscheidet? Und ist der Ausnahmezustand nicht in direkter Analogie zum „Wunder" zu denken, einer im traditionellen Verständnis denkbar dramatischen Regelverletzung, mit der das Göttliche in die natürlichen und sozialen Abläufe rettend eingreift, dort der Gott, hier der Führer?

Mit Hilfe theologisch-traditionalistischer Vorstellungen wandte sich Schmitt gegen Aufklärung, Demokratie und jüdischen

Geist und konnte sich dabei einem Römischen Katholizismus nahe wissen, den er als „Prinzip der Repräsentation" erschrekkend meisterhaft analysierte. Theologie trieb er nie unmittelbar, aber faktisch doch so effektiv, daß der Name einer „politischen Theologie" zunächst stets mit voraufgeklärtem, traditionalistischem, ja präfaschistischem Denken verknüpft wurde. Der Versuch, die Neue politische Theologie als linksintegralistisch und damit als einfache Umkehrung der „alten" zu verdächtigen, hängt mit diesen Schmittschen Vorgaben zusammen.

Wie hat die Politische Theologie überhaupt mit einer solchen Hypothek fertig werden können? Indem sie das Wort „politisch" noch einmal völlig neu buchstabierte: nicht unter Bezugnahme auf traditionalistisches Gedankengut, sondern unter direkter und emphatischer Berufung auf die kritischen Traditionen der Aufklärung. Die politische Theologie der neuen Art war nicht am Projekt eines christlichen Staates, nicht an der „große(n) römische(n) Form" (Schmitt) des Katholizismus interessiert, sondern fragte nach den gesellschaftlichen Kräften, die geeignet schienen, die herrschende Macht der öffentlichen Kritik und Vernunftkontrolle zu unterziehen. Auch Kirche sollte einbezogen sein: als eine „Institution gesellschaftskritischer Freiheit".[11]

Ein überholtes 68er Konzept, heute, wo die zentralen Anliegen der Aufklärung einem dramatischen Wandel unterliegen und Mündigkeit, dieses vorrangige Ziel aufgeklärten Denkens, verlorenzugehen droht über eine „Öffentlichkeit", die sie einst garantieren können sollte und die als Medienöffentlichkeit inzwischen längst deren Ruin betreibt? Wo nicht mehr „Gesellschaft" gesagt wird, wie damals, sondern „Staat" oder „Nation", aber mit dem gleichen aufbruchsbewußten Pathos? Wo erneut, als hätte es entsprechende Bewußtseinsveränderung nie gegeben, nach unhinterfragbaren Autoritäten und stabilen Eliten gesucht wird und Schmitts abscheuliches Wort von den „IsraEliten" schon wieder plausibel und zugkräftig ist? Wo also fast alles, was uns nach 1945 wichtig sein mußte, zur Disposition zu stehen scheint, sekundiert von einem neuen wissenschaftlichen und publizistischen Interesse an Carl Schmitt, von dem wir ja ohnehin wissen, daß er die Rechtstheorie und -praxis in diesem Lande fortdauernder beeinflussen konnte, als seiner sauerländischen Altersabgeschiedenheit zuzutrauen war.

Politische Theologie, als gesellschaftskritische Reflexion, wird die Auseinandersetzung mit Carl Schmitt und dem Neotraditionalismus von heute erneut suchen, um, pointierter als bisher, zu zeigen, daß Monotheismus, Kirche und Glaube in Analogie zur Freiheit, Demokratie, Verantwortlichkeit und Solidarität des Menschen zu denken sind – aus dem Geist nicht so sehr Roms, das bei zu vielen Faschismen Pate gestanden hat, sondern Israels! – und in den Streit um Tradition, Religion und Wahrheit einbezogen werden müssen: und zwar in einer Zeit, wo selbst die religiösen „Aufbrüche" weltweit rückwärtsgerichtet zu sein scheinen und zunehmend fundamentalistische Züge aufweisen.

Überhaupt wird Geschichte zu einem herausfordernden Thema politisch-theologischer Reflexion. Selbst wenn die historische Erinnerung noch nicht historistisch entsorgt und damit ihrer Traumatik beraubt wurde (vgl. den sog. Historikerstreit)[12], scheint man doch längst dazu übergegangen, sich unter der heimlichen Ägide Nietzsches und im Namen nationaler Identität an das Vergessen zu halten. Erinnerung, als politische und geschichtliche Auseinandersetzung und Kultur, droht z. B. bei Theologen wie Eugen Drewermann oder Schriftstellern wie Botho Strauß einer eher psychologisch orientierten „Tiefenerinnerung" Platz zu machen. Statt einer erinnerungsgeleiteten Schärfung der gesellschaftlichen Verantwortung soll es vorrangig um „religiöse oder protopolitische Initiation"[13] (Botho Strauß) gehen, um die Einweisung in kultische, tragische, in jedem Fall anfangshaft / archetypische Zusammenhänge, unter der Obhut der Dichter, Homers und Hölderlins.[14]

Kritische Vernunft hatte sich einer anderen, biblischeren Einsicht stellen wollen: daß nicht Wahrheit in der Geschichte, sondern Geschichte in der Wahrheit[15] liege, so daß weniger meditative Versenkung als vielmehr Aktion und verantwortliche Tat der Wahrheitserkenntnis diene. „Denken und Handeln", schrieb

D. Bonhoeffer 1944 aus dem Gefängnis, „wird für Euch in ein neues Verhältnis treten. Ihr werdet nur denken, was ihr handelnd zu verantworten habt. Bei uns war das Denken vielfach der Luxus des Zuschauers, bei Euch wird es ganz im Dienste des Tuns stehen."[16]

Dies sind Sätze einer nach wie vor unbefriedigten Aufklärung, und Theologie täte gut daran, für sie einzustehen und die Rolle des gelehrten Beobachters anderen zu überlassen.

3 Unterbrechung

Wo Bonhoeffers Einsicht in die zukünftige Verantwortung des Denkens situiert war: im Terror des Dritten Reiches, verdichtet in einer Berliner Gefängniszelle als dem neuen theologischen Ort eines radikalen Christentums[17], von dort und in deutlich reflektierter Zeitgenossenschaft hat auch Johann Baptist Metz seine Politische Theologie zu konzipieren versucht.

„Offenbar gibt es keinen Sinn der Geschichte, den man mit dem Rücken zu Auschwitz retten kann, keine Wahrheit der Geschichte, die man mit dem Rücken zu Auschwitz verteidigen und keinen Gott der Geschichte, den man mit dem Rücken zu Auschwitz anbeten kann."[18]

Sosehr die Neue politische Theologie die Forderungen einer wirklich öffentlich und politisch gewordenen Aufklärung gehört und nach Kräften theologisch weiterbuchstabiert hatte – sie hat ihnen doch nur getraut, wenn und solange auch die Grenzen der Aufklärung innerhalb der Moderne deutlich blieben. Auschwitz ist diese Grenze, dieser „Zivilisationsbruch"[19]. Politische Theologie hat sich darum mehr und mehr als eine „danach" verstanden – nicht, um das Projekt einer aufgeklärten Moderne nun doch geschichtspessimistisch zu verabschieden, sondern weil dieses Projekt nur so realistisch verteidigt und für die Zukunft gesichert werden kann. Das gilt erst recht und vorab für das „Projekt" des Christentums und dessen Wahrheit, ja für die Gottesfrage insgesamt.

1944 hatte Bonhoeffer der Kirche, die er mit nichts anderem als „Selbstverteidigung" beschäftigt sah, die Unbrauchbarkeit vieler ihrer tragenden Begriffe vor Augen geführt[20], vergeblich, wie die Geschichte nach dem Krieg zeigt, wo sich die Kirchen mehr oder weniger „kostengünstig" zu Opfern des Faschismus deklarieren ließen und deshalb Schuldbekenntnisse, Umkehr oder gar theologische Revisionen für unnötig hielten. Bonhoeffer meinte dagegen, Orthodoxie sei ein Handlungs- und Solidarzusammenhang, innerhalb dessen die rechte Lehre überhaupt erst ihre Wahrheit empfange. Dies läßt sich im Blick auf unsere Frage präzisieren: nicht sosehr deshalb brauchen wir „politische" Theologie, weil wir ein theoretisches Vehikel benötigten, mit dem die christliche Lehre der Öffentlichkeit, der Politik, den Gesellschaftswissenschaften oder wem auch immer nahegebracht und vermittelt werden kann. Vielmehr ist sie notwendig, weil die christliche Wahrheit selbst, so, wie sie sich in der Geschichte darstellt bzw. verbirgt, ohne „gefährliche Erinnerung", ohne kritische Geschichtsvergewisserung, ohne systematische Konfrontation mit dem Grauen schlechterdings nicht zu ermitteln und erst recht nicht zu verteidigen ist.

Nur wenige Theologen hierzulande haben – anders als in den Vereinigten Staaten – begriffen oder sich einzugestehen getraut, in welche Grundlagenkrise das kirchliche Dogma und die christliche Theologie durch die Vernichtungtaten des Nationalsozialismus gestürzt wurden, wie sehr die Christentumsgeschichte seither immer auch als Vorgeschichte des millionenfachen Judenmordes verstanden werden muß. Dies zu erkennen, bedeutet nicht, einen letzten, sozusagen metaphysischen Triumph Hitlers über das Christentum einzugestehen, obwohl gerade dieser Einwand, den Emil Fackenheim einer (jüdischen) Holocaust-Theologie gemacht hat, nicht unterschätzt werden darf.[21] Ruinöser jedoch als der Schock der Erinnerung ist die Apathie, tödlicher als der Zweifel oder gar die Verzweiflung ist ein christlicher Wahrheits- und Absolutheitsanspruch, der unirritierbar, sozusagen oberhalb der Geschichte und der gesellschaftlichen Verhältnisse, begründet wird, und der ja einer der subtilsten Gründe

dafür war, weshalb sich die Kirchen nicht von Anfang an einge-
mischt, warum sie sich durch die Vernichtung des europäischen
Judentums *in ihrer eigenen Identität* so wenig bedroht und tan-
giert gefühlt haben, was ja nicht heißt, daß sie nicht auch selbst
Angst vor der Verfolgung hatten und haben mußten.

In einem gängigen und selbst heute noch nicht überwundenen
kirchlich-theologischen Selbstverständnis stellt sich die christliche und zumal die christologische Wahrheit in einer derartigen
150-Prozentigkeit und Ausschließlichkeit dar, daß für das Judentum überhaupt kein Platz mehr bleibt. Rosemary Radford
Ruether hat deshalb vom Antijudaismus als der „linken Hand
der Christologie" gesprochen.[22] Ich folgere, ohne damit Radford
Ruethers Satz vollinhaltlich zu übernehmen, daß Christen darüber nachzudenken haben – erst dies nenne ich eine verantwortliche Theologie! –, wie aus theologischen Sätzen und Überzeugungen politische Wirkungen entstehen können, wie der offene
oder gar bekennende Antijudaismus bereits ein verborgener,
unausgesprochener Antisemitismus sein kann; wie wichtig es
daher für Dogmatik und Fundamentaltheologie, Kirchengeschichte und biblische Wissenschaften ist, die gesellschaftlichen
Nebenfolgen ihrer Begriffsbildungen und Hypothesen zu reflektieren.

Selbst aber wenn die Frage nach einer mittelbaren oder gar
unmittelbaren christlichen Schuld am abendländischen Judenhaß und dessen Apotheose im Dritten Reich zurückgestellt würde, bliebe das Problem, wie nach den schrecklichen Ereignissen
von damals noch von Erlösung und Heil, wie von einem in der
Geschichte gegenwärtigen Gott sinnvoll geredet werden können soll. Will sich die Theologie nicht in ihrer eigenen Apathie
und Unberührbarkeit bloßstellen, wird sie, um es in der Sprache
von J.B. Metz zu sagen, insgesamt „theodizee-empfindlicher"
werden müssen. Theodizee nun nicht nur als einzelner Traktat
verstanden, in welchem nach der Gerechtigkeit Gottes angesichts
des Bösen und des Leidens in der Welt gefragt wird, sondern als
eine alle Traktate und theologischen Begriffe begleitende Frage
nach ihrem Recht, ihrer Stimmigkeit, ihrer Wahrheit gegenüber

der Leidensgeschichte der Menschheit. – Auch und gerade hier spricht noch die Aufklärung, eine radikale, geradezu fromme Aufklärung, die lieber gottlos sein, als die Hohlheit der dogmatischen Begriffe ertragen wollte: „wär ich allmächtig, sehen Sie, wenn ich so wäre, ich könnte das Leiden nicht ertragen, ich würde retten, retten...“[23].

Politische Theologie steht in der Tradition einer theodizeesensiblen Aufklärung, und zwar bewußt „nach Auschwitz". Sie wirbt in dieser Doppelverpflichtung für ein theologisches Denken, das sich den Fragen der Opfer, diesen einzig notwendigen, aussetzt, ohne hier mit zu schnellen Antworten aufzuwarten. Mag sein, daß „Auschwitz" oft zu ungeschützt gesagt wird und manchmal eher die Betroffenheit vergrößert, als die Reflexion zu schärfen und zu radikalisieren.[24] Aber dieser Name ist unersetzbar und *muß* gesprochen werden, wenn er geschützt werden soll. Und daß sich die Theologie ihm auszusetzen und von ihm in ihrer Wahrheit herausfordern zu lassen hat, auch dies ist unvermeidlich, jedenfalls dann, wenn sie bei ihrer eigentlichen Sache, den Fragen nach Gott und seiner Gerechtigkeit, nach Heil und Erlösung bleibt und nicht in sekundäre Bereiche ausweicht, wo sie sich ohnehin erübrigt. Politische Theologie also, weit von dem Zerrbild entfernt, nur am Rande oder in außertheologischem Gebiet angesiedelt zu sein, beansprucht die Theologie gerade dort, wo sie am theologischsten ist, klagt gleichsam die Theologizität der Theologie ein – in politischer Absicht.

4 Sensible oder instrumentelle Vernunft

Die hier vertretene Theologie ist eine „sensible" Theorie. Sie steht für Empfindsamkeit, für ein „Schmerz-Apriori"[25], das bereits in den Begriff einer wohlverstandenen Aufklärung (Büchner, Feuerbach!) hineingehörte, um alles bloß Instrumentelle, Funktionale und Rationale an ihr zu durchdringen und zu verändern. Solche „Sensibilität" war stets mit „Erinnerung" verbunden, mit der „gefährlichen" des Leidens.[26] Erst diese „anamnetische Vernunft" vernimmt ja, was wahr ist und augenblicklich nottut, vermag „Leiden beredt werden zu lassen", wie Adorno im Horizont des Judentums formulierte, vermag es also in seiner hermeneutischen Kraft für die Gegenwart zur Geltung zu bringen. So bleibt auch das Rettende möglich, das denkerisch nie wirklich eingeholt, sondern nur angerufen werden kann: Gott, „der nicht Gott ist, wenn du ihn begreifst" (E. Przywara).

Vielleicht ist dies der eigentliche Beitrag der Politischen Theologie für eine zeitgemäße Fundamentaltheologie: die Empfänglichkeit der Vernunft für Gott in einer über die gängigen Religionsphilosophien hinausgehenden Weise deutlich gemacht zu haben. Nicht durch die Unmittelbarkeit der Seele (Augustinus) oder des geschichtlichen „Augenblicks" (v. Ranke) oder ein unverlierbares „übernatürliches Existential" (Rahner) ist der Mensch, sind die menschliche Vernunft oder die Geschichte mit Gott verbunden, der vollends abgründiger und dramatischer ist, als jene liberale Theologie und Mentalität glaubt, die „Gott täglich bei sich im Sack zu haben" (Overbeck) meint. Gegen dieses possessive *Immer-schon* wird politisch-theologisch Einspruch erhoben, weil – „nach Auschwitz" – auch von einem uneinholbaren *Zu-spät* gesprochen werden muß! Deshalb sind wir mit Gott, wenn überhaupt, durch das Gedächtnis des Leidens „verbunden". Nicht also im Rahnerschen „Vorgriff" des erkennenden Geistes hin auf das „absolute Geheimnis" oder in einem anderen Apriorismus, sondern in der anamnetischen Treue und Sensibilität der Vernunft liegt die theologale Würde des Menschen.

Die Anamnese, um die es hier geht, ist nie nur *Erkenntnis* vergangenen Leidens (wie ja ohnehin überaus fraglich ist, ob Leiden wirklich „erkennbar" ist)[27], sondern sie ist zuvor und vor allem beharrliches *Hören* auf den Schrei der Opfer, der sich durch die Geschichte und die Gegenwart zieht und noch immer nach Antwort verlangt – „Ohr der Menschheit / du mit dem kleinen Lauschen beschäftigtes, / würdest du hören?" (Nelly Sachs). Die „anamnetische Vernunft" ist deshalb eine ethische und darin eine zutiefst „auditive" Vernunft, die verantwortlich und „moralisch" denkt, weil und indem sie hört und gehorcht. – Wir ahnen, daß auch die christliche Theologie ganz außerhalb des „Höre, Israel" nicht möglich ist, höchstens in selbstruinöser Abstraktheit, daß sie vielmehr gut daran tut, ihr traditionelles „Seinsdenken", das die Vergleichgültigung des Menschen (Heidegger!) und den neuzeitlichen „Tod Gottes" mit heraufgeführt haben dürfte, zugunsten des normativen „Bundesdenkens" der Bibel zu überwinden. So daß also auch erst jene Fundamentaltheologie wirklich „fundamental" wäre, die um den Rang des Gebotes, die um den gnoseologischen Primat des Ethischen weiß und ihn theologisch-systematisch zu sichern sucht.[28]

5 Politische Theologie: warum benötigen wir sie?

(1) Ich fasse zunächst zusammen: Wir benötigen sie, weil die Theologie, um dem Projekt der Moderne treu sein zu können, in der Spur einer genauso sensiblen wie kritischen Vernunft bleiben muß, die den Traditionalismus sowie jegliches Ursprungsdenken zugunsten eines Denkens in Begriffen öffentlichen, politisch-befreienden Handelns überwindet. Zwar hat sie dabei mit einem gewissen Fundamentalismus der Moderne selbst zu rechnen[29], doch angesichts der Wiedergeburt des anderen, gegenaufklärerischen Fundamentalismus und rechtsgerichteter Tendenzen in Theorie und gesellschaftlicher Praxis (Carl Schmitt als Symptom!) wird sie den Traditionen der Aufklärung verbunden bleiben, eben jener Aufklärung, die sich auch noch über sich selbst klar zu werden versucht, also dialektisch bleibt und die Mißbrauchbarkeit der modernen Vernunft, ihre Tendenz zur rein „instrumentellen", nie aus dem Auge verliert. D.h. Politische Theologie steht gegen besinnungslose Vergangenheits- und Fortschrittsfixierung, die im Vergessen des Leidens, letztlich in der Verantwortungslosigkeit konvergieren.[30] Als anamnetische Theologie ist sie damit stets auch Ethik, Ethik in nuce, eine handlungsorientierende, „politische Ethik" – im Raum eines weitgefaßten „Höre, Israel".

Diese unter Politischen Theologen wahrscheinlich mehrheitsfähige Einschätzung bedurfte noch der Präzisierung: der Aufklärung treu zu bleiben vermag das Denken nur dann, wenn es ihr bis dorthin folgt, wo nichts mehr zu verstehen und einzuordnen ist. Nach wie vor steht der Name Auschwitz für diese „Grenze der Aufklärung" (Detlev Claussen)[31], diesen „Zivilisationsbruch" (Dan Diner), vor dem allein die Vernunft „vernünftig" bleibt, die bereit ist, sich selber *unterbrechen* zu lassen. Deshalb muß Erinnerung als „Unterbrechung" auch im theologischen Denken beheimatet werden. Keineswegs, um dieses zu lähmen oder in regressiver Apologetik wieder an den Grenzen des Wissens anzusiedeln, wo der Theologe bekanntlich leichtes Spiel hat. Sondern um die Grenzen des Verstehens auszuloten, um von Gott zu sprechen, dort, wo er selber auf dem Spiel steht, wo die christliche Wahrheit als solche bedroht ist[32], bzw. wo sie sich, was zugleich ihre Rettung bedeutete, als „Güte" (Lévinas)[33] herausgefordert weiß. – Weder die politische Ethik wird dadurch vernachlässigt, noch arbeitet man politisch-theologisch dem Irrationalismus zu. Allerdings zeigt sich die Unverzichtbarkeit metaphysischen und metaethischen[34] Denkens: um das Leiden nicht zwar spekulativ „aufzuladen" und so theologisch zu vereinnahmen – gerade nicht! –, sondern um es vor den Zugriffen der instrumentellen Vernunft zu schützen und für sie unerreichbar zu machen, kurz: um die Opfer nicht erneut auszuliefern.

(2) Über diese zeitgeschichtliche Verantwortung der Theologie hinaus gibt es dort, wo Christen dem Projekt der Moderne zeitgenössisch verbunden sind, neue Herausforderungen, die nach „politischer" Theologie im weitesten Sinne verlangen.[35] Die Theologie – diese Prognose fällt nicht schwer – wird ihren Eurozentrismus hinter sich lassen. Sie wird kontextueller, pluriformer werden und dabei bemüht sein – auch dies ist längst zu erkennen –, ihren bedrohten und zum Teil schon verlorenen Universalismus über die Möglichkeiten „kommunikativer Vernunft"[36] zu kompensieren. Wird sie sich, anpassungswillig und flexibel

wie sie ist, einem ebenso bunten wie heterogenen Ethnozentrismus und Kontextualismus ausliefern, der im Begriff steht, erneut jenen „Volksgeist" zu beschwören, dem die Unversehrtheit der Gruppe, des Stammes, der Nation wichtiger ist als die Eigenständigkeit der Person? Ihn hatte eine der aufgeklärten Moderne verpflichtete UNESCO, nach dem Ende Hitlerdeutschlands, in die Schranken weisen wollen.[37] Wie kann die Theologie, bei ihrer unausweichlichen Multikulturalität, solche Regression vermeiden? Wie vermag sie in der Tradition jenes kulturstiftenden Gottes zu bleiben, der den Menschen – *allen*, und allen persönlich! – Wahrheit, Freiheit und Würde versprochen hat? Ohne Wissen um die Realität dessen, was wir „Sünde" oder „Gnade" nennen, also etwa schlicht kommunitaristisch[38], wird das ebensowenig möglich sein wie jenseits der Einsicht in die Sozialpflichtigkeit des religiösen Erbes, d.h. mit antimodernistischer Attitüde.

Die Aufgabe besteht darin, Ethnologen, Philosophen, Historiker und Theologen an einen „Tisch" zu bitten, um sicherzustellen, daß jenes aus der jüdisch-christlichen Erinnerung hervorgegangene und in den Greueln des Holocaust eingeschärfte Ethos kein Privileg bleibe, sondern alle Ethnien und Kulturen bereichere – ohne sie, wie so oft (1492 und die Folgen!), zu dominieren oder gar auszulöschen. Dies wäre, um es abgekürzt zu sagen, der „Tisch" der Politischen Theologie, ob sie weiterhin unter diesem Namen firmiert oder nicht, ob sie die „Sitzordnungen" definiert oder nicht.

Die Probleme der Zukunft stellen sich im weltweiten, gesamtmenschheitlichen Zusammenhang. Nur in scheinbarem Gegensatz dazu verwies H.M. Enzensberger in den frühen 80er Jahren auf einen „Eurozentrismus wider Willen", deshalb, weil im eigenen Wohlstandshaus die Standards für die sogenannte Dritte Welt bereitgestellt, weil hier die Utopien und Träume der Armen produziert würden, die sich via Bildfunk besonders auch über die Zweidrittelwelt verbreiten. Vor der eigenen Tür also, im Zentrum einer westlichen Industriegesellschaft, müsse begonnen werden. Dies klingt vertraut bis zum Überdruß und ist doch immer noch eine ethische, christliche, wie auch theologische Herausforderung ersten Ranges:

Säkularisierte Götter beherrschen die nach- oder neureligiöse Menschheit und werden in der postmodernen Gleich-Gültigkeit dieser Tage nicht etwa machtloser, sondern höchstens undurchschaubarer, also gefährlicher: die „Götter" der sogenannten politischen Zwänge, die „Penaten" der täglichen Konsumgewohnheiten und -abhängigkeiten, die Götzen der zivilisatorischen „Errungenschaften" und Fetischismen. Ihre Allgegenwart ist unaufdringlich, ja „befreiend", wie Herbert Marcuse schon in den 60er Jahren feststellte[39], aber verheerend, für die Armen weltweit wie für die Demokratie hierzulande[40], für die christliche Religion wie für eine Theologie, die dies nicht wahrnimmt und ihre Verhältnislosigkeit auch noch für eine theologische Tugend hält. „Unterbrechung" des standardisierten Denkens tut auch hier not – nun nicht, um sich einer Katastrophe der Vergangenheit, die nicht vergehen kann und nicht vergessen werden darf, auszusetzen, sondern um auf eine gegenwärtige, in ihren wahren Dimensionen noch gar nicht absehbare Katastrophe zu reagieren.

Karl Rahner hatte die wenig beachtete, weil wenig beruhigende These vertreten, daß es in der Kirche heimliche, „kryptogame" Häresien gebe. Nicht die im internen Wechselspiel mit Rom genauso freizügig bekannten wie rigide verurteilten, sondern weit gefährlichere: jene Irrlehren, die sich in Grundhaltungen und alltäglichen Gewohnheiten ausdrücken und die sich, würden sie in ihrer Theo-Logik ausformuliert, als unvereinbar mit dem Glauben der Christen und der kirchlichen Lehre herausstellten, weil sie in der Aufkündigung gelebter Solidarität, in der Preisgabe der Gerechtigkeit für alle bestehen. Wer klärt über diese Götzen-Götter auf, die diesseits der gängigen Orthodoxie ihre entfremdende Macht ausüben und das Christentum, unter dem Schein der Rechtgläubigkeit, seiner Wahrheit berauben?

Wer, wenn nicht eine „radikale" Theologie, die sich nicht durch modische oder taktische Anpassungsfähigkeit auszeichnet und damit letztlich nichts anderes als „eine sich ewig fortzeugende

Eintagsfliege" (Overbeck) wäre, sondern die über das nötige ideologiekritische und sozialanalytische Rüstzeug und den „langen Atem" der Erinnerung verfügt, um solche quasireligiösen Abhängigkeiten und Bindungen zu entlarven und mit Gebot und Verheißung des jüdisch-christlichen Gottes zu konfrontieren?

Anmerkungen

1   Vgl. H. Lübbe, Im Zug der Zeit. Verkürzter Aufenthalt in der Gegenwart, Berlin 1992 u.ö.

2   K. Rahner, Geist in Welt. Zur Metaphysik der endlichen Erkenntnis bei Thomas von Aquin, München [2]1957; J.B. Metz, Christliche Anthropozentrik. Über die Denkform des Thomas von Aquin, München 1962.

3   Zum lehramtlichen Aspekt vgl. J.B. Metz ebd., 9ff.

4   Vgl. De civ. Dei, Lib. XI, cap. XXVI.

5   Vgl. etwa H. Verweyen, Gottes letztes Wort. Grundriß der Fundamentaltheologie, Düsseldorf 1991.

6   Thomas von Aquin, Summa contra gentiles 2,3.

7   Thomas von Aquin, In Trin. 2,1 ad 6).

8   ders., De Pot. 7,5 ad 14.

9   Vgl. wieder H. Verweyen, a.a.O. und, differenzierter, Th. Pröpper, Erlösungsglaube und Freiheitsgeschichte. Eine Skizze zur Soteriologie, München 1988 u.ö.

10 C. Schmitt, Politische Theologie. Vier Kapitel zur Lehre von der Souveränität, 1922, [2]1934.

11 Vgl. J.B. Metz, Über Institution und Institutionalisierung, in: ders., Zur Theologie der Welt, Mainz / München 1968 u.ö., 122ff.

12 Vgl. J. Manemann, „Weil es nicht nur Geschichte ist" (H. Sherman). Die Begründung der Notwendigkeit einer fragmentarischen Historiographie des Nationalsozialismus aus politisch-theologischer Sicht, Münster und Hamburg 1995.

13 Botho Strauß, in: Spiegel-Gespräch 6/1993.

14 Vgl. Die Auseinandersetzung mit E. Drewermann in: J. B. Metz / T.R. Peters, Gottespassion. Zur Ordensexistenz heute, Freiburg/B. 1991, 87-91.

15 Vgl. Theodor W. Adorno und Alfred Sohn-Rethel. Briefwechsel 1936-1969, hg. von Chr. Gödde, München 1991, 32.

16 D. Bonhoeffer, Widerstand und Ergebung. Briefe und Aufzeichnungen aus der Haft, hg. von E. Bethge, Neuausgabe München 1970 u.ö., 325.

17 Vgl. T. R. Peters, Theologie am Ort politischer Gefangenschaft. Das Beispiel D. Bonhoeffer, in: Concilium 14 (1978), 324ff.

18 J. B. Metz, Unterwegs zu einer nachidealistischen Theologie, in: J. B. Bauer (Hg.), Entwürfe der Theologie, Graz 1985, 218.

19 Vgl. D. Diner (Hg.), Zivilisationsbruch. Denken nach Auschwitz, Frankfurt/M. 1988.

20 „Unsere Kirche, die in diesen Jahren nur um ihre Selbsterhaltung gekämpft hat, als wäre sie ein Selbstzweck, ist unfähig, Träger des versöhnenden und erlösenden Wortes für die Menschen und für die Welt zu sein. Darum müssen die früheren Worte kraftlos werden und verstummen, und unser Christsein wird heute nur in zweierlei bestehen: im Beten und im Tun des Gerechten unter den Menschen. Alles Denken, Reden und Organisieren in den Dingen des Christentums muß neugeboren werden aus diesem Beten und aus diesem Tun." WEN a.a.O., 328.

21 Vgl. E. Fackenheim, Die gebietende Stimme von Auschwitz, in: M. Brokke / H. Jochum (Hg.), Wolkensäule und Feuerschein. Jüdische Theologie des Holocaust, München 1982, 73-110.

22 Vgl. R. Radford Ruether, Nächstenliebe und Brudermord. Die theologischen Wurzeln des Antisemitismus, München 1978, 170-189.

23 So spricht, „mit einem Ausdruck unendlichen Leidens", Büchners „Lenz". In dessen „Danton" heißt es: „Warum leide ich? Das ist der Fels des Atheismus. Das leiseste Zucken des Schmerzes und rege es sich nur in einem Atom, macht einen Riß in die Schöpfung von oben bis unten."

24 Vgl. etwa M. Roentgen, Alles verstehen hieße alles verzeihen ... Prolegomena zu Anlaß und Unmöglichkeit von theologischen Reflexionen nach Auschwitz. Ein Versuch, Bonn 1991; vgl. R. Seligmann, Republik der Betroffenen. Spiegel-Essay, in: Der Spiegel, Nr. 14 (1994), 92f.

25 P. Sloterdijk hat mit diesem Wort auf sehr glückliche Weise Th.W. Adornos Denken charakterisiert.

26 In diesem von H. Marcuse (Der eindimensionale Mensch) inspirierten Stichwort der „gefährlichen Erinnerung" hat Metz weniger dessen Option für eine rebellierende Subjektivität übernehmen wollen als vielmehr Benjamins / Adornos Verweis auf das in der Geschichte akkumulierte und immer neu verdrängte Leiden als der eigentlich kritischen Instanz der Vernunft.

27 Hier überschreiten auch die Überlegungen P. Rottländers ihre Möglichkeiten, der in seinen Reflexionen über „Ethik in der Politischen Theologie" genötigt wird, von einer „analogia passionis" zu sprechen, dort, wo

er Universalität und Kontextualität einer „anamnetischen Ethik" spekulativ zu verbinden sucht: Orientierung 57 (1993), 157f.

28 Auch deshalb dürfte es wichtig sein, den philosophischen Ansatz von E. Lévinas und dessen Versuch, die Ethik als Erste Philosophie zu begreifen, theologisch wahrzunehmen.

29 Vgl. H. Dubiel, Der Fundamentalismus der Moderne, in: Merkur 46 (1992), 747-762.

30 Vgl. P. Rottländer, Die Conquista - auch ein Aufbruch zur Moderne. Überlegungen im Anschluß an die Analysen von Tzvetan Todorov, in: Orientierung 54 (1990), 227.

31 D. Claussen, Grenzen der Aufklärung. Zur gesellschaftlichen Geschichte des modernen Antisemitismus, Frankfurt/M. 1987.

32 Vgl. O. John, Theologie nach Auschwitz und postmoderne Mentalität, in: Erinnern und Erkennen. Denkanstöße aus der Theologie von Johann Baptist Metz, herausgegeben von T. R. Peters, Th. Pröpper u. H. Steinkamp, Düsseldorf 1993, 123-134.

33 Zur Metaphysik der Güte, die theoretisch am Anderen Maß nimmt, vgl. E. Lévinas, Die Spur des Anderen. Untersuchungen zur Phänomenologie und Sozialphilosophie, Freiburg / München 1983 u.ö.

34 Die Forderung einer Metaethik in diesem Sinne erhebt F. Rosenzweig, Der Stern der Erlösung, Frankfurt/M. 1990, 11ff u. 67ff.

35 Vgl. dazu auch T. R. Peters, Mystik, Mythos, Metaphysik. Die Spur des vermißten Gottes, Mainz / München 1992, 101-164.

36 Vgl. J. Habermas, der allerdings notgedrungen Zugeständnisse an den Kontextualismus machen muß: „Die Einheit der Vernunft in der Vielheit ihrer Stimmen, in: O. Marquard (Hg.), Einheit und Vielheit, Hamburg 1990.

37 Vgl. A. Finkielkraut, Die Niederlage des Denkens, Reinbek 1989, 87.

38 Vgl. J. von Soosten, Sünde und Gnade und Tugend und Moral, in: C. Zahlmann (Hg.), Kommunitarismus in der Diskussion. Eine streitbare Einführung, Rotbuch 1994, 48-56.

39 Vgl. etwa H. Marcuse, Versuch über die Befreiung, Frankfurt/M. [3]1972.

40 Vgl. P. Virilio, Revolutionen der Geschwindigkeit, Berlin 1993, 65ff.

Hedwig Meyer-Wilmes

Rebellion auf der Grenze

Feministisch-theologische Markierungen

Entgegen meiner Gewohnheit möchte ich meine Ausführungen mit einem Bibelzitat beginnen, doch einer Theologin wird man dies nachsehen.

„Selbst der Sperling hat gefunden ein Heim und die Schwalbe ein Nest, darin ihre Jungen zu verbergen." (Psalm 84,4)

Mit diesem Psalm möchte ich meinen ersten Punkt einleiten:

1 Zum institutionellen Ort feministischer Theologie oder vom Ort des Sperlingsweibchens im Hause Gottes

Seit die Emanzipation der Frau vor circa dreißig Jahren auch in der Kirche als ein Zeichen der Zeit neben Arbeiterbewegung und dem Aufstand der Dritte-Welt-Länder benannt worden ist, sollte man meinen, für die Frauen in den Kirchen habe sich viel verändert. Dem ist auch so: die Frauen haben sich verändert, Institutionen wie Kirchen, Gemeinden, Akademien und Hochschulen können nicht mehr an ihnen vorbei, doch die Kirchen haben sich wenig verändert, was Frauen immer noch zu Außenseiterinnen und 'Alibifrauen' macht. 0,2% der Hochschullehrenden in Deutschland sind weiblich, zwei weibliche Caritas-Geschäftsführerinnen gegenüber 97,8% weiblichen Angestellten beim Caritasverband sprechen eine deutliche Sprache. Frauen werden explizit aufgefordert, ihren Beitrag institutionell einzubringen, doch wie die Aufregungen um das evangelische Frauenstudien- und Bildungszentrum in Gelnhausen oder die Nichtbesetzung des Lehrstuhls für feministische Theologie in Münster mit Elisabeth Schüssler Fiorenza gezeigt haben, dürfen sie nicht feministisch sein: das ist zu einseitig, zu politisch, zu wenig offen. So ist es dann auch nicht verwunderlich, daß feministische Theologie nach wie vor in Deutschland neben den Institutionen oder besser gesagt auf der Grenze zwischen Institution und Bewegung verortet werden muß. Insofern haben die Sperlingsweibchen noch kein Heim für sich und ihre Jungen im Hause Gottes gefunden, sie sind noch schwer am Diskutieren mit verschiedenen Raubvögeln und softigen Singvögeln, ob sie unter dem Dach ein Nest bauen dürfen und zu welchen Bedingungen. Die Vögel in Amt und Würden diskutieren lieber darüber, wie dick die Mauern des Hauses sind, wie prächtig die Innenarchitektur; während dessen sind die Jungen flügge geworden und die Alten müde. D. h. auch nach zwanzig Jahren feministischer Theologie hat sie keinen Platz an deutschen Universitäten. Nun noch ein paar Ausführungen zum Selbstverständnis meines Faches.

Feministische Theologie ist die Kombination zweier Fachdiskurse, metaphorisch gesprochen, das Wagnis des zweifachen Blicks. Dieses Fach erfordert zwei Kompetenzen: die Kenntnis der Frauenforschungstradition und der Theologie. Feministische Theologie bezieht sich auf die Befreiungs- und Unterdrückungserfahrungen von Frauen. Dieser Verweis auf die Erfahrungen von Frauen wird oft als eine Art therapeutischer Diagnose mißverstanden, bedeutet jedoch die theoretische Durchdringung und Artikulation einer Hermeneutik, die Geschlecht als Kategorie berücksichtigt und kommunizierbar macht. Es ist sozusagen eine Freud'sche Fehlleistung, etwas weniger vornehm ausgedrückt, Ignoranz, feministischer Theologie vorzuwerfen, sie binde ihre Erkenntnis an das Geschlecht. Die Kritik an der 'männlich-normativen' Rede vom Menschen, an der Dominanz männlicher Gottesbilder mündet doch nicht automatisch in die Inthronisation der Großen Göttin oder des Frau-Seins als Erkenntnisquelle.

Jedem theologisch arbeitenden Menschen ist doch klar, daß es einen Unterschied macht, ob ich Paulus als Christ, Jude oder Römer bewerte; genauso verhält es sich mit der theologischen Frauenforschung. Es macht einen Unterschied, ob ich das Hohe Lied der Liebe in der hebräischen Schrift als erotisches Liebesgedicht, als Allegorie auf die rechte und sündige Kirche oder im Vergleich mit den einundzwanzig Liebesgedichten der Adrienne Rich[1] lese. Perspektive und Ort sind entscheidend für die wissenschaftlichen Ergebnisse, und wir haben uns heute auf eine Vielfalt von Perspektiven einzustellen, wenn wir die Theologie nicht als Monolog weiterführen wollen.

2 Zum hermeneutischen Ort feministischer Theologie oder Werkstattsbericht feministischer Theologie

Feministische Theologie begegnet den biblischen, historischen und psychologischen Legitimationen der Unterdrückung von Frauen mit drei verschiedenen Verstehens- und Kritikweisen, die ich als Aschenputtelhermeneutik, Kassandrahermeneutik und Amandahermeneutik bezeichen möchte.

Die Bibel ist eine Kollektion der Schriften von Männern, Spiegel einer von Männern geführten Gesellschaft. D. h. die Bibel zu lesen, bedeutet für Frauen, Männergeschichten als Frau zu lesen. Biblische Autoren und Helden sind zumeist männlich. Jesus war ein Mann, als Apostel gelten ausschließlich Männer, und die Redaktoren der Evangelisten sind uns ebenfalls als männlich überliefert. Vor diesem Hintergrund ist es um so erstaunlicher, wie viel emanzipatorisches Urgestein sich trotz dieses patriarchalen Korsetts in biblischen Texten findet. In der hebräischen Schrift sind noch Spuren der Mirijam zu finden, die nicht nur die Schwester des Moses war, sondern auch eine Stammesführerin, auf die das Volk wartete, bis sie von ihrer Krankheit genesen war. Judith, Rahab, alle diese gesellschaftlich marginalisierten Frauen, die als Retterinnen ihres Volkes dargestellt wurden. Hulda, Hanna, die Prophetinnen, Maria Magdalena, die

Apostelin der Apostel, Priscilla, die Missionarin und Gemeinde-leiterin. Die Liste ließe sich fortsetzen ...

Inzwischen wissen wir es, die jüdisch-christliche Religionsge-schichte ist nicht nur eine Chronik der Väter, auch wenn sie sich in ihren wichtigsten Dokumenten so versteht, sie ist auch eine Geschichte großer, mutiger, rebellischer, kluger und liebender Frauen. Doch ist das Problem des Patriarchats damit gelöst, daß wir großen Männern große Frauen zur Seite stellen?[2] Männli-chen Gottesbildern weibliche? Sicher nicht. Frauengeschichte, auch die im Christentum, läßt sich nicht nach dem Muster männ-licher Siegergeschichte verstehen. Auch der Blick auf die soge-nannten großen Frauen vernebelt den Blick für die Unterseite der Geschichte, verschweigt die Opfer, wie z. B. die Tochter von Jefta, die im Gegensatz zu Isaak in der Abraham-Erzählung (Gen 22,1-19) sehr wohl geopfert wurde.

Diese Art des Umgangs mit biblischen Texten und kirchlicher Tradition pflege ich 'Aschenputtel-Hermeneutik' zu nennen: die guten Traditionen, Gestalten und Gottesbilder kommen ins Töpf-chen, die schlechten ins Kröpfchen. Doch diese Art der Herme-neutik ist nicht ausreichend, sie nimmt nur einen kleinen Teil der Geschichte wahr, und sie versucht, der Wucht des Patriar-chats auszuweichen. Ein anderer Umgang, den ich 'Kassandra-Hermeneutik' nennen möchte, ist der Versuch, nicht nur einzel-ne frauenfreundliche Texte zu benennen, sondern so etwas wie einen 'weiblichen Kanon' von Frauentexten in der Bibel und der Tradition zu rekonstruieren.

Der holländischen Theologin Fokkelien van Dijk ist dies für die biblischen Texte gelungen: Sieges- und Spottlieder werden von ihr als Überreste einer Frauenkultur dechiffriert, Elisabeth Gössmann ist dieser Nachweis einer Frauentradition, d.h. einer Kontinuität von Frauentexten für die nachpatristische Zeit ge-lungen[3]. Sie erinnern an Kassandra, die Hauptfigur des Romans von Christa Wolf, Grenzgängerin zwischen Utopie und Wirk-lichkeit. Kassandra setzt Mosaiksteine der Erinnerung zusam-men und wird so zur Seherin der Zukunft. Doch niemand glaubt ihr, deswegen bleibt ihr Wissen verborgen[4]. Diese Art des Umgangs mit biblischen Texten und Traditionen hat uns ein Gespür dafür gegeben, unter welchen Bedingungen Frauen doch noch so etwas wie einen Traditionszusammenhang geschaffen haben. Die Begrenzung liegt darin, daß man schnell vergißt, daß diese Frauentexte oder -traditionen natürlich in einen patriarchalen Zusammenhang eingebettet sind, in denen Frauen- und Männertraditionen nicht so fein säuberlich zu scheiden sind. Diese Scheidung ist eine Art (Re-)Konstruktion, die unterschiedliche Stränge als mögliche herausstellt, aber doch hypothetisch bleiben muß, weil der 'weibliche' Strang eben die Wirklichkeit nicht so geprägt hat, daß er eine bleibende Spur hinterlassen hätte.

Ich plädiere für eine Hermeneutik des zweifachen Blicks im Umgang mit biblischen Texten und Traditionen, d. h. ein Blick, der patriarchale und Frauentraditionen gleichzeitig wahrnimmt. Das erscheint mir so wichtig, weil wir feministische Sichtweisen nicht jenseits oder ergänzend zur patriarchen Deutung formulieren und erkennen können, sondern durch die patriarchalen Deutungen hindurch. D. h. erst wenn wir durch diese Männertraditionen hindurchgehen, können wir Bruch und Kontinuität erkennen. Ich nenne diese Sichtweise auch 'Amanda-Hermeneutik'.

3 Die Amanda-Hermeneutik

Amanda ist die Hauptperson aus Irmtraud Morgners gleichnamigem Hexenroman. Als Laura Salman, Trambahnschaffnerin in Ostberlin, kämpft sie mit den Zwängen ihres Frauenlebens, mit ihrer hexischen Hälfte Amanda sieht sie die Welt von einer besseren Warte[5]. Die Amandahermeneutik kann man auch als Wagnis des zweifachen Blicks bezeichnen. Dieser Blick besteht eigentlich aus zwei Perspektiven. Wir haben uns das so ähnlich vorzustellen wie in dem Film „Der Club der toten Dichter". Der Lehrer bittet dort seine Schüler, einmal auf die Schreibpulte zu steigen und ihm dann zu erzählen, was sie aus dieser erhöhten Perspektive sehen.

Der zweifache Blick bedeutet, daß wir der Brille patriarchaler Geschichtsschreibung mißtrauen. Erinnern wir uns, ein weiblicher Apostel kann natürlich nicht weiblich gewesen sein, weil alle Apostel angeblich Männer waren, und was nicht sein darf, muß dann eben auch im Text korrigiert werden. Deswegen kann die bei Paulus erwähnte Junia auch keine Frau gewesen sein.

Frauen, die eine Hermeneutik des Mißtrauens entwickelt haben, versuchen geschichtliche Phasen auf eine zweifache Weise zu sehen. Sie stellen sich dem männlichen Blick und konfrontieren ihn mit einer feministischen Sicht. Die Historikerin Joan Kelly-Gadol drückt dies so aus: „Plötzlich sehen wir diese Zeitalter auf eine neue, gleichsam ‚zweifache' Weise – und jedes Auge sieht ein anderes Bild"[6].

Ein Auge also konfrontiert uns mit der Sicht der Geschichte als einer Abfolge fortschreitender Zivilisation, das andere Auge bewertet die gleichen historischen Daten als einen Prozeß zunehmender Verelendung für Frauen. Diese zwei Sichtweisen lassen sich nicht versöhnen oder gegenseitig ergänzen, weil sie konträr sind.

Auch feministische Theologie, die sich der Geschichte z. B. des frühen Christentums nähert, kann sich nicht auf das beschränken, was Männer über die Lebens- und Glaubensrealität von Frauen geschrieben und gedacht haben. Wenn uns die Frauen dieser Zeit interessieren, reicht es nicht aus, die Aussagen des Paulus mit denen seiner jüdischen Zeitgenossen zu kontrastieren und vergleichen. Hier werden Frauen nur als Folie des Geschehens um die männlichen Hauptakteure betrachtet, sozusagen als beiläufiges Accessoire zum eigentlichen Kern der Offenbarung. Das primäre Interesse an Jesus und seinen Jüngern bestimmt die Art und Weise der Darstellung und des Kommentars biblischer Texte. Bleibt dieser androzentrische Denkhorizont unhinterfragt, dann bleiben reisende Frauen eine Ausnahmeerscheinung und die schon erwähnte Junia ein männlicher Apostel. Denn, was der patriarchal geblendete Blick nicht kennt, das darf nicht sein. Deswegen kann eine Frau, die Apostel genannt wird, keine Frau sein. Schon ein Blick in und ein Vergleich mit der Situation römischer Frauen dieser Zeit zeigt, daß der Status von Jüdinnen und Christinnen nicht nur eingeschränkt und untergeordnet war, sondern daß diese Sicht zu einseitig ist. Schon die Verbreiterung des Kontextes sowie der Quellen ermöglicht es feministischen Theologinnen, ein wider Erwarten emanzipatorisches Urgestein in biblischen Texten bloßzulegen. Die Arbeiten der Neutestamentlerin Luise Schottroff bestätigen dieses Resultat[7]. Diese untersuchte Text und Kommentare zu Apg 13,50. „Die Juden aber baten nachdrücklich die vornehmen, gottesfürchtigen Frauen und die Ersten der Stadt und bewirkten eine Verfolgung gegen Paulus und Barnabas ...".

Die Kommentare dieses Textes geben ein deutliches Bild über die Koppelung von antiheidnischer Polemik und Frauenfeindlichkeit ab, nicht aber Antwort auf die Frage, wieso hier nichtjüdische Frauen Interesse am Judentum haben und als eigene Gruppe mit Einfluß neben den Ersten der Stadt genannt werden. „Ältere Damen aus Honoratiorenfamilien", die ihren Einfluß bei ihren Ehemännern und Söhnen geltend machen, „Gattinnen heidnischer Männer", das sind die Kategorien von Frauen, die sich christliche Kommentatoren vorzustellen vermochten. Ein Blick in die Religionsgeschichte des Römischen Reiches zeigt, daß Frauen als „Anführerinnen der Gläubigkeit" hier in Erscheinung getreten sind. Einer Gläubigkeit, die die römische Staatsmacht als störend empfand: Isisreligion und Judentum. Der Schriftsteller Strabo berichtet davon, daß diese Frauengruppen sich sehr für die Kulte dieser Religionen einsetzten und ihre Männer animierten, das gleiche zu tun. Vor dem Hintergrund dieses Wissens wird deutlich, daß eine beschränkte Sicht auf den christlichen Kontext eben auch nur ein beschränktes Frauenbild transportiert und nicht einmal die Fragen, die der zitierte Text aufwirft, zu beantworten vermag. Zwischen „Gattinnen heidnischer Männer" und „Anführerinnen der Gläubigkeit" liegen Welten und nicht die Möglichkeit einer additiven Anpassung des zweiten an den ersten Blick.

4 Zweifach – mehrfach – Texte als Frauen lesen: Lese- bzw. Erkenntnisstrategien

Patrocinio P. Schweickart beschreibt in einem Aufsatz „Reading Ourselves: Toward a Feminist Theory of Reading"[8] die Situation von (feministischen) Frauen, die androzentrische Texte lesen. Hauptperson ist eine weibliche Leserin, die ihren Weg durch den Dschungel patriarchaler Bilder und Interpretationen erkämpft. Erst akzeptiert die Leserin, daß dem Text die Hauptrelevanz / Kontrolle / Wahrheit zukommt, doch der Text zwingt die weibliche Leserin, sich zu 'vermännlichen' (z. B. bei Hosea-Texten), bzw. eine 'männliche' Leseperspektive einzunehmen. Die wichtige Frage der Subjektivität des Lesenden / der Lesenden wird deutlich – ohne diese ist der Text nichts. Der Zwang zur Vermännlichung ist latent im Text vorhanden, kann jedoch nur durch eine Aktivität des Lesers / der Leserin aktualisiert werden. Als feministische Leserin versucht die Lesende das Dilemma dadurch zu durchbrechen, daß sie ihre Leseerfahrung kontrolliert und damit die Macht des Textes abweist. Doch sie kann dabei die Androzentrität des Textes, d. h. seine Macht, ihre Erfahrungen zu strukturieren, nicht außer Kraft setzen (Wagnis des zweifachen Blicks). Als weibliche Leserin einen Text zu kontrollieren, ist nicht einfach eine Frage des Selektierens der Interpretationen, die der Text ermöglicht. Einen Text als Frau lesen, ohne sich in die Position des anderen zu manövrieren, bedeutet im Falle eines androzentrischen Textes automatisch 'gegen den Text anlesen'.

„Taking control of the reading experience means reading the text as it was not meant to be read, in fact, reading it against itself"[9].

Auch wenn diese Skizze eines Leseprozesses äußerst global ist, so wird doch deutlich, warum Feministinnen beim Lesen von androzentrischen Texten die Perspektive des Lesers / der Leserin wählen, die den Text macht, denn nur dann können sie sich von ihm distanzieren. Sie müssen es, wenn sie nicht in eine unauflösliche Identitätskrise geraten wollen. Die Figur einer Leserin, die den Verführungen des Textes widersteht, ist innerhalb der Frauenforschung zum Terminus technicus geworden: 'resisting reader'. Texte werden also so gelesen, wie sie nicht gemeint sind. Doch warum sollten Frauen Texte lesen, die sie eigentlich nicht so lesen wollen, wie sie gemeint sind?

Ein schlichter Grund ist, wir können diesen Texten nicht entkommen. Wir leben in dieser schizophrenen Situation, sicher als Christinnen, denken zu sollen wie der Mann, uns mit einer männlichen Perspektive identifizieren zu müssen und das als normal zu betrachten, daß sich die männliche Größe darauf beschränkt, 'nicht weiblich' zu sein. Wie im folgenden biblischen Beispiel: es geht um die Erscheinung des Herrn am Sinai (Ex 19, 14-15). „Und Moses begab sich ins Tal zu seinem Volk, er heiligte es und sie wuschen ihre Kleider. Und er sagte zu seinem Volk: Wenn ihr in drei Tagen gerettet sein wollt, nähert Euch keiner Frau."

Das Volk besteht also in diesem Text aus lauter Männern. Es wird sogar ermahnt, sich den Frauen nicht zu nähern. Noch ein Beispiel aus jüngster Zeit: im Apostolischen Brief Mulieris dignitatem (1988) müssen wir lesen: „Vor allem in der Eucharistie wird ja in sakramentaler Weise der Erlösungsakt Christi, des Bräutigams, gegenüber der Kirche, seiner Braut, ausgedrückt. Das wird dann durchsichtig und ganz deutlich, wenn der sakramentale Dienst der Eucharistie, wo der Priester 'in persona Christi' handelt, vom Mann vollzogen wird"[10].

In biblischen und theologischen Texten werden Frauen also aufgerufen, Jesus nachzufolgen, doch zugleich werden wir daran erinnert, daß Christus repräsentieren, also Christ sein bedeutet: nicht weiblich sein.

Warum also lesen wir solche Texte?

Ich denke, weil eine kritisch feministische Leseweise eine Art Therapie ist. Im Prozeß von 'reading' und 're-reading' machen wir uns wehrbar gegenüber dem, was noch kommt. So scheint das Ziel der 'rebellischen Leserin' sehr paradox zu sein: im Prozeß des Lesens wird sie widerstandsfähig gegenüber dem, was sie liest.

Auch androzentrische Texte sind häufig nicht nur androzentrisch, sondern appellieren an weniger verwerfliche Formungen des Menschen, deswegen sollten Texte von einer 'doppelten' hermeneutischen Perspektive gelesen werden. Schweickart benennt diese als negativ und positiv: „eine negative Hermeneutik, die die Komplizenschaft mit der patriarchalen Ideologie enthüllt und eine positive Hermeneutik, die die utopischen, verfremdenden und kreativen Momente herausarbeitet"[11]. Eine positive Hermeneutik, wenn sie nicht nur rekonstruierend, sondern reinterpretierend betrieben wird, inspiriert zum Schreiben neuer Geschichte, zur 'weiblichen' Co-Autorenschaft biblischer Texte, zum Lesen aus verschiedenen Perspektiven. Hier das Beispiel einer 'dreifachen' Leseweise von Jakobs Kampf mit dem Fremden:[12]

(1) Erste Geschichte: der Bruderzwist

Da traf er auf seinen Bruder Esau. Dieser rief: „Du Erbschleicher, du Muttersöhnchen, du wagst es, mein Gebiet zu betreten. Du hast mir meinen Vater genommen, Du warst der Liebling meiner Mutter. Ich habe geschuftet und mich gequält, Dir ist das Glück nur so zugeflogen! Jakob erwiderte: „Bruder, laß es gut sein. Laß uns den Streit und Zwist begraben." Das machte Esau nur noch wütender, und er schnauzte zurück: „Das sieht Dir ähnlich, nun sehe ich Dich endlich von Angesicht zu Angesicht, Du bist der Älteste, Du hast alles, Du kneifst und willst Frieden machen!" In seiner Wut stürzte er sich auf Jakob, und sie rangen miteinander während der ganzen Nacht. Als es Morgen wurde, sahen sich die Brüder wirklich, Jakob hinkte, Esau blutete aus einer Kopfwunde. Dann schweiften ihre Blicke über das Land, und Esau sprach: „Laß es gut sein, Bruder, es bleibe Dein, was Dir gehört." Und sie umarmten sich. Jakob aber schenkte ihm ein Drittel seines Landes, und nun konnte Esau die Gabe annehmen.

(2) Zweite Geschichte: Ehealltag

Jakob war das, was man einen erfolgreichen Mann nennt. Er hatte eine gut bezahlte Stelle, eine Frau, die ihm jeden Wunsch von seinen Augen ablas, ein paar Kinder, die aus dem Gröbsten heraus waren. Er wurde von vielen beneidet und hätte eigentlich sehr glücklich sein können, wenn da nicht diese Angst gewesen wäre. Diese Angst vor dem Versagen, in die dunkle Tiefe des Nichts zu fallen, ohne daß ihn jemand auffängt.

Jakobs Frau Jakobine hörte des Nachts, wie ihr Mann im Schlafe sprach, schwitzte und von Alpträumen geplagt wurde. Als sie ihn am anderen Morgen zur Rede stellte, wollte er von all dem nichts wissen und wies sie barsch ab.

Jakobine versuchte noch über einen längeren Zeitraum, ihm seine Ängste zu entlocken, doch Jakob machte immer mehr zu. Das wiederum machte Jakobine krank, und sie begann, keine Lust mehr dazu zu verspüren, ihrem Mann die wichtigsten Regungen seines Herzens aus der Nase zu ziehen. Eines Nachts träumte sie, daß sie an einen Fluß kam, an der anderen Seite stand Jakob. Er winkte ihr zu und hatte einen leidenden Gesichtsausdruck. Er schien zu wollen, daß sie den Fluß durchschwamm. Unschlüssig überlegte sie, was zu tun sei. Da kam ein Unbekannter und vertrieb sie vom Flußufer. Sie kämpfte mit ihm bis zur Morgendämmerung, denn nun wollte sie zu Jakob. Als sie ganz erschöpft vom Kampf einen Blick über den Fluß warf, sah sie, daß Jakob sich keinen Schritt bewegt hatte. Daraufhin sprach sie zu dem Unbekannten: „Kämpfe mit dem da!" Und sie ging ihres Weges.

(3) Dritte Geschichte: Schwesternstreit

Als wir die Furt des Jabbok durchschritten, tauchte ein Nachtgeist auf und flüsterte in mein Ohr: „Das ist eine gute Gelegenheit, um Rachel loszuwerden, sie ist zwar schön, aber von schwächlicher Konstitution. Ein kleiner Stoß von hinten, und sie ist nicht mehr, ohne daß Jakob und seine Gefolgschaft etwas merkt. Dann hast du Jakob nur für Dich und all den Ruhm seiner Ehefrau."

Ich dachte an all die Schmach, die mir Rachel, Jakob und Laban, mein Vater, angetan hatten und wurde traurig und wütend zugleich, traurig, daß wir Frauen die Spielregeln des Patriarchates mitspielten, um die Gunst der Männer buhlten und unsere Schwestern hintanstellten. Bestand denn das einzig gemeinsame Band zwischen Rachel und mir darin, daß wir den gleichen Mann haben?

Ich fuhr den Nachtgeist an: „Rachel ist meine Schwester, Rachel ist eine Frau, die das Los so vieler Frauen zu tragen hat, sie ist unfruchtbar in einer Gesellschaft, der die Fruchtbarkeit über alles geht. Sie ist mutig in einer Zeit, in der Mut von Frauen nichts gilt, sie kann gut zuhören und spricht mit mir von Angesicht zu Angesicht. Ja, und dann ist sie schließlich auch Jakobs Frau." Der Nachtgeist verschwand und zog sich grollend auf die Spitze des Berges zurück.

Anmerkungen

1   Vgl. dazu die Dissertation von Jonneke Bekkenkamp, Canon & Keuze. Het bijbelse Hooglied en de Twenty-One Love Poems van Adrienne Rich als bronnen van theologie, Kampen 1993.

2   Große Frauen der Bibel in Bild und Text, Freiburg-Basel-Wien 1993.

3   Fokkelien van Dijk-Hemmes, Sporen van vrouwenteksten in de Hebreeuwse bijbel, Utrecht 1992 sowie Elisabeth Gössmann, Archiv für philosophie- und theologiegeschichtliche Frauenforschung, Bd. 1-5, München 1984-1994.

4   Christa Wolf, Kassandra, Darmstadt-Neuwied ⁵1983.

5   Irmtraud Morgner, Amanda. Ein Hexenroman, Darmstadt-Neuwied 1983.

6   Joan Kelly-Gadol, The Social Relation of the Sexes: Methodological Implications of Women's History, in: Signs: Journal of Women in Culture and Society (1976) vol. 1 Nr. 4, 809-823; 811.

7   Luise Schottroff, 'Anführerinnen der Gläubigkeit' oder 'einige andächtige Weiber'. Frauengruppen als Trägerinnen jüdischer und christlicher

Religion im ersten Jahrhundert n. Chr., in: Christine Schaumberger (Hg.), Weil wir nicht vergessen wollen ... Zu einer Feministischen Theologie im deutschen Kontext, Münster 1987, 73-87.

8   Patrocinio P. Schweickart, Reading Ourselves: Toward a Feminist Theory of Reading, in: Elisabeth A. Flynn / Patrocinio P. Schweickart (eds.), Gender and Reading. Essays on Readers, Texts and Contexts, Baltimore 1986, 31-62.

9   A. a. O. 49-50.

10   Die Zeit der Frau. Apostolisches Schreiben 'Mulieris dignitatem' von Papst Johannes Paul II., Freiburg-Basel-Wien 1988, 87.

11   Schweickart 1986, 43-44.

12   Erstmals in dieser Form in: Hedwig Meyer-Wilmes, Zwischen Lila und Lavendel. Schritte feministischer Theologie, Regensburg 1995 veröffentlicht.

Gregory Baum

Die Rezeption des
II. Vatikanischen Konzils
in Amerika

In diesem Vortrag über die Rezeption des Vaticanum II in den
USA muß ich zuerst etwas über die geschichtliche Entwicklung
des amerikanischen Katholizismus sagen. Denn um zu verstehen, warum das Konzil eine Art Kulturrevolution innerhalb des
amerikanischen Katholizismus ausgelöst hat, muß man sich ein
Bild von dem konformistischen und unkritischen Kurs des vorkonziliaren amerikanischen Katholizismus machen.

1 Ein Blick auf die Vorgeschichte

Es scheint mir wichtig, sich daran zu erinnern, daß Britisch-Nord-
amerika, und später, nach der Revolution, die amerikanische
Republik ein protestantisches historisches Projekt war, das sich
gegen die katholischen Kolonialreiche Spaniens und Frankreichs,
die ihrerseits Kolonien in Amerika hatten, behauptete. Von Anfang an hatten es also die Katholiken in den USA nicht leicht.
Viele fragten sich, ob Katholiken überhaupt richtige Amerikaner werden können. Als Reaktion auf dieses Vorurteil versuchten die Katholiken, sich der amerikanischen Kultur so weit wie
möglich anzupassen. Als Alexis de Tocqueville in den 30er Jahren des letzten Jahrhunderts Amerika besuchte, staunte er über
die Demokratisierung der dortigen katholischen Kirche. Die

Laien hatten Mitverantwortungsrecht in den Pfarreien. In der ersten Hälfte des 19. Jahrhunderts wurde diese Tendenz von den Bischöfen unterstützt. Sie meinten, daß Katholizismus mit Demokratie und Republikanertum vereinbar sei, wenn auch die katholische Kirche in Europa damals noch beides ablehnte. Es gab sogar einen Bischof, der so von den neuen politischen Idealen überzeugt war, daß er eine Konstitution für sein Bistum schuf, an die er sowie Priester und Laien gebunden waren. Dem Vatikan war diese Entwicklung nicht genehm.

In der zweiten Hälfte des 19. Jahrhunderts, als die Industrialisierung in Amerika im großen Stil begann, strömten die Einwanderer aus Süd- und Mitteleuropa in Massen in die neue Welt. Der größere Teil dieser Menschen war katholisch. Die Kirche stand jetzt vor einer wichtigen Entscheidung. Sollte sie sich weiterhin amerikanisieren und so den Anliegen der ansässigen Katholiken nachkommen? Oder sollte sie sich in erster Linie um die Immigranten kümmern und für sie eigene ethnische Pfarreien gründen? Nach einer langen öffentlichen Diskussion, an der Bischöfe auf beiden Seiten teilnahmen, wurde feierlich beschlossen, daß die katholische Kirche in erster Linie Kirche der Immigranten werden sollte, auch wenn sie dadurch riskiert, den ansässigen Amerikanern etwas fremd, vorzukommen. Diesem großen Pastoralunternehmen hat sich die katholische Kirche mit Einsatz und Opferbereitschaft gewidmet. Die ethnischen Pfarreien, viele mit angeschlossener Schule, boten den Immigranten ein Stück Heimat an, dank dessen es ihnen seelisch gelang, die Kontinuität ihres Lebens zu bewahren. Anderseits aber führten die Pfarreien die Immigration und ihre Kinder in das Ethos der neuen Welt ein und befähigten sie, sich in Industriearbeit und pluralistischer Gesellschaft zu bewähren. Daß dieses große Unternehmen gelang, verdankt die Kirche einem Heer von Ordensfrauen, das sich mit Kraft und Hingabe dieser Aufgabe widmete.

Viele der alt-ansässigen Katholiken waren mit dieser Entwicklung nicht ganz zufrieden. Der autoritäre Stil, der Klerikalismus und die anti-intellektuelle Haltung der Immigrantenkirche machten ihnen Kummer. Sie priesen Freiheit, persönliche Verantwortung, Bürgerpflicht und politisch-demokratische Mitbestimmung. Die amerikanisierende Tendenz dieser Minderheit wurde in den 90er Jahren von Papst Leo XIII. als „Amerikanismus" bezeichnet und als Irrlehre verdammt. Bald danach kam die Verdammung des Modernismus durch Papst Pius X. Dank dieser päpstlichen Politik blieb die katholische Kirche in Amerika weiterhin mit den Immigranten und Arbeitern, also den unteren Schichten der Gesellschaft, identifiziert, verharrte aber dabei auch in dem autoritären, klerikalen und anti-intellektuellen Stil der Immigrantenkirche. Die Katholiken bildeten eine Art Subkultur in Amerika mit ihren eigenen Schulen, Clubs, Organisationen, Universitäten, Zeitschriften und Verlagshäusern.

2 Konzilsbegeisterung

Das ging so weiter bis zum Konzil. Als ich 1959 nach meinem Studium in Freiburg nach Kanada zurückkam, schickte ich Hans Küngs glänzendes, vorkonziliares Buch über die Erneuerung der Kirche an einen katholischen Verlag in den Vereinigten Staaten, mit der Bitte, es möglicherweise zu übersetzen und zu veröffentlichen. Nach ein paar Wochen kam die Antwort, daß das Buch für amerikanische Katholiken ungeeignet sei und sich daher nicht verkaufen ließe. Ein paar Jahre später, mit der ersten Konzilssitzung im Herbst 1962, schlug das geistige Klima um. Die Katholiken jauchzten über die offene Diskussion am Konzil, über die die New York Times und andere Zeitungen jeden Tag berichteten. Man kann den Jubel dieser Tage gar nicht beschreiben.

Um sich einen Begriff dieses Wandels zu machen, muß man sich einmal die Vorschläge für das Konzil anschauen, die auf Einladung des Vatikans von den amerikanischen Bischöfen und katholischen Universitäten gemacht wurden. Noch unmittelbar vor dem Konzil hatten Bischöfe und Theologen noch einen so statischen Kirchenbegriff, daß sie es nur wagten, ganz bescheidene Vorschläge zu machen, wie z. B. ein konziliarer Entschluß, der es Priestern erlauben würde, beim Autofahren das Krankenöl bei sich zu haben, damit sie, wenn sie einen schweren Unfall sehen, sofort die Letzte Ölung spenden können. Das Pontifical Institute of Mediaeval Studies in Toronto wünschte, das Konzil möge entscheiden, die Vatikanische Bibliothek solle bis in die Abendstunden geöffnet bleiben.

Mit der ersten Konzilssitzung wandelte sich das Bild spontan. Die Werke der europäischen Theologen, vorher in Amerika beinahe unbekannt, wurden jetzt übersetzt, veröffentlicht, gekauft und gelesen. Katholische Zeitschriften, Colleges, Universitäten und Diözesanbildungsanstalten förderten die öffentliche Diskussion. Sommerschulen und Wochenend-Tagungen für Priester und Laien wurden mit Begeisterung besucht. Die bekannten Theologen und Exegeten aus Europa wurden nach Amerika eingeladen, wo sie Vorträge vor Tausenden von Katholiken hielten. Ein paar Jahre später wurden sie dann von amerikanischen Theologen und Exegeten abgelöst.

Dank des Konzils spürten die Katholiken zum erstenmal, daß sie richtige Amerikaner sein konnten. Sie durften die Religionsfreiheit verteidigen, aus ihrem Ghetto heraustreten, die gesellschaftliche Freiheit als ein hohes Gut loben, das persönliche Gewissen in Ehren halten, offen und freundschaftlich mit Protestanten und Juden verkehren, ohne besondere Erlaubnis ökumenische Beziehungen aufnehmen, ... also dem „mainstream" der amerikanischen Kultur beitreten. Es ist bezeichnend, daß kurz vor dieser Zeit John F. Kennedy als erster Katholik zum Präsidenten gewählt wurde, ein Wendepunkt in der amerikanischen Kulturgeschichte.

Auch die Mehrzahl der Bischöfe, trotz ihrer konservativen, neu-scholastischen Ausbildung in Rom, freuten sich über das Konzil. Demokratie und Pluralismus sind so tief in der amerikanischen Kultur verwurzelt, daß es auch für die Bischöfe eine Erleichterung war, sich positiv zu dieser Kultur stellen zu dürfen. Auch spürten sie, daß durch das Konzil die Katholiken sich für die Kirche begeisterten und sich anstrengten, das neue katholische Ideal in ihrem Leben zu verwirklichen.

Das Konzil verursachte also eine regelrechte Transformation

des amerikanischen Katholizismus. Der amerikanische Soziologe, Andrew Greeley, hat aufzuzeigen versucht, daß diese oder eine ähnliche Transformation auch stattgefunden hätte, wenn es nicht zu einem Konzil gekommen wäre. Warum? Weil nach dem 2. Weltkrieg es einem großen Teil der Katholiken gelang, Hochschulbildung zu empfangen und so langsam in den Mittelstand aufzusteigen. Greeley meint, daß in dieser Situation ein Konflikt mit dem autoritären, klerikalen und anti-intellektuellen Stil der Immigrantenkirche unausweichlich gewesen wäre. Dieses Argument ist ernst zu nehmen. Es erklärt soziologisch, warum das Konzil eine so begeisterte Aufnahme in Amerika erhielt, obwohl es im Unterschied zu Deutschland und Frankreich in Amerika kaum eine vorkonziliare theologische Vorbereitung auf die neue Freiheit gab.

3 Die Enttäuschung

Am Ende der 60er Jahre sah die Situation schon wieder etwas anders aus. Es gab eine kleine konservative Bewegung gegen den Geist des Konzils, die zwar geringen Einfluß hatte, sich aber immer brieflich an Rom wandte, um Pfarrer, Theologen und Bischöfe wegen vermeintlicher Irrlehren anzuklagen. Nur ein kleines Grüppchen lehnte das Konzil völlig ab und bildete eine eigene traditionalistische Kirche. Der größere Teil der Konservativen blieb kirchentreu. Diese Gruppe hat sich seit dem Pontifikat Johannes Pauls II. sehr vergrößert. In den Jahren nach dem Konzil sorgte Bischof Jadeau, der damalige Apostolische Nuntius in Washington, dafür, daß fortschrittliche Priester zu Bischöfen ernannt wurden; sein Nachfolger jedoch, von Johannes Paul II. eingesetzt, bevorzugt jetzt eher konservative, Rom-treue Priester. Bis heute sind wohl noch die Mehrzahl der amerikanischen Bischöfe in gemäßigter Weise weltoffen, doch wird sich das durch die anwachsende Zahl der neuen Bischöfe bald ändern.

Hinzu kamen noch andere Enttäuschungen für die ursprünglich begeisterten Katholiken. Die Erneuerung der ganzen Kirche von oben fand nicht recht statt. Partizipation und Anpassung an die demokratische Kultur waren in der offiziellen Kirche nur Ausnahmen. Ein großer Schock war die Enzyklika Pauls VI., Humanae vitae, in der er erneut die künstliche Geburtenverhütung als Todsünde verwarf, obwohl die von ihm ernannte theologische Kommission zu einem gegenteiligen Resultat gekommen war. In den USA war der Protest der Laien und vor allem der Moraltheologen laut und stark. Einige Jahre später veröffentlichte Andrew Greeley eine soziologische Studie über die amerikanischen Katholiken, in der er meint, empirisch beweisen zu können, daß Humanae vitae einen Wendepunkt darstelle, nach dem ein langsamer Niedergang des amerikanischen Katholizismus zu vermerken sei. Die Begeisterung verschwand, und der Frust setzte ein. Die Katholiken fühlten sich von Rom mißverstanden.

Seitdem hat sich die anti-römische Stimmung noch verschärft. Bischof Rambert Weakland, einer der fortschrittlichen Prälaten, hat diese Stimmung kürzlich beim Namen genannt. Er meinte, es wäre für eine Institution gefährlich, wenn ein Großteil der Mitglieder über die oberste Leitung verärgert ist. Der Bischof fügte hinzu, daß der große Erfolg der Reformation im 16. Jahrhundert undenkbar gewesen wäre, wenn es nicht vorher schon eine weitverbreitete Stimmung gegen die oberste Kirchenleitung gegeben hätte. Die amerikanischen Katholiken, so fuhr Bischof Weakland weiter, definieren heute ihre katholische Identität nicht mehr am Papst, sondern statt dessen an der sonntäglichen Eucharistie.

4 Ein kurzes Wort über amerikanische Theologie

Vor dem Konzil wurden Theologen in den kirchlichen Seminaren neuscholastisch ausgebildet. In der Öffentlichkeit hörte man nichts von ihnen. Die philosophischen Abteilungen der katholischen Universitäten pflegten die mittelalterliche Scholastik und ihre geistvollen französischen Ausleger wie Etienne Gilson und

Jacques Maritain und befaßten sich kaum mit neuzeitlicher Philosophie, die sie für verfehlt ansahen. Die amerikanischen Philosophen wie Peirce, James und Dewey blieben völlig unbeachtet. Das intellektuelle Leben an den katholischen Colleges und Universitäten stellte, wie schon erwähnt, eine Art geistige Subkultur dar, die überhaupt nicht mit amerikanischen Denkern im Dialog war.

Mit dem Konzil wandelte sich dieses spontan. Die fortschrittlichen europäischen Theologen wurden gelesen und für Vorträge eingeladen. Junge Katholiken, Priester, aber auch Laien gingen an die europäischen Universitäten, um sich dort auszubilden und so imstande zu sein, unabhängig denken und wissenschaftlich arbeiten zu können. So entwickelte sich schnell eine eigenständige amerikanische Theologie.

Verglichen mit Europa, gibt es heute unter amerikanischen Theologen einen prozentuell größeren Anteil an nichtgeweihten Katholiken und vor allem an Frauen. Feministische Theologie ist in erster Linie eine Schöpfung amerikanischer Frauen.

Ein Grund dafür, warum es in Amerika so viele Laientheologen geben konnte, war die Möglichkeit, für sie Anstellungen und Lehraufträge zu finden – eine Situation, die heute durch die Rezession bedroht ist. Im amerikanischen Hochschulwesen gibt es viele kleinere Colleges, darunter auch katholische, die Lehrstühle für katholische Theologen und Theologinnen haben. Es gibt auch katholische Seminare in Amerika, an denen männliche oder weibliche Laientheologen Professoren sind. Unter dem Druck Roms verringert sich diese Zahl etwas. Hinzu kommt noch, daß heute viele katholische Theologen, Männer sowie Frauen, an protestantischen theologischen Fakultäten und an religionswissenschaftlichen Abteilungen der großen Universitäten tätig sind. Eine große Zahl von katholischen Theologen untersteht daher gar nicht einer katholisch-kirchlichen Institution. Sie genießen daher mehr Freiheit, als dies in Europa oft der Fall ist.

In Europa stellt man mir häufig die Frage, ob es denn in Amerika wichtige katholische Theologen gibt, die eine eigenständige Theologie entwickelt haben und denen zuzuhören es sich auch in Europa lohnen würde? Ich möchte dazu drei Namen nennen, den verstorbenen, kanadischen Bernard Lonergan, den jüngeren, sehr lebendigen David Tracy, und die ebenfalls sehr lebendige Rosemarie Radford Ruether. In einem Vortrag über ein so weites Thema wie die Rezeption des Vaticanum II in Amerika darf ich es mir erlauben, über jeden der oben Genannten eine kurze Bemerkung zu machen (obwohl sie natürlich eine viel längere Behandlung verdienten).

Als Kanadier sah sich Bernard Lonergan als Außenseiter an. Als unabhängiger Philosoph war er mehr englisch als amerikanisch. Sein großes Werk, dessen Anfang weit vor dem Konzil lag, befaßte sich in erster Linie mit Erkenntnistheorie. Hier war er, im Gegensatz zur Scholastik, empirisch orientiert. Mit Kant und der Neuzeit war er sich der subjektiven Dimension im Erkenntnisprozeß bewußt. Die Wahrheit lag also nicht, wie in der Scholastik, in der Angleichung des Intellektes an das gegebene Objekt – eine Erkenntnistheorie, die heute noch vom Papst verteidigt wird –, sondern sie lag eher in der Treue zu dem kognitiven Vorgehen des Geistes, das sich um Erkenntnis bemüht. In einem berühmten Aufsatz analysierte Lonergan den Unterschied zwischen der klassischen und neuzeitlichen Vernunft und verlangte, daß dieser Unterschied auch von der Theologie ernstgenommen werde. Trotz dieser radikalen Aufforderung hat er selbst es nicht gewagt, seine eigene Methode in seinem großen theologischen Werk anzuwenden. Lonergan war noch vorkonziliar ängstlich. Auch war er schüchtern. Selbst während des Konzils, als er noch Professor in Rom war, hat er geschwiegen. Doch durch seine Schüler übte und übt Bernard Lonergan nach seinem Tode einen großen Einfluß auf die amerikanische katholische Theologie aus.

David Tracy ist der erste große amerikanische katholische Theologe. Das Amerikanische an ihm ist die Bejahung des Pluralismus auch auf dem Gebiete des Geistes. In einem religionsphilosophischen Buch zeigt er, daß heute ein Dialog mit vier verschiedenen philosophischen Richtungen notwendig geworden sei, und daß dieser Dialog imstande ist zu belegen, jede dieser Richtungen könne sich im Prinzip auf die Transzendenz hin öffnen. In einem theologischen Werk bejaht Tracy den Pluralismus auch in der Theologie: Der Theologe muß konsequenterweise seiner eigenen Richtung treu bleiben, muß aber zugleich mit den anderen Richtungen im Dialog stehen, die von ihnen vorgebrachte Kritik ernst nehmen, sich anstrengen, die eigene Einseitigkeit zu überwinden, und sich dabei über die weiterlaufende theologische Pluralität freuen. Tracy ist kein eifersüchtiger Theologe, der immer recht haben will, sondern ein großzügiger Theologe, der für andere Standpunkte Platz macht und auch noch von denen lernt, die mit ihm nicht übereinstimmen. Doch reißt seine Geduld ab, wenn es sich um 'Fundamentalisten' handelt, d. h. um Kirchenmänner oder Theologen, die Behauptungen aufstellen, ohne sich auf ein ernsthaftes Gespräch einzulassen.

Der Ansatz Rosemary Radford Ruethers kritischer Theologie ist immer konkret. Sie untersucht konkrete Konfliktsituationen der Vergangenheit und Gegenwart in emanzipatorischer Sicht, analysiert die materiellen Interessen und die ideologischen Rechtfertigungen der Beteiligten und macht dann konstruktive Vorschläge für eine befreiende Theologie der Versöhnung. Berühmt ist ihr Buch, auch ins Deutsche übersetzt, über die christlich-theologischen Wurzeln des Antisemitismus. In ihren originellen methologischen Schriften über feministische Theologie überwindet sie, da sie immer vom Konkreten ausgeht, eine Einseitigkeit, die es gestatten würde, andere an den Rand Gedrängte zu vergessen. Typisch für sie ist, daß sie nach ihrem heftigen Buch gegen die Negierung des Judentums in der christlichen Tradition ein weiteres Buch über den israelisch-palästinensischen Konflikt veröffentlichte, in dem sie unter anderem die Unterdrückung der Palästinenser im einzelnen belegt. In ihrem theologischen Werk erscheint eine neue Form der christlichen Agape.

5 Linkskatholizismus in Amerika

Es gibt eine gewisse Tendenz in Amerika, die Katholiken in liberale und konservative einzuteilen. Doch finde ich es richtiger, drei Richtungen zu unterscheiden, liberal, konservativ und solidarisch. Die bei weitem größte Gruppe sind die liberalen Katholiken. Sich auf das Konzil berufend, haben sie eine offene, positive Einstellung zur amerikanischen Gesellschaft, betonen persönliche Verantwortung und Freiheit, pflegen eine persönliche, die Entfaltung fördernde Spiritualität und stimmen nicht mit allen kirchlichen Regeln überein. Politisch sind sie für „equal opportunity" und stehen daher der Demokratischen Partei nahe. Dabei sind sie geneigt, die dunkle Seite des Liberalismus zu übersehen.

Die konservativen Katholiken sehnen sich nach der Einheit und Einheitlichkeit der vorkonziliaren Kirche. Papst und Gehorsam sind ihnen von äußerster Wichtigkeit. Sie trauern über den Verlust eines separaten Ortes der Gottesbegegnung, d. h. einer vor der Welt unberührten Kirche, eines 'sacrum' also, das nicht unter den Regeln des 'saeculum' steht. Sie sind beunruhigt, daß liberale Katholiken die 'praesentia Dei' jenseits der sakramentalen Liturgie im Leben selber anzutreffen glauben. Auch halten konservative Katholiken an der alten Familien- und Sexualmoral fest, machen oft den Kampf gegen die Abtreibung zum Mittelpunkt ihrer kirchlichen Praxis und stehen so eher der Republikanischen Partei nahe.

Zu erwähnen wären hier noch jene Katholiken, die den monetaristischen Kapitalismus verteidigen, so wie er zuerst von Margaret Thatcher und Ronald Reagen eingeführt wurde und wie er heute von vielen Regierungen gefördert wird. Diese Katholiken treiben Opposition gegen die päpstliche Soziallehre, gegen die Sozialpastoralbriefe der amerikanischen Bischöfe und mit größtem Nachdruck gegen die lateinamerikanische Befreiungstheologie. Michael Novak, einer ihrer bekanntesten Sprecher, hat eine Centesimus annus Interpretation geliefert, nach der Papst Johannes Paul II. 'amerikanischer' geworden sein soll,

d. h., daß er, von Amerikanern lernend, seine negative Haltung gegenüber dem liberalen Kapitalismus überwunden habe. Doch hat sich diese Interpretation bei den amerikanischen Bischöfen nicht durchgesetzt. Um ihre Opposition zu den Bischöfen zu betonen, stellen sich diese so weltlich gesinnten Katholiken auf die Seite der Konservativen.

Neben liberalen und konservativen gibt es Katholiken, die ich 'solidarisch' nenne. Unter dem Einfluß der kritischen Sozialbewegungen und der Lateinamerikanischen Befreiungstheologie erkennen diese Katholiken das Zweideutige am Liberalismus: den Individualismus, den historischen Optimismus und den Mangel an Kapitalismuskritik. Diese Katholiken sind solidarisch mit allen an den Rand Gedrängten, also auch den Frauen – in Amerika und in der dritten Welt –, die um Zugang zur Mitte ringen. Von daher stehen sie ihrem eigenen Lande kritisch gegenüber. Mit den Konservativen weigern sie sich, die amerikanische Kultur zu verharmlosen, und betonen die Notwendigkeit einer geistigen Umkehr und eines Bruchs mit dieser Kultur. Solidarische Katholiken, im Dialog mit der weltlichen Linken und gewissen päpstlichen und bischöflichen Texten, erarbeiten sich immer neu eine Kapitalismuskritik, die mit der wirtschaftlichen Entwicklung Schritt hält. Es handelt sich hier also um Katholiken, die sich bei der Lektüre von Johann-Baptist Metz und Gustavo Gutierrez wohlfühlen und ihre eigene nordamerikanische Befreiungstheologie betreiben.

Wo findet man diese solidarischen Katholiken? Man trifft sie vor allem in 'social justice centres', die es in den meisten Städten gibt und die ein im ganzen Lande verbreitetes Netzwerk bilden. Hinter diesen Zentren stehen oft Ordensgemeinschaften, Missionsinstitute, Diözesankomitees, katholische oder ökumenische Zeitschriften, Studentengruppen, Immigrantengemeinden, Flüchtlingsheime, katholische Schulen oder theologische Fakultäten. Der solidarische Katholizismus wird von größeren und kleineren Versammlungen wie auch von Büchern, Broschüren und Zeitschriften gefördert. Hier befragt man die bürgerlichen Voraussetzungen der Gesellschaft und das Ziel eines rein persönlichen Suchens nach Entfaltung und Heiligkeit, die beide von liberalen Katholiken, der großen Mehrheit also, als unproblematisch angenommen werden. Manche dieser solidarischen Katholiken nennen sich (noch immer) Sozialisten; andere legen den Schwerpunkt auf die Emanzipation der Frauen, anderen wiederum geht es in erster Linie um Umweltfragen. Trotz dieser etwas verschiedenen Perspektiven halten diese Katholiken zusammen und unterstützen sich gegenseitig. Das Netzwerk der solidarischen Katholiken ist in ökumenischer Verbindung mit ähnlichen Bewegungen in den anderen Kirchen und im ständigen Dialog mit weltlichen Gruppen ähnlicher Prägung.

Die solidarischen Katholiken beziehen sich gerne auf radikale kirchliche Texte, wie z. B. die Enzyklika Laborem exercens (1981), den amerikanischen Pastoralbrief über die ökonomische Gerechtigkeit (1987) und besonders auf die Pastoralbotschaften der kanadischen Bischöfe. Es sei mir erlaubt, hier zwei kurze kanadische Texte zu zitieren: „Als Christen sind wir dazu berufen, Jesus zu folgen, indem wir uns mit den Opfern der Ungerechtigkeit identifizieren, die dominanten Strukturen und Einstellungen, die dieses menschliche Leiden verursachen, zu analysieren, und die Armen und Unterdrückten in ihrem Ringen, die Gesellschaft umzuwandeln, aktiv zu unterstützen."

Dies ist ein Zitat aus der Pastoralerklärung, „Ethical Reflections on the Economic Crisis", die, als sie im Dezember 1982 veröffentlicht wurde, in vielen kanadischen Kreisen große Bestürzung hervorrief. Wegen der wachsenden Arbeitslosigkeit, der zunehmenden Kluft zwischen Arm und Reich, der immer größer werdenden Abhängigkeit von ausländischem Kapital, der technologischen Neuorientierung der Industrie und anderer besorgniserregender Entwicklungen im Lande hatten sich die Bischöfe entschlossen, eine regelrechte, von der kirchlichen Soziallehre her kommende Kapitalismuskritik auszuarbeiten und zu veröffentlichen.

Verdrossen reagierten darauf die Regierung, die konservative und die liberale Partei, die Leitartikel der meisten Zeitungen und der Mittelstand im allgemeinen, der Katholiken inklusive. Doch gefiel die Erklärung vielen Mitgliedern der Sozialdemokratischen Partei und der Gewerkschaften wie natürlich auch den katholischen und ökumenischen Initiativgruppen, mit denen die Bischöfe die besten Beziehungen hatten.

Um sich vor Land und Kirche zu rechtfertigen und die Art und Weise, wie sie Sozialfragen ethisch behandeln, zu erklären, verfaßten die Bischöfe eine zweite Erklärung, „Ethical Choices and Political Challenges", die von ihnen ein Jahr später veröffentlicht wurde. In dieser Erklärung nahmen sie nichts zurück. Schon gleich am Anfang stellen sie ihre Pastoralmethologie dar.

„Die Pastoralmethodologie, die wir in der Ausarbeitung unserer ethischen Betrachtungen benutzen, folgt einer Reihe von Stufen: (1) Wir sind gegenwärtig und hören auf die Erlebnisse der Armen, Marginalisierten und Unterdrückten in unserer Gesellschaft. (2) Wir arbeiten eine kritische Analyse der wirtschaftlichen, politischen und sozialen Strukturen aus, die den Menschen dieses Leid verursachen. (3) Wir schaffen uns ein Urteil im Lichte des Evangeliums und der kirchlichen Soziallehre über die hier in Frage stehenden gesellschaftlichen Werte und Prioritäten. (4) Wir ermutigen neues Denken und Handeln gerichtet auf alternative Sichten und Modelle für soziale und wirtschaftliche Entwicklung. (5) Wir handeln in Solidarität mit den Basisbewegungen (popular groups) in ihrem Ringen, die wirtschaftlichen, politischen und sozialen Strukturen, die Ungerechtigkeiten verursachen, umzuwandeln."

Der konservative Zug in der Welt von heute, paradoxerweise begleitet von der Ausarbeitung des liberalen Kapitalismus, beeinflußt natürlich auch die Katholische Kirche Nordamerikas. Sogar die kanadischen Bischöfe sind jetzt eher zum Schweigen geneigt. Doch da die vorrangige Option für Arme als theologisches Prinzip (kirchlich zuerst formuliert von der Bischofskonferenz Lateinamerikas) eine so überwältigende Unterstützung in der Lehre Jesu, dem Neuen Testament und der ganzen Heiligen Schrift findet, wird sie niemals mehr von der Kirche verschwinden.

II. Quellensicherungen

Józef Niewiadomski

Das Jesus-Drama und der Teufelskreis der Gewalt

Zur Theologie von Raymund Schwager

1 Problemansage

Nimmt man die Einstellung der Boulevardblätter als Norm, wie
die Frage nach der Gewalt im Kontext jener nach der Religion
aufzuwerfen sei, so wird nicht nur der Blickpunkt eindeutig und
klar sein, auch die Antwort ist bereits vorgegeben. „Mit Feuer
und Schwert" haben die Religionen das Gewaltpotential in die
menschliche Gemeinschaft eingeführt. Diese Bedrohung wird
in Geschichte und Gegenwart gleichermaßen geortet: die Bilder
von exotisch und blutrünstig anmutenden „Fundamentalisten"
und religiös verbrämten Terroristen schärfen den Focus der Wahrnehmung und legen dem „aufgeklärten Zeitgenossen" eindeuti-
ge Urteile nahe: hinter jeder religiösen Schwelle lauert Bereitschaft zur Gewalt, die Depotenzierung oder gar Abschaffung von
Religionen sei daher ein friedenstiftender Akt. Ein solcher Blickwinkel der Boulevardblätter ist zum einen durch jene sich als
aufklärerisch begreifende akademische Forschung und Lehre
mitbedingt, die über den Aufklärungsbegriff des 18 Jh.s nicht
hinausgegangen ist[1], zum anderen provoziert der Blickwinkel
der liberalen Medien seinerseits immer wieder neue Forschungs-
vorhaben und bringt „neue Forschungsergebnisse", die im Er-
scheinungsbild der gewalterzeugenden Religiosität gleich die
letzte Wahrheit über die Religion konstatieren.

Der rachsüchtige Gott der Juden, Kriminalgeschichten des Christentums, heilige Kriege der Moslems fungieren als Versatzstücke ein und derselben Einstellung; aktuelle Berichte über Sekten, Satanismus und rechtsgerichtete neuheidnische Gewaltrituale fügen sich problemlos in die vorgegebenen Parameter ein. Bei aller auf diese Art und Weise vollzogenen Nivellierung der religiösen Phänomene zum ein und demselben gewaltsamen „göttlichen Eintopf" fällt ein kleiner Unterschied auf, der wie ein Unterton die Publikationen unseres Breitengrades begleitet: Da im Zentrum des christlichen Glaubens das Drama Jesu steht, das im gewaltsamen Tod endet, wird oft unter den Religionen gerade das Christentum zum Inbegriff solch gewaltfordernder Blutrünstigkeit stilisiert. Darüber scheint sich die liberale Welt einig zu sein, nur die Christen wissen noch nicht, was sie glauben. Deren Aufklärung tut den liberalen Kreisen not.[2]

So schreibt die liberale Öffentlichkeit zum wiederholten Mal den letzten und anscheinend abschließenden Akt des jesuanischen Dramas neu: Um des Friedens willen soll – wenn schon nicht die ganze Geschichte Jesu Christi, so mindestens ihr dramatischer Höhepunkt: sein gewaltsamer Tod, endgültig ad acta gelegt werden. Als ein bedauerlicher Irrtum des damaligen Justizapparates erhebt dieser Tod für unsere Gegenwart keinen nennenswerten religiösen, geschweige denn kulturpolitischen Anspruch.

2 Die These René Girards

Den aufklärerischen und pseudoaufklärerischen Ansätzen solcher Art steht die umstrittene Grundthese des französischen Literaturwissenschaftlers René Girards[3] gegenüber. Sie sieht in der rituellen religiösen Gewalttätigkeit, die im Kontext einer organisierten Religiosität phänomenologisch oft greifbar ist, nicht die Ursache, sondern ein Mittel zur Bändigung der diffusen menschlichen Gewalt; die Aussagen und Bilder über einen religiös motivierten Gewaltrausch stellen ihr nicht die Wurzel des

Übels dar, sondern nur noch dessen mehrdeutiges und interpretationsbedürftiges Symptom.

Diese (letztendlich) „empirische Theorie über das menschliche Zusammenleben"[4] macht zuerst ernst mit der Beobachtung, daß der Mensch das konfliktträchtigste Wesen der Schöpfung sei; Girard lehnt aber einen Aggressionstrieb oder -instinkt als Ursache dieser Konflikthaftigkeit ab[5]. Zwar spielen auch beim Menschen Triebe und Instinkte eine Rolle, doch ist diese im Kontext der eigentlich menschlichen Gewalttätigkeit als sekundär anzusehen.

Die eigentliche Triebfeder des menschlichen Verhaltens wird in der mimetischen Struktur menschlicher Begierde geortet. Mit der Mimesis wird „ein sehr ursprüngliches, offenes und dynamisches Verhalten, das dem bewußten Erkennen vorgeordnet ist und in 'quasi osmotischer Unmittelbarkeit' von einem Vorbild bewegt wird" verstanden[6]. Die Aneignungsmimesis und Gegenspielermimesis, Nachahmung im Kontext von Gütern und Werten, aber auch Nachahmung im Kontext der Rivalität selbst, können die Trieb- und Instinktkomponenten aktivieren, überlagern, ja sogar zerstören. Ähnliches gilt auch für die sog. autonome Vernunft und deren kommunikative Fähigkeit.

Die mimetische Struktur der Begierde wird von Girard als die eigentliche Ursache der Rivalität und der diffusen Gewalttätigkeit erkannt. Zum einen schon deswegen, weil sie das Begehren von verschiedenen Subjekten auf ein und dasselbe (begrenzte) Gut fixiert und auf diese Weise Rivalität hervorruft, zum anderen aber auch, weil sie die Nachahmung des Rivalitätsverhaltens selber strukturiert. Die Mimesis ist allerdings nicht nur die Ursache der diffusen Gewalttätigkeit, sie bringt auch Räume des relativen Friedens hervor. Durch den sogenannten Sündenbockmechanismus wird die diffuse Gewalttätigkeit kanalisiert, weil „nach außen" abgeleitet. Die Konflikthaftigkeit des menschlichen Lebens stellt in dieser Theorie nicht etwas Sekundäres dar, sie ist als primäre Gegebenheit zu begreifen. Da das menschliche Streben – im Unterschied zu Freud und Marx – nicht objektfixiert ist, kann es auch unmöglich zur Auflösung der Konflikthaftigkeit und einer radikalen Friedfertigkeit durch die „Befriedigung der Bedürfnisse" kommen; der Konnex von nachahmendem Begehren und diffuser Gewalttätigkeit stellt quasi eine Konstante dar, ihre Kanalisierung bildet einen niemals abgeschlossenen Prozeß. Das Ende der Geschichte kann daher unmöglich gedacht werden; es ist nur als das Ende der Menschheit möglich.

Wie bereits bekannt sein dürfte, ist die Denkform Girards eine ideal-typische: am Beispiel der Stammesgesellschaften (jener Gesellschaften, die ohne das zentrale Gewaltmonopol existieren) werden systematische Sachzusammenhänge erläutert, so auch der Zusammenhang zwischen Religion und dem gesellschaftlichen Konsens. Girard wehrt sich gegen die Annahme moderner Religionskritiker, die in den Religionen letztendlich einen gesellschaftlich sekundären Komplex sehen. Für Stammesgesellschaften haben Riten einen konstitutiven Wert, sind weder bewußt eingeführt (Betrugshypothese) noch stellen sie das Ergebnis eines Irrtums dar. Vielmehr bilden sie das Ergebnis eines Mechanismus, der das gesamte Leben der primitiven Gesellschaft strukturiert und ihr so das Überleben angesichts der diffusen Gewalttätigkeit sichert.

Diese These wird durch die Analyse des sogenannten Gründungsvorgangs, oder des Sündenbockmechanismus in Reinkultur, der allerdings nur für die Stammesgesellschaften postuliert wird, plausibel gemacht. Das Umschlagen der diffusen Rivalität und Gewalttätigkeit gegen ein zufälliges Opfer markiert dort die Wende vom Chaos zur Ordnung[7]: Dieses zufällige Opfer stellt der mimetischen Begierde die Projektionsfläche für alles Böse dar; es wird in seiner empirischen Realität verdeckt und erscheint den Beteiligten als Inkarnation alles Bösen. Obwohl zufällig zum Opfer geworden, wird es – aufgrund von Projektionen – als an seinem Geschick schuldig erlebt und gewaltsam aus der Gemeinschaft ausgestoßen. Da aber diese gewaltsame Ausstoßung die am Gründungsvorgang Beteiligten untereinander versöhnt und zum Frieden führt, erscheint der Ausgestoßene (das Opfer) nun als Friedensbringer. Das ausgestoßene Opfer wird sakralisiert und als Gottheit erlebt. Eine doppelte Illusion begleitet demnach den ganzen Vorgang: Sowohl die negativen als auch positiven Eigenschaften, die dem Opfer zugeschrieben werden, sind das Ergebnis von gesellschaftlichen Projektionen.

Durch diese Analyse des Gründungsvorgangs glaubt Girard das Geheimnis des Sakralen, wie R. Otto[8] es beschrieben hat, geklärt zu haben: das mysterium tremendum et fascinosum, verflucht und segensbringend zugleich, offenbart die beiden Seiten der Ausstoßung des zufälligen Opfers. Das Entstehen dieses Sakralen, die Genese der Gottheit also, ist mit dem Gründungsvorgang einer Stammesgesellschaft identisch; diese Vergesellschaftung wird in einem zweiten Schritt durch Riten (rituell kontrollierte Nachahmung des Gründungsvorgangs) und Mythen (verschleiernde Nacherzählung des Gründungsvorgangs aus der Sicht der Ausstoßenden) stabilisiert. Mit diesen kultisch-narrativen Elementen werden auch die primären Wahrnehmungskategorien für die Mitglieder bestimmt. Auch die Raum- und Zeitkategorie sind also der Topik des Opfers und seiner Verfolger verpflichtet. Wie ist dies zu verstehen? Die Grenze zwischen drinnen und draußen im Gründungsvorgang, zwischen der Position des Opfers und jener der Verfolger markiert die erste Raumgrenze, genauso wie die Erzählung von „vorher und nachher" die Ausstoßung zur ersten Zeitgrenze erklärt. Die Stammesgesellschaft lebt, solange der Vorgang selbst nicht „aufgedeckt" wird. Nur in verschleiernder Form kann er das gesamte Leben strukturieren.

Was sagt nun diese Rekonstrukion des Sündenbockmechanismus über die Wahrheit der Religion aus? Das Sakrale wird auf dreifache Weise bewertet: Es ist eine kollektive Täuschung und Ergebnis von Projektionen. Insofern hat auch die moderne Religionskritik recht. Doch damit ist seine „Wahrheit" bzw. sein gesellschaftlicher Wert noch nicht ausgeschöpft. Insofern ist die Religionskritik zu hinterfragen bzw. weiterzuführen. Die sakrale Religiosität ist praktisch notwendig zur Erhaltung des Friedens und der Vermeidung von Selbstvernichtung bei den Stammesgesellschaften. Und schlußendlich gehört auch der Prozeß der Aufdeckung der Täuschung und Offenbarung des „wahren Gottes" zur religiösen Tradition.

Die Aufdeckung des Gründungsvorgangs und den Zusammenbruch von Stammesgesellschaften ortet Girard auf verschiedenen Ebenen. Reale gesellschaftliche Ereignisse wie auch deren Deutung trugen dazu bei. Die wichtigsten Momente sind einerseits in der Ausbildung des zentralen Gewaltmonopols, das viele gewaltkanalisierende Aspekte der archaischen Religion übernimmt, zu sehen. Anderseits ist es das Auftreten der Hochreligionen, das den Prozeß der Aufdeckung und Offenbarung weitertreibt. Inhaltlich fokussiert sich diese Aufdeckung auf die fortlaufende Offenbarung der „Unschuld" des Opfers. Diese Aufdeckung findet durch die Dichter (hier v. a. die aufklärende Kraft der griechischen Tragödie[9]) und vor allem in der jüdischen Tradition statt. Die (für die Religionsgeschichte) beispiellose Kumulierung der Gewaltproblematik in den Schriften dieser Tradition stellt für Girard weder einen Zufall dar, noch ist sie ein Zeichen für die gewalterzeugende Kraft des Religiösen; vielmehr ist sie als ein mühsamer, durch Rückfälle gekennzeichneter Entschleierungsprozeß einer auf Täuschung basierenden Strategie zur Bewältigung der diffusen Gewalttätigkeit zu begreifen. Die sakral-vergöttlichte Gewalt und das vergöttlichte Opfer werden als das „geoffenbart", was sie schon immer waren: menschliche, auf andere abgewälzte, damit auch Opfer produzierende Gewalttätigkeit. Mit dieser – in der jüdisch-christlichen Tradition zugespitzten – Offenbarung der Unschuld des Opfers, kann kulturgeschichtlich das Opfer als solches überhaupt erst erkannt werden. Die Parteinahme für das verfolgte Opfer, die sich durch das ganze Alte Testament zieht und Texte der Schriftpropheten, vor allem des Deuterojesaja, Klagepsalmen, das Buch Ijob, geradezu strukturiert, setzt sich in den neutestamentlichen Passionsgeschichten fort. Sie offenbaren Jesus als das unschuldig verurteilte und zum Sündenbock gemachte Opfer par excellence. Diese Art religiöser Literatur offenbart nun die Sicht der Welt aus der Perspektive der Opfer, macht somit alle Verfolgung, aber auch alle strukturelle Gewalt offenbar, wenn auch noch lange nicht unmöglich.

Gegen die Bestrebung der „liberalen Aufklärer", die im Tod Jesu keinen religiösen, geschweige denn kulturellen Wert erblikken, sieht Girard in diesem Tod das fundamentale Ereignis der menschlichen Kulturgeschichte, das die vielen Gründungsereignisse und den sich strukturell durchhaltenden Sündenbockmechanismus als Täuschung und Lüge offenbart. Im Tod Jesu am Kreuz wird also der Teufelskreis der Gewalt durchbrochen: gerade weil das unschuldige Opfer – im Unterschied zu anderen Opfern – in die Verurteilung nicht einstimmt, noch sich gewaltsam zur Wehr setzt und auf diese Weise den Teufelskreis der Rache auslöst, sondern die Unschuld beteuert und radikal auf Gewalt verzichtet, kann der Teufelskreis nicht neu geschlossen, der Preis der Kultur, die gewaltsam auf Gräbern errichtet wird, kann nicht mehr verschleiert werden.[10]

Die Offenlegung, wie Girard sie konzipiert, stellt allerdings keinen geradlinigen Prozeß dar; der Sündenbockmechanismus bleibt überall dort am Werk, wo „tremendum et fascinosum", segenbringend und verflucht, miteinander identifiziert werden. So bleibt auch das historische Christentum hinter der biblischen Offenlegung zurück.[11] Von Augustinus [12] über Bernhard von Clairvaux, Calvin bis hin zur theologischen Vision der spanischen Expansion in Lateinamerika[13], den eschatologischen Hoffnungen vieler Sekten des 19. Jhts und den blutigen Konflikten der Gegenwart reicht hier die Palette. Auch die nachaufklärerische, säkulare Kultur und ihr Vernunftbegriff sind keineswegs vom Sündenbockmechanismus frei.[14] Ein solches Urteil über die abendländische Tradition darf nun nicht mit einer überheblich moralisierenden Ächtung dieser Tradition, wie sie in der Gegenwart oft üblich ist, verwechselt werden. Denn: Die letztere bleibt noch einmal dem verschleiernden Sündenbockmechanismus verhaftet, sie verharmlost sowohl die Geschichte als auch die Gegenwart. Weil sie das Geschehene als willentlich vollzogen postuliert und die Opfer der Vergangenheit allein auf das moralische Versagen zurückführt, legt sie uns allen die Täuschung nahe, unser bester Wille allein könnte die Opfer verhindern. So verhilft die moralisierende Haltung zur Selbsttäuschung, daß auch wir unsere Kultur mit einer Selbstverständlichkeit sondergleichen auf Gräbern errichten.

Trotzdem ist die biblische Botschaft nicht folgenlos geblieben. Langfristig zerstörte sie jene archaischen Strukturen, die durch Verschleierung des Teufelskreises der Gewalt problemlos immer wieder einen geschützten Friedensraum auf Kosten der Opfer ermöglicht haben. Die oft beklagte Zunahme der Gewalt in der Welt von heute wäre demnach eine mögliche Folge der biblischen Tradition. Weil die Legitimation der Gewaltkanalisierung durch die Opfer nicht mehr lückenlos funktionieren kann, ist die Frage nach der Überwindung der diffusen Gewalttätigkeit zu einer Überlebensfrage der Menschheit geworden.[15] Die Versuche, das Problem durch eine totalitäre Logik zu lösen und die Räume des gesellschaftlichen Friedens allein durch brachiale Gewalt eines totalitären Staates zu schaffen, scheitern radikal[16]. Kurzfristig kann unsere politische Kultur zwar stabilisiert werden durch die brüchigen Allianzen gegen die immer wieder neu gefundenen (menschlichen oder anonymen) Feinde und Sündenböcke; auch die wachsende Komplexität der modernen Gesellschaft kann als Stabilitätsfaktor (und nicht als Bedrohung) im Kontext der Kanalisierung der Gewalt interpretiert werden[17]. All diese nicht zu unterschätzenden Stabilitätsimpulse sichern uns kurzfristig den bürgerlichen Frieden, sie schaffen aber die Grundsatzfrage nicht aus der Welt: Hat auch die biblische Gewaltfreiheit im Kontext der immer wieder notwendigen faktischen (und nicht nur prinzipiellen) Überwindung des Teufelskreises der Gewalt eine Bedeutung?

Sowohl H. Arendt, die der modernen kulturpolitischen Diskussion den Weg der Unterscheidung zwischen Macht und Gewalt gewiesen hat und dem sogenannten kommunikativen Machtbegriff Patin steht, als auch J. Habermas, der die Erkenntnisse H. Arendts übernimmt, sie gleichzeitig aber differenziert, indem er die Frage nach strategischen Elementen der Politik und das Problem der strukturellen Gewalt in seinem Machtbegriff integriert, werten die biblische Tradition als politikunfähig ab. Habermas glaubt sogar an eine evolutionsgeschichtlich stattgefundene Überholung des Religiösen: Religion als Mittel der sozialen Integration soll durch kommunikatives Handeln ersetzt werden.[18]

Girard selber steht solch apodiktischen Urteilen skeptisch gegenüber. Weil wir „keine sakrifiziellen Opferreserven und keine sakralen Mißverständnisse" mehr haben, um die Gewalt von uns abzuwenden, weil über kurz oder lang die den gesellschaftlichen Frieden stabilisierenden Opfer ihre Opferrolle aufkündigen, sei die radikale Bekehrung der Menschheit letzten Endes der einzige realistische Ausweg aus dem Teufelskreis.[19] Kann ein solcher Vorschlag als eine politische Alternative ernsthaft diskutiert werden? Realpolitisch scheint eher das Gegenteil zuzutreffen; die fragwürdige, immer wieder ins Gegenteil umschlagende Logik der Gewaltkanalisierung durch die Ableitung auf die Sündenböcke feiert ihre Renaissance.

Der Entwurf Girards fasziniert und provoziert auch radikale Kritik. Beurteilt man ihn mit den nüchtern geistesgeschichtlichen Augen, so läßt er sich als konsequente Weiterführung des religionssoziologischen Werkes E. Durkheims[20] interpretieren, der die religiösen Ideen als kollektive Kräfte des gesellschaftlichen Lebens verstand. Er kann aber auch als konsequente Fortsetzung des Aufklärungsprogramms im jüdisch-christlichen Sinn, das im Namen eines wahren Gottes falsche Gottheiten als Lug und Trug entlarvte, verstanden werden. Einerseits zeigt Girard nämlich, wie kollektive Erfahrungen sakralisiert werden. Insofern ist die These Durkheims, die eine Identität von Religion und Gesellschaft anzielt, richtig. Andererseits glaubt er, daß damit die Wahrheit der Religion keineswegs ausgelotet ist; indem er Ansätze zur Überwindung solcher Sakralisierungen andeutet, Ansätze, die sich dem gesellschaftlich Verfügbaren entziehen und damit auch radikale Kritik des Sakralen erlauben, führt er die kreative Religionskritik, eine Religionskritik, die – im Unterschied zu Habermas – nicht in der Destruktion des Religiösen endet, weiter. So ist es kein Wunder, daß er mit seinem Programm gerade Theologen besonders anspricht, aber auch besonders nervt.[21]

3 Der Ansatz Raymund Schwagers

Ob nun der Innsbrucker Dogmatiker Raymund Schwager[22] diesem „verführerischen Duft, der von der Lehre Girards ausgeht" erlegen sei[23] und deswegen von der akademischen Systematik, wenn schon, dann mit einer großen Portion Skepsis zur Kenntnis genommen werden muß[24], ob er mit seinem Entwurf nur eine hinter die Aufklärung zurückfallende Remythologisierung der Theologie betreibe, damit auch den Anspruch der christlichen Theologie auf die intellektuelle Redlichkeit preisgebe, oder: ob seine Theologie, trotz all der Verhaftetheit an neuscholastisch vorgegebene Fragen und Antworten, ein Stück der Entwicklung einer radikal neuen dogmatischen Denkkultur in der katholischen Kirche darstellt, einer Denkkultur, die vom Vatikanum II mit dem Stichwort „heilsgeschichtliche Dogmatik"[25] umschrieben, bisher aber kaum realisiert wurde, das wird freilich die zukünftige Theologiegeschichtsschreibung zu entscheiden haben. Als „geistiger Sohn" R. Schwagers glaube ich natürlich an die innovative Kraft seiner Theologie, trotz all der oft vernichtenden, sich aber meistens durch sehr oberflächliche Kenntnis auszeichnenden und durch das Bedürfnis nach schneller Einordnung in die vorhandenen Denkschemata geprägten Urteile der Fachkollegen[26].

Die „dramatische Erlösungslehre"[27], geht weit über Girards Position hinaus[28]; was bei Girard noch nach einer soziologisch geprägten Kulturtheorie mit einem religiösen „Touch", oder aber nach einer minimalistischen – auf den Gewaltverzicht fixierten – Theologie auszusehen scheint[29], zeigt sich bei Schwager als ein, alle klassischen dogmatischen Traktanden, ja, die meisten innertheologischen Disziplinen einbeziehender „Wurf", der seinerseits auch die „außertheologische" Konfrontation nicht scheut: weder mit den Human- noch mit den Naturwissenschaften und schon gar nicht mit der gesellschaftspolitischen Wirklichkeit der Gegenwart[30].

Dabei erzählt die Theologie von Schwager auf den ersten Blick nichts anderes als immer nur dasselbe: das gewaltsame Drama Jesu[31]. Dieses scheint ihm inzwischen zum hermeneutischen Schlüssel oder auch zu einer „Kurzformel des Glaubens" für die Gegenwart geworden zu sein: In der Perspektive dieses Dramas will er all die „ungelösten Fragen" der Tradition lösen[32] und die gelösten darstellen, in seinem Licht möchte er die neu aufkommenden theologischen Probleme diskutiert haben[33], in seinem Kontext ortet er methodische und wissenschaftstheoretische Fragen der Theologie[34], schlußendlich gewinnt er aus diesem Drama Antworten auf brennende Fragen der kulturpolitischen Gegenwart: so auch die vielschichtige Antwort nach dem Ausweg aus dem Teufelskreis der Gewalt[35].

Wie ist nun dieses Drama zu beschreiben? Das eigentliche Drama Jesu fängt an bei der Tatsache, daß er als Jude geboren wurde, gelebt hat und gestorben ist. Sein Drama hat konstitutiv etwas mit den geradezu atemberaubenden Transformationen der Tradition dieses Volkes zu tun. Es sind dies Transformationen, die auch jenseits des theoretischen Konzepts von R. Girard wahrgenommen werden können. Angesichts der politischen Katastrophen, angesichts eines eindeutigen Gewalt- und Vernichtungsurteils geht diese Tradition nicht unter, vielmehr tritt sie in ihr goldenes Zeitalter ein und wird neu erzählt. Die erfahrene, aber auch angetane Gewalt transformiert die Glaubenstradition radikal: als Gewaltopfer, Gewalttäter und nochmals Gewaltopfer werfen die Juden ihre Frage nach Gott auf.

So kommt die hebräische Bibel dazu, die Gewalt *überhaupt* zu problematisieren. So verdichtet sie deren Erfahrung auf eine kaum zu übertreffende Art und Weise, indem sie Jahwe als den Gewalttäter par excellence glaubt. Sie kann aber schlußendlich die Gewalt radikal in Frage stellen, indem sie das Bild eines gewaltfreien Gottes anzeigt.[36] Mit der Falsifizierung der Gewaltfrage im Kontext des Gottesbildes wird aber keineswegs die Frage der Gewalt gelöst. Die Tatsache, daß Gewalt kein Prädikat über

Gott sein kann, sagt gar nichts aus über die Fähigkeit des Menschen, sich gewaltfrei zu verhalten.

Auch das Drama Jesu, das Drama seines Lebens und Sterbens, ist in die Geschichte solcher Transformationen eingeschrieben und schreibt selbst die Geschichte der Transformationen weiter fort. Jesus selber, seine Freunde und Feinde, seine Nachfolger und deren Gegner transformieren durch ihr Reden und Tun, durch ihr Leben und Sterben den Glauben an Gott und an die Beziehung Gottes zur Gewalttätigkeit unter den Menschen. Schwager beschäftigt sich aber mit der Frage nach Gewalt nicht aus irgendwelchen ethisch-politischen Interessen, sondern wegen der damit verbundenen Transformationen des Gottesbildes.[37] Methodisch glaubt er, diesen soteriologisch-christologischen Transformationsprozeß weder begrifflich darstellen und analysieren, noch narrativ erzählen zu können, sondern dramatisch rekonstruieren zu müssen. Was hat das zu bedeuten?

Wie die meisten Autoren der Gegenwart geht Schwager von der Grundannahme aus, das erlösende Handeln Gottes ereigne sich in der Verkündigung und der Praxis der Basileia-Botschaft. Diese entscheidet über die inhaltlichen Konturen eines radikal gewaltfreien Gottesbildes, in ihr wird die Beziehung Gottes zum Sünder – als bedingungslose Feindesliebe Gottes, die dem schwachen, verlorenen und ausgegrenzten Menschen nachgeht und ihn zu integrieren sucht – radikal zum Ausdruck gebracht, in ihr wird auch das Bild des „erlösten" Lebens in einer Gemeinschaft, in der das Böse und die Gewalt radikal überwunden wurden, gezeichnet.[38]

Die Antwort auf die Frage, ob die „Gottesherrschaft" mitten in einer unerlösten, von der Gewalt gezeichneten Welt greifbar ist, kann auf vielfältige Spuren gerade im Kontext des jesuanischen Lebens hinweisen; mit der Thematisierung dieser Spuren weiß sich Schwager mit den meisten Exegeten und Systematikern der Gegenwart einig.[39] Die Fragen, die Schwager aber nicht ganz unter den Tisch fallen lassen will, betreffen einerseits die Annahme dieser Impulse durch die Menschen, andererseits aber das empirische Kriterium für das Urteil, das den Anbruch der Gottesherrschaft festzustellen erlaubt. Nach Schwager spielt der Glaube an die *grundsätzliche Überwindung* des „Teufelskreises der Gewalt" für die Erlösungsbotschaft eine fundamentale Rolle: Die Hoffnung auf das Heil und die Befreiung vom Teufelskreis der Gewalt werden von ihm theologisch irreversibel miteinander verbunden. Mit dieser inhaltlichen Zuspitzung bleibt er nun auf weiten Strecken in der gegenwärtigen Diskussion allein. Und dies wohl zum Nachteil der den schwagerschen Impuls tabuisierenden Entwürfe. Warum dies?

Die Antwort kann bereits an der Beschreibung der Reaktion der Menschen auf die Basileia-Botschaft durch Schwager und andere Systematiker angedeutet werden. Für die meisten Autoren der Gegenwart bleibt das durch die Basileia vermittelte Heil theologisch, aber auch biographisch und politisch das letzte Wort einer Erlösungslehre: Jenen, die sich auf Jesu Verkündigung und Reich-Gottes-Praxis einließen und einlassen, wird eine erlösende und befreiende Gotteserfahrung zuteil. Daran kann weder die Tatsache der historischen Verurteilung Jesu durch die Machthaber „dieser Welt" noch sein gewaltsamer Tod etwas ändern. Diese werden zwar oft als Konflikte politischer, religiöser, ja sogar theologischer Art (als Auseinandersetzung um das Gottesbild) beschrieben, für die Thematisierung dessen, was Gottesherrschaft sei, bringen sie aber nichts Neues hinzu. Sie bilden die von außen her kommenden Gewalthindernisse, an denen der (gewaltfreie) Retter und die sich vor ihm (auch gewaltfreien) Rettenwollenden nur noch zu bewähren haben. Erlösung wird hier nicht als eine Erlösung „durch das Kreuz", sondern als eine „trotz des Kreuzes" gedacht. Der gewaltsame Tod Jesu selbst wird theologisch meistens im Kontext der Frage nach seiner Gottverbundenheit, nicht aber im Zusammenhang mit dem Problem einer sich in diesem Tod geradezu kumulierenden und an Jesus entladenden Gewalt reflektiert. Ostern zeigt den meisten Autoren unmißverständlich an, daß der Heilswille Gottes sich gegen alle Machthaber „dieser Welt", die beanspruchen, den göttlichen

Willen an einem Gotteslästerer zu vollstrecken, als die letzte Instanz der Geschichte beweise. So weit, so gut.

Die Frage, die spätestens jetzt aufzuwerfen sei, lautet: was muß nun mit den Machthabern „dieser Welt" geschehen, damit die Hoffnung auf das Heil u. U. auch die Befreiung vom Teufelskreis der Gewalt beinhalte? Vor allem dann, wenn nur jene dieses Heils teilhaftig werden, die sich auf die Basileia – und zwar entgegen all den Machthabern „dieser Welt" – eingelassen haben, einlassen und einlassen werden? Konzipiert man die Erlösung als eine Erlösung für die Nachfolgenden und durch die Nachfolgenden, so gibt es diese nur auf Kosten der Erniedrigung oder gar Vernichtung der Nichtnachfolgenden. Dies ist aber nicht die Erlösung vom Teufelskreis der Gewalt, sondern sie bleibt im Rahmen desselben; ihr Verständnis bleibt dem Mechanismus des Sündenbocks verpflichtet, oder es wird nichtssagend fromm. Ein solches Bild der Erlösung hat einige Kirchenväter zur Beschreibung der Freude der Erlösten im Himmel auf Kosten der Verzweiflung der Verdammten in der Hölle animiert; uns läßt es das Bild eines eschatologischen Befreiungskrieges erhoffen oder auch befürchten.

Nach Schwager spielt der Glaube an die grundsätzliche Überwindung des Teufelskreises der Gewalt eine fundamentale Rolle für die Erlösungsbotschaft selbst: Die Hoffnung auf das Heil und die Befreiung vom Teufelskreis der Gewalt werden theologisch irreversibel miteinander verbunden. Um eine solche These zu begründen, muß er radikal mit jenem Verständnis der Erlösungshoffnung brechen, das die Erlösung im ethischen, oft gar moralisierenden Kontext situiert und die Soteriologie zu dem immer wieder neu erzählten Mythos von den „guten" Nachfolgern, die durch Gegner zwar behindert, ihr Ziel aber dennoch mit Gottes Hilfe erreichen, verwandelt oder sie gar zum theologischen Moralismus reduziert. Nicht jene, die sich auf die Botschaft Jesu eingelassen haben, stellen dem Innsbrucker Dogmatiker das eigentliche Problem einer Erlösungslehre dar. Er fragt nach denen, die sich nicht einlassen oder sich gar gegen die Botschaft und jenen, der sie verkörpert, wenden. Daß der Bekehrungswillige letztlich „gerettet" werden kann, ist zwar nicht unwichtig; „wunderbar" ist diese Tatsache kaum! Die Soteriologie wagt aber das „Wunderbare" zu denken. So geraten für Schwager nicht die Nachfolgenden, sondern die Ablehnenden ins Zentrum der Reflexion über die Basileia-Botschaft!

Wer waren und sind nun die Ablehnenden? Schwager denkt in diesem Zusammenhang weder an einzelne Gestalten des Volkes Israel noch an die Juden als solche. Zwar können die an den biblischen Sprachgebrauch angelehnten Formulierungen dem „eiligen Leser" diesen Eindruck vermitteln und auch eine Polemik wegen des „antijüdischen Sprachgebrauchs" provozieren, eine genauere Lektüre zeigt, daß ein solches Verständnis die Grundkonzeption verfehlt. Unter den die Botschaft Ablehnenden wird vielmehr die gesamte Menschheit subsumiert, die Zusammenrottung gegen den diese Botschaft verkörpernden Jesus wird von Schwager als universal gedacht: Die Menschheit als ganze wendet sich gegen diesen einen, verwirft ihn und bringt ihn um. Der von Girard für die Stammesgesellschaften postulierte Sündenbockmechanismus wird damit in die universalgeschichtliche Dimensionen ausgeweitet, aber auch radikal gebrochen. Er wird zu einer geschichtstheologischen Argumentationsfigur.[40] Wie begründet Schwager diese Universalisierung?

Die Begründung der These von der universalen Ablehnung erfolgt auf mehreren Ebenen. Neben den Hinweisen auf die Eigenart des biblischen (korporativen) Denkens, das universale Urteile wie etwa jenes aus der Apg 4,27f erlaubt,[41] und der Auseinandersetzung mit den exegetischen Thesen über die Faktizität einer Ablehnung („galiläische Krise")[42] sind es eben geschichtstheoretische Auffassungen, die hier von Bedeutung sind. Die Hinweise auf die in der Menschheitsgeschichte sich konstant durchhaltenden Aggressions- und Projektionsmechanismen[43] haben für Schwager nicht nur eine sekundäre Bedeutung (wie dies für die meisten Theologen der Gegenwart der Fall ist). Dem neuzeitlichen Pathos des (trotz aller Einschränkungen doch) als autonom beschriebenen Subjektes, der als Täter der Geschichte Heil und Unheil zu verantworten hat, setzt Schwager die Sicht einer letztlich „gehandelten" Menschheit entgegen. Die Verantwortung des Individuums für seine Taten ist zwar nicht aufgehoben, sie bleibt aber eingebunden in die globale Sicht dessen, was sich ereignet: die Menschen sind zuerst „Darsteller" und „von fremden Mächten" beherrscht[44], die Schwager durch die Girardsche Analyse des Sündenbockmechanismus zu entschlüsseln sucht. Außerdem weisen die heilsgeschichtliche Rolle der Zuhörer Jesu und die Bedeutung ihrer Entscheidungen als „Rollenträger" auf die definitive Dimension der Verwerfung Jesu hin: „Definitive Ablehnung heißt in diesem Fall: es hat sich definitiv gezeigt, daß die Mächte und Kräfte, von denen die menschliche Geschichte beherrscht wird, in einem grundsätzlichen Gegensatz zu jener Botschaft und jenem Leben stehen, das Jesus gebracht hat."[45]

Die allerletzte Begründung geht über das von Girard gedachte kulturtheoretische Begründungspotential radikal hinaus; sie ist der Tradition der christlichen Erlösungslehre verpflichtet und gibt die *Identifikation* als den allerletzten Grund für Universalität an: „Die konkrete historische Verwerfung Jesu erreichte dadurch eine universale Dimension ..., daß der Ausgestoßene alle Menschen einschloß"[46], sich also mit ihnen, den Gewalttätern, den ihn Ausstoßenden identifizierte. Faßt man die Verwerfung auf diese Weise, so kann die Tatsache der historischen Kreuzigung Jesu nicht mehr als etwas, was nur vom außen her kommt, begriffen werden. Sie kann nicht mehr ein von außen her kommendes Hindernis sein für die Basileia-Botschaft, an dem sich der Retter zu bewähren habe; sie bringt inhaltlich neue – für die Botschaft selbst relevante – Aspekte mit sich. Was hat das zu bedeuten?

Die Ablehnung zeigt den grundsätzlichen Gegensatz zwischen der Gottesherrschaft und dem Teufelskreis der Gewalt, der durch die Botschaft eben nicht überwunden werden konnte.

Zur Verdeutlichung dieses Gegensatzes beruft sich Schwager auf die Antithesen der Bergpredigt. Mit diesen Forderungen sind nicht willkürliche Gebote gemeint, weder der ethische Rigorismus der Schwärmer, der seinerseits für einen Gewaltterror in

der Geschichte verantwortlich zeichnete, noch die Gesinnungsethik der liberalen Theologie, die das Gewaltpotential im menschlichen Verhalten banalisierte und angesichts eruptiver Ausbrü-
che derselben der Verherrlichung der Gewalt verfiel, werden den
Antithesen gerecht. Jesus führt die einzelnen moralisch zu verwerfenden Taten auf die Grundfrage nach der Dynamik des Begehrens zurück: Damit verlagert er den Schwerpunkt der ethischen Diskussion und ebnet anscheinend sogar den Unterschied
zwischen einem, der gemordet hat, und einem, der „bloß" zürnt,
ein. Ist eine solche Logik ernst zu nehmen?

Nimmt man die Theoreme Girards über die mimetische Struktur der menschlichen Begierde als Verstehenshilfe an, so wird
man begreifen, warum der Unterschied zwischen einem Mörder
und Ehebrecher und dem braven Bürger zuerst nicht „eine Sache der größeren oder kleineren Gerechtigkeit (sei), sondern fast
nur noch der äußeren Umstände und der Stabilität gesellschaftlicher Normen".[47]

Die jesuanischen Antithesen machen eine strafrechtliche,
politische und ethische Diskussion über die gesellschaftlichen
Normen und die Bemühung um die Verhinderung des faktischen Mordens und Blutvergießens keineswegs obsolet. Im
Gegenteil: die Suche wird erst recht durch solche Auffassung
motiviert. Deren normativer Plafond wird aber nicht herunter-
gesetzt: Erst wenn Menschen so handeln, wie es die Bergpredigt fordert, – erst wenn sie von der aneignenden und unweigerlich in die Konflikte führenden Mimesis frei werden, erst
dann ist das neue Volk tatsächlich da, erst dann kann man
von einer radikalen Gerechtigkeit, die auch diesen Namen verdient, sprechen. Schlußendlich ist erst dann der Teufelskreis der
Gewalt auch empirisch überwunden. Daß die Menschen dies
nicht tun und auch nicht in der jesuanischen Zeit und Umgebung getan haben, ist nur noch eine banale Alltags- und Binsens-
wahrheit. Solange aber dies nicht der Fall ist, ist die Gottesherrschaft nicht angebrochen. Ist der Anbruch also eine Frage
der Zeit?

Die Problematik des ausbleibenden Anbruchs der Gottesherrschaft und damit auch die empirisch eindeutig feststellbare Überwindung des Teufelskreises der Gewalt betrifft nicht die Frage nach der Zeit; sie zielt auf das Problem des Willens und der Fähigkeit der Menschen, die konfliktuelle Dynamik des Begehrens anders zu überwinden als durch die gewaltkanalisierende Logik des Sündenbockmechanismus.

Da diese Fähigkeit nicht gegeben ist, da – wie die Erfahrung zeigt – der Gewalt mit dem guten Willen allein nicht beizukommen ist und auch die Suche nach gerechteren, sie kanalisierenden Strukturen immer wieder neu begonnen werden muß, entfaltet Schwager das Drama Jesu in fünf aufeinander nicht reduzierbaren Akten.[48] Der Grund für diese Ausdifferenzierung liegt im Wesen der Sache selbst. Nachdem die Botschaft und das Leben Jesu, die von ihm dargestellte und gelebte Versöhnung – sein, theologisch gesehen, perfektes Programm – die Adressaten letztendlich doch verfehlte, ist ein neuer Ansatz notwendig, will Gott sich und seiner in der Botschaft angedeuteten bedingungslosen Liebe und Überwindung der Gewalt treu bleiben. Der für die Theologie der Gegenwart selbstverständliche Zugang zur Soteriologie im Kontext der Basileia-Botschaft wird damit für Schwager zum Zugang im wahren Sinne des Wortes: es ist nur der erste Akt der dramatischen Geschichte Jesu und nicht deren Inbegriff. Für den zweiten Akt zeichnen nun die Gegner verantwortlich und deren Ablehnungsverhalten.

Die Reaktion Jesu auf diese Ablehnung besteht nun in der eigentlichen Aufklärungsarbeit: Die harten Gerichtsreden Jesu werden von Schwager systematisch als Offenlegung des Teufelskreises der Gewalt interpretiert.[49] Was hat das zu bedeuten? Wenn Jesus das Gericht predigte, so keineswegs im Sinne des janusköpfigen Gottes. Vielmehr blieb er der bereits im Alten Testament vorgezeichneten Linie treu, die das Gericht als Selbstgericht der lügnerischen und gewaltverhafteten Menschheit verstanden hat. So offenbart die jesuanische Gerichtspredigt nur die radikale Verlorenheit der ganzen Menschheit im Teufelskreis der Gewalt. Daß es bei dieser Aufklärungsarbeit nicht um Rache eines beleidigten Predigers ging, zeigt am deutlichsten der nächste Akt des jesuanischen Dramas.

Die Mächte des Mechanismus, den er aufgedeckt hatte, schlugen auf ihn zurück. Er diagnostizierte Lüge und Gewalt bei den Gegnern und prophezeite ihnen, daß sie diesen erliegen werden, wurde aber selber lügnerisch verurteilt und gewaltsam hingerichtet. Damit hätte sein Drama als Irrtum entlarvt werden können. Wenn Gott nicht reagiert hätte ...? Wie reagiert aber Gott auf jene Feinde, die sich durch seine Feindesliebe nicht gewinnen lassen, sondern unumkehrbare Tatsachen schaffen? Der dritte Akt zeigt die einzig mögliche Antwort auf das Dilemma an: er transformiert die Botschaft Jesu vom Gericht! Die immanenten Folgen der Ablehnung erleiden nicht die Ablehnenden, sondern derjenige, der sich mit der Gottesherrschaft identifiziert hat. Nur auf diese Weise kann sich die „Feindesliebe Gottes" glaubhaft bewähren.

Eine solche Situation veränderte das Bild Gottes radikal gerade im Kontext der Frage nach dem Teufelskreis der Gewalt. Gemäß der Offenbarung der Gerichtsperspektive würde der einzig theologisch relevante Punkt unserer Problematik in der Feststellung liegen, daß der Teufelskreis der Gewalt nicht auf das aktive Tun Gottes zurückzuführen, sondern einzig und allein als menschliche Angelegenheit zu betrachten sei. Eine radikale Zuspitzung dieser Sicht bietet die Wahrheit des Selbstgerichtes: Gott überläßt die Menschheit der von ihr selber gewählten Situation. Dies bedeutet unter Umständen unwiderruflich den Untergang in der konfliktiven und gegenseitigen Gewalttätigkeit.

Nun – und dies ist die Wendung – richteten sich die Menschen nicht gegenseitig, vielmehr wurde er, der „Richter", gerichtet.[50] Dieser Rollentausch ist nun für das Erlösungsverständnis von Schwager konstitutiv. Die dem Selbstgericht preisgegebenen Menschen lassen sich nicht von den Folgen ihrer Taten treffen, sondern sie leiten ihre Lüge und Gewalt noch einmal nach außen: Sie rotten sich gegen Jesus zusammen. Jesus aber? Er läßt sich treffen, mehr noch: er identifiziert sich mit ihnen. Was bedeutet dies? Was bedeutet die Identifikation mit den Gewalt gegen mich ausübenden Menschen? Hat sich Jesus mit jenen Taten seiner Gegner identifiziert, durch die sie ihn verurteilt und getötet haben? Dies würde bedeuten, daß er im Grunde der Logik des Teufelkreises der Gewalt zugestimmt hat. Wie konnte er dann diesen überwinden? Gilt es hier nicht zu unterscheiden? Schwager differenziert und legt die Bedingungen der Überwindung frei.

Indem Jesus, der radikal Gewaltfreie und Sündenreine, zum Opfer der Gewalt gemacht wurde, legte er die bisher unentwirrbare Verflechtung zwischen dem Opfer der Gewalt – dies wäre er selber – und dem Täter der Gewalt – dies sind seine Gegner – bloß. Mündet aber diese Logik nicht in die heute so populäre Verwischung der Differenz zwischen Opfer und Täter? Bevor man über die Verwischung redet, muß man zuerst den Unterschied zwischen beiden feststellen. Die Beziehung zwischen Opfer und Täter, die auf der Ebene der Phänomenologie eindeutig zu sein scheint, ist in Wirklichkeit eine viel komplexere; auch sie bleibt der mimetischen Gesetzmäßigkeit unterworfen[51]. Wenn Jesus sich mit den ihn verurteilenden und tötenden Menschen identifizierte, dann nur insofern diese selber Opfer des Teufelkreises der Gewalt waren, nicht aber insofern sie Täter derselben sind. Eine apokalyptische Klarheit der beiden Lager, die eindeutig zwischen den Tätern und den Opfern der Gewalt unterscheidet und auf diese Weise die Wahrheit, daß Opfer spiegelbildlich die Täter nachahmen können, verdrängt, den Teufelkreis der Gewalt perpetuiert, weil sie immer wieder neu den Mythos von den guten Opfern und schlechten Tätern zu schreiben erlaubt, wird im Kreuzesgeschehen unterlaufen: Nicht zwei verschiedene Menschengruppen stehen im Kreuzesgeschehen, diesem theologischen Höhepunkt der Gewalt, einander gegenüber. Als Täter, als verwerfende und tötende Menschen bilden wir das Lager der Gegner Christi und machen ihn zum Opfer unserer Gewalt, insofern wir aber in unserem verwerfenden Tun und unserer Gewalttat auch Opfer des Teufelkreises sind, sind wir diejenigen, mit denen sich Christus, nun selber das Opfer der Gewalt, identifiziert. Christus identifiziert sich mit den Opfern, nicht nur um die täuschende apokalyptische Klarheit zu unterlaufen, sondern auch, um aus dieser Position die spiegelbildliche Mechanik des Opfers, das seinen Täter nachahmt, durchzubrechen und zu verwandeln. Wie kann diese Logik der Verwandlung beschrieben werden?

Sein radikales Ausgeliefertsein an die Gewalt der Menschen, sein Opfersein, das unter den Bedingungen des Teufelskreises der Gewalt nur zur neuen Gewalt führt, wird von Jesus schon dadurch verwandelt, daß er, getragen vom Vertrauen auf den Gott der gewaltlosen und grenzenlosen Feindesliebe, die Gewalt nicht weitergibt, sondern sie durchleidet – „er wurde geschmäht; schmähte aber nicht, er litt, drohte aber nicht ..." (1 Petr 2,23). Schon auf diese Weise unterbricht er das tödliche Geflecht des Gewaltmechanismus. Er unterbricht diesen aber nicht nur, er transformiert ihn radikal. Diese Transformation besteht nun darin, daß er „das radikale Ausgeliefertsein gegenüber seinen Feinden, wie er es im Getötetwerden erfuhr, zum radikalen Ausgeliefertsein gegenüber seinem Vater (der im ganzen Kreuzesgeschehen die reine Liebe ist) gemacht" hat.[52] Aus der Kraft dieser Hingabe konnte er, das verurteilte und sich mit den anderen solidarisierende Opfer, auf eine radikal neue Art und Weise als Täter in die menschliche Gewaltgeschichte eintreten; eben nicht als einer, der nur noch verstummt, psychisch aber zum Täter wird, weil er in seinem Herzen auf Rache und Vergeltung hofft wie die Apokalyptiker, auch nicht als Täter, der auf Gewalt mit Gegengewalt antwortet. Er tritt in die menschliche Geschichte als Täter, aber als einer, der das Wort der Vergebung spricht.[53] Dort, wo er nur noch geschmäht, verurteilt, getötet, also nur „gehandelt" wurde, dort, wo er sein Opfersein nur noch erleiden konnte, dort handelte er als Opfer, und *er handelte neu und anders als die Opfer es normalerweise tun.* Er gab sich an seinen Vater hin, entzog sich seinen ihn verurteilenden Tätern, unterbrach den Teufelskreis der Gewalt und transformierte ihn: Vater, vergib ihnen, denn sie wissen nicht, was sie tun!

Diese Verwandlung wird nun bestätigt durch das Urteil des Vaters im vierten Akt des jesuanischen Dramas. Der soteriologische Mehrwert der Auferweckung durch den Vater besteht für Schwager zuerst in der Entscheidung für den Sohn. In diesem Punkt ist sich Schwager mit der Mehrzahl der gegenwärtigen Exegeten und Systematiker einig. Diese Entscheidung für den Sohn ist aber nicht eine Entscheidung gegen seine Gegner, die sich zu Unrecht gegen diesen Sohn als Gotteslästerer gewendet haben. Schwager geht über die gängigen systematischen Deutungen der Gegenwart hinaus; er sieht im österlichen Urteil des Vaters auch eine Entscheidung „zugunsten" eben dieser Widersacher [54]. In diesem vierten Akt gelingt es Schwager zu zeigen, daß die (im ersten Akt programmatisch festgehaltene) Güte und Gewaltfreiheit Gottes selbst jene Langmut des Weinbergbesitzers (Mk 12,1-12) übertrifft, die menschlich spontan als eine Folie für die „Feindesliebe Gottes" gelten könnte. „Anders als der Herr im Gleichnis hat ... der himmlische Vater in seinem österlichen 'Gericht' gehandelt. Selbst die Ermordung seines Sohnes hat bei ihm keine rächende Vergeltung provoziert, sondern er hat den Auferweckten mit der Botschaft 'Friede sei mit euch!' zu jenen Jüngern zurückgesandt, die sich im kritischen Augenblick ins Lager der Gegner der Gottesherrschaft ziehen ließen."[55] Erst dieses Handeln ermöglichte aber die Bekehrung der Täter.

Den Abschluß des Dramas bildet die Sendung des Geistes. Sie zeigt, und dies fortlaufend, das geschichtlich konkret greifbare „*Wie?*" des gewaltüberwindenden Handelns Gottes an: Es setzt weder bei den äußeren Machttaten noch bei jenen lügnerischen, aber machtvollen Mechanismen der Herrscher dieser Welt an, sondern „bei der Weckung eines neuen menschlichen Handelns"[56]. Was Schwager nun mit diesem letzten Akt andeutet, sind die Grundlagen einer neuen Gemeinschaft, die nicht mehr durch den Sündenbockmechanismus strukturiert ist und auf diese Weise den Teufelskreis der Gewalt fortschreibt; vielmehr ist es eine Gemeinschaft, die in der geistgetragenen Erinnerung (memoria) an Jenen gründet, der diesen Mechanismus in seinem eigenen Leben besiegt hat. Aus der Kraft dieser Erinnerung kann der prinzipiell überwundene Teufelskreis auch empirisch stückweise überwunden werden. Es ist die kirchliche Gemeinschaft. Zwar ist die empirische Kirche stark in die sakrale Welt verstrickt. Deswegen muß sie auch ihre friedensstiftende Rolle im Kontext der zweideutigen, auf Gewalt bauenden, aber gewalteindämmenden Institutionen wahrnehmen.[57] Diese haben aber nicht das letzte Wort. Schwager sucht die theologischen Momente in der Ekklesiologie zu benennen, die diesen Auseinandersetzungsprozeß um die gewaltfreien Strukturen sakramental fördern. Das wichtigste Element ist in der Struktur der Eucharistie zu sehen, die das genaue Gegenmodell der aus dem Sündenbockmechanismus entspringenden Gesellschaft darstellt. In der Eucharistiefeier versammeln sich die Menschen um den Ausgestoßenen. Die Memoria der Ausstoßung, das Schuldbekenntnis und die aus dem versöhnenden Handeln des ausgestoßenen und getöteten Opfers entspringenden Impulse haben hier den gemeinschaftsstiftenden Charakter. So ist die eucharistische Gemeinschaft nicht eine jenseits des Teufelskreises der Gewalt angesiedelte, sondern eine, die durch diesen hindurch möglich und wirklich wurde.[58] Sie bleibt auch dem ethischen Bemühen der Christen vorgeordnet, motiviert dieses und bleibt dessen kritisches Korrektiv.

4 Ausblick

Welche Deutungsmuster bietet also die so erzählte Erlösungslehre und das auf diese Weise rekonstruierte „Drama Jesu", für unsere Erfahrung des Teufelskreises der Gewalt an? Nur drei Grundgedanken möchte ich zum Schluß hervorheben. Es ist zuerst die Revision der Fragestellung unserer liberalen Öffentlichkeit. Indem diese die religiöse Gewalttätigkeit zum Inbegriff des Gewaltverhaltens stilisiert, verschleiert sie stückweise ihre eigene gewalterzeugende Struktur. Das kulturtheoretische Modell von R. Girard und die Theologie R. Schwagers bieten ein Instrumentarium an, mit dem diese Verschleierung aufgedeckt und die gewaltkanalisierende Rolle der Religion auf eine neue

Art und Weise zur Sprache gebracht werden kann. Zum zweiten verhilft die Einsicht in die Mechanik der Stabilisierung von Räumen des gesellschaftlichen Friedens durch die Opfer und die Aufkündigung der stabilitätssichernden Opferrolle durch Gruppen und Individuen zum Verständnis, warum wir trotz aller Aufklärung und trotz allen guten Willens immer wieder Gewalteruptionen erleben, ja warum die apokalyptische Bedrohung auf der Tagesordnung steht. Angesichts einer solchen Herausforderung reichen die strategischen Schritte zur Bändigung der Gewalt nicht aus; die Grundsatzreflexion über die Eigenart des friedensstiftenden Handelns ist heute notwendiger denn je. Sie muß unter anderem auch das vulgäraufklärerische Vorurteil über die gewaltsame Natur der Religion hinterfragen. Aus der Sicht der hier rekonstruierten Theorie verläuft die für die zukünftige Welt überlebenswichtige Unterscheidung nicht mehr zwischen der säkularen und religiösen Wirklichkeit, sondern zwischen jenen Kulturen, die den Mythen der Vertreibung verpflichtet sind und Rationalität auf Kosten von Opfern zu rechtfertigen suchen und jener, die auf die Integration hin ausgerichtet ist und über den Topos des Opfers aufklärend wirkt. Die kulturpolitische Diskussion von morgen muß neue Allianzen anzielen; sie darf auch den kulturellen Mehrwert der jüdisch-christlichen Tradition nicht allzu leicht unter den Tisch kehren oder gar über Bord werfen. Die These von J. Habermas, die die Religionen zwar einer früheren Entwicklungsstufe der Menschheit zuordnet, die Transformation der religiösen Überzeugung aber zur Überlebensbedingung des Humanen erklärt,[59] erweist sich im Kontext der hier zur Diskussion gestellten Theorie zumindest als zweideutig. Sie schöpft faktisch aus dem Traditionspotential der jüdisch-christlichen Offenbarung, tabuisiert aber den Garanten derselben und wertet die biblische Tradition als politikunfähig ab. Das den Teufelskreis der Gewalt überwindende Humanum ist in der biblischen Tradition aber an die Wirklichkeit des lebendigen Gottes gebunden. Das wird – und dies ist der dritte Punkt – in der allerletzten Zuspitzung des auf die Integration hin ausgerichteten religiösen Impulses deutlich. Gemäß dem Drama Jesu darf die

Aufklärung über den Topos des Opfers weder als eine Rechtfertigung des status quo noch als Anstachelung zum mimetischen Wunsch, den Platz des Täters einzunehmen, verstanden werden. Die Aufklärung über das Opfer und seine Integration vollzog sich in diesem Drama über dessen gewaltsamen Tod und den von ihm selbst ausgegangenen Versöhnungsimpuls durch den Tod hindurch, einen Impuls, der die Bekehrung der Täter erst ermöglichte. Dieses versöhnende Handeln Jesu war aber möglich, weil er in seinem Leben und Sterben vom Gott der grenzenlosen Güte getragen und von diesem Gott auch auferweckt wurde. Ein solcher – für den wahren Frieden – konstitutiver Wert des Versöhnungshandelns, das vom getöteten Opfer ausgeht, ist zwar als ein Wert anzusehen, der über den Bereich von Recht und Unrecht hinausreicht und letztendlich im Kontext einer christlichen Erlösungslehre zu interpretieren ist. Ihn von vornherein als politikunfähig zu deklarieren, heißt aber vor dem eigentlichen Kern des Teufelskreises der Gewalt und der Banalität des Bösen – wenn auch auf eine sehr subtile Art und Weise – zu kapitulieren. Schon im Protest gegen eine solche Kapitulation liegt aber der unverzichtbare kulturpolitische Wert des dramatischen Sterbens Jesu am Kreuz.

Anmerkungen

1   Der grundsätzliche Rahmen, in dem solche Diskussion über den Wert der Religion, über ihre Rationalität und damit auch ihre Wahrheit geführt wird, bleibt für viele Diskussionen der Gegenwart vom historischen Paradigma der aufklärerischen Denker des 18. Jahrhunderts bestimmt: Religion sei nichts anderes als Priester-, Intellektuellen- und/oder Herren- oder aber Selbstbetrug, bewußt oder auch unbewußt inszeniert aufgrund der Herrschaftsinteressen. Sämtliche Projektionsthesen setzen die Grundannahme voraus, Religion sei etwas, was grundsätzlich dem Bereich des Verfügbaren, ja sogar Machbaren angehört; deswegen kann sie sich auch der kontrollierbaren Arbeit der Vernunft nicht entziehen. Diese begreift sich aber als „aufklärend", sprich: die religiösen Anschauungen als das entlarvend, was sie „in Wirklichkeit" sind. Dort, wo

143

ein solcher Zugriff der Vernunft die erwarteten Ergebnisse nicht bringt, kann von Verweigerung und Immunisierung gesprochen werden. Die Theologie selbst erscheint in einer solchen Konstellation als ideologische, bewußt verschleiernde Tätigkeit. Dem Pathos solcher Aufklärung gemäß muß sie von jenen Disziplinen abgelöst werden, die sich der internen Problematik der nun aufgedeckten Täuschung annehmen.

2   Als Paradebeispiel solcher Mentalität vgl.: F. Buggle, Denn sie wissen nicht, was sie glauben. Warum man redlicherweise nicht mehr Christ sein kann. Reinbeck 1992. Vgl. kritisch dazu: R. Schwager, Erlösung durch das Blut – Inhumanität eines gewalttätigen Gottes. In: StZ 211 (1993) 168-176.

3   Die Hauptwerke: Mensonge romantique et vérité romanesque. Paris 1961; La violence et le sacré. Paris 1972 – dt.: Das Heilige und die Gewalt. Zürich 1987; Des choses cachées depuis la fondation du monde. Paris 1978 – dt. (Auszüge): Das Ende der Gewalt. Analyse des Menschheitsverhängnisses. Freiburg 1983; Le Bouc émissaire. Paris 1982 – dt.: Der Sündenbock. Zürich 1988; La Route antique des hommes pervers. Paris 1985 – dt.: Hiob. Ein Weg aus der Gewalt. Zürich 1990; A Theater of Envy. New York 1991; Quand ces choses commenceront... Entretiens avec Michel Treguer. Paris. 1994. Über die (weltweit erscheinende) Sekundärliteratur informiert laufend: The Bulletin of the Colloquium on Violence & Religion COV&R. Hg. von J. Niewiadomski, W. Palaver und D. Regensburger. A-6020 Innsbruck, Karl-Rahner-Platz 3.

4   R. Schwager, Rückblick auf das Symposion. In: Dramatische Erlösungslehre. Ein Symposion. Hg. von J. Niewiadomski und W. Palaver. Innsbruck 1992, 356.

5   Girard (s. Anm. 3), Heilige 213 f.; Ende 96; 272.

6   Schwager, Rückblick (s. Anm. 4) 359; vgl. Girard, „To Double Business Bound": Essays on Literature, Mimesis and Anthropology. Baltimore 1978, 89. Auf den ersten Blick scheint dies der platonisch-aristotelischen Mimesistradition zu entsprechen. Sah aber Plato die Bedeutung und Gefahren der Mimesis nur im Kontext der Äußerlichkeiten, so geht Girard einen Schritt weiter. Zentral für die Mimesis sind das Begehren selbst und die Objektwünsche des nachgeahmten Modells (ob das Modell Freund oder Feind ist, spielt dabei keine Rolle). Die mit dem mimetischen Prozeß automatisch mitgegebene „Dreieckstruktur menschlicher Begierde" (Vorbild, Nachahmender, Objekt) führt automatisch zu Rivalitäten und zur Ambivalenz und Spiegelbildlichkeit von Vorbild und Rivalen mit der diffusen Gewalttätigkeit

als Folge. Vgl. zusammenfassend: Girard, Quand ces choses (s. Anm. 3) 27-37.

7   Vgl. J. P. Dupuy, Ordres et Désordres. Enquete sur un nouveau paradigme. Paris 1982.

8   R. Otto, Das Heilige. Über das Irrationale in der Idee des Göttlichen und sein Verhältnis zum Rationalen. München (Nachdruck) 1987.

9   Vgl. Girard, Ende (s. Anm. 3) 253-256.

10   Ebd. 240-243.

11   Ebd. 232-274.

12   Vgl. J. Niewiadomski, Vom verfluchten zum nichterwählten, aber doch verdammten Esau. Prädestinationsdilemma im Licht der Theorie von René Girard. In: Congresso Internationale su S. Agostino nel XVI Centenario della Conversione. Atti III. Roma 1987, 297-307; ders. Gewaltfreiheit und die Konzeption des Totus Christus? Anmerkungen zum Problem einer augustinischen Einheitsvorstellung. In: Collectanea Augustiniana (Festschr. für T.J. van Bavel). Hg. v. B. Bruning, M. Lamberigts u. J. van Houtem. Augustiniana 40 (1990) 567-574.

13   Hier v.a. die sog. Requerimento-Theologie, die die Spanier mit den Israeliten der Landnahme parallelisierte. Vgl. M. Delgado, Vom Gott Josua zum Gott Jesu. In: Gott in Lateinamerika. Hg. von M. Delgado. Düsseldorf 1992, 23-25.

14   Paradebeispiel für diese mimetisch strukturierte Sündenbocksymbolik bilden der Markt und seine Gesetze: vgl. A. Orléan, Monnaie archaique, monnaie moderne. In: Violence et vérité. Hg. von P. Dumouchel. Paris 1985, 147-157; A. Orléan, La théorie mimétique face aux phénomènes économiques. In: To Honor René Girard. Hg. von A. Juilland. Stanford 1986, 317-328.
     Auch die politischen Theorien der Neuzeit und Moderne sind von dieser Struktur nicht frei: vgl. W. Palaver, Politik und Religion bei Thomas Hobbes. Eine Kritik aus der Sicht der Theorie René Girards. Innsbruck 1991; Zur grundsätzlichen Einschätzung der Moderne in diesem Kontext: vgl.: Das Heilige. Seine Spur in der Moderne. Hg. von D. Kamper und Ch. Wulf. Frankfurt/M. 1989.

15   Die fast hysterischen Reaktionen auf das (sich auch auf Girard berufende) Essay von B. Strauß, Anschwellender Bockgesang. In: Der Spiegel 6 (vom 8. Februar 1993) 202- 207, die den Schriftsteller als „Rechtsradikalen" beschimpfen und ähnliche Einschätzung der Arbeiten von H. M. Enzensberger widerspiegeln mehr die Verdrängung der Problematik durch die liberale Kultur, denn deren rationale Bewältigung. Enzens-

berger ist der Meinung, die ganze Welt stehe unter dem Zeichen des Bürgerkriegs. Er denkt dabei sowohl an die bewaffneten Auseinandersetzungen, die in den Medien den Namen „Bürgerkrieg" bekommen haben, als auch – und vielleicht v.a. – an die Kriege und Gewaltausbrüche in den großen Metropolen unserer Erde. In diesen Phänomenen ortet er die primäre Form menschlicher Konflikte; es sei „wahrscheinlich nicht die Ausnahme, sondern die Regel, daß der Mensch vernichtet, was er haßt, und das ist gewöhnlich der Rivale auf dem eigenen Territorium. Zwischen Nächsten- und Fremdenhaß existiert ein unaufgeklärter Zusammenhang. Der verabscheute Andere ist ursprünglich wohl immer der Nachbar, und erst, wenn sich größere Gemeinwesen gebildet haben, wird der Fremde jenseits der Grenze zum Feind erklärt." H. M. Enzensberger, Aussichten auf den Bürgerkrieg. Frankfurt/M. 1993, 11.

16   Eindeutig lehnt Girard alle Totalitarismen ab. Er markiert auch das Unterscheidungsmerkmal zwischen dem Marxismus und dem Nationalsozialismus deutlich. Während er im Marxismus eine fehlgeleitete Form christlicher Hoffnung sieht, stellt er im Nationalsozialismus ein antichristliches Programm fest. Vgl. dazu: Girard, Quand ces choses (s. Anm. 3) 17-22.

17   Vgl. die Forschungen im Centre de recherche épistémologie et autonomie (CREA) an der Ecole Polytechnique in Paris, die der undurchschaubaren Komplexität der modernen Gesellschaft eine analoge Funktion zum Sakralen in den vorstaatlichen Gesellschaften zuschreiben. Wie dort den im Mechanismus behafteten Menschen die eigenen Projektionen als vorgegebene Wirklichkeit erscheinen, so wird auch die von den Menschen geschaffene komplexe gesellschaftliche Wirklichkeit letztlich als eine vorgegebene „Megamaschine" erlebt; die so erlebte Komplexität überlagert die Polarisierung auf Feinde und wirkt im Alltag stabilisierend; sie stellt die moderne Form des mysterium tremendum et fascinosum. Vgl. die: Cahiers du CREA 1(1992) - 12 (1988).

18   Zu dieser Fragestellung und den Aporien bei Habermas und Arendt vgl. W. Palaver, Macht und Gewalt. Eine kritische Auseinandersetzung mit Hannah Arendt und Jürgen Habermas. In: Theologische Ethik im Diskurs. Eine Einführung. Hg. von W. Lesch und A. Bondolfi. (UTB 1806) Tübingen 1994, 191-211.

19   Girard, Ende (s. Anm. 3) 273.

20   E. Durkheim, Die elementaren Formen des religiösen Lebens. Frankfurt [2]1984.

21   Sie gehören auch zu den schärfsten Kritikern Girards; ihre Kritik hebt

146

immer wieder v.a. die „oft abenteuerlich anmutende Arbeitsweise Girards", oder die „atemberaubende Willkür" hervor. So stellvertretend für viele: M. Herzog, Religionstheorie und Theologie René Girards. In: Kerygma und Dogma 38 (1992) 105-137.

22   Die Hauptwerke: R. Schwager, Brauchen wir einen Sündenbock? Gewalt und Erlösung in den biblischen Schriften. München 1978, Thaur ³1994; Der wunderbare Tausch. Zur Geschichte und Deutung der Erlösungslehre. München 1986; Für Gerechtigkeit und Frieden. Der Glaube als Antwort auf die Anliegen der Gegenwart. Innsbruck 1986, Jesus im Heilsdrama. Entwurf einer biblischen Erlösungslehre. Innsbruck 1990.

23   So das Urteil von Herzog (s. Anm. 21) 132.

24   Es ist auffallend, daß die Arbeiten von Schwager nur im Hinblick auf die sekundären Fragen zitiert werden, der Ansatz aber bisher tabuisiert wird. Paradigmatisch für diese Verdrängung soll J. B. Metz genannt werden; er weiß zwar „zu wenig von seinem (Girards) Werk", doch ist er „eher skeptisch gegenüber der Art, wie Girard zur Zeit in der Soteriologie herumspuckt". J. B. Metz in der Diskussion in: Worüber man nicht schweigen kann. Neue Diskussion zur Theodizeefrage. Hg. von W. Oelmüller. München 1992, 41.

25   Vgl. Optatam totius 16.

26   Meine erste Arbeit für R. Schwager als sein Assistent in Innsbruck (1978-1991) war die Überprüfung der Bibelzitate für die erste Auflage von „Brauchen wir einen Sündenbock". Einem Oberlehrer gleich habe ich fast jeden zweiten Abschnitt kritisch zerrissen, weil mir die Unverträglichkeit der Thesen mit der gängigen akademischen Forschung unerträglich erschien. Eine solch destruktive kritische Einstellung behielt ich über Jahre hinweg. Schwager tolerierte sie auf eine geradezu bewundernswerte Art und Weise; erst nach Jahren enger Zusammenarbeit habe ich angefangen, meine Urteile durch die Sicht Schwagers korrigieren zu lassen und entdeckte dadurch einen ungeheuer kreativen Zugang zum eigenen theologischen Denken.

27   Die erste umfassende Auseinandersetzung mit dem Entwurf R. Schwagers fand bei einem Symposion in Innsbruck von 25. bis 28. September 1991 statt. Vgl. den Dokumentationsband: Dramatische Erlösungslehre (s. Anm. 4).

28   Seit der Begegnung zwischen Girard und Schwager gibt es auch einen Einfluß Schwagers auf Girard.

29   So das Urteil von Herzog (s. Anm. 21) 120, der den Ansatz dem „aufklärerischen Ethizismus" zuordnet: „das jesuanische exemplum

humanitatis bewirkt die provocatio caritatis auf der Seite der Menschen".

30 Vgl. z. B. Schwager, Selbstorganisation und Theologie: Skizze eines Forschungsprojekts. In. ZKTh 109 (1987) 1-19; Theologie – Geschichte – Wissenschaft. In: ZKTh 109 (1987) 257-275; „Rache – Gerechtigkeit – Religion". Überlegungen zu einer interdisziplinären Forschungsarbeit. In: ZKTh 110 (1988) 284-299; Theologie und Literaturwissenschaft. In: Gespräche der Fakultäten - Interdisziplinarität (Veröffentlichungen der Universität Innsbruck 174) Innsbruck 1990; Aktuelle methodische Probleme der Theologie und das Verhältnis zu anderen Wissenschaften. In: Vernetztes Denken. Hg. von H. Reinalter (Interdisziplinäre Forschungen 1) Thaur 1993, 305-317.

31 Mit seinem Roman: Dem Netz des Jägers entronnen. München 1991 versuchte Schwager seine Theologie ausschließlich in narrativer Form zu bringen.

32 So z.B: die Frage nach der Einheit von Altem und Neuem Testament, nach der Zuordnung vom Gott des Zornes zum Gott der Güte, vom Heil zur Verdammnis, von bedingungsloser Vergebung Gottes zum Opfer oder Umkehr als Vorbedingung des Heilswillens, von Gnade zu Moral und Erziehung usw. Vgl. dazu v.a. Schwager, Tausch (s. Anm. 22).

33 So z. B. die Frage nach einer Theologie der Religionen. Vgl. dazu: J. Niewiadomski, R. Schwager, G. Larcher, Dramatisches Konzept für die Begegnung der Religionen (Referat auf der Tagung der Arbeitsgemeinschaft der katholischen Dogmatiker und Fundamentaltheologen des deutschen Sprachraumes in Freising 1994).

34 Vgl. die Diskussion der wissenschaftstheoretischen Probleme in: Jesus (s. Anm. 22) 73-76. Gegenwärtig arbeitet Schwager an einem Buch zum Thema: Dogma und Drama.

35 So z. B. Schwager, Glaube und Friedensauftrag. In: Ignatianisch: Eigenart und Methode der Gesellschaft Jesu. Hg. von M. Sievernich und G. Switek. Freiburg 1990, 670-682; Glaube (s. Anm. 22)

36 Vgl. Schwager, Sündenbock (s. Anm. 22) 54-142. Programmatisch (und kurz) zum ganzen Projekt: Schwager, Biblische Texte als 'Mischtexte'. Das hermeneutisch-spirituelle Programm der 'Entmischung'. In: KatBl 19 (1994) 698-703.

37 In den letzten Jahrzehnten hat es eine Flut an Veröffentlichungen gegeben, die weniger diesem Nerv des Transformationsprozesses verpflichtet, als vielmehr durch ihr legitimationstheoretisches Interesse gekennzeichnet waren. Sie fragten nach der Gewalt Gottes und dem Stellenwert derselben im Leben Jesu, sie unterschieden zwischen „guter" und

„schlechter" Gewalt, sei es, weil sie die Gewaltanwendung als Mittel zur Veränderung von sozialen und politischen Strukturen rechtfertigen wollten (so etwa die Theologie der Revolution, bestimmte Traditionen aus der Befreiungstheologie: all das, was man unter dem Stichwort: eschatologischer Befreiungskrieg zusammenfassen könnte), sei es, weil sie die Gewaltanwendung als Mittel der Rechtfertigung bestehender Verhältnisse ansahen. Dieser Flut an Literatur sind die Berge jener Veröffentlichungen entgegenzusetzen, die legitimationstheoretisch nicht nach Gewaltanwendung, sondern nach Gewaltverzicht fragten. Schwager läßt sich nur schwer in diese Bahnen einordnen; mehr noch: Aus seiner Perspektive erscheint diese Diskussion als sekundär.

38 Vgl. Schwager, Jesus (s. Anm. 22) 43-75.

39 Es geht hier um den systematischen Stellenwert dessen, was unter den Stichworten: Heilung, Sündenvergebung, Integration von Außenseitern in der exegetischen Diskussion reflektiert wird.

40 Vgl. Schwager, Geschichtsphilosophie und Erlösungslehre. In: ZKTh 102 (1980) 14-23. In diesem Kontext muß letztendlich auch die Frage nach dem Antijudaismus der christlichen Tradition beantwortet werden. Sowohl die historisch-kritische Analyse der neutestamentlichen Schriften als auch die Reflexion über den patristischen Antijudaismus verlaufen sich in theologischen Sackgassen, wenn sie nicht eingebunden werden in eine umfassendere – mit den Theoremen der Verschleierung arbeitenden – Geschichtskonzeption. Vgl. dazu: J. Niewiadomski, Die Juden im Neuen Testament und bei den Kirchenvätern. In: Christen und Juden in Offenbarung und kirchlichen Erklärungen vom Urchristentum bis zur Gegenwart. Hg. von E. Weinzierl. Wien 1988,13-33.

41 Schwager, Jesus (s. Anm. 22) 243.

42 Ebd. 77-82.

43 Ebd. 24;166-171.

44 Ebd. 146.

45 Ebd. 145.

46 Ebd. 243f.

47 Ebd. 63.

48 Bereits die Dissertation von Schwager trägt den Titel: Das dramatische Kirchenverständnis bei Ignatius von Loyola. Zürich 1970.
In seiner Untersuchung zur Erlösungslehre H. U. von Balthasars schlägt Schwager seinen eigenen dramatischen Entwurf (damals noch mit vier Akten) vor: „Mir scheint, daß die überzeugendste Integrierung der eschatologischen Soteriologie (zentriert auf die Basileia-Botschaft) in

die staurologische (zentriert auf das Kreuz) durch den dramatischen Ansatz Balthasars gelingen kann, sofern die Dramatik auf das ganze Leben Jesu ausgeweitet wird. Balthasar betont mit Recht die vertikale Dimension des Heilsdramas; da aber der ewige Sohn Mensch geworden ist, wurde die Dramatik zwischen unendlicher und endlicher Freiheit zugleich zu einer zwischen Jesus und den Menschen. Die Eigenart der Basileia-Botschaft, der Gerichtsworte und des Kreuzesgeschehens kann dann ungeschmälert hervortreten, wenn nicht alles auf der gleichen Ebene und im gleichen Spannungsfeld gesehen wird, sondern wenn verschiedene Akte in einem Drama unterschieden werden." Schwager, Tausch (s. Anm. 22) 305.

49 Die gängigen exegetischen Interpretationen zu den Gerichtsworten sind nach Schwager, Jesus (s. Anm. 22) 279 alles andere als hilfreich; sie verlagern nur die Schwierigkeit auf eine andere Ebene. Nimmt man sie ernst, müßte man folgern, daß die neutestamentlichen Autoren je nach Stimmung, je nach Interessenlage oder aber aus dem Bedürfnis nach Korrektur diese oder auch jene Akzente – Güte oder auch das Gericht – hervorgehoben haben. Doch nach welchem Maßstab? Tabuisiert man die Frage nach dem Maßstab, so wird sich schließlich die Gotteslehre zum Spiegelbild der Anthropologie verwandeln.

50 Es ist vor allem Karl Barth, der diesen Gedanken zum Zentrum seiner Theologie gemacht hat. Vgl. Schwager, Tausch (s. Anm. 22) 232-272: Der Richter wird gerichtet. Zur Versöhnungslehre von Karl Barth.

51 Schwager, Rückblick (s. Anm. 4) 355. Wie vielschichtig die Beziehung zwischen Opfer und Täter sein kann, illustriert E. Wiesel mit seinem Romanzyklus: Die Nacht, Dämmerung und Tag. Vgl. dazu: R. McAffe Brown, Die Massenvernichtung als theologisches Problem. In: Gott nach Auschwitz. Dimensionen des Massenmordes am jüdischen Volk. Freiburg 1979, 101-104.

52 Schwager, Jesus (s. Anm. 22) 240.

53 Ansatzweise bereits im Sterben – „Vater, vergib ihnen, denn sie wissen nicht, was sie tun" (Lk 23,34) – und radikal als Auferweckter – „Der Friede sei mit euch" (Lk 24,36).

54 Ebd. 174.

55 Ebd.174.

56 Ebd. 200.

57 Vgl. Schwager, Der vom Himmel gefallene Satan. Wer oder was ist der Teufel? In: Theologie der Gegenwart 34 (1992) 255-264.

Auf den ersten Blick scheint die Lösung Schwagers nur eine Wiederholung einer anderen, seit Jahrhunderten bereits vorgegebenen zu sein. Auf die Frage nach der Zuordnung von der erlösten zur geschichtlichen Wirklichkeit antwortete Augustinus mit seiner Unterscheidung zweier civitates. Civitas Dei und civitas diaboli, konstituiert durch die amor dei und die amor sui, sind nie voneinander getrennt und in dieser Geschichte immer verwoben. Bei aller Ähnlichkeit ist der entscheidende Unterschied nicht zu übersehen. Die augustinische Unterscheidung bleibt dem Bereich des Prinzipiellen verpflichtet; im Kontext der geschichtlichen Wirklichkeit wirkt sie sich nicht aus. Im Gegenteil: Weil Augustinus seine Perspektive auf das zu erlösende Individuum fixiert, ist ihm die Zweideutigkeit konstitutiv. Deswegen kann sich auch die Unterscheidung geschichtsimmanent nicht auswirken. Anders bei Girard und Schwager. Die prinzipielle Unterscheidung bleibt geschichtskonstituierend bis in den Bereich der Tagespolitik. Zwar ist die „Kirche" dem Bereich des Sakralen nicht enthoben, trotzdem wirkt sie als kritisches Potential und als motivierende Kraft in die Geschichte hinein und dies ganz konkret im Kontext der Frage nach der Bewältigung der Gewalt. Vgl. z. B.: Schwager, Der heilige Stuhl und die Abrüstung. In: IKaZ 7/6 (1978) 543-553; Sündenböcke oder Weltautorität. In: KSÖ: Nachrichten und Stellungnahmen der Katholischen Akademie Österreichs 18 (21.11.1992) 6f.

58 Schwager, Jesus (s. Anm. 22) 279-287; Rückblick (s. Anm 4) 383f.

59 Vgl. „Unter den modernen Gesellschaften wird nur diejenige, die wesentliche Gehalte ihrer religiösen, über das bloß Humane hinausweisenden Überlieferung in die Bezirke der Profanität einbringen kann, auch die Substanz des Humanen retten können." J. Habermas, Politik, Kunst, Religion. Stuttgart 1978, 141.

Erich Zenger

Die wiederentdeckte Wurzel

Die Christen und ihr
sogenanntes Altes Testament

Ich möchte meinen Vortrag mit den denkwürdigen Sätzen beginnen, die Martin Buber im Januar 1933 bei dem öffentlichen Religionsgespräch, das zwischen ihm und dem Neutestamentler Karl Ludwig Schmidt im Jüdischen Lehrhaus in Stuttgart stattfand, gesprochen hat und die in den letzten Jahrzehnten oft zitiert wurden:

„Ich lebe nicht fern von der Stadt Worms, an die mich auch eine Tradition meiner Ahnen bindet; und ich fahre von Zeit zu Zeit hinüber. Wenn ich hinüberfahre, gehe ich immer zuerst zum Dom. Das ist eine sichtbar gewordene Harmonie der Glieder, eine Ganzheit, in der kein Teil aus der Vollkommenheit wankt. Ich umwandle schauend den Dom mit einer vollkommenen Freude. Dann gehe ich zum jüdischen Friedhof hinüber. Der besteht aus schiefen, zerspellten, formlosen, richtungslosen Steinen. Ich stelle mich darein, blicke von diesem Friedhofgewirr zu der herrlichen Harmonie empor, und mir ist, als sähe ich von Israel zur Kirche auf. Da unten hat man nicht ein Quentchen Gestalt; man hat nur die Steine und die Asche unter den Steinen. Man hat die Asche, wenn sie sich auch noch so verflüchtigt hat. Man hat die Leiblichkeit der Menschen, die dazu geworden sind. Man hat sie. Ich habe sie. Ich habe sie nicht als Leiblichkeit im Raum dieses Planeten, aber als Leiblichkeit meiner eigenen Erinnerung bis in die Tiefe der Geschichte, bis an den Sinai hin.

Ich habe da gestanden, war verbunden mit der Asche und quer durch sie mit den Urvätern. Das ist Erinnerung an das Geschehen mit Gott, die allen Juden gegeben ist. Davon kann mich die Vollkommenheit des christlichen Gottesraums nicht abbringen, nichts kann mich abbringen von der Gotteszeit Israels.

Ich habe da gestanden und habe alles selber erfahren, mir ist all der Tod widerfahren: all die Asche, all die Zerspelltheit, all der lautlose Jammer ist mein; aber der Bund ist mir nicht aufgekündigt worden. Ich liege am Boden, hingestürzt wie diese Steine. Aber aufgekündigt ist mir nicht. Der Dom ist, wie er ist. Der Friedhof ist, wie er ist. Aber aufgekündigt ist uns nicht worden."[1]

Das ist der theologische Kontext, in dem wir heute über einen neuen Umgang mit unserem sogenannten Alten Testament, das zugleich und zuallererst die Jüdische Bibel ist, nachdenken wollen – als Beitrag zu einer Erneuerung unserer Begegnung mit dem zeitgenössischen Judentum überhaupt.[2]

1 Nach Auschwitz muß die Christenheit ihr „Altes Testament" neu entdecken

1.1 Das bis heute ungeklärte Verhältnis der Christenheit zum „Alten Testament"

Das Alte Testament hat es bei den Christen nicht leicht. Das Vorurteil, dieser Teil der christlichen Bibel sei weniger wichtig als das Neue Testament, ja, man brauche es eigentlich nicht für das Christsein und die christliche Theologie könne gut ohne es auskommen, ist bei Durchschnittschristen und nicht wenigen Theologen weit verbreitet. Zwar sehen heute die Lehrpläne für alle Schulstufen eine Einführung in das Alte Testament und die Behandlung einzelner alttestamentlicher Texte vor. In kirchenamtlichen Dokumenten ist gegenüber der vorkonziliaren Zeit ein stärkerer Rückgriff auch auf das Alte Testament festzustellen. Und nicht wenige theologische Impulse der letzten Jahre, be-

sonders in der politischen Theologie und in der Befreiungstheologie, kommen aus einer neuen Zuwendung zu alttestamentlichen Texten und Themen. Dennoch: Aufs Ganze gesehen, spielt
das Alte Testament im Leben der Kirchen und in der Theologie
nur ein Mauerblümchendasein.

Die weitgehende Bedeutungslosigkeit des Alten Testaments
in unserer Kirche hat ihre tiefen Wurzeln in den theologischen
Vorbehalten und Relativierungen, die christliche Theologie und
Verkündigung jahrhundertelang gegenüber dem Alten Testament
gehegt und gepflegt haben. So ist ein kollektives Unbewußtes
entstanden, das diesen Teil unserer Bibel bis heute verdrängt,
bekämpft, verleumdet und mißverstanden hat – und dies mit
scheinbar guten theologischen Gründen. Die lange Leidensgeschichte des Alten Testaments in der christlichen Kirche, auch
seine antijüdische Auslegung, braucht hier nicht im einzelnen
vorgestellt zu werden. Statt dessen wähle ich zur Illustration die
seinerzeit gewiß mutige Adventspredigt des Alttestamentlers
Michael Faulhaber, die dieser als Kardinal am 3. Dezember 1933
in St. Michael zu München unter dem Thema „Das Alte Testament und seine Erfüllung im Christentum" gehalten hat.[3] Diese
Predigt ist keineswegs die Position eines wenig kompetenten
Außenseiters. Im Gegenteil, der Kardinal will gerade als Antwort auf die Verwerfung und Verleumdung des Alten Testaments
durch die Nazis möglichst positiv über diesen Teil der christlichen Bibel reden. Und er ist, wie er am Anfang seiner Predigt
betont, zu dieser beabsichtigten Ehrenrettung in besonderer Weise
qualifiziert:

„Ich erhebe den Anspruch, in dieser Frage mitzureden,
weil ich elf Jahre an der Universität Würzburg über die Frage
Vorlesungen hielt und an der Universität Straßburg den Lehr-
stuhl für die Heiligen Schriften des Alten Testaments innehatte"
(S.3).

Aus dieser Predigt greife ich zwei für unsere Thematik wichtige, weil für damals und bis in jüngste Zeit charakteristische,
Thesen heraus.

Die *erste These* beschäftigt sich mit der jüdischen Herkunft des Alten Testaments, also mit dem Problem, daß es als vorchristliches Buch entstanden ist. Der Kardinal sagt dazu u.a:

„Wir müssen unterscheiden zwischen dem Volke Israel vor dem Tode Christi und nach dem Tode Christi. Vor dem Tode Christi, die Jahre zwischen der Berufung Abrahams und der Fülle der Zeiten, war das Volk Israel Träger der Offenbarung ... Nach dem Tode Christi wurde Israel aus dem Dienst der Offenbarung entlassen. Sie hatten die Stunde der Heimsuchung nicht erkannt. Sie hatten den Gesalbten des Herrn verleugnet und verworfen, zur Stadt hinausgeführt und ans Kreuz geschlagen. Damals zerriß der Vorhang im Tempel auf Sion und damit der Bund zwischen dem Herrn und seinem Volk. Die Tochter Sion erhielt den Scheidebrief, und seitdem wandert der ewige Ahasver ruhelos über die Erde" (S.4f).

Als Folge der Verwerfung Israels hat die Kirche aus der Hand Jesu Christi das Alte Testament als göttliche Offenbarung erhalten und sogar alttestamentliche Texte in ihre Liturgie aufgenommen. Doch, so betont der Kardinal, „wurde das Christentum durch Übernahme dieser Bücher keine jüdische Religion. Diese Bücher sind nicht von Juden verfaßt, sie sind vom Geiste Gottes eingegeben und darum Gotteswort und Gottesbücher. Diese Geschichtsschreiber waren Schreibgriffeln Gottes, diese Sänger von Sion waren Harfen in der Hand Gottes, diese Propheten waren Lautsprecher der Offenbarung Gottes. Darum bleiben diese Bücher glaubwürdig und ehrwürdig auch für spätere Zeiten. Abneigung gegen Juden von heute darf nicht auf die Bücher des vorchristlichen Judentums übertragen werden" (S.13).

Die *zweite These* der Predigt erläutert die Bedeutung des Alten Testaments für die Kirche unter der Kategorie der Erfüllung. Der Kardinal sagt:

„Wirken wir mit der Gnade Gottes mit, das Alte Testament und uns selber zu erfüllen! Christus ist nicht gekommen, das Gesetz oder die Propheten aufzuheben, sondern zu erfüllen. Ein andermal sagte er: An mir muß dieses Schriftwort in Erfüllung gehen (Luk 22,37). Wie oft berichtet Matthäus: Das und das ist geschehen, damit das Prophetenwort erfüllt werde. Was heißt das, das Alte Testament erfüllen? Erfüllen heißt, etwas, was Stückwerk ist, vollenden und fertig machen. Etwas, was halb leer ist (das Gleichnis ist vom Hohlmaß, etwa von einem Becher genommen), vollmachen und auffüllen bis zum Rand. Etwas, ·was unvollkommen ist, vollkommen machen. Erfüllen heißt, bildlich gesprochen, aus der Schale den Olivenkern nehmen, aus der Vorschule des Alten Testaments in die Hochschule des Evangeliums überleiten, von den Vorbildern zum Urbild führen. Das Alte Testament war an sich gut, im Vergleich mit dem Evangelium aber Stückwerk, Halbheit, Unvollkommenheit. Das Neue Testament hat vollendet, hat die ganze Offenbarung Gottes gebracht. Kommt das Vollkommene, dann hört das Stückwerk auf (1 Kor 13,10)" (S.16f).

Gewiß, so konsequent und offen, wie es in dieser Predigt geschah, wird heute kaum noch ein christlicher Theologe das Alte Testament „entjudaisieren" wollen. Aber die letztlich hinter dieser Predigt stehende These, daß seit Jesus nur bzw. erst die Kirche die Gottesbotschaft des Alten Testaments echt und eigentlich hört, blieb die ausgesprochene oder unausgesprochene Überzeugung der meisten christlichen Theologen auch nach 1945, wahrscheinlich sogar bis heute. Ich wähle nur drei prominente Belege für dieses Faktum.

1950 erschien das dann einflußreiche Buch von *Johannes Schildenberger* „Vom Geheimnis des Gotteswortes. Einführung in das Verständnis der Heiligen Schrift"[4]. Schildenberger reflektiert darin breit, unterstützt mit vielen Zitaten aus den Kirchenvätern, die Frage nach der Bedeutung des Alten Testaments für die Kirche. Er unterscheidet sich dabei kaum von Michael Faulhaber; ein wenn auch nur flüchtiger Gedanke über die positive Relevanz des Alten Testaments für das nachbiblische Judentum ist nirgends zu finden. Statt dessen werden die „klassischen" kirchlichen Positionen deklamiert. Ich begnüge mich mit wenigen Zitaten: „Das Alte Testament ist die Vorgeschichte und Vorschule der Erlösung, der christlichen Religion" (S.46). „Am Ostertag ist auch das Alte Testament zu einem neuen, verklärten Leben auferstanden, als der Herr den beiden Jüngern auf dem

Weg nach Emmaus und am gleichen Abend den Aposteln die Schrift erschloß (Lk 24,25-27.32.44-47). Dieses fruchtbare, segensvolle Leben führt es weiter in der heiligen Kirche" (S.47).

„Die heiligen Väter haben mit den Aposteln erkannt, daß das Alte Testament erst in der Kirche seine volle Bedeutung und Wirkkraft bekommen habe, weil erst jetzt Christus ganz deutlich und groß in ihm aufleuchte ... Jede Weissagung ist nämlich vor der Erfüllung den Menschen ein Rätsel und Gegenstand vieler Meinungen. Wenn aber die Zeit gekommen und das Geweissagte eingetroffen ist, dann erhält sie die ganz offenkundige Auslegung. Und darum gleicht das Gesetz, wenn es von den Juden in der jetzigen Zeit gelesen wird (vgl. 2 Kor 3,14f.), einem Mythus; denn sie haben nicht die Erklärung des Ganzen, das ist die Ankunft des Gottessohnes als Mensch. Wenn es dagegen von den Christen gelesen wird, ist es ein Schatz, der zwar im Acker verborgen lag (vgl. Mt 13,44), ihnen aber durch das Kreuz Christi geoffenbart und erschlossen ist" (S.64f).

Im ersten Band des von Josef Höfer und Karl Rahner herausgegebenen Lexikons für Theologie und Kirche schrieb 1957 der Neutestamentler *Franz Josef Schierse* im Artikel „Altes Testament":

„Die ‚Decke‘, die auf dem Alten Testament lag und seinen eigentlichen Sinn verhüllte, ist durch Christus weggenommen worden (2 Kor 3,14). Indem das Christentum weiß, daß es die allein richtige Auslegung des Alten Testaments besitzt, weil es das Erbe der alttestamentlichen Verheißungen legitim angetreten hat, stellt es sich in Gegensatz zum Judentum."[5]

Noch 1972 wurde in Herders Theologischem Taschenlexikon, das von *Karl Rahner* herausgegeben wurde, aus dem bereits 1957 von Rahner selbst verfaßten Artikel „Altes Testament als heilsgeschichtliche Periode" folgende Schlußthese wiedergegeben:

„Als ‚vorgeschichtliche‘ Vergangenheit des Neuen und ewigen Bundes, in den hinein das Alte Testament sich aufgehoben hat, ist es nur vom Neuen Bund her adäquat richtig interpretierbar ... eine bloß alttestamentlich immanente Bedeutung ... würde verkennen, daß das Alte Testament sein ganzes Wesen erst im Neuen Testament enthüllt hat."[6]

Das ist auch die Auffassung, die in der am 18. November 1965 vom *Zweiten Vatikanum* verabschiedeten und von Papst Paul VI. feierlich promulgierten „Dogmatischen Konstitution über die göttliche Offenbarung" (Dei Verbum) vertreten wird. Über dieses Dokument hatte es auf dem Konzil heftigste Auseinandersetzungen gegeben. Dem schlußendlich veröffentlichten Text waren vier verschiedene Textfassungen vorausgegangen, die immer wieder modifiziert worden waren. Am wenigsten kontrovers war der Abschnitt über das Alte Testament. Bei den Abstimmungen erhielt dieses Kapitel stets die wenigsten Neinstimmen und Veränderungsvorschläge. Diese auffallend breite Zustimmung lag nicht daran, daß das Kapitel besonders gut ist. Im Gegenteil: Es liest sich wie eine „Pflichtübung", die die altbekannten Formeln der Tradition wiederholt, ohne daß eine tiefere Reflexion stattfindet. Was es bedeutet, daß dieser Teil der christlichen Bibel auch zuallererst die Bibel des Judentums ist, war weder in der Diskussion noch im Dokument selbst einen Gedanken wert.[7] Dabei hätte sich diese Frage doch gerade diesem Konzil stellen müssen, das (nach mehrjährigen, ebenfalls außergewöhnlich heftigen Diskussionen innerhalb und außerhalb der Konzilsaula) am 28. November 1965 in seiner Erklärung über das Verhältnis der Kirche zu den nichtchristlichen Religionen zu gegenüber der kirchlichen Tradition neuen theologischen Aussagen über das Judentum gelangt. Daß das Konzil im Dokument über die göttliche Offenbarung dennoch keine entsprechende Revision der kirchlichen Lehre über das Alte Testament vollzog, läßt sich meines Erachtens damit erklären, daß sich hier einmal mehr das traditionelle Desinteresse und Unbehagen der christlichen Theologie an diesem „vorchristlichen" Teil der christlichen Bibel zeigte. Insgesamt wiederholt das Konzil den „alten" heilsgeschichtlichen Offenbarungsevolutionismus: Die Bedeutung des „Alten Testamentes" war und ist es, Jesus Christus „vorauszuverkünden", „vorauszustellen", „in verschiedenen Vorbildern anzuzeigen" und „prophetisch anzukündigen".

Das Alte Testament ist nur Vorwort und Vorstufe des Neuen Testaments.

Wie wenig Eigenbedeutung das „Alte Testament" für Christen nach traditioneller Meinung hat, kommt besonders drastisch in unserer *Liturgie* zum Ausdruck. Zwar verdankt das „Alte Testament" dem Bemühen der vom Zweiten Vatikanum angestoßenen Liturgiereform, den Gemeinden „den Tisch des Wortes reicher zu decken", auch eine stärkere Berücksichtigung in der Leseordnung, so daß in der Regel eine der drei vorgeschlagenen biblischen Lesungen im Wortgottesdienst der Messe aus dem Alten Testament stammt. Aber wie sieht es wirklich aus? Die Auswahl der liturgischen Perikopen ist alles andere als ein repräsentativer Querschnitt, der das Ganze des ersten Teils der christlichen Bibel im Fragment nahebringen möchte oder könnte. Von einem Eigenwert des „Alten Testaments" ist da nichts zu spüren. Die ausgewählten Texte sind oft genug so aus ihrem Zusammenhang herausgerissen oder als beinahe unverständlicher „Textverschnitt" dargeboten, daß sie höchstens als auf das Evangelium hinführendes „Stimmungsbild" oder als neugierig machende, weil unverständliche Motivkollage dienen. Meist sind sie vom Evangelium her nach dem Prinzip Verheißung und Erfüllung bzw. Typos und Antitypos ausgesucht. So wird der liturgischen Gemeinde Woche für Woche eingeimpft: Jesus bzw. das Neue Testament erfüllt, überbietet und hebt das Alte Testament auf.[8]

Auch die liturgische Inszenierung unterstellt die geringere Wertigkeit des Alten Testaments. Schon die Abfolge „Alttestamentliche Lesung" – „Neutestamentliches Evangelium" insinuiert die aufsteigende Linie vom Niedrigeren zum Höheren, zumal die Inszenierung das „Evangelium" als Klimax herausstellt.[9] Während wir bei der Lesung aus dem Alten Testament sitzen, stehen wir zum Evangelium auf. Die alttestamentliche Lesung kann von einem Laien vorgetragen werden, das Evangelium muß der Diakon oder Priester vorlesen. Nur das Evangeliar wird in feierlicher Prozession mit Kerzen und Weihrauch begleitet. Und auch die Melodie, in der das Evangelium gesungen wird, ist kunstvoller als die Melodie der alttestamentlichen Lesung. Drängen sich da nicht aus der Liturgie für das Verhältnis der beiden Testamente zueinander Wertungen wie „vorläufig – endgültig", „klein – groß", „alt – neu", „uneigentlich – eigentlich" auf? Stellt sich nicht unausweichlich das Gefühl ein, daß wir auf das Alte Testament „eigentlich" verzichten könnten – und daß wir es höchstens aus Pietät „in Ehren halten"?

Auch der Blick in die Art und Weise, wie die christlichen Alttestamentler in ihren Kommentaren und Theologien des Alten Testaments die theologische Relevanz alttestamentlicher Texte für christliche Theologie und christliche Existenz darstellen und beurteilen, belegt auf mich deprimierende Weise, daß diese Texte nur begrenzte oder überhaupt keine positive, eigenständige theologische Wertigkeit haben.

Die im einzelnen sehr unterschiedlichen Lese- und Verstehensweisen des Alten Testaments in der christlichen Exegese lassen sich auf drei Grundmodelle reduzieren:

(1) Das Kontrastmodell

Die theologische Funktion des Alten Testaments besteht darin, Kontrastfolie zur Christusbotschaft zu sein. Es deckt die in uns allen immer noch lebendigen Sehnsüchte nach irdischem Glück sowie nach Macht und Gewalt und insbesondere den menschlichen Hang zu Selbstrechtfertigung / Selbsterlösung durch die Werke der Gesetze auf; dadurch hilft uns das Alte Testament als „Buch des Scheiterns" (*R. Bultmann*), die Botschaft des Neuen Testaments als Evangelium der Gnade, der Erlösung von Sünde, der Hoffnung auf ein Reich, das nicht von dieser Welt ist, und insbesondere die Kreuzesnachfolge als die *eigentliche* biblische Gotteswahrheit zu erfassen.

(2) Das Relativierungsmodell

Das Alte Testament ist „Dienerin" des Neuen Testaments. Seine Funktion war / ist es, auf die endgültige Offenbarung in Jesus Christus vorzubereiten. Es ist die Verheißung, deren Erfüllung das Neue Testament ist. Es ist Vorausdarstellung, Vor-Bild (Typos) jener Wirklichkeit, die mit Jesus in ihrer Vollendung und Vollgestalt (Antitypos) gekommen ist.[10]

(3) Das Evolutionsmodell

Das Alte Testament ist der Same, der mit innerer Notwendigkeit zur neutestamentlichen Blüte als dem von Gott von Anfang an *einzig* intendierten Ziel der Entwicklung hintreibt. Das Neue Testament ist der exklusive Maßstab für das, was in der verwirrenden Vielfalt des Alten Testaments als Offenbarung zu gelten hat. Die in Gen 1 intendierte Schöpfungstheologie erschließt sich beispielsweise erst und nur vollgültig von Joh 1 her. Sogar die eigentliche Offenbarungssprache ist deshalb nicht das Hebräische des Alten Testaments, sondern das Griechische des Neuen Testaments.

Hier ist keine differenzierte Kritik der drei Modelle möglich. Allen drei Modellen sind – auf jeweils unterschiedliche Weise – folgende Defizite gemeinsam: 1. Sie entsprechen keineswegs dem Selbstverständnis der Texte des Alten Testaments selbst. 2. Sie werden der Komplexität des Alten Testamens nicht gerecht. 3. Sie atmen, gewollt oder ungewollt, den Atem jenes „teaching of contempt", der ein Aspekt der fatalen theologischen Judenfeindschaft ist, die *einer* der Auslöser des rassischen Antisemitismus war.

1.2 Die fatalen Folgen christlicher Pseudo-Theologie für die Juden

Wie fatal der problematische Umgang der Christen mit dem Alten Testament als der Jüdischen Bibel sich für die Juden auswirken kann und de facto auswirkte, ist zunächst durch einen Blick in die Nazizeit unmißverständlich (und erschreckend zugleich) erkennbar.

In den 30er Jahren sind hier eine ganze Reihe von theologischen Stellungnahmen erschienen, die einerseits gegen die Nazis das Alte Testament als unaufgebbaren Teil der christlichen Bibel verteidigten, aber andererseits bei dieser Verteidigung gleichzeitig die Juden theologisch disqualifizierten und damit implizit (nicht immer gewollt) den Nazis in ihrer Judenvernichtungsstrategie in die Hände arbeiteten.

Ich beschränke mich auf vier Positionen bzw. Zitate von christlichen Theologen aus jener Zeit (die im übrigen nach der Nazi-Epoche wieder in ihre Positionen zurückkehrten, als sei nichts gewesen):

In seiner 1930 erschienenen Kleinschrift „Altes Testament und Geschichte" plädiert Johannes Hempel, damals Herausgeber der renommierten „Zeitschrift für Alttestamentliche Wissenschaft" dafür, die Differenz zwischen „wirklichem Gotteswort" und „unterchristlichen Gedanken" im Alten Testament wahrzunehmen und dementsprechend das Christentum von jener Sicht im Alten Testament freizuhalten, die sich zwar selbst als „Wort Gottes" ausgibt, aber es doch nicht ist. Er schreibt:

„Auf das Ganze der Geschichte des A.T. in der Kirche gesehen, wird es wenige Stücke geben, die sich nicht je und dann einmal als lebendig wirksame Gottesworte aufweisen lassen. Aber es bleibt bei aller Vorsicht und bei aller Ablehnung jedes Versuches, mechanisch etwa den vorhandenen Kanon von solchen ‚toten' Stücken zu befreien, doch die Tatsache bestehen, daß innerhalb der Heilsgeschichte, soweit sie sich in der Schrift bezeugt, Stücke des A.T. ihre lebendige Bezeugung als Gotteswort verloren hatten. ‚Wisset ihr nicht, welches Geistes Kinder ihr seid?' Wir haben aber, wie nochmals betont sei, kein Wissen um ein Wort als Gotteswort außerhalb seiner Selbstbezeugung! Wir haben keinen Maßstab dafür, ob ein Wort einst Gotteswort war, wenn es nicht für uns Gotteswort ist. So liegt die Schwierigkeit einer theologischen Erfassung des A.T. nicht in der zeitgeschichtlichen Bedingtheit in allen ihren Ausprägungen, sondern darin, daß sich uns nicht das Ganze des A.T. als lebendiges Gotteswort bezeugt."[11]

1932 schreibt Ernst Sellin, Verfasser einer bis in die 60er Jahre einflußreichen „Einleitung in das Alte Testament", in einer als Verteidigung des Alten Testaments gemeinten Schrift „Abschaffung des Alten Testaments?":

„Und wenn die evangelische Kirche nicht jetzt bis in die äußerste Peripherie ihrer Gemeinden hinein es sich in Fleisch und Blut übergehn läßt, daß in dem alttestamentlichen Schrifttum neben der durch die Jahrhunderte erschallenden Stimme des ewigen Gottes auch Äußerungen des jüdischen Volkstums erklingen, die für den Christen religiös längst erledigt sind und nur noch eine geschichtliche Bedeutung besitzen, dann müßte sie allerdings an dem A.T. ersticken."[12]

1936 erklärt der in Göttingen lebende Theologe Emanuel Hirsch in seinem Buch „Das Alte Testament und die Predigt des Evangeliums", „... daß wir Christen nichtjüdischen Bluts überhaupt kein unmittelbares Verhältnis zum Alten Testament haben (es geht uns als Offenbarung an sich selbst nichts an), sondern lediglich ein durch das Neue Testament vermitteltes Verhältnis zum Alten Testament."[13]

Emanuel Hirschs Absage an das Alte Testament steht im Kontext des Programms der „Entjudaisierung" des Christentums der sogenannten „Deutschen Christen", deren Position zum Alten Testament schon 1933 der Neutestamentler Walter Grundmann folgendermaßen formuliert hatte:

„Das Alte Testament hat nicht den gleichen Wert [wie das Neue Testament]. Die spezifische jüdische Volkssittlichkeit und Volksreligion ist überwunden. Wichtig bleibt das Alte Testament, weil es die Geschichte und den Verfall eines Volkes überliefert, das trotz Gottes Offenbarung sich immer wieder von ihm trennte. Die gottgebundenen Propheten zeigen an diesem Volke uns allen: Die Stellung einer Nation zu Gott ist entscheidend für ihr Schicksal in der Geschichte.

Wir erkennen also im Alten Testament den Abfall der Juden von Gott und darin ihre Sünde. Diese Sünde wird vor aller Welt offenbar in der Kreuzigung Jesu. Von daher lastet der Fluch Gottes auf diesem Volke bis zum heutigen Tage. Wir erkennen aber gleichzeitig im Alten Testament die ersten Strahlen der Gottesliebe, die sich in Jesus Christus endgültig offenbart. Um dieser Erkenntnis willen kann die Volkskirche das Alte Testament nicht aufgeben."[14]

An diesen vier Zitaten wird deutlich, daß es bei unserer Frage um den theologisch angemessenen Umgang der Christen mit der Jüdischen Bibel nicht um ein Gelehrtenproblem geht, sondern daß hier folgenreiche Entscheidungen für die Juden fallen. Daß eine Kirche, die sich von der jüdischen Dimension des Alten Testaments befreien will, kaum bzw. nicht fähig ist, sich *für die Juden* einzusetzen, wenn deren Existenz bedroht ist, wird dann kaum noch verwundern. Dies ist *einer* der vielen Aspekte der jahrhundertelangen theologischen Judenfeindschaft der Kirche, in der sie schuldig geworden ist gegenüber den Juden.

Über diese Form christlicher Mitverantwortung und Schuld an der Judenverfolgung, die schließlich zur Judenvernichtung der Schoa führt, hat, wenn ich recht sehe, die diesbezüglich angemessensten und am weitesten führenden Worte die Landessynode der Evangelischen Kirche im Rheinland gefunden, die am 15. Januar 1988 in ihren „Überlegungen im Blick auf die 50. Wiederkehr des Jahrestages der Synagogenbrände" u. a. folgendes feststellt:

„Uns geht es heute nicht darum, die damals für diese Untaten Verantwortlichen noch einmal anzuklagen. Es geht uns darum, daß die Nachgeborenen das überkommene Erbe prüfen: Haben wir – fünfzig Jahre nach dem Synagogenbrand – die antijüdischen Traditionen verlassen, in die das furchtbare Ereignis gehört?

Es war die Tradition der *religiösen Diffamierung*, als sei der Gott Israels nicht unser Gott und als sei das jüdische Volk nicht mehr Gottes Volk. Es war die Tradition der *gesellschaftlichen Ächtung*, die die Juden ins Getto verbannte und ihnen mühsam errungene Bürgerrechte zu entziehen bereit war.

Religiöse Diffamierung, gesellschaftliche Diskriminierung, verschärft durch den seit dem 19. Jahrhundert einwirkenden Rassismus, schufen die Voraussetzungen für die Judenvernichtung in der Mitte unseres Jahrhunderts ...

Nach der Zäsur des Holocaust läßt sich die abschüssige Bahn von der religiösen Diffamierung, der gesellschaftlichen Ächtung, dem Rassismus zur physischen Vernichtung nicht länger leugnen. Denker lieferten den Tätern Gründe zur Tat. Die Gründe lähmten die Zuschauer, den Tätern zu widerstehen."[15]

Die schrecklichen Verdammungsurteile, mit denen christliche Theologen und Philosophen jahrhundertelang die Juden schmähten und zu Teufelskindern machten, die fatalen Etikettierungen von Judenbrut bis zu Gottesmördern, die dümmlichen blasphemischen Lügen von Christen über Hostienschändungen, Ritualmorde und Brunnenvergiftungen durch Juden, die Übertragung eigener Ängste, Aggressionen und Sünden nach dem Sündenbockmechanismus auf die Juden – das sind nur einige knappe Stichworte für das todbringende Gift, das kirchen- und lehramtlich über Jahrhunderte hinweg das Gewissen der europäischen Christenheit vergiftete und lähmte. Der theologisch legitimierte Judenhaß der Christen war vorbereitend mit am Werke, als die rassistische Judenverfolgung und Judenvernichtung durch die Nazis ausbrach.

An dieser Schuld von christlicher Theologie und Kirche kommen wir nicht vorbei. Gerade das Eingeständnis dieser Schuld ist der unverzichtbare erste Schritt zu jener Erneuerung des christlich-jüdischen Verhältnisses, die endlich in den 60er Jahren in den christlichen Kirchen eingesetzt hat.

1.3 Das neue Verhältnis der Kirchen zum Judentum

Es war wie ein Echo auf die eingangs zitierten Worte von Martin Buber, als Papst Johannes Paul II. am 17. November 1980 in Mainz, also auch in der Nähe von Worms und von Bubers seinerzeitigem Wohnort Heppenheim, die Juden das „Gottesvolk des von Gott nie gekündigten Alten Bundes" nannte.[16] Damit beendete er die jahrhundertelange kirchliche Lehrtradition von Israel als dem verworfenen Gottesvolk. Er tat dies bekanntlich in ausdrücklicher Aufnahme der von Paulus in Röm 9-11 (vgl. besonders Röm 11,29) enfalteten Lehre – und in Anknüpfung an die vom Zweiten Vatikanum am 28. Oktober 1965 verabschiedeten Erklärung „Nostra Aetate" über das Verhältnis der

Kirche zu den nichtchristlichen Religionen. Die Bedeutung des Artikels dieser Erklärung sah der Papst bei seinem historischen Besuch der Synagoge in Rom am 13. April 1986 darin, daß „mit diesem kurzen, aber prägnanten Abschnitt die entscheidende Wende im Verhältnis der katholischen Kirche zum Judentum und zu den einzelnen Juden eingetreten"[17] ist. Daß das Konzil nach ungeheuer dramatischen Diskussionen sich schließlich doch zu dieser Erklärung durchrang, hing nicht zuletzt mit der Erkenntnis zusammen, daß es bei dieser Frage um das biblisch grundgelegte und geschichtlich zu verantwortende Selbstverständnis der Kirche geht.

Genau dies ist auch der Einstiegspunkt des 4. Artikels von „Nostra aetate":

„Mysterium Ecclesiae perscrutans, Sacra haec Synodus meminit vinculi, quo populus Novi Testamenti cum stirpe Abrahae spiritualiter coniunctus est"[18].

Das heißt: Indem und wenn die Kirche sich auf ihr ureigenes Geheimnis besinnt, stößt sie unweigerlich auf ihre Bindung zum Judentum. Um es mit den Worten Johannes Pauls II. (aus seiner Rede in der Synagoge von Rom) zu sagen:

„Die jüdische Religion ist für uns nicht etwas ‚Äußerliches‘, sondern gehört in gewisser Weise zum ‚Inneren‘ unserer Religion. Zu ihr haben wir somit Beziehungen wie zu keiner anderen Religion. Ihr seid unsere bevorzugten Brüder und, so könnte man gewissermaßen sagen, unsere älteren Brüder."[19]

Das Gespräch der Kirche mit den Juden und mit der jüdischen Tradition, das seit dem Konzil auf vielen Ebenen begonnen hat und das trotz der immensen „Sprachprobleme" fortgesetzt werden muß, ist als konstitutives Element kirchlichen Lebens ein Akt der Rückkehr zu den Wurzeln – *und* eine Suche nach Weggemeinschaft mit dem zeitgenössischen Judentum. Wer hier oberflächlich, unverständig oder zynisch von theologischem Philosemitismus redet oder nur das schlechte Gewissen der Kirche am Werk sieht, hat die Tiefendimension des Bandes nicht erfaßt, das die Kirche und das Judentum unauflöslich verbindet (das Konzil gebraucht mit „vinculum" einen Begriff des Ehe-rechts!) und das die Kirche „zum Dialog mit der jüdischen Gemeinschaft verpflichtet", wie Johannes Paul II. am 28. Okto-ber 1985 vor den Teilnehmern der Jahresversammlung der inter-nationalen Kommission für die Beziehungen zwischen der ka-tholischen Kirche und dem Judentum formulierte.[20]

Mit der Konzilserklärung von 1965 hat die Kirche mutig be-gonnen, Schutt und Schmutz aus der Geschichte ihres Verhal-tens gegenüber dem Judentum abzutragen und neue Wege der geforderten Solidarität mit dem jüdischen Volk zu bahnen. Das plakative Wort von der ecclesia semper reformanda ist gerade hier angemessen, wie der Papst in der eben zitierten Rede erken-nen läßt:

„Es wurde wiederholt gesagt, daß der Inhalt dieses Abschnitts... bahnbrechend war, die bestehende Beziehung zwischen der Kir-che und dem jüdischen Volk verändert und eine neue Ära in die-ser Beziehung eröffnet hat. Es freut mich, zwanzig Jahre später hier versichern zu können, daß die Früchte, die wir seit damals geerntet haben ..., die diesen Behauptungen zugrundeliegende Wahrheit bestätigen. Die katholische Kirche ist immer bereit, mit Hilfe der Gnade Gottes alles in ihren Haltungen und Aus-drucksmöglichkeiten zu revidieren und zu erneuern, von dem sich herausstellt, daß es zu wenig ihrer Identität entspricht ... Sie tut das nicht aus irgendeiner Zweckmäßigkeit, noch um irgend-einen praktischen Vorteil zu gewinnen, sondern aus einem tie-fen Bewußtsein von ihrem eigenen ‚Geheimnis' und aus einer erneuerten Bereitschaft, dieses Geheimnis in die Tat umzuset-zen."[21]

Die Hauptaussagen des Konzils sind eine Abkehr von dem, was jahrhundertelang im Mund christlicher Theologen, in den Verordnungen kirchlicher und staatlicher Institutionen, aber auch im Denken und Reden des sogenannten einfachen Volkes zu fin-den war. Die „neuen" Aussagen über die Juden und über das Verhältnis der Kirche zu den Juden lassen sich in zwei Grund-thesen zusammenfassen:

(1) Kirche und jüdisches Volk sind vielfältig miteinander ver-

bunden – bis heute! Insbesondere hat die Kirche jüdische Wurzeln: Sie darf nie vergessen, daß sie „genährt wird (Präsens!) von der Wurzel des guten Ölbaums, in den die Heiden als wilde Schößlinge eingepfropft sind."[22]

(2) In Absage an falsche Lehren der Christentumsgeschichte, vor allem in Katechese und Predigt, wird ausdrücklich eingeschärft, es widerspreche der biblischen Wahrheit, wenn gesagt wird, die Juden seien „von Gott verworfen oder verflucht". Im Gegenteil bekräftigt das Konzil mit Zitat von Röm 11,28, daß die Juden „weiterhin von Gott geliebt werden", der sie mit einer „unwiderruflichen Berufung" erwählt hat.[23]

Im Raum der evangelischen Kirchen kündigte sich die Revision des theologischen und kirchlichen Denkens schon früher an. Die EKD-Synode in Berlin-Weißensee formulierte bereits 1950 wegweisend:

„Wir glauben, daß Gottes Verheißung über dem von ihm erwählten Volk Israel auch nach der Kreuzigung Jesu Christi in Kraft geblieben ist."[24]

Auf diesem Weg sind seither zahlreiche Gliedkirchen der EKD gefolgt. Und die EKD selbst hat zwei von ihrer Studienkommission „Kirche und Judentum" verfaßte Studien „Christen und Juden I" (1975) sowie „Christen und Juden II" (1991) publiziert,[25] die über den bislang erreichten Konsens hinaus den Fragehorizont abstecken, in dem künftig weiter gearbeitet werden muß.[26]

Wenn das „neue" Denken, das ein für allemal alle Varianten (auch die subtilen und „frommen"!) der kirchlichen Lehre von der Verwerfung Israels positiv überwinden will, zugegebenermaßen etwas pathetisch, als „Wende", „Umdenken" und „Umkehr" bezeichnet wird, kommt in der Tat zum Ausdruck, daß sich heute diesbezüglich ein Bruch in der Christentumsgeschichte vollziehen muß – ein Paradigmenwechsel. Wer sich hier a priori und aus welchen Gründen auch immer dem Gedanken eines „Bruchs" widersetzt, sollte sich bewußt machen: Die Lebendigkeit des Christentums hat sich nicht zuletzt in ihren kleinen und großen Unterbrechungen, Brüchen und Abbrüchen erwiesen.

Theologisch wäre das Verharren auf den als falsch erkannten Positionen genau das, was das Neue Testament „Sünde gegen den Heiligen Geist" nennt. Der Widerstand gegen das „neue" Denken gerade in breiten Kreisen der wissenschaftlichen Theologie ist zwar einerseits verständlich, wenn man um die lange Tradition der theologisch motivierten Judenfeindschaft weiß. Aber es ist andererseits unverantwortlich, wenn man die fatalen Folgen der Entfremdung und Verleugnung bedenkt; daß die theologische Diskriminierung der Juden *eine* der Wurzeln des neuzeitlichen Antisemitismus war, dürfte heute kaum noch jemand ernsthaft bestreiten können.

Was das Verhältnis der Kirche zum Judentum betrifft, stehen wir damit vor einem theologischen Neuanfang. Die „Wiederentdeckung" der bleibenden theologischen Würde Israels fordert auf vielen Feldern unserer Theologie und unseres kirchlichen Lebens einen gewaltigen Perspektivenwechsel – auch und gerade im Umgang mit jenen Heiligen Schriften, die wir als Bibel mit den Juden gemeinsam haben.

Ich meine in der Tat: Ein neuer Umgang mit unserem sogenannten Alten Testament ist gefordert; er ist zugleich Prüfstein unserer kirchlichen Erneuerung im Angesicht des Judentums.

2   Eckdaten eines neuen Umgangs mit dem „Alten Testament"

2.1 Fundament des Christentums

Die christlichen Gemeinden haben im Gottesdienst von Anfang an biblische Texte als Gottes Wort vorgelesen und ausgelegt. Biblische Texte waren normativ und formativ für christliche Existenz in der Nachfolge Jesu. Sprache und Bilder der Bibel bildeten die kulturelle Matrix der ersten Jüngerinnen und Jünger Jesu. *Diese* Bibel der Christen war bis ins 2. Jh. hinein die *Jüdische* Bibel. Für das Urchristentum war diese Bibel nicht das „Alte Testament" im Sinne einer zweitrangigen oder gar veralteten Offenbarung. Auch als im 2. Jh. die ab der Mitte des 1. Jh.s sukzessiv entstandenen spezifisch „christlichen" Evangelien und Apostelbriefe in der Kirche den Rang „Heilige Schrift" erhielten, traten die „neuen" heiligen Bücher nicht an die Stelle der Bibel Israels. Zwar gab es damals vereinzelte, massiv vorgetragene Versuche, die Jüdische Bibel als für christliche Identität nicht (mehr) relevant oder sogar als im Gegensatz zur Botschaft Jesu stehend zu verwerfen, doch hat die Kirche dieser „Entjudaisierung" ihrer Bibel widersprochen, wohl wissend, daß die Jüdische Bibel das Fundament der Gottesbotschaft Jesu *und* des Bekenntnisses zu Jesus dem Christus war und ist.

Als die Kirche ihre Heilige Schrift erweiterte, traf sie zwei wichtige Entscheidungen: 1. Sie stellte die „neuen" Schriften nicht vor, sondern hinter die Bibel Israels; so entstand die eine, zweigeteilte christliche Bibel. 2. Sie griff nicht in den *jüdischen* Wortlaut des ersten Teils ein, auch nicht dort, wo in einem neutestamentlichen Text eine christologisch / christlich motivierte Relecture eines alttestamentlichen Textes vorlag. Daß die Kirche die Jüdische Bibel *so* in *ihrer* Bibel beibehielt, entsprach der in den neutestamentlichen Schriften selbst und in den wichtigen Glaubensbekenntnissen der alten Kirche sich aussprechenden Überzeugung, daß die Jüdische Bibel das unaufgebbare Fundament des Christentums ist. Bei aller Polemik, die das sich profilierende junge Christentum gegen die jüdische Mehrheit entwickelte, die *seinen* Weg nicht gehen wollte, hielten die neutestamentlichen Autoren auch nach der Tempelzerstörung (70 n. Chr.), wie es scheint noch dezidierter als zuvor, daran fest: Christliche Identität gibt es nur, auch für das Heidenchristentum, in der bleibenden Rückbindung an das Judentum, an die jüdische Kultur und insbesondere an die Jüdische Bibel. Selbst als faktisch aus vielfältigen Gründen die Brücken zwischen Kirche und „Synagoge" abgebrochen wurden, blieb die Kirche, auch wenn es ihr offensichtlich schwer fiel, dabei:

„Nicht du trägst die Wurzel, sondern die Wurzel trägt dich" (Röm 11,18).

2.2 Auslegungshorizont des Neuen Testaments

Daß das Christentum der Jüdischen Bibel als seines Fundamentes bedarf, ist beinahe auf jeder Seite des Neuen Testaments buchstäblich zu greifen. Um die Botschaft vom endzeitlichen Wirken Gottes in und durch Jesus Christus nahezubringen, werden immer wieder „die Schrift" / „die Schriften" (d. h. die Jüdische Bibel) wörtlich zitiert oder motivlich eingespielt. „Gesetz und Propheten" sind explizierender und legitimierender Horizont für das neutestamentliche Christuszeugnis.

Was die Bibel Israels für den Christusglauben leistet, aber auch was sie allein *nicht* leisten kann, zeigt beispielhaft die Erzählung von den zwei Emmausjüngern am Schluß des Lukasevangeliums (vgl. Lk 24,13-35): 1. Den zwei „blinden" Jüngern rekapituliert der aus dem Tod auferweckte Jesus nicht einfach seine eigene Predigt und seine Wunder, schon gar nicht als das ganz und gar andere, neue Handeln Gottes, das im Gegensatz zu seinem bisherigen Handeln an und in Israel stünde. Im Gegenteil: Er betont den tiefen Zusammenhang (die Kontinuität) zwischen „Gesetz und Propheten" und ihm selbst. Pointiert gesagt: Er macht keine Wortexegese von „Gesetz und Propheten", sondern exegesiert sich selbst von der Schrift Israels her. 2. Daß die beiden Jünger zum Christusglauben finden, bedarf der lebendigen Begegnung mit dem Auferweckten selbst. Nicht einmal seine Exegese allein hat sie dazu geführt. Erst als er mit ihnen die jüdische Beraka (d. h. das eucharistische Segensgebet) spricht, werden ihnen die Augen geöffnet. Die „Schrift" ist Voraussetzung und Hilfe für den Christusglauben, aber die „Schrift" führt nicht von selbst zu Jesus als dem Christus.[27]

Mit ihrem ausdrücklichen Rückgriff auf „die Schrift" und durch das subtile Einspielen von Vorstellungs- oder Geschehenszusammenhängen aus der Bibel Israels wollen die neutestamentlichen Autoren nicht „die Schrift" auslegen. Ihnen geht es um ein Verstehen und Näherbringen des Christusereignisses als einer weiteren in ihrer Sicht endgültig entscheidenden Heilssetzung Gottes „von der Schrift her", d. h. von der als bekannt und auto-

172

ritativ anerkannt vorausgesetzten Bibel Israels her. Die neutestamentlichen Autoren lassen weder Jesus einen alttestamentlichen Text zitieren, noch zitieren sie selbst einen solchen, *um*
damit diesen Text verbindlich christlich auszulegen, so als wäre
dies der *einzige* Sinn des Textes. Das Problem der jungen Kirche, gerade im Angesicht des lebendigen Judentums, war nicht,
wie sie mit der Bibel Israels umgehen sollte.

„Man darf nicht sagen, daß das Alte Testament für die ersten
Christen aus sich selbst keine Autorität gehabt habe und nur darum übernommen worden sei, weil man sah, daß es ‚Christum
trieb‘ oder auf Christus zutrieb. Die kritische Frage, auf die Lu-
thers bekannte, viel mißbrauchte Formulierung Antwort gibt, war
noch gar nicht gestellt. Die Dinge liegen eher umgekehrt: Christus wird vor den Ungläubigen wohl aus der Schrift gerecht-
fertigt, aber das entgegengesetzte Bedürfnis, die Schrift von
Christus her zu rechtfertigen, ist noch nirgends erwacht." (*H.
von Campenhausen*)[28].

Daß die Kirche die Bibel Israels zum ersten Teil ihrer Bibel
gemacht hat, hat programmatische Bedeutung: Die Bibel Israels
hatte den unbestrittenen Offenbarungsanspruch. Sie hatte kanoni-
sche Qualität und Autorität. Auf sie griffen deshalb die Jesus-
jünger zurück, um ihrer Jesusbotschaft kategoriale Mitteilbar-
keit, Überzeugungskraft und Gültigkeit zu geben. Dabei wird
nicht das Alte Testament vom Neuen her gelesen, sondern umgekehrt gilt: Das Neue Testament ist vom Alten Testament her geschrieben; das *Neue Testament muß im Lichte des Alten Testaments gelesen werden*[29]. Das Alte Testament im Neuen ist „mater
et magistra Novi Testamenti" (Mutter und Lehrerin des Neuen
Testaments). In Abwandlung des vielzitierten Wortes des alt-
kirchlichen Schriftgelehrten und Bibelübersetzers Hieronymus
„Die Schrift nicht kennen, heißt Christus nicht kennen" kann
gesagt werden: Das Alte Testament nicht kennen und verstehen,
heißt Christus und das Christentum nicht verstehen.

2.3 Altes Testament oder Erstes Testament?

Man kann fragen, ob die grundlegende Funktion des ersten Teils der christlichen Bibel nicht verkannt wird, wenn man ihn traditionell „Altes Testament" nennt. Das Neue Testament selbst kennt weder ein „Altes" Testament noch „Alte" Schriften als Sammelbegriff für die Jüdische Bibel. Erst die gezielte Absetzung der Kirche vom Judentum hat diesen Begriff geschaffen. Das ist die Hypothek, die bis heute auf ihm lastet. Voraussetzung für diese Bezeichnung war, daß man die beiden „Testamente" überhaupt als *zwei* Größen empfand, deren Verhältnis zueinander dann näher zu bestimmen war. Dafür waren zunächst sogar die äußeren Bedingungen nicht gegeben. In der Praxis zerfiel die christliche Bibel im frühen Christentum in mehrere Schriftrollen oder Codices; das belegt auch der Sprachgebrauch „biblia" = (mehrere) Bücher. Wie sehr die konzeptionelle „Einheit" im Vordergrund stand und daß sie als Einheit von ihrem Anfang her gedacht wurde, belegt die in der frühen afrikanischen Kirche für die *ganze* Bibel verwendete Bezeichnung „lex" (= Gesetz / Tora).

Nun *muß* die Bezeichnung „Altes Testament" nicht notwendigerweise negative Konnotationen haben. Solange „alt" im Sinne von Anciennität (altehrwürdig, kostbar, bewährt) und Ursprung seine positiven Konnotationen behält, kann die Bezeichnung gewiß akzeptabel bleiben, zumal sie selbst „alt" ist. Und wenn man sich bewußt macht, daß dies eine *spezifisch* christliche Bezeichnung ist, die daran erinnert, daß es das Neue Testament nicht ohne das Alte Testament gibt, kann man sie als legitimen Appell an die fundamentale Wahrheit hören, daß die christliche Bibel aus zwei Teilen besteht, deren Gemeinsamkeit *und* Differenz zugleich (Kontinuität *und* Diskontinuität) festgehalten werden muß. Freilich muß man sich daran erinnern, daß dies eine Bezeichnung ist, die *weder* dem Selbstverständnis des Alten Testaments entspricht, *noch* dem jüdischen Verständnis dieser Schriften angemessen ist. Als solche ist sie anachronistisch und, wie die Rezeptionsgeschichte im Christentum zeigt, der Auslöser permanenter Mißverständnisse. Deshalb müßte sie eigentlich immer in Anführungszeichen gesetzt – oder durch eine andere Bezeichnung ersetzt oder zumindest ergänzt werden. Diese korrigierende Funktion könnte von der Bezeichnung „Erstes Testament" ausgeübt werden.

Diese Bezeichnung als solche ist sogar biblischer als „Altes Testament". Sie kommt nicht nur im Hebräerbrief vor (vgl. Hebr 8,7.13; 9,1.15.18), sie wird auch in der griechischen Übersetzung (Septuaginta) von Lev 26,45 verwendet, wo sie – anders als im Hebräischen – uneingeschränkt positiv den „ersten" Bund am Sinai als „Bund zur Vergebung der Sünden" (vgl. Lev 26,39-45) im Sinne des gründenden und weiterwirkenden Anfangs meint. Genau *diesen* Aspekt kann die Bezeichnung herausstellen: Der erste Teil der christlichen Bibel ist das *grundlegende Fundament*, das zuerst gelegt wurde und auf dem das im „Zweiten Testament" bezeugte neue Handeln Gottes an und durch Jesus und an denen, die Jesus nachfolgen, so aufruht, daß es dessen erneute und endgültige Aktualisierung ist.

Die Bezeichnung hat mehrere positive Implikationen: (1) Sie vermeidet die traditionelle Abwertung, die sich assoziativ und faktisch mit der Bezeichnung „Altes Testament" verbunden hat. (2) Sie gibt zunächst den historischen Sachverhalt korrekt wieder: Es ist gegenüber dem „Neuen" / Zweiten Testament in der Tat als „erstes" entstanden, und es war die erste Bibel der jungen, sich formierenden Kirche.[30] (3) Sie formuliert theologisch richtig: Es bezeugt jenen „ewigen" Bund, den Gott mit Israel als seinem „erstgeborenen" Sohn (vgl. Ex 4,22; Hos 11,1) geschlossen hat, als „Anfang" jener großen „Bundesbewegung", in die der Gott Israels auch die Völkerwelt hineinnehmen will. (4) Als „Erstes" Testament weist es hin auf das „Zweite Testament". So wie letzteres nicht ohne ersteres sein kann, erinnert auch die christliche Bezeichnung „Erstes Testament", daß es in sich keine vollständige christliche Bibel ist.

Auch diese Bezeichnung ist nicht ohne mögliche Mißverständnisse. Da viele beim Wort „Testament" in der Zusammensetzung „Erstes Testament" die technische Bedeutung „letztwillige Verfügung" assoziieren, werden sie fragen: „Hebt nicht ein Zweites

Testament das Erste Testament auf?" Das *kann, muß* aber nicht sein. Es kann ja auch sein, daß das Zweite Testament *das Erste Testament bestätigt* – und den Kreis der „Nutznießer" des Ersten Testaments *erweitert*. Und genau das ist beim „Neuen Testament" als Zweitem Testament der Fall: In ihm wird bezeugt, *daß* und *wie* der Gott Israels, der Schöpfer des Himmels und der Erde ist, durch Jesus den Christus seine Bundesgeschichte „endgültig" auf die Völkerwelt hin geöffnet hat.

2.4 Der spannungsreiche Dialog der beiden Teile der einen christlichen Bibel

Daß die Bibel einerseits „ein Buch", andererseits eine „Bücherei", eine ganze Bibliothek ist, hält die Tradition in der Bezeichnung „Bibel" fest. Das ihr zugrundeliegende mittellateinische Wort *biblia* wurde seit dem (9.?) 12. Jh. als femininer Singular mißverstanden, so daß es zur Redeweise „*die* Bibel" kommen konnte. Ursprünglich ist das griechische *ta biblia* eine Pluralbildung, mit der schon Flavius Josephus die jüdische Bibel benannte. Johannes Chrysostomus weitete die Bezeichnung auf das gesamte Alte und Neue Testament aus. Wenn das Neue Testament auf „die Schrift*en*" hinweist, meint es damit manchmal zwar den entsprechenden *Teil* des Ersten Testaments (Psalmen und Weisheitsbücher), oft aber das Erste Testament als Ganzes, und zwar in seiner Vielgestaltigkeit.

Zwar sind die sowohl in literarischer wie in theologisch-konzeptioneller Hinsicht so unterschiedlichen biblischen Bücher von der sie sammelnden Tradition in gewisse Ordnungsschemata gebracht worden. Aber eine „Einheit", was immer man darunter verstehen mag, bilden sie nicht – auch wenn sie als eine einzige Größe, eben „die Schrift" bzw. „die Schriften", bezeichnet und betrachtet werden. Ihre „Einheit" liegt eher in ihrer Funktion als „kanonisches" Dokument von Judentum und Kirche denn in ihrem Inhalt.

Die Polyphonie des Ersten Testaments ist von seinen Komponisten gewollt. Die Vielschichtigkeit und Mehrstimmigkeit ist nicht einfach die (leider) unvermeidbare Folge der Tatsache, daß dieses Opus eine so komplexe und lange Entstehungsgeschichte hat; zumindest wäre es ja möglich gewesen, daß eine glättende Schlußredaktion eine „Einheit" hergestellt hätte (wie wir dies z. B. bei Konzilsdokumenten oder Papstenzykliken kennen). Auch die Tatsache, daß hier so unterschiedliche Formen, Motive und Kompositionstechniken verwendet werden, muß eine fundamentale „Einheitlichkeit" nicht von vornherein ausschließen. Nein: Die komplexe und kontrastive Gestalt des Ersten Testaments ist zum größten Teil ausdrücklich gewollt. Daß und wie die Töne, Motive und Melodien, ja sogar die einzelnen Sätze dieser polyphonen Sinfonie (= Zusammenklang!) miteinander streiten und sich gegenseitig ins Wort fallen, sich ergänzen und bestätigen, sich widersprechen, sich wiederholen und sich variieren – das ist kein Makel und keine Unvollkommenheit dieses Opus, sondern seine intendierte Klanggestalt, die man hören und von der man sich geradezu berauschen lassen muß, wenn man sie als Kunstwerk, aber auch als Gotteszeugnis erleben will.

Was die historische Kritik zum Ausgangspunkt ihrer Hypothesen zur komplexen Entstehungsgeschichte der Bibel und einzelner Teile gemacht hat und macht, insbesondere die sogenannten Dubletten, Widersprüche, semantischen und stilistischen Differenzen, darf nicht so mißverstanden werden, als hätten die „Bearbeiter" und die „Redaktoren" die Spannungen nicht bemerkt. Im Gegenteil: Es ist eben das Proprium der Bibel, daß eine solche Komplexität gezielt geschaffen und aus theologischem (!) Interesse beibehalten wurde. Wenn man unbedingt von einer „Einheit" des Ersten Testaments reden will, dann ist dies höchstens eine komplexe, spannungsreiche, unsystematische und kontrastive Einheit. Statt von „Einheit" sollte man vielleicht konsequenter von „Zusammenhang" reden, dessen Vielgestaltigkeit zum Diskurs und zum Streit über / um die Wahrheit provozieren will.

Dies gilt analog für das Neue Testament *und* für die christliche Bibel als Ganzes: Daß alle Überlieferungen auf den einen und einzigen Gott Israels bezogen sind, der der Schöpfer der Welt und der Vater Jesu Christi ist, konstituiert ihren dramatischen Zusammenhang – und provoziert den (innerjüdischen, innerchristlichen und jüdisch-christlichen) Streit um die Gotteswahrheit, die sich nur einstellt, wenn man sich auf den leidenschaftlichen Dialog einläßt, den die vielen Stimmen der Bibel miteinander führen. Die Kanonisierung der vielen Stimmen der Bibel ist so der kanonisierte innerbiblische Dialog.

Insofern die frühe Kirche das Erste Testament in seiner *jüdischen*, christlich *nicht* bearbeiteten Textgestalt *neben* dem Neuen Testament beibehalten hat, wird eine Lese- und Verstehensweise des Ersten Testaments als *in sich* verstehbaren Textes nahegelegt – etsi Novum Testamentum non daretur („als ob es das Neue Testament nicht gäbe").

Als vorgängig zum und unabhängig vom Neuen Testament gelesene Büchersammlung wird das Erste Testament zur *Herausforderin* und *Rivalin* des Neuen Testaments. Sie ist auf bestimmten Lebens- und Glaubensfeldern ihrer neutestamentlichen Konkurrentin überlegen, auf anderen Feldern erhebt sie heilsamen Einspruch gegen allzu vorschnelle Reden des Neuen Testaments und auf wieder anderen Feldern muß sie sich durch das Neue Testament in Frage stellen oder ergänzen lassen. Läßt man beide Testamente als Rivalinnen im Streit um die Gotteswahrheit zu, kann aus ihrer Korrelation und Konfrontation eine neue, produktive Lektüre der einen, zweigeteilten Bibel hervorgehen, die keines der beiden allein und in sich selbst ermöglichen würde.

Das Erste Testament kann seine Rolle als Herausforderer, Rivale und Kommentator des Neuen Testaments freilich nur spielen, wenn man ihm sein *Eigenwort mit Eigenwert* beläßt – und vor allem, wenn man seine Vielgestaltigkeit und seine Andersartigkeit nicht mit der christlichen Brille übersieht. So wichtig es ist, gegenüber allen alten und neuen Formen des Markionismus die Traditions- und Bekenntniskontinuität vom Alten zum Neuen Testament zu betonen, so notwendig ist es zugleich, die Differenzen gelten zu lassen, damit zwischen beiden Teilen unserer Bibel ein produktiver Streit über das in beiden Teilen sich aussprechende Zeugnis von dem einen und einzigen Gott entstehen kann.

Den methodisch reflektierten Versuch, die beiden Teile der christlichen Bibel so miteinander zu korrelieren und zu konfrontieren, daß ein produktiver Streit um die Wahrheit entsteht, in den sich der Leser hineinnehmen läßt, könnte man eine *„Hermeneutik der kanonischen Dialogizität"* nennen. Legt man die (vielleicht etwas zu einfache) Unterscheidung zugrunde, wonach es eine autor- und eine leserorientierte Hermeneutik gibt, gehört die Hermeneutik der kanonischen Dialogizität zum Typ der leserorientierten Hermeneutik, insofern sie zwischen Texten der beiden Testamente ein Beziehungsgeflecht bzw. einen Dialog herstellt, der nicht unbedingt von den Autoren, sondern von den Lesern dieser Texte – im Horizont ihrer Glaubensgemeinschaft – intendiert / produziert sein muß. Theologisch gesprochen: Dieses Beziehungsgeflecht erschließt den Sinn der Texte, insofern sie Teile der kanonisierten Bibel sind (die sog. mens sacrae scripturae). Während es Aufgabe der historisch-kritischen Exegese ist, den vom Verfasser eines Textes intendierten Sinn zu erforschen (die sog. mens auctoris), geht es hier darum, die intertextuell erkennbaren Textbezüge zwischen erst- und neutestamentlichen Texten in einen „kanonisierten" bzw. „kanonischen" Dialog zu bringen. Diese (post-strukturalistische) Methode will den „zitierten" / „eingespielten" ersttestamentlichen Prätexten wieder ihr „Eigenleben" zurückgeben, indem diese in ihrem ursprünglichen Sinn gelesen werden, und ein produktives, kontrastives „Schriftgespräch" zwischen beiden Teilen der einen christlichen Bibel initiieren.

Methodisch hat keiner der beiden Teile einen Vorrang, sondern die Texte gelten als zunächst einmal gleichberechtigte Partner im Streit und im Diskurs, weil sie nun in der *einen* (gleichwohl komplexen) Bibel stehen und als unterschiedliche, miteinander rivalisierende Zeugnisse des *einen* und *einzigen* Gottes gehört werden wollen. Das Neue Testament ist für Christen kein bloßer Zusatz oder Anhang zum Ersten Testament, und das Erste Testament ist kein bloßes Vorwort oder nur eine (eigentlich unwichtig gewordene) Vorgeschichte des Neuen Testaments, sondern sie bilden ein polyphones, polyloges, aber dennoch zusammenklingendes Ganzes, das nur als *solches* „Wort Gottes" ist, das vom dramatischen Geschehen der Erlösung der ganzen Welt kündet, dessen „letzter" Akt mit dem Messias Jesus Christus verbunden ist.

3 Wie also soll die Kirche das Alte Testament heute lesen?

Vor dem skizzierten Hintergrund lassen sich auf die Frage „Wie also sollen wir Christen künftig unser sogenanntes Altes Testament neu und anders als bisher lesen?" mindestens folgende vier Antworten geben:

3.1 Als Gottes-Wahrheit über die Juden

Die erste Antwort auf unsere Frage ist so einfach wie folgenreich zugleich: Die Kirche muß diese Texte als *Gottesbotschaft an und über das jüdische Volk* hören. Das ist so einfach, weil die Texte es ja selbst so sagen. Dies läuft freilich unseren christlichen Vereinnahmungsgewohnheiten zuwider, in denen wir am liebsten *alles* so auf uns beziehen, daß es „eigentlich" uns gegeben ist. Daß *alles*, was in den Heiligen Schriften des Ersten Testaments geschrieben ist, zu unserer Belehrung geschrieben ist (Röm 15,4), heißt ja nicht, daß alles *über uns* geschrieben ist. Nein: Zuallererst müssen wir lernen, diese Heilige Schrift als Gottesbotschaft über die Liebe Gottes *zu Israel* zu hören – und zuallererst als „Gottesgeschichte, d. h. als Zeugnis über jenen Gott, der auf *vielerlei Weise* geredet und gehandelt hat. Wer seine Mutter und seinen Vater bewundert und liebt, wird sich nicht nur an dem begeistern, was die Eltern mit ihm und für ihn tun. Er / sie wird sich mindestens, vielleicht sogar mehr faszinieren lassen von allem, was die Eltern sonst noch bzw. überhaupt tun und sind. *So* sollen wir Christen zuallererst die Gottesbotschaft des Ersten Testaments hören: als *judaica veritas*, als Wahrheit über Israel. Wir müssen sie hören nicht nur als Gottes Wort über das „alttestamentliche" Israel, sondern auch über das „nachbiblische" Israel *und* über unser Verhältnis zu diesem Israel. So können wir lernen, die Mißverständnisse und die Verzerrungen zu überwinden, die eine falsche christliche Theologie jahrhundertelang über das Judentum verbreitet hat. Im unvoreingenommenen Hören auf die Botschaft der Bibel Israels können wir neu entdecken: daß der Gott des sog. Alten Testaments ein Gott der Güte und der Barmherzigkeit ist; daß die Tora Israels nicht ein unfrei machendes „Gesetz", sondern eine beglückende Wegweisung ist; daß die Geschichte Gottes mit Israel hinzielt auf das alle Völker in Frieden zusammenführende Gottesreich.

3.2 Als Buch vom Neuen Bund

Wir Christen sollen die Jüdische Bibel lesen als unser Erstes Testament, d. h. als Botschaft vom Ersten Bund, den Gott mit der Schöpfung und mit Israel geschlossen hat und den er in Jesus, dem Kind Israels, erneuert hat. Der Neue Bund, in dessen Gnade wir Christen leben, ist kein Bund neben dem Bund Gottes mit Israel oder gar ein Bund, der den Gottesbund mit Israel aufhebt. Es ist ein und derselbe Bund, an dem Juden und Christen auf unterschiedliche Weise teilhaben.

Norbert Lohfink hat 1989 in seinem Buch „Der niemals gekündigte Bund" das, was sich in den Köpfen des Normalchristen diesbezüglich mit der Rede vom „Bund" verbindet, folgendermaßen charakterisiert:

„Der Normalchrist stellt sich bei der Rede vom ‚alten' und vom ‚neuen' Bund die Dinge so vor, daß es zwei ‚Bünde' gibt, einen ‚alten' und einen ‚neuen'. Sie folgen aufeinander. Als der Messias Jesus kam, wurde der ‚alte Bund' durch den ‚neuen Bund' abgelöst...

Wenn wir Christen vom ‚neuen Bund' reden, betrachten wir die heutigen Juden als die Nachkommen jener Juden, die einst

181

den Weg in den ‚neuen Bund' nicht gefunden haben. Da der ‚alte Bund' jetzt nicht mehr existiert, sind sie in *keinem* Bund mehr, auch wenn sie natürlich selber meinen, im alten oder nach ihrer Auffassung vielmehr einzigen ‚Bund' zu sein.“[31]

Daß dies eine theologisch irrige Auffassung ist, hat Papst Johannes Paul II. bekanntlich bei seiner am 17. November 1980 in Mainz vor Repräsentanten des deutschen Judentums gehaltenen Rede dadurch unterstrichen, daß er ihr seine auf Röm 9-11 gegründete Erklärung entgegengesetzt hat, wonach Israel das Volk des von Gott nie gekündigten Bundes ist. Dieser mit Israel geschlossene Bund ist in und durch Jesus auf die Völkerwelt geöffnet worden. Deshalb brauchen wir als Kirche das Erste Testament als Zeugnis von der Stiftung *dieses* Bundes mit Israel. Ohne dieses Zeugnis wäre die christliche Rede vom Neuen Bund grundlos.

3.3 Als Gottes-Botschaft, die im Neuen Testament nicht oder so nicht enthalten ist

Wir Christen sollen unser Erstes Testament als unverzichtbaren und kostbaren Teil unserer Bibel hören und lesen, der eine Lebenshilfe anbietet, die uns *so* nicht im Neuen Testament begegnet. In mancher Hinsicht ist das Alte Testament eine notwendige Ergänzung zum Neuen Testament, ja, in mancher Hinsicht weist es ihm gegenüber sogar ein Plus auf. Während das Neue Testament in der Gestalt Jesu Christi sozusagen die Idealgestalt erlösten Lebens und Sterbens verkündet, konfrontiert das Erste Testament stärker mit der Realität des Durchschnittsalltags. Ist das Neue Testament das Buch von Christus, so ist das Alte Testament das Buch von Gott, der Welt und den Menschen.

Worin der für Christen *notwendige „Gesprächsbeitrag"* des Ersten Testaments besteht, läßt sich in drei knappen Punkten so andeuten:

(1) Zeugnis vom einzigen, lebendigen und lebendigmachenden Gott

Daß in den gängigen Handbüchern, die sich „Theologie des Neuen Testaments" nennen, meist nur auf wenigen Seiten von Gott die Rede ist, oder daß man sich gar mit dem Hinweis begnügt, „Jesus habe voraussetzen können, daß jedermann wußte, wer der Gott Israels sei, ‚der Schöpfer, Weltregent, Gesetzgeber und Richter‘"[32] (H. Haag, mit Verweis auf H. Conzelmann), macht unbestreitbar deutlich: Ohne die eindrucksvollen Gottesbegegnungserzählungen des Pentateuch und der sogenannten Geschichtsbücher, ohne das leidenschaftliche Beten zu Gott, wie dies in den Psalmen und im Buch Ijob geschieht, ohne die Zweifel an Gott im Stil des Kohelet, aber auch ohne die prophetische Rede von Gott, der nicht neutral bleiben kann, wenn die Lebens- und Freiheitsrechte seines Volkes bedroht sind – kurz: ohne die Theo-Logie des Ersten Testaments wird die neutestamentliche Christo-Logie grund- und geschichtslos. Daß der biblische Gott ein lebendiger Gott ist, der sich im Leben seiner Verehrer erweist, indem diese ihr Leben von ihm prägen lassen, ist das Grundaxiom, mit dessen Konkretheit uns das Erste Testament viel plastischer konfrontiert als das Zweite (Neue) Testament. Und wie sähen eine christliche Schöpfungstheologie und eine kosmische Eschatologie aus, wenn es das Erste Testament nicht gäbe? Das Erste Testament ist gewissermaßen das „monotheistische Gewissen" des Christentums. Es kann und muß die Christen vor der immer wieder drohenden Häresie des Christomonismus schützen – und vor einer hellenisierenden Auflösung der Gotteswirklichkeit in ‚schöne‘ Gottesideen.

(2) Einspruch gegen privatistische und weltflüchtige „Spielarten" des Christentums

Der erste Teil der christlichen Bibel ist ein heilsamer Stachel gegen die in der Christenheit immer wieder durchschlagende Versuchung, Erlösung und Heil in die individuelle Seele oder ins Jenseits zu verlagern. Das Erste Testament schärft ein Verständnis von Heil ein, das den Zusammenhang mit sichtbaren, erfahrbaren Veränderungen in der geschichtlichen, gesellschaftlichen und politischen Wirklichkeit zur unverzichtbaren Voraussetzung hat. Erlösung ist „alttestamentlich niemals anders denn als ein Geschehen vorstellbar, das zutiefst in die soziale Lebenswelt der menschlichen Gesellschaft eingreift und *dort* in seiner messianischen Qualität überprüfbar bleibt".[33]

Die Botschaft vom Kommen des Gottesreichs läßt sich vom Ersten Testament her weder auf den inneren Seelenfrieden noch auf eine nur im Glauben wahrnehmbare Realität reduzieren.

Gegen alle Spielarten des privatistischen, individualistischen und spiritualisierten Christentums protestiert das Erste Testament. Nicht nur an die Sozialkritik der Propheten ist hier zu erinnern, sondern auch an jene Passagen aus den Büchern Exodus, Levitikus, Numeri und Deuteronomium, die uns Christen weniger vertraut sind, die aber in der jüdischen Überlieferung sehr großes Gewicht erhielten. Sieht man nämlich näher zu, so erzählen diese Bücher davon, daß und wie die Erlösung Israels aus den Sklavenlagern des Pharao ein geschichtliches, politisches Ereignis war. Und sie schärfen vor allem die fortdauernde Bedeutsamkeit dieses Geschehens für Israel ein, indem sie die Dimensionen der Verbesserung und Vermenschlichung der sozialen Lebensqualität herausstellen.

„Gerade dem Christen, der sich beim Vollzug seiner eigenen Kirchengeschichte angewöhnt hat, sein Heil und seine Erlösung in einem Bereich verborgener Innerlichkeit, abseits des Schauplatzes erfahrbarer Geschichte und jenseits der konkreten menschlichen Gemeinschaft zu denken, mutet die Tora erhebliche Umstellungen zu. Denn ohne Frage besteht der Großteil dieser ‚dem Mose am Sinai offenbarten Tora' aus Sozialgesetzgebung. Aber das eigentliche und schwergewichtige Interesse der Tora gilt unübersehbar Steuern, sozialer Fürsorge, kommunaler Organisation, dem Erbrecht, den Verbrechen, der Autorität und den Verfahrensweisen vor Gericht. Man stößt auf Verordnungen über Vogelnester, gerechtes Wiegen, Infektionskrankheiten und auf das Verbot, die Bäume des besiegten Feindes zu fällen (Deuteronomium 20,19-20). Mit allem Nachdruck wird der Jude in Hunderten von Tatbeständen aufgerufen, auf dem ihn umgebenden sozialen Felde heilend und verbessernd tätig zu werden".[34]

Weil die Zuwendung Gottes zu seinem Volk politische und gesellschaftliche Veränderung bewirken und bedeuten will, hat Israel dies auch in seinen Gebeten und in seinen liturgischen Zusammenkünften eingeübt. Wenn das Deuteronomium mehrfach einschärft, daß zu den Opfermahlzeiten Fremde, Arme, Witwen und Waisen zugeladen werden sollen, dann ist dies zutiefst theologisch begründet: Liturgische Gemeinschaft mit Gott gibt es eben nur, wo und wenn soziale Gemeinschaft sehr konkret gestiftet und erfahren wird. Was diese Opfermahlzeiten sozialpolitisch bedeutet haben, geht unmittelbar auf, wenn wir den Lebensstandard und die Ernährungssituation bedenken. Selbst für wohlhabende Bauern und Handwerker war Fleisch damals eine Seltenheit. Nur bei besonderen, festlichen Anlässen konnte man sich gebratenes oder gekochtes Fleisch leisten.

Ein solcher Anlaß.waren die Schlachtopfer am örtlichen Heiligtum oder (später) am Jerusalemer Tempel, wobei ein Teil als Brandopfer galt, der größere Teil aber in der gemeinsamen Opfermahlzeit verzehrt wurde. Indem dazu nun Arme, Fremde und Ausländer, Waisen und Witwen eingeladen werden sollten, bot das Schlachtopfer diesen die Möglichkeit, trotz ihrer Armut auch in den Genuß von Fleisch zu kommen – und dabei sehr konkret zu erleben, daß der biblische Gott ein „Geber" von Fest und Freude sein will. Die „symbolische" Mahlgemeinschaft bei der christlichen Eucharistiefeier wirkt da nur noch als „stilisierter" Nachklang der Botschaft, daß Gott satt machen will: lebenssatt!

„Politisch" wird das Erste Testament vor allem in jenen Passagen, in denen es die Ambivalenz und die strukturelle Gefährlichkeit der politischen Institutionen aufdeckt und bekämpft. Daß die oppositionellen Einzelpropheten (im Unterschied zu den beamteten Hof- und Tempelpropheten, aber auch zu den volkstümlichen „Ordenspropheten") konstitutiv zur Geschichte Gottes mit seinem Volk gehören, mögen sie nun als Antipoden von Königtum (Staat) und Priesterschaft (Tempel) oder als Kritiker der Oberschicht oder als warnende Prediger vor dem Volk (sozusagen als „Gewissen des Volkes") auftreten, ist eine theologische Vorgabe Gottes, ohne die eine nur neutestamentlich orientierte Ekklesiologie oder „Soziallehre" eben jene Fehlleistungen produziert, die uns aus der Kirchengeschichte nur allzu bekannt sind.

(3) Wegweisung und Ermutigung im Alltag

Wer in den vielfältigen Situationen des Alltags, in den konkreten Beziehungs- und Erlebnisfeldern, in denen sich Menschsein verwirklicht, Orientierung und Hilfe sucht, der wird zumeist auf den ersten Teil der Bibel ausweichen müssen bzw. können. Dort trifft er auf Menschen, die in Leid und Schuld, in Freude und Todesangst, in Wissensdurst und in Skepsis, in ihrer täglichen Arbeit, in der Freude der sexuellen Liebe, im Feiern üppiger Feste, aber auch unter der Last von Gewalt und Feindschaft, von Zweifel und Versagen ihr Leben von Gott her und auf ihn hin leben wollen. Das Erste Testament weiß - mehr als das Zweite Testament - um die Höhen und die Tiefen des Zusammenlebens von Eltern und Kindern, von Mann und Frau, von Geschwistern und Verwandten. Es weiß um den Mißbrauch von Macht in allen Bereichen des Lebens. Es weiß von den Aggressionen und Begierden des Menschen, aber auch von seinen Träumen und Sehnsüchten. Schon auf seinen ersten Seiten deckt es in den Urzeit-Erzählungen die Gefährdungen und Versuchungen auf, unter denen die Menschheit leidet – und es entwirft Gegenbilder und Gegenvisionen von Gott her, damit das Leben dennoch gelingen kann. Es verdrängt das Leid und den Tod nicht, sondern weist Wege, wie das Leben trotz Leid und Tod angenommen und bestanden werden kann. Und immer wieder variiert es, daß die Schöpfung und daß das Leben von Gott her gut und schön sind. Und es lädt den Menschen ein, sich am Leben zu freuen. Freude am konkreten, irdischen Leben – hier ist das Erste Testament eine wichtige Ergänzung zum Zweiten Testament.

3.4 Als Einübung in die messianische Geschwisterlichkeit mit den Juden

Das Erste Testament, das die Christen mit den Juden teilen, zwingt die Kirche nicht nur, ein für allemal allen Versuchungen zu einem triumphalistischen Absolutheitsanspruch zu widersagen, es konfrontiert sie auch beharrlich mit der Erinnerung, daß sie gerade als Kirche Jesu Christi nicht am Ziel, sondern auf dem Wege ist – zusammengebunden in einer messianischen Weggemeinschaft mit den Juden. Daß diese „Botschaft" den Christen nicht immer leicht gefallen ist und fällt, haben die Juden sehr schmerzlich erleiden müssen, bis hin zu Auschwitz. *Franz Rosenzweig* hat auch dies klar und visionär erkannt:

Das „Dasein des Juden zwingt dem Christentum in aller Zeit den Gedanken auf, daß es nicht bis ans Ziel, nicht zur Wahrheit kommt, sondern stets – auf dem Weg bleibt. Das ist der tiefste Grund des christlichen Judenhasses, der das Erbe des heidnischen angetreten hat. Er ist letzthin nur Selbsthaß, gerichtet auf den widerwärtigen stummen Mahner, der doch nur durch sein Dasein mahnt, – Haß gegen die eigene Unvollkommenheit, gegen das eigene Nochnicht".[35]

Daß die Kirche und die Christen sich so schwertun, sich auf die Gottes-Wahrheit des Ersten Testaments *und* auf die theologisch gebotene Aussage, daß die Juden eben diese Heilige Schrift als ihren Tanach auf ihre Weise als Gotteswort hören, einzulassen, hängt in der Tat letztlich mit dem zusammen, was *Johann Baptist Metz* die messianische Schwäche des Christentums genannt hat:

„Hat sich das Christentum, gerade im Vergleich mit der jüdischen Religion, nicht immer wieder seine eigene *messianische Schwäche* verborgen? Schlägt im Christentum nicht immer wieder ein gefährlicher heilsgeschichtlicher Triumphalismus durch, den gerade die Juden in besonderer Weise zu spüren bekommen? Ist er aber die unvermeidliche Konsequenz aus dem Glauben der Christen an das in Christus endgültig verbürgte Heil? Haben nicht vielmehr auch die Christen noch etwas zu erwarten und zu befürchten – nicht nur für sich selbst, sondern für die Welt und die Geschichte im ganzen? Müssen nicht auch die Christen ihr Haupt erheben dem messianischen Tag des Herrn entgegen? Welchen intelligiblen Rang aber hat für christliche Theologen eigentlich die urchristliche Lehre von der Erwartung des messianischen Tages des Herrn? Welche Bedeutung hat sie – nicht nur als (ohnehin meist ratlos oder verschämt behandelter) Inhalt christlicher Theologie, sondern als Prinzip theologischer Erkenntnis? Hätte sie eine (oder hätten Christen sie an Auschwitz neu entdeckt), dann würde sie als erstes verständlich machen, daß messianisches Vertrauen nicht identisch ist mit der unter Christen häufig herrschenden Sinneuphorie, die sie so unempfänglich macht gegenüber apokalyptischen Bedrohungen und Gefährdungen inmitten unserer Geschichte und die sie mit der Apathie der Sieger auf fremdes Leid reagieren läßt. Und sie würde christlicher Theologie vielleicht bewußter machen, wie sehr die apokalyptisch-messianische Weisheit des Judentums im Christentum gesperrt und verdrängt ist. Wenn für mich die Gefahr jüdischer Messianität darin besteht, daß sie alle Versöhnung für unsere Gegenwart immer wieder suspendiert, dann besteht für mich die Gefahr christlich verstandener Messianität darin, daß sie die in Christus begründete Versöhnung zu sehr in unsere Gegenwart einschließt und dem jeweils gegenwärtigen Christentum nur allzu gern ein Zeugnis seiner moralischen und politischen Unschuld ausstellt".[36]

Gerade das ernsthafte Hinhören der Christen auf die sogenannten messianischen Texte des Ersten Testaments sollte sie einerseits dafür wach halten, daß die Verheißungen Gottes *noch nicht* erfüllt sind – wie unerträglich wären sonst die Gegenwart und die Zukunft, wenn wir über das hinaus, was schon „ist", nicht noch etwas zu erwarten, zu erhoffen hätten (nämlich: IHN, den zur Vollendung kommenden Gott)! Und das Hören auf das Erste Testament sollte andererseits das die Christen ärgernde Nein der Juden zu Jesus als dem Messias verständlich machen, wenn diese, nicht zuletzt aus der Differenz zwischen den messianischen Texten der Jüdischen Bibel und der von den Christen mit Jesus verbundenen messianischen Wirklichkeit, die Messiasfrage meinen offen halten zu müssen — um des Gottesreiches willen!

Die Bibel Israels, das christliche Erste Testament, ist Graben und Brücke zugleich zwischen Juden und Christen. Sie wohnen gemeinsam und nebeneinander im Reich Gottes, das im Kommen ist, sie atmen die gleiche Luft (den Geist Gottes) – und doch ist zwischen ihnen ein Graben, der sie bleibend trennt. Aber zugleich gibt es eine Brücke, auf der sie sich von Zeit zu Zeit begegnen, ja sogar besuchen können. Diese Brücke kann die ihnen gemeinsame Bibel dann werden, wenn Juden und Christen darin den sie rufenden einen und gemeinsamen Gott hören.

Anmerkungen

1   M. Buber, Der Jude und sein Judentum. Gesammelte Aufsätze und Reden, Gerlingen [2]1993, 569.

2   Die folgenden Ausführungen sind eine Kurzfassung meiner beiden Bücher: Das Erste Testament. Die jüdische Bibel und die Christen, Düsseldorf [4]1994; Am Fuß des Sinai. Gottesbilder des Ersten Testaments, Düsseldorf [2]1994. – Weitere wichtige Beiträge zur Thematik sind: E. Brokke, Von den „Schriften" zum „Alten Testament" – und zurück? Jüdische Fragen zur christlichen Suche nach einer „Mitte der Schrift", in FS R. Rendtorff, Neukirchen 1990, 581-594; J. H. Charlesworth / W. P. Weaver (Hg.), The Old and New Testaments. Their Relationship and the „Intertestamental" Literature, Valley Forge 1993; B. S. Childs, Die Bedeutung der Hebräischen Bibel für die Biblische Theologie: ThZ 48, 1992, 382-390; ders., Biblical Theology of the Old and New Testaments. Theological Reflection on the Christian Bible, London 1992; Ch. Dohmen / F. Mußner, Nur die halbe Wahrheit? Für die Einheit der ganzen Bibel, Freiburg 1993; M. Görg, In Abrahams Schoß. Christsein ohne Neues Testament, Düsseldorf 1993; O. Kaiser, Die Bedeutung des Alten Testaments für Heiden, die manchmal auch Christen sind: ZThK 91, 1994, 1-9; K. Koch, Der doppelte Ausgang des Alten Testaments in Judentum und Christentum: JBTh 6, 1991, 215-242; ders., Rezeptionsgeschichte als notwendige Voraussetzung einer biblischen Theologie, in: H. H. Schmid / J. Mehlhausen (Hg.), Sola Scriptura, Gütersloh 1991, 143-

155; N. Lohfink, Hermeneutik des Alten und Neuen Testaments. Thesen, in: M. Stöhr (Hg.), Lernen in Jerusalem – Lernen mit Israel (ViKJ 20), Berlin 1993, 242-248; R. Rendtorff, Wege zu einem gemeinsamen jüdisch-christlichen Umgang mit dem Alten Testament, in ders., Kanon und Theologie, Neukirchen 1991, 40-53; H.-C. Schmitt, Die Einheit der Schrift und die Mitte des Alten Testaments, in FS F. Mildenberger, Stuttgart 1994, 49-66; J. Schreiner, Das Verhältnis des Alten Testaments zum Neuen Testament, in: ders., Segen für die Völker, Würzburg 1987, 392-407.

3   M. Faulhaber, Das Alte Testament und seine Erfüllung im Christentum, München 1933; auf diese Publikation beziehen sich die oben jeweils angegebenen Seitenzahlen.

4   J. Schildenberger, Vom Geheimnis des Gotteswortes. Einführung in das Verständnis der Heiligen Schrift, Heidelberg 1950; aus dieser Ausgabe wird oben mit Seitenhinweis zitiert.

5   ²LThK I, 394.

6   K. Rahner (Hrsg.), Herders Theologisches Taschenlexikon (Herderbücherei 451), Band 1, Freiburg 1972, 84.

7   Leider wird die Position nun auch unreflektiert im neuen „Katechismus der katholischen Kirche" wiederholt, der andererseits über das Verhältnis Kirche-Judentum durchaus die neueren, besonders von Johannes Paul II. immer wieder proklamierten Positionen bietet.

8   Eine detaillierte Analyse der „neuen" Perikopenordnung findet sich bei E. Nübold, Entstehung und Bewertung der neuen Perikopenordnung des Römischen Ritus für die Meßfeier an Sonn- und Festtagen, Paderborn 1986.

9   Natürlich kann man die liturgische Abfolge „Altes Testament" – „Neues Testament" auch anders und positiver interpretieren, wie dies beispielsweise N. Lohfink einmal getan hat: „Die Lesung aus der Tora steht in der Synagoge immer an erster Stelle. Dann folgt, als Kommentar dazu, eine zweite Lesung aus den auf die Tora folgenden Büchern des Alten Testaments: aus den weiteren Geschichtsbüchern oder den Büchern der Propheten. Man würde nun doch erwarten, daß die Christenheit an die erste Stelle die Lesung aus den Evangelien gesetzt hätte, weil diese von Jesus Christus erzählen, und daß dann, gewissermaßen als Kommentar, Lesungen aus den anderen Büchern der Bibel gefolgt wären. Das ist aber nicht der Fall. Die Christenheit blieb bei der alten jüdischen Ordnung. An die erste Stelle, da wo die Lesung der Bibel im strengsten und eigentlichen Sinn zu stehen hat, tritt nun nicht mehr allein die Tora, sondern das Alte Testament ... Dann kommen, gewissermaßen als Kom-

mentare dazu, Lesungen aus dem Neuen Testament" (N. Lohfink, Das Alte Testament christlich ausgelegt. Eine Reflexion im Anschluß an die Osternacht, Freising 1988, 25). Dieser geschichtliche Hintergrund ist freilich kaum jemand bewußt – und die liturgische Inszenierung schließt ihn geradezu aus.

10 Hermeneutisch ist die typologische Methode nicht prinzipiell abzulehnen; sie findet sich bereits innerhalb des Ersten Testaments selbst und wird im hellenistischen Judentum, besonders bei Philo, kunstvoll durchgeführt. Sie ist dabei eine geschichtstheologische Explikation der Treue JHWHs, der seinen „Heilsplan" so verwirklicht, daß er seine einmal geoffenbarten Wirkweisen immer wieder neu aktualisiert. So wird mit dem Theologumenon vom Neuen / Zweiten Exodus die Rettung Israels aus der babylonischen Verbannung / Diaspora als erneute und neue Aktualisierung des Ersten Exodus aus Ägypten verkündigt und gefeiert. Beide verhalten sich wie Typos und Antitypos; der Antitypos hebt dabei allerdings nicht den Typos auf, sondern „lebt" von seiner Rückbindung an den Typos. Das ändert sich freilich und leider in der christlichen Typologie; sie wertet meist den ersttestamentlichen / jüdischen Typos ab oder macht den neutestamentlichen / christlichen Antitypos wirklich zum Gegensatz. So „klassisch" schon Melito von Sardes in seinem „Osterbrief"!

11 J. Hempel, Altes Testament und Geschichte, Gütersloh 1930, 82.

12 E. Sellin, Abschaffung des Alten Testaments?, Berlin / Leipzig 1932, 37.

13 E. Hirsch, Das Alte Testament und die Predigt des Evangeliums, Tübingen 1936, 16.

14 Das Zitat ist eine der 28 Thesen, die W. Grundmann 1933 für die „Deutschen Christen" formulierte. Vgl. zur Rolle W. Grundmanns, dessen NT-Kommentare bis in die Gegenwart trotz ihrer antijüdischen Optionen immer noch einflußreich sind, die Studie: S. Heschel, Theologen für Hitler. Walter Grundmann und das „Institut zur Erforschung und Beseitigung des jüdischen Einflusses auf das deutsche kirchliche Leben", in: L. Siegele-Wenschkewitz (Hrsgin.), Christlicher Antijudaismus und Antisemitismus. Theologische und kirchliche Programme Deutscher Christen, 1993, 125-170.

15 Abgedruckt in: KuI 3, 1988, 196-199.

16 Vgl. R. Rendtorff / H. H. Henrix (Hrsg.), Die Kirchen und das Judentum. Dokumente von 1945-1985, Paderborn / München ²1989, 75.

17 Vgl. R. Rendtorff / H. H. Henrix, Die Kirchen 42 (deutscher Text).

18 Vgl. R. Rendtorff / H. H. Henrix, Die Kirchen 108f.

19 Vgl. R. Rendtorff / H. H. Henrix, Die Kirchen 109.

20   Vgl. R. Rendtorff / H. H. Henrix, Die Kirchen 106.

21   Vgl. R. Rendtorff / H. H. Henrix, Die Kirchen 104.

22   Vgl. R. Rendtorff / H. H. Henrix, Die Kirchen 42.

23   Vgl. R. Rendtorff / H. H. Henrix, Die Kirchen 42f.

24   Vgl. R. Rendtoff / H. H. Henrix, Die Kirchen 549.

25   Beide Studien sind veröffentlicht im „Gütersloher Verlagshaus Gerd Mohn" 1975, 1991.

26   Einen ausgezeichneten Überblick bietet R. Rendtorff, Hat denn Gott sein Volk verstoßen? Die evangelische Kirche und das Judentum seit 1945. Ein Kommentar, München 1989.

27   Diesen hermeneutischen Ansatz entfaltet und erläutert sehr eindrucks-voll von Apg 8, 30-35 her H. Frankemölle, Matthäus. Kommentar 1, Düsseldorf 1994, 34-36.

28   H. von Campenhausen, Die Entstehung der christlichen Bibel, Tübingen 1968.

29   Vgl. dazu auch den „Katechismus der Katholischen Kirche": „Im übrigen will das Neue Testament auch im Lichte des Alten Testaments gelesen sein" (Nr. 129).

30   Vgl. H. von Campenhausen, Die Entstehung 110: „Hätte man einen Christen um das Jahr Hundert gefragt, ob seine Gemeinde ein heiliges und verbindliches Buch göttlicher Offenbarung besäße, so hätte er die Frage stolz und ohne zu zögern bejaht: die Kirche besaß solche Bücher, das ‚Gesetz und die Propheten', das heute sogenannte Alte Testament. Über hundert Jahre lang, noch um die Mitte des zweiten Jahrhunderts bei Justin, erscheint das Alte Testament als die einzige, maßgebende und völlig ausreichende Schrift der Kirche ...; daß zur Sicherung über das Alte Testament hinaus weitere, schriftliche Urkunden erwünscht oder erforderlich sein könnten, kam ihm nicht in den Sinn."

31   N. Lohfink, Der niemals gekündigte Bund. Exegetische Gedanken zum christlich-jüdischen Gespräch, Freiburg 1989, 21f.

32   H. Haag, Das Plus des Alten Testaments, in: ders., Das Buch des Bundes. Aufsätze zur Bibel und zu ihrer Welt, Düsseldorf 1980, 304, mit Verweis auf H. Conzelmann, Grundriß der Theologie des Neuen Testaments, München 1967, 118.

33   K. Müller, Biblische Begriffe in jüdischer Sicht: CiG 36, 1984, 423.

34   K. Müller, ebda. 431.

35   F. Rosenzweig, Der Stern der Erlösung, Haag 1976, 459.

36   J. B. Metz, Jenseits bürgerlicher Religion. Reden über die Zukunft des Christentums, München / Mainz 1980, 37f.

192

Helmut Merklein

Der Besessene von Gerasa (Mk 5,1-20)

Tiefenpsychologische Deutung und historisch-kritische Exegese im Disput[1]

Das Aufsehen, das Eugen Drewermann mit seinen Büchern und
Vorträgen in der Öffentlichkeit erregt, ist enorm. Gemessen daran ist das Echo in der bibelwissenschaftlichen Fachdiskussion
eher bescheiden. Zwar gibt es einige grundsätzliche Stellungnahmen. Eine Diskussion um die Auslegung konkreter Einzel-
texte findet aber nur vereinzelt statt. Eben darum geht es mir im
folgenden. Ich möchte am Beispiel eines konkreten Einzeltextes
einen Vergleich anstellen: Wie gehen Drewermann und die historisch-kritische Exegese mit einem Text um? Und: Was kommt
am Ende bei beiden als Ertrag heraus? Die Beschränkung auf
einen Einzeltext schließt von vornherein aus, daß es auch nur
um den Versuch gehen könnte, die tiefenpsychologische Auslegung als falsch und die historisch-kritische als richtig zu erwei-
sen. Beide Zugangsweisen werden vielmehr als prinzipiell möglich vorausgesetzt. Als Fallbeispiel habe ich die Heilung des
Besessenen von Gerasa in Mk 5,1-20 ausgesucht. Aus später zu
erläuternden Gründen wird der Text von Mk 5,1-20 in Synopse
mit Mk 1,21-28 dargeboten:

Mk 1,21-28

21 Und sie kamen nach
Kafarnaum hinein.Und sogleich
ging er am Sabbat in die Synagoge und lehrte.
22 Und sie gerieten über seine
Lehre außer sich; denn er lehrte
wie einer, der Vollmacht hat,
und nicht wie die Schriftgelehrten.

Mk 5,1-20

1 Und sie kamen an das
jenseitige Ufer des Sees,
in das Gebiet der Gerasener.

I. Situationsangabe/Krankheitsbild

23 Und sogleich war in ihrer
Synagoge

*ein Mann mit einem
unreinen Geist.*

2 Und als er aus dem Boot stieg,
kam ihm sogleich aus den
Gräbern
*ein Mann mit einem unreinen
Geist* entgegen.

3 Der hatte seine Wohnung in
den Grabstätten, und nicht
einmal mit einer Kette vermoch-
te man ihn bislang zu binden;
4 zwar hatte man ihn schon
häufig mit Fußfesseln und
Ketten gebunden, aber
die Ketten waren von ihm
zerrissen und die Fußfesseln
durchscheuert worden, und
niemand besaß die Kraft,
ihn zu bändigen.
5 Und ständig, nachts und tags,
in den Grabstätten und auf den
Bergen, schrie er und schlug
sich mit Steinen.

II. Abwehrversuch

	6 Und als er Jesus von weitem sah, lief er herzu und fiel vor ihm nieder,
und er schrie:	7 und er schrie mit lauter Stimme:
24 „*Was haben* wir *mit dir zu tun*, *Jesus* Nazarener?	„*Was habe* ich *mit dir zu tun*, *Jesus*, Sohn des höchsten Gottes?
Du bist gekommen, uns zu verderben. Ich weiß, wer du bist: Der Heilige Gottes!"	Ich beschwöre dich bei Gott, quäle mich nicht!"

III. Ausfahrbefehl

25 Und Jesus herrschte ihn an: „Verstumme!", und: „*Fahre aus aus* ihm!"	8 Denn er sagte ihm: „*Fahre aus*, du unreiner Geist, *aus* dem Mann!" 9 Und er fragte ihn: „Was ist dein Name?" Und er sagt ihm: „Legion ist mein Name, denn viele sind wir." 10 Und er bat ihn inständig, daß er sie nicht aus dem Gebiet vertreibe. 11 Es weidete aber dort am Berg eine große Schweineherde. 12 Und sie baten: „Schick uns in die Schweine, damit wir in sie hineinfahren!"

195

IV. Ausfahrt mit Demonstration

26 Und es zerrte ihn der *unreine Geist* und schrie mit lauter Stimme, und *fuhr aus* aus ihm.

13 Und er erlaubte es ihnen. Und die *unreinen Geist*er *fuhr*en her*aus* und hinein in die Schweine, und die Herde stürmte den Abhang hinab in den See, etwa zweitausend, und sie ertranken im See.

V. Reaktion der Zuschauer

27 Und es erschauderten alle, so daß sie einander befragten: „Was ist das? Eine neue Lehre aus Vollmacht! Sogar den unreinen Geistern gebietet er, und sie gehorchen ihm!"

14 Und ihre Hirten flohen und meldeten es in der Stadt und auf den Höfen. Und die Leute kamen, um zu sehen, was geschehen war.

15 Und sie kommen zu Jesus, und sie sehen den Besessenen dasitzen, bekleidet und vernünftig, den der die Legion gehabt hatte. Und sie fürchteten sich.

16 Und die Augenzeugen erzählten ihnen, was mit dem Besessenen und den Schweinen geschehen war.

17 Da baten sie ihn, er möge ihr Gebiet verlassen.

18 Und als er ins Boot stieg, bat ihn der früher Besessene, bei ihm bleiben zu dürfen.

19 Er aber erlaubte es ihm nicht, sondern sagte zu ihm: „Geh nach Hause zu den Deinen und melde ihnen, was der Herr dir getan und wie er sich deiner erbarmt hat!"

28 Und die Kunde von ihm ging sogleich hinaus überallhin in das ganze Umland Galiläas.	20 Und er ging weg und begann in der Dekapolis zu verkünden, was Jesus ihm getan hatte, und alle staunten.

1   Die Auslegung Drewermanns

Ich stütze mich auf die Auslegung Drewermanns, wie er sie zuerst in seinem Buch „Tiefenpsychologie und Exegese II[2]" und dann in seinem Kommentar zum Markusevangelium[3] vorgelegt hat.

Im Mittelpunkt des Drewermannschen Interesses steht die Unmittelbarkeit des Betroffenseins. Wenn man wahrnehmen will, was die Geschichte „uns Heutigen sagen könnte, darf man sich gerade nicht für die urkirchliche Gemeinde vor 1900 Jahren interessieren, ... man muß sich für das interessieren, was die Geschichte selber wirklich berichtet: für die Personen der Erzählung, für ihre Gefühle, für ihre Ängste, für ihre Ausweglosigkeit und Verzweiflung, für ihre Ohnmacht und für ihr Ausgeliefertsein, kurz: für die *menschliche*, nicht für die 'historische' Seite der Wundererzählung muß man sein Herz aufschließen, um zu verstehen, wie sehr der Leser auch heute noch in den Erfahrungen und verdichtenden Bildern einer solchen Erzählung selbst vorkommt und was er darin von Gott her heilend und helfend zu finden vermag" (251). Damit ist das Programm der Auslegung festgelegt.

Im einzelnen ergibt sich daraus folgendes: Der Besessene wird als ein Mann interpretiert, „der zutiefst an sich selber leidet und dessen gesamtes Handeln und Verhalten von quälenden Gegensätzen geprägt ist" (252). Die Gräber, in denen er sich aufhält, sind ein Bild der „Daseinszerstörung" eines Menschen, der „sein Zuhause ... dort sucht, wo es kein Zuhause gibt", „der längst gestorben ist und der dennoch physisch weiter leben muß" (252). Was den Besessenen quält, ist „die Hölle der Freiheit" (253). Auf der einen Seite verteidigt er seine Freiheit, auf der anderen

Seite flieht er vor ihr. Der Kampf um die Freiheit ist „wie eine einzige Flucht nicht nur vor den anderen, sondern zunächst und wesentlich vor sich selbst" (256). Zum Vorschein kommt „ein ewiger Teufelskreis aus Egozentrik und Selbsthaß, aus Angst und Einsamkeit, aus Kampf und Vergeblichkeit" (Mk I 363). Diese Widersprüchlichkeit zeigt sich auch im Verhalten gegenüber Jesus. Der Besessene, der sich Jesus zu Füßen wirft, fleht nicht „um Erlösung aus der Hölle seiner Einsamkeit und Verlorenheit", sondern – ganz im Gegenteil – er bestürmt Jesus, „ihm *nicht* zu helfen und ihn, buchstäblich um Himmels willen, in Ruhe zu lassen" (257). Drewermann erklärt diesen „Hilferuf zur Nichthilfe" aus der psychotherapeutischen Praxis, die dem Kranken ein gewisses Maß an Leiden zumuten müsse, um ihn gerade so mit der für ihn heilsamen Wahrheit zu konfrontieren (257). Wie man dann nachträglich aus V. 8 erfährt, war es auch Jesus selbst, der die Leidenseruption des Besessenen mit seinem Ausfahrbefehl erst erzeugt hat. Dabei ist es für Drewermann wichtig, daß hier wie überhaupt in der ganzen Geschichte nicht nur von „abnormen menschlichen Verhaltensweisen die Rede ist" (260). Letztlich steht hinter der paradoxen „Anhänglichkeit eines Menschen an sein Leid" ein allgemeines Phänomen, nämlich die Scheu vor der eigenen Wahrheit, die man „aus Angst vor der Meinung der ... anderen" nicht zu leben getraut (260). Geholfen werden kann einem solchen Menschen nur „von innen her" (264). Dies ist auch der Grund, weswegen der Ausfahrbefehl von V. 8 nach Drewermann keinen Erfolg hat. „Jesus muß deshalb noch einmal von vorn beginnen, indem er sich nach dem *Namen* des 'Besessenen' erkundigt" (Mk I 362). Diese Frage räumt dem Besessenen die Möglichkeit ein, zu seiner eigenen Wahrheit zu stehen. Sie „ist die einzige Frage, die wirklich zu heilen vermag" (Mk I 363). Die Wahrheit, die zum Vorschein kommt, ist allerdings furchtbar. Der Besessene hat „überhaupt kein Ich" (Mk I 363), aus ihm spricht „Legion", d. h.: „Mein Ich – das ist ein Haufen von Komplexen (die Mutterbindung, die sexuelle Gehemmtheit, die oralen Schuldgefühle, die Riesenerwartungen und Ohnmachtsgefühle, der Vaterhaß und

198

die kleinkindliche Sehnsucht nach Geborgenheit etc., etc.) die alle irgendwie zusammenhängen und eine unheimliche Einheit bilden" (265). Besessenheit erscheint als „Erfahrung innerer Zerrissenheit und Ausgeliefertheit", die „von einem jeden Menschen mehr oder minder mitempfunden werden kann" (265). Heilung aus solch verzweifelter Situation kann es nur geben, wenn der Besessene „seine 'bösen Geister' in einer enormen Orgie aggressiver Zerstörung nach außen abgibt" (268). „Die ganze 'Schweinerei'" der verinnerlichten Ängste muß sich entladen und austoben „bis zum Ende, bis zum Untergang" (Mk I 364). Ein solches Abreagieren geschieht „gegen die Aufsicht der 'Schweinehirten'", die Drewermann als „die Kontrolle des Überich" interpretiert (269). Es zeigt sich, daß die Freiheit auch von der Umgebung ihren Preis fordert, so daß die Aufforderung der Schweinehirten, Jesus möge ihr Gebiet verlassen (V. 17), verständlich wird. Ein grundsätzlicher Konflikt wird sichtbar: der Konflikt zwischen der Forderung der „Wahrheit" und „Freiheit" des „einzelnen Menschen" und den „Spielregeln des bürgerlichen Zusammenlebens mit ihrem schier unendlichen Bedürfnis nach Sicherheit, Ruhe und Ordnung" (272). Daß Jesus den Geheilten nicht als Jünger bei sich bleiben läßt, sondern ihn nach Hause schickt, wertet Drewermann als „Chance, ... mit Menschen zu leben und sie als ... Hausgenossen kennenzulernen" (Mk I 364). Offensichtlich hat Jesus nicht von allen verlangt, daß sie ihm (im wörtlichen Sinn) nachfolgen. Diese Sensibilität, mit der Jesus auf den einzelnen reagiert, rückt „die Person Jesu in die Sphäre des Göttlichen" (Mk I 365). So verkündet denn auch der Geheilte, dem Jesus den Preis des Erbarmens Gottes aufgetragen hatte (V. 19), am Ende (V. 20), „was *Jesus* ihm Großes getan hat" (275). Die historische Einmaligkeit, die damit in den Blick rückt, wird allerdings alsbald wieder relativiert, wenn die Geschichte abschließend als „Einladung" interpretiert wird, wie „ein jeder ... sein eigenes Wesen, seinen eigenen Namen zurückgewinnen kann" (276). „Sprechen von Gott" wird zur Beschreibung, „wie heilend einander Menschen zu begegnen vermögen, wenn sie nicht mit 'Binden' und 'Ketten' einander traktieren, sondern langsam und geduldig die Kunst einüben und erlernen, welche die Wunderheiler der 'richtigen Worte' und der heilenden 'Musik' zu allen Zeiten und Zonen beherrscht haben müssen: das Wesen des anderen zum Klingen zu bringen und ihm die ursprüngliche Melodie seines Herzens wiederzugeben" (276f).

2 Zur historisch-kritischen Exegese

Auf eine vollständige historisch-kritische Analyse des Textes muß schon aus Zeitgründen verzichtet werden. Es kann hier nur auf einige grundsätzliche Textbeobachtungen hingewiesen werden.

2.1 Textbeobachtungen

(1) Ausgangspunkt aller historisch-kritischen Schlußfolgerungen sind die *Unebenheiten und Wiederholungen*, die die Geschichte in vergleichsweise hohem Maße aufweist. Es können hier nur einige Andeutungen gemacht werden. Doppelt erwähnt werden z. B.:
– die Begegnung mit dem Besessenen (VV. 2.6),
– sein Aufenthalt in den Gräbern (VV. 2f.5),
– die Bitte des Dämons bzw. der Dämonen um Konzessionen (VV. 10.12),
– der Bericht über den Vorgang der Heilung (VV. 14.16).
Einige dieser Doppelungen enthalten zugleich gewisse Spannungen.[4] Merkwürdig zerdehnt erscheint der Schlußteil der Geschichte. Ein erster Schlußpunkt ist bereits mit V. 15 oder sogar schon mit V. 14 erreicht. Aber auch V. 17 oder V. 19 ergäben ein passendes Ende. Es sieht so aus, als ob hier mehrere Schichten aneinandergewachsen sind.[5]
(2) Schon immer als schwierig empfunden wurde die *Ortsangabe* der Geschichte. Aufgrund der Eingliederung in den mar-

kinischen Kontext will die Geschichte zweifellos am See Gennesaret spielen. Dazu paßt allerdings nur schwer die Lokalisierung „im Land der Gerasener" (V. 1).[6] Gerasa liegt 54 km Luftlinie vom See Gennesaret entfernt, eine Distanz, die gegen die von der Narrativität der Geschichte geforderte Einheit von Ort und Geschehen verstößt, unabhängig von der Frage, was dämonisierten Schweinen an Laufleistung zuzumuten ist. Wohl aus diesem Grunde hat bereits Matthäus das „Land der Gerasener" durch das „der Gadarener" ersetzt (Mt 8,28) und damit die Distanz auf 9 km Luftlinie verkürzt.[7] Eine wirklich passende Lokalisierung ergibt sich aber erst, wenn man den Ort des Geschehens direkt an den See verlegt, wie es in der späteren christlichen Tradition geschieht.[8] Überlieferungsgeschichtlich gesehen, wandert die Geschichte also immer näher an den See Gennesaret. Auch dieser Vorgang unterstreicht noch einmal, daß der Text von Mk 5,1-20, wie er uns vorliegt, nicht aus einem Guß ist, sondern das Ergebnis eines längeren Überlieferungsprozesses darstellt.

2.2 Die literarkritische Lösung

Die bisherige historisch-kritische Exegese wollte diesen Prozeß meist literarkritisch aufhellen. Durch Abtragen jüngerer Schichten versuchte man bis zur ältesten Schicht vorzustoßen. Es würde zu weit führen, die Ergebnisse hier im einzelnen zu referieren. Meist rechnet man mit zwei bis vier Schichten, wobei die inhaltliche Abgrenzung recht unterschiedlich ausfällt. Ich persönlich bin skeptisch, ob man im Falle unserer Geschichte die Schichten so sauber – gleichsam nach dem Modell archäologischer Ausgrabungen – voneinander trennen kann. Im Falle literarischer Prozesse stelle ich mir eher eine mehrfache relecture vor, die nicht nur hier und da einige Worte eingefügt oder ausgelassen, sondern die Geschichte mit neuem Sinnpotential jeweils neu generiert hat. Will man diesen Prozeß nachvollziehen, muß man die Sinnlinien der Geschichte untersuchen und danach fragen, in welchem Verhältnis sie zueinander stehen.

Auch dies kann hier im einzelnen nicht vorgeführt werden, so daß ich mich mit der Andeutung der Ergebnisse im weiteren Verlauf meiner Ausführungen begnügen muß. Die kurze Analyse, die ich im folgenden vorlege, widmet sich vor allem der narrativen (erzählerischen) Struktur der Geschichte, wobei das bereits erwähnte Stichwort der „Sinnlinien" eine wichtige Rolle spielen wird.

2.3 Eigener Lösungsvorschlag

Historisch-kritischer Anknüpfungspunkt meiner Analyse ist die formgeschichtliche Erkenntnis, daß die Erzählstruktur von Mk 5,1-20 weitgehend einem vorgegebenen Schema (der Topik) verpflichtet ist. Antike Exorzismen haben eine relativ feste Form. Dazu gehören vor allem folgende Erzählelemente, die bei dem oben dargebotenen Text jeweils in der Mitte (mit römischen Zahlen) angegeben sind: I. Situationsangabe bzw. Krankheitsbild; selbstverständlich damit verbunden – daher nicht eigens genannt – ist die Begegnung zwischen Exorzisten und Besessenem, II. Abwehrversuch des Dämons, III. Ausfahrbefehl, IV. Ausfahrt mit Demonstration, und schließlich V. Reaktion der Zuschauer. Unter dieser Rücksicht weist Mk 5,1-20 eine auffällige Verwandtschaft mit Mk 1,21-28 auf. Zum Teil sind die Übereinstimmungen sogar wörtlich. In Mk 1,21-28 sind die einzelnen Erzählelemente in einfacherer Weise realisiert, so daß sie in ihrer Funktion noch eindeutiger hervortreten. Insofern bietet sich Mk 1,21-28 – mehr noch als ein abstraktes Formschema – als Vergleichsparadigma an, um die narrative Eigenart von Mk 5,1-20 zu erhellen.

(1) Als erstes fällt auf, daß die *Situationsangabe* in Mk 5 ungleich ausführlicher geschildert wird als in Mk 1. Dies ist wohl nicht nur Ausdruck zunehmender Erzählfreude. Die Ortsangaben „auf den Bergen" und „in den Grabstätten" (VV. 3.5) erin-

nern an Jes 65, wo von den Heiden gesagt wird: „Sie sitzen in *Grabstätten* und verbringen die Nächte in Höhlen; sie essen das Fleisch von *Schweinen* ... auf den *Bergen* verbrannten sie Weihrauch und verhöhnten mich auf den Hügeln ..." (Jes 65,4.7). So gesehen, steht die narrative Entfaltung der Situationsangabe unter der Zielsetzung, den Besessenen als Typos des Heidentums auszuweisen. Mit dem Stichwort „Heidentum" dürfte zugleich eine wichtige Sinnlinie der gesamten Erzählung gefunden sein. Der Besessene ist Typos des Heidentums. Die Geschichte spielt im heidnischen Land: im „Gebiet der Gerasener" (V. 1) bzw. in der heidnischen „Dekapolis" (V. 20). Unter die Sinnlinie „*Heidentum*" lassen sich auch die Schweine subsumieren (VV. 11-13), die aus jüdischer Sicht unrein und damit typisch heidnische Tiere sind.

(2) Ich gehe über zum zweiten Erzählelement, zum *Abwehrversuch* des Dämons. Hier ist der Vergleich mit der Erzählung aus Mk 1 besonders interessant. Der Dämon in Mk 1 schleudert Jesus sein Wissen entgegen: „Ich weiß, wer du bist: Der Heilige Gottes!" Dahinter steht die in der Antike verbreitete Überzeugung: Wer den anderen kennt, vermag Macht über ihn auszuüben. Bevor Jesus den Dämon austreibt, muß er daher diesen erst einmal ruhig stellen: „Und Jesus herrschte ihn an: 'Verstumme!'" (V. 25). Der Dämon wird daran gehindert, sein abwehrendes Wissen zu gebrauchen. In Mk 5 dagegen fällt der Abwehrversuch deutlich schwächer aus. Auch dieser Dämon weiß, wer Jesus ist. Aber er gebraucht sein Wissen nicht zur Abwehr, sondern, um Jesus devot als „Sohn des höchsten Gottes" anzureden (V. 7). Anstelle des aufbegehrend-trotzigen „Du bist gekommen, uns zu verderben!" (aus Mk 1) steht in Mk 5 die einlenkende Bitte: „Ich beschwöre dich bei Gott, quäle mich nicht!" Der Dämon kommt als Bittsteller zu Jesus! Das unterstreicht schließlich auch der Kniefall, mit dem der Besessene die Begegnung mit Jesus einleitet (V. 6). Was geschildert wird, ist eigentlich schon gar kein Abwehrversuch mehr, sondern eine *Parodie* auf die Macht der Dämonen. Damit ist eine weitere, wichtige Sinnlinie der Geschichte gefunden, auf die wir bald wieder stoßen

werden. Der Dämon von Mk 5 wird parodiert. Er ist kein ernstzunehmender Gegner mehr, sondern ein Untertan. Entsprechend fehlt auch der Verstummungsbefehl, der in Mk 1 noch dem Ausfahrbefehl vorausging.

(3) Eigentlich ist damit auch der *Ausfahrbefehl* nicht mehr recht motiviert. Er erscheint jetzt als eine Art Nachtrag, mit dem die devote Einlassung des Dämons begründet wird (vgl. V. 8a). Die Frage Jesu „Was ist dein Name?" ist nicht Ausdruck eines neuen Anlaufs (so Drewermann). Strukturell handelt es sich um die Umkehrung bzw. *Parodierung* des Elementes, das in Mk 1 noch ungebrochen realisiert war: „Ich weiß, wer du bist: Der Heilige Gottes!" Doch während dort der Dämon sein Wissen zur Abwehr Jesu einsetzt, ist es jetzt *Jesus*, der dem Dämon sein Geheimnis entreißt. Und dieser gibt es auch bereitwillig preis.

Der Name des Dämons „Legion" („denn viele sind wir") kommt nicht von ungefähr. Schon in Mk 1 fällt auf, daß der Dämon auf einmal im Plural redet: „Was haben *wir* mit dir zu tun ...? Du bist gekommen, *uns* zu verderben". Der Name „Legion" ist nichts anderes als eine narrative Explikation dieses Plurals. Beide Geschichten wollen offensichtlich nicht nur eine einzelne Episode aus dem Leben Jesu erzählen, sondern festhalten, was mit dem Auftreten Jesu *grundsätzlich* Wirklichkeit geworden ist: Die Herrschaft der Dämonen ist gebrochen! Der Einzelfall wird zum Exempel. Das eigentliche Thema ist die *heilsgeschichtliche bzw. eschatologische Wende*, die *generell* mit dem Auftreten Jesu eingetreten ist. Eine weitere Sinnlinie der Erzählung wird deutlich. Ich möchte sie unter den Begriff der *heilsgeschichtlichen Generalisierung* fassen. Die Geschichte ist eine Art Kommentar zu dem (authentischen) Jesuswort: „Wenn ich mit dem Finger Gottes die Dämonen austreibe, dann ist die Gottesherrschaft bereits zu euch gekommen" (Lk 11,20 par).

Gelegentlich wird die Meinung vertreten, daß hinter dem Namen „Legion" eine antirömische Tendenz stehe (zuletzt: G. Theißen). Dafür könnte sprechen, daß die Legio X. Fretensis, die seit 6 n. Chr. in Syrien stationiert und am Jüdischen Krieg beteiligt war, u. a. den Eber als Legionszeichen benutzte. Ich selbst bin skeptisch. Für eine direkt antirömische Tendenz wäre m. E. eher ein Ort im jüdischen Stammland und nicht in der Dekapolis vorauszusetzen. Welches jüdische oder christliche Interesse sollte bestehen, die Römer aus der Dekapolis zu verjagen? Dies schließt nicht aus, daß der Name „Legion" zur weiteren Qualifizierung und Konkretisierung des *heidnischen* Wesens der Dämonen dient und zur Sinnlinie *Heidentum* zu rechnen ist.

Zum unverzichtbaren Grundbestand der Geschichte gehören die Schweine. Sie werden zum neuen Objekt dämonischer Begierde: „Und sie baten: 'Schick uns in die Schweine, damit wir in sie hineinfahren!'" (V. 12) So weit ist es mit den Dämonen schon gekommen! Sie sind nicht nur – wie wir sagen würden – auf den Hund gekommen, sondern – vor jüdischem Hintergrund noch viel schlimmer – auf die Schweine! Die Sinnlinie *Parodie* wird hier am deutlichsten greifbar. Ich kann es mir nicht anders vorstellen, als daß die ersten Hörerinnen und Hörer sich auf die Schenkel geschlagen und schallend gelacht haben, als man ihnen die Geschichte erzählt hat.

(4) *Ausfahrt mit Demonstration*: Wenn ein Dämon ausfährt, dann geschieht dies nicht sang- und klanglos. Spektakuläre Demonstrationen der Ausfahrt gehören zum festen Erzählrepertoire von Dämonenbannungen. Dieser Zug ist bis in unsere Märchen stabil geblieben, wo es immerhin stinkt, wenn der Teufel verschwindet. Daß die Dämonen in eine Schweineherde fahren, die dann im Schweinsgalopp den Abhang hinabstürmt und sich in den See stürzt, ist eine kaum zu überbietende *Persiflage* der Dämonen und des Heidentums. Dämonen und Heidentum betreiben ihren eigenen Untergang!

Die Lokalisierung des Sees ('*thalassa*') bleibt ein Problem. Wenn der „See" der Erzählung erst durch deren Eingliederung in das Markusevangelium mit dem See Gennesaret identifiziert wurde, dann muß man wohl voraussetzen, daß die Geschichte ursprünglich an einem Gewässer in der Nähe von Gerasa gespielt hat. Man könnte an den Doppelteich von Birketein denken. Doch bleibt das alles spekulativ. Viel entscheidender ist eine andere Beobachtung. Wasser war in der Antike nicht nur ein

Symbol des Lebens. Wasser hat keine feste Form, ist amorph. Wasser trägt nicht. Im Wasser geht man unter. Insofern war Wasser immer auch ein Symbol des Untergangs und des *Chaos*. Insofern stürzen die Dämonen in das ihnen gemäße und sie zugleich vernichtende Element, das den Zustand einer von Jesus überwundenen Welt versinnbildet. Die *generalisierende* Sinnlinie, die wir bereits erkannt haben, wird erweitert um den Aspekt der *kosmischen Dimension*. Die *Welt* wird durch das Wirken Jesu von der sie durchdringenden Gefährdung des Chaos befreit. An dieser Stelle sollte man vielleicht auch darauf hinweisen, daß das Weltbild der Erzählung ein mythologisches ist. Die Welt erscheint als Gegensatz zum Chaos, das ihre Ordnung und ihren Bestand beständig bedroht. Die Mächte des Chaos, die Dämonen, versuchen, die Schöpfung rückgängig zu machen. Krankheit und Heidentum sind Ausdruck ihrer zerstörerischen Herrschaft. Wir sollten uns hüten, solch mythologische Weltsicht als überholt zu betrachten. Sie fängt mehr Wirklichkeit ein als unser naturwissenschaftlich geprägtes Weltbild, das nur die Oberfläche der Wirklichkeit erfaßt. Der Mythos fragt nach der Tiefe der Wirklichkeit.

(5) Schwer zu entschlüsseln ist die narrative Struktur des *Schlusses der Geschichte* (VV. 14-20). Als die der Erzählung gemäßen *Zuschauer* tauchen in V. 14 die Schweinehirten auf. Aus Furcht vor der Begegnung mit dem Heiligen fliehen sie und verbreiten sogleich die wunderbare Kunde. *Furcht* und *Bekanntmachung* sind die angemessenen Reaktionen auf ein Wunder. Was narrativ als Abschluß der Geschichte unbedingt erforderlich ist, ist damit in einfachster Form verwirklicht. Alles weitere, was erzählt wird, ist Entfaltung dieses narrativen Basisprogramms. V. 15 stellt eine Duplizierung des Furchtmotivs von V. 14 dar, jetzt in bezug auf die Leute, die durch die Kunde der Hirten herbeigeeilt sind. Eine Variation des Furchtmotivs stellt wohl auch V. 17 dar: „Sie baten ihn, er möge ihr Gebiet verlassen". Eine darüber liegende Reflexionsebene wird in den VV. 19.20 erreicht. Wunder verlangen nach Bekanntmachung. Daraus wird jetzt die *missionarische Verkündigung*, die vom Geheilten ausdrücklich ver-

langt wird.[9] Eine neue Sinnlinie taucht auf. Ich nenne sie *Missionierung*. Diese Sinnlinie ist der Geschichte aber nicht künstlich aufgesetzt. Vielmehr stellt sie eine Entfaltung des Gegensatzes dar, der bereits in der Sinnlinie des „Heidentums" angelegt war.[10]

Als *Fazit* kann festgehalten werden: Die Geschichte von Mk 5,1-20 läßt eine klare Struktur erkennen, die in den Grundzügen dem gattungsmäßig vorgegebenen Erzählschema (Topik) des Exorzismus verpflichtet ist. Erweiterungen und Abweichungen lassen sich übergeordneten narrativen Tendenzen zuordnen. Als solche waren zu erkennen:

– *Die Tendenz zur heilsgeschichtlichen Generalisierung mit kosmischer Bedeutsamkeit*: Das Auftreten Jesu beendet die Dämonenherrschaft. Die Welt wird durch Jesus von der sie durchdringenden Macht des Chaos befreit.

– Verbunden damit ist *die Tendenz zur Parodierung der Dämonen*, die Jesu Souveränität und Herrschermacht unterstreicht.

– *Die antiheidnische Tendenz*: Das Heidentum als Repräsentant der Chaosmacht wird überwunden; das heidnische Land wird in die Gott unterworfene Welt heimgeholt.

– *Die missionarische Tendenz*: Den Heiden wird das Erbarmen Gottes verkündet.[11]

Wertet man die unterschiedlichen narrativen Sinnlinien als Anzeichen sich überlagernder Entwicklungsstadien, so läßt sich die *Traditionsgeschichte* von Mk 5,1-20 bis zu einem gewissen Grad nachvollziehen. Ich kann das hier nur andeuten:

(1) Am Anfang steht ein Exorzismus, der von seiner Erzählstruktur her der Geschichte von Mk 1,21-28 sehr ähnelt. Besonders herausgearbeitet ist der *generelle bzw. grundsätzliche* Charakter des Geschehens. Auch der *parodierende* Zug der Erzählung gehört wohl schon zur Grundgestalt der Geschichte.

(2) Einem zweiten Stadium der Geschichte sind jene Elemente zuzuschreiben, die das *heidnische* Wesen des bzw. der Dämonen herausarbeiten.

(3) Ob die *missionarischen* Elemente ein eigenes drittes Stadium begründen oder noch zum zweiten gehören, ist schwer zu entscheiden, da die missionarische Tendenz sachlich nur die Kehrseite der antiheidnischen ist.

(4) Sicherlich ein eigenes Stadium stellt die Verlagerung der Geschichte an den *See Gennesaret* dar, gleichgültig, ob dies im Rahmen einer vormarkinischen Wundersammlung oder der Eingliederung in das Markusevangelium geschehen ist.

3   Der Ertrag der Auslegungen

Klaus Berger hat in seiner 1991 erschienenen „Historische(n) Psychologie des Neuen Testaments" (SBS 146/47) darauf aufmerksam gemacht, wie problematisch es ist, antike Texte mit Hilfe moderner psychologischer Kategorien zu analysieren. Ich muß dieses Problem hier vernachlässigen und will einfach voraussetzen, daß es legitim ist, das antike bzw. neutestamentliche Phänomen der Besessenheit als Zustand personaler Zerrissenheit und Gespaltenheit zu deuten.

Unter dieser Voraussetzung ist die *tiefenpsychologische Auslegung Drewermanns* prinzipiell legitim. Tatsächlich führt sie zu Ergebnissen, die für die heutige Rezeption der Geschichte hilfreich sind. Dies gilt vor allem dann, wenn man die Gespaltenheit nicht nur als abnorme Krankheit, sondern als Kennzeichen einer existentiellen Zerrissenheit versteht. In dieser Hinsicht ist das hermeneutische Verfahren Drewermanns übrigens mit der existentialen Interpretation Rudolf Bultmanns vergleichbar. In beiden Fällen wird von der menschlichen Existenz als anthropologischer Universalie ausgegangen, die den historischen Abstand überbrückt. Auf diese Weise macht es die tiefenpsychologische Interpretation Drewermanns möglich, daß der heutige Mensch sich in dem Besessenen von Gerasa wiederfindet. Der verängstigte Mensch kann die Geschichte von Mk 5,1-20 als Ermutigung lesen, die eigene Wahrheit anzunehmen und in sich selbst die Freiheit zu gewinnen, die durch Selbstisolation und aggressive Abgrenzung nicht zu erhalten ist. Im akuten Fall kann er darauf hoffen, daß ihm ähnlich heilende Begegnung zuteil wird wie dem Besessenen von Gerasa, und er kann umgekehrt selbst versuchen, anderen Gequälten zum einfühlsamen Heiler zu werden.

Problematisch scheint es mir allerdings zu sein, wenn Drewermann alle Einzelelemente der Erzählung von Mk 5,1-20 nach dem Vorgang einer psychotherapeutischen Behandlung interpretiert. Dies muß fast zwangsläufig zu einer Überforderung der Geschichte und einer Mißachtung *ihrer* erzählerischen Intentionen führen. Mag man in dem „Hilferuf zur Nichthilfe" (257) noch eine angemessene Übersetzung des dämonischen Abwehrversuchs (V. 7) erkennen, so geht die Auskunft, daß Jesus mit seinem Ausfahrbefehl keinen Erfolg gehabt habe und mit der Frage nach dem Namen (V. 9) deshalb „noch einmal von vorn beginnen" müsse (Mk I 363), am Erzählschema eines Exorzismus und am Duktus der konkreten Geschichte vorbei. An den Haaren herbeigezogen ist m. E. die Deutung der Schweinehirten als Symbol des Überichs. In der Struktur der Geschichte haben die Schweinehirten keine andere Funktion, als durch ihre Reaktion das Geschehen als mysterium tremendum auszuweisen und zu verbreiten. Eine direkte Beziehung zwischen ihnen und dem Besessenen besteht überhaupt nicht. Bestenfalls indirekt beteiligt sind sie bei der Bitte der Gerasener, Jesus möge ihr Gebiet verlassen (V. 17). Ob man darin aber die Spannung zwischen der Freiheit des einzelnen und den „Spielregeln des bürgerlichen Zusammenlebens" versinnbildet sehen darf, scheint mir sehr die Frage zu sein. Die Erzählung selbst ist am Konflikt zwischen Jesus und den Dämonen, nicht aber an einem Konflikt zwischen dem Besessenen und seiner Umgebung interessiert. Fraglich bleibt schließlich, ob die spektakuläre Ausfahrt der Dämonen mit dem Modell des Abreagierens verinnerlichter Ängste und Konflikte zu interpretieren ist. In der Geschichte von Mk 5,1-20 wird das Böse *abgespalten*, während die Psychotherapie letztlich darauf abzielt, es als Teil der eigenen Identität zu akzeptieren und zu integrieren. An dieser Stelle wird sichtbar, daß Psychotherapie und Exorzismus doch zwei recht verschiedene Dinge sind.

Fazit: Sofern die Tiefenpsychologie die erzählte Geschichte als Geschichte des eigenen Erlebens zu lesen gestattet, erweist sie sich als hilfreiches Instrumentarium der Interpretation. Eine Übertragung der einzelnen Erzählzüge nach dem Modell der psychotherapeutischen Praxis bleibt aber fragwürdig.

Wenden wir uns nun dem theologischen Ertrag der *historisch-kritischen Exegese* zu. Selbstverständlich ist beispielsweise die Frage, ob die Geschichte ursprünglich bei Gerasa, bei Gadara oder am See Gennesaret lokalisiert war, keine Frage von theologischem Gewicht. Daß man sich für die historische Dimension der Geschichte aber gar nicht interessieren dürfe, wenn man ihre Bedeutung für heute erfassen wolle, ist in dieser Einseitigkeit jedoch schlichtweg falsch. Von fundamentaler theologischer Bedeutung ist, daß die Geschichte an die *historische Person Jesu von Nazaret* gebunden ist. Dies hindert nicht ihre exemplarische Bedeutung, auf die es Drewermann besonders ankommt. Doch sind die Wunder und zumal die Dämonenbannungen Jesu weit mehr als nur das beispielhafte Initialgeschehen, das dann fortzusetzen und zu multiplizieren ist. Gerade der historisch-kritische Durchgang hat das deutlich gemacht. Was dargestellt wird, ist der *grundsätzliche Machtwechsel*, der sich nach Überzeugung der überliefernden Gemeinde mit dem Auftreten Jesu vollzogen hat. Die dämonische Welt mit ihren chaotischen Kräften, die sich im Heidentum eine knechtende Herrschaft geschaffen hat, muß weichen. Voll Sarkasmus wird erzählt, wie der Dämon als Repräsentant dieser Herrschaft beim Anblick Jesu in die Rolle des Untertanen schlüpft und wie die Legion der Dämonen in den Schweinen, in die sie hineinfahren wollen, sich ein letztes Stückchen Herrschaft sichern möchten. Doch – und das wird man nicht ohne erlösendes Lachen erzählt haben – die unreinen Schweine befördern ihre Herren dorthin, wo sie hingehören. Sie stürzen sie in das Wasser des Chaos, wo sie ihren Untergang finden. Die Geschichte hat also eine ausgesprochen *heilsgeschichtlich-eschatologische* Note, die Jesus als den Repräsentanten der neuen, endgültig göttlich beherrschten Welt (Reich Gottes) ausweist. Der Dämon hat diese singuläre Bedeutung Jesu mit sicherem Gespür erfaßt und sie in der Anrede „Sohn des höchsten Gottes" *christologisch* adäquat zum Ausdruck gebracht. Selbstverständlich wußte das Urchristentum, daß der Machtwechsel, der in Mk 5,1-20 narrativ in Szene gesetzt ist, in einer noch ablaufenden Zeit unter eschatologischem Vorbehalt steht. Insofern ist Mk 5,1-20 (wie andere Wundergeschichten auch) eine *Geschichte der kommenden Welt*. Das in Jesus erfahrene Erbarmen Gottes wird zur heilsamen Hoffnung. Sie zu verkünden ist die Aufgabe des Geheilten und die Aufgabe derer, die seine Geschichte überliefern. In der Praxis dieses Erbarmens wird die Welt aus der Umklammerung des Chaos befreit und heimgeholt in die Herrschaft Gottes, die allein Leben ermöglicht.

Der theologische Ertrag historisch-kritischer Exegese braucht sich also nicht zu verstecken. Was unter dem Strich herauskommt, ist nicht bloße „Schriftgelehrsamkeit", die „an die Stelle des wirklichen Lebens getreten" ist (250). Die Einsicht in den heilsgeschichtlichen, eschatologischen und christologischen Charakter von Mk 5,1-20 will die erzählte Geschichte nicht durch theologische Lehrsätze ersetzen, sondern will sie neu lesen und praktizieren lehren. An dieser Stelle konvergieren die Anliegen der beiden Auslegungsweisen. Und gerade wer – durch Drewermanns Auslegung ermutigt – auf heilsame mitmenschliche Begegnung wartet und selbst zu heilender Tat aufbricht, tut gut daran, den theologischen Ertrag historisch-kritischer Exegese mitzubedenken und in seine Hoffnung und Praxis zu integrieren. Denn ob man sich nach Heilung sehnt oder selbst heilend wirkt, man wird jeweils bald auf Grenzen stoßen. Zu den Bedingungen dieser Welt und mit den Möglichkeiten unserer Hände und unserer Herzen ist Heilung immer nur unvollkommen zu verwirklichen. Der eschatologische Vorbehalt gehört wesentlich zum Inhalt der Frohen Botschaft, nicht um sich mit den bestehenden Zuständen abzufinden, sondern – ganz im Gegenteil – um vor ihnen nicht zu resignieren. Was den Traum zur Hoffnung und die Hoffnung zur Tat werden läßt, ist der Glaube, daß in Jesus Christus alles bedrohende Chaos grundsätzlich überwunden ist. Die Zukunft ist daher nach christlicher Überzeugung nicht mehr offen, sondern zugunsten einer von Gott beherrschten Welt entschieden. Die Hoffnung, daß Gott uns ein neues Herz geben und die Welt heilen wird, läßt uns die Herzen heilen und die Welt verändern.

Anmerkungen

1   Der Text gibt den Vortrag wieder, den ich am 2. 5. 1994 in Berlin gehalten habe. Dem Vortrag liegt mein Aufsatz zugrunde: Die Heilung des Besessenen von Gerasa (Mk 5,1-20). Ein Fallbeispiel für die tiefenpsychologische Deutung E. Drewermanns und die historisch-kritische Exegese, in: F. Van Segbroeck - F. M. Tuckett - G. Van Belle - J. Verheyden (Hrsg.), The Four Gospels 1992. FS F. Neirynck (BEThL 100), Leuven 1992, 1017-1037.

2   1985, S. 247-277; im folgenden nur mit Seitenzahl zitiert.

3   Das Markusevangelium I, 1987, [6]1990, S. 360-365; im folgenden mit „Mk I" zitiert.

4   Vgl. V. 2 mit V. 6; V. 2 ('mnēmeia') mit VV. 3.5 ('mnēmata'); V. 10 (Sing.) mit V. 12 (Plur.); u. a. Weitere Unebenheiten sind: In V. 1 kommen Jesus und seine Jünger an das jenseitige Ufer, im folgenden ist aber nurmehr von Jesus die Rede. Auffällig ist, daß in V. 15 ausdrücklich bemerkt wird, daß der Besessene „bekleidet" dasitzt, obwohl vorher nirgends gesagt wurde, daß er unbekleidet war.

5   Dazu paßt auch, daß in V. 19 Jesus den Besessenen nach Hause schickt, dieser aber in V. 20 großräumig der Dekapolis verkündet.

6   Demnach kann die in V. 14 erwähnte „Stadt" nur das zur „Dekapolis" gehörige Gerasa sein.

7   Es bleibt jedoch die Schwierigkeit, daß zwischen Gadara und See Gennesaret der tief eingegrabene Yarmuk liegt, der zudem ein von Schweinen kaum überwindbares Steilufer im Norden aufweist. Wollte man aber die Schweineherde jenseits (nördlich) des Yarmuk weiden lassen, befände sie sich bereits im Gebiet von Hippos, einer anderen Stadt der Dekapolis. Das heißt, bei einer Überfahrt über den See (vgl. V.1) Gennesaret gelangt man weder in das Gebiet von Gerasa noch in das von Gadara.

8   So Origenes und Eusebius, die „Gergesa" favorisieren, das in der Ortslage von Chirbet el-Kursi fortlebt. Allerdings ist der Name „Gergesa" nur in christlichen Quellen belegt, wobei die örtlichen Angaben des Origenes und Eusebius wohl nicht den topographischen Gegebenheiten

entnommen, sondern eher aus der neutestamentlichen Geschichte erschlossen sind.

9   Dabei könnte man V. 20 noch einmal als Ausweitung des Auftrags von V. 19 verstehen.

10   Vielleicht ist in diesem Zusammenhang auch V. 17 zu würdigen, der dann die Widerstände reflektieren würde, die die christliche Mission erfahren muß. V. 18 bereitet in seiner zweiten Hälfte V. 19 vor. In seiner ersten Hälfte gehört er in einen Sinnzusammenhang, der zusammen mit V. 1 erst durch den Kontext des Markusevangeliums – das Wirken Jesu am See Gennesaret – hergestellt wird.

11   Hinter der konkreten Verortung im „Land der Gerasener" steht möglicherweise der historische Vorgang der urchristlichen Gerasa- bzw. Dekapolis-Mission, der dann aber nicht als isolierter Einzelvorgang wahrgenommen, sondern als exemplarisches Geschehen von grundsätzlicher Bedeutung dargestellt wird.

III. Subjektwerdungen

Andreas Lob-Hüdepohl

„Verantwortete Zeitgenossenschaft" in konzertierter Verantwortung

Das Programm nachkonziliarer Ethik im Medium der Umwelt- und Technikethik

In Erinnerung an Helene*

Im Vorfeld der UN Konferenz über Umwelt und Entwicklung von 1992 veröffentlichte die Internationale Katholische Friedensbewegung Pax Christi eine Erklärung unter dem Motto „Aufstand für das Leben: Statt folgenlosem Geschwätz Ermutigung zum ökologischen Handeln!". Darin erläutert Pax Christi einen Katalog politischer Sofortmaßnahmen, die die Bundesrepublik Deutschland unabhängig von den Beschlüssen der noch ausstehenden Rio-Konferenz umsetzen sollte. Besonders zum Schutz des Klimas müßte, so die Forderung, unverzüglich die weitere Aufheizung der Erdatmosphäre durch eine drastische Verringerung bestimmter Schadstoffausstoßungen gestoppt werden. Gefordert werden die Effizienzsteigerung eingesetzter Energiequellen, das Energiesparen, der Einsatz alternativer Energiequellen Wind, Sonne, Bio-Gas, eine massive Verteuerung sowie Einschränkung des Autoverkehrs und vieles andere mehr.

Was diese Erklärung von anderen ihrer Art unterscheidet, ist ihr Abschluß: Sie schließt mit einer umfangreichen Selbstverpflichtung des Lesers. Ganz im gewohnten Stil politischer Kampagnen können verschiedene Maßnahmen per Ankreuzen in den Stand persönlicher Verbindlichkeiten überführt werden: auf Produkte, die FCKW enthalten, ebenso vollständig zu verzichten wie auf Urlaubsfahrten mit dem PKW oder dem Flugzeug; das Autofahren auf das unbedingt notwendige Maß zu beschränken und durch das Anlegen eines Fahrtenbuches ebenso kritisch zu überprüfen wie solche eigenen Verstrickungen in Strukturen, Organisationen usw. zu überdenken, die ökologischen Anliegen entgegenarbeiten. Das Ziel dieser Selbstverpflichtung umschreibt der Aufruf wie folgt: „Diese Selbstverpflichtung wollen wir Verantwortlichen in Politik und Gesellschaft zur Kenntnis bringen, um den notwendigen Veränderungen dadurch Nachdruck zu verleihen. Die Rücksendung der Selbstverpflichtung an uns gibt uns außerdem die Möglichkeit, ein Netz von Menschen aufzubauen, mit denen wir weitere Schritte in Richtung 'Heilung der Schöpfung' gehen können"[1].

Gesetzt, diese und ähnliche Maßnahmen sind tatsächlich probate Mittel im Kampf gegen die Zerstörung der natürlichen Lebensgrundlagen der Menschen[2], so besticht an dieser Selbstverpflichtung unzweifelhaft der Versuch, die Ebene der individuell-persönlichen Verantwortlichkeit für eine umweltverträgliche Lebensweise zu verknüpfen mit der Ebene gesamtgesellschaftlicher Verantwortung, die die Funktionsträger in Politik und Wirtschaft in bezug auf die Rahmenvorgaben unseres persönlichen Tuns tragen.

Aber, so könnte man rasch einwenden: Was und wem nützt dieses Bekenntnis zur Eigenverantwortung, wenn sich solcherart umweltverträgliches Handeln auf Einzelfälle beschränkt? Was und wem nützt es, wenn es zwar als Zeichenhandlung erkannt wird, gesamtgesellschaftlich aber nichts bewirkt, weil es die zentralen politischen und wirtschaftlichen Organisationsgefüge einer Gesellschaft nicht erreicht? Trifft dieses Bekenntnis tatsächlich die reale Struktur der Verantwortlichkeitsverhältnisse in hoch komplexen Gesellschaften? *Wer* ist *wie* für *was* moralisch verantwortlich? Ist es mit Blick etwa auf die Zerstörung der menschlichen Lebensgrundlagen in erster Linie jeder einzelne Mensch, der durch seine zuweilen exaltierte Lebensweise wichtige Naturressourcen unwiderruflich zerstört? Oder sind es die politisch Verantwortlichen, die durch Tatenlosigkeit in der Gesetzgebung dem Raubbau der Natur nichts entgegensetzen? Sind es die Erfinder und Hersteller technischer Produkte, mit deren Hilfe solche Negativeffekte menschlicher Lebensstile zuallererst möglich werden? Ein weiterer Einwand benennt die Probleme, die sich einer effektiven Wahrnehmung persönlicher Verantwortung in den Weg stellen. Was oder wem nützt der gutgemeinte Appell gegen den Wahnsinn unserer automobilen Gesellschaft, wenn man auf ein persönlich verfügbares Fortbewegungsmittel angewiesen ist und bleibt? Wenn etwa der Wohnort von der Arbeitsstelle viel zu weit entfernt ist und der Supermarkt am Stadtrand, in dem man neuerdings in Ermangelung einer wohnbereichsnahen Versorgungsstruktur einkaufen muß, wenn also dieser Supermarkt ebenso schlecht vom öffentlichen Personennahverkehr bedient wird wie der Arbeitsplatz?

1 „Verantwortete Zeitgenossenschaft" – die Programmatik nachkonziliarer theologischer Ethik vor neuen Herausforderungen

Der „Ruf nach Verantwortung"[3] erhebt sich zwar allerorten, und dies in der Erkenntnis zunehmender Gefahrensymptome für den Bestand menschenwürdiger Lebensverhältnisse sogar immer lauter. Aber angesichts der Unübersichtlichkeit und Komplexität der relevanten Handlungs- und Ursachenzusammenhänge versteht man immer weniger seine Botschaft – und das nicht nur im Bereich von Umwelt und Technik. Schon droht die Gefahr, daß der lautstarke Ruf nach Verantwortung als bloß rhetorischer Reflex einer erschrockenen Öffentlichkeit verpufft, das Bewußtsein eigener persönlicher Verantwortlichkeit dagegen immer mehr verdunstet und nichts geschieht.

Diese Entwicklung wäre paradox. Denn gerade „Verantwortung" gehört zu den unangefochtenen Kategorien moderner Ethik insgesamt. Längst hat die klassische Gegenüberstellung von Gesinnungsethik und Verantwortungsethik, mit der Max Weber noch für die moralische Bedeutsamkeit der Folgenverantwortung menschlichen Handelns werben mußte[4], ihren provozierenden Glanz verloren, seit es eine selbstverständliche Frage der Gesinnung geworden ist, aus Verantwortung vor und für lebensdienliche Weisen menschlichen Zusammenlebens moralisch zu handeln. Spätestens seit Hans Jonas Ende der siebziger Jahre das „Prinzip Verantwortung" zum Kategorischen Imperativ auch im Umgang mit unseren natürlichen Lebensgrundlagen erhob[5], avancierte die Kategorie der Verantwortung zum Gütesiegel einer jeden zeitgemäßen Ethik.

Innerhalb der nachkonziliaren theologischen Ethik hat Alfons Auer diesen Sachverhalt auf die einprägsame wie prägnante Formel „verantwortete Zeitgenossenschaft" gebracht.[6] Die Lebenswelt des Menschen, erläutert er das Wesen verantworteter Zeitgenossenschaft, ist die geschichtliche Zeit, ist der Kairos als jener geschichtliche Augenblick, in dem sich die Spuren und Verhaftungen der Vergangenheit in der Gegenwart mit den offenen Chancen wie Gefahren der Zukunft brechen und den handelnden Menschen zur kreativen „Erfüllung" dieser aufbrechenden Gestaltungsfreiräume herausfordern. Solche Zeit ist „das Haus, in dem wir alle gemeinsam wohnen. Wir sprechen von 'Zeitgenossenschaft'. Die Etymologie", klärt Auer weiter auf, „weist das Wort 'Genosse' aus als Bezeichnung für diejenigen, die auf der gleichen Weide Vieh halten, die das gleiche Brot essen, die ihren Besitz mit anderen gemeinsam haben. So bedeutet 'Zeitgenossenschaft' die gemeinsame Vorgegebenheit und Aufgegebenheit einer bestimmten geschichtlichen Zeit."[7]

Zeitgenossenschaft kann sehr unterschiedlich gelebt werden. Die Vorgegebenheiten und Aufgegebenheiten eines Kairos können mißachtet und Konsequenzen verweigert werden. Ihnen kann aber auch entsprochen und im Handeln geantwortet werden. Solches Entsprechen und Antworten zeichnet *verantwortete* Zeitgenossenschaft aus. Sittliche Verantwortung vollzieht sich in jener Schrittfolge, in der die geschichtliche Zeit in ihren Grundlagen, Tendenzen wie Gefährdungen erkannt und analysiert wird, also zu *Wort* kommt; in der sich dann ethisch sachgerechtes Urteilen und angemessen orientiertes Handeln zur *Antwort* des Menschen auf die ins Wort gesetzte Zeit verbinden; in der also in dieser Weise jeder Mensch als er selbst die geschichtliche Zeit gestaltet und damit ihre Zeitgenossenschaft verantwortet. „Verantwortete Zeitgenossenschaft bedeutet", resümiert Auer, „daß wir die Zeit, in die wir hineingestellt sind, innerlich annehmen, daß wir unter dem angestrengten Einsatz unserer Vernunft, unserer Freiheit und unserer Solidarität ihre menschlichen und technischen Chancen und Gefährdungen wahrnehmen und im ständigen Wettstreit um das je bessere Konzept ihrer menschenwürdigen Gestaltung ringen."[8]

Je tiefer wir aber in einzelne Verantwortungs*bereiche* unserer geschichtlichen Zeit wie Medizin, Wirtschaft, Technik oder Umwelt eindringen, dort also, wo anerkanntermaßen die zentralen Herausforderungen unserer Gegenwart liegen und sich „verantwortete Zeitgenossenschaft" bewähren muß, brechen Fragen auf, die die allseits beliebte Rede von Verantwortung mit Skepsis umgeben. Das eingangs erwähnte Beispiel steht hier für viele, keinesfalls nur außergewöhnliche Praxisfelder des Alltags. Die Skepsis resultiert im wesentlichen aus der weithin unterstellten *formalen Struktur* moralischer Verantwortung, die sich jenseits aller inhaltlichen Begründungsfragen verantwortungsethischer Zieloptionen als nicht mehr problemangemessen erweist.

Verantwortung, so ein alter Grundsatz, ist „das Aufsichnehmen der Folgen des eigenen Tuns, zu dem der Mensch als sittliche Person sich innerlich genötigt fühlt, da er sie sich selbst, seinem eigenen freien Willen zum Schluß zurechnen muß. Die Zurechnung der Tat begründet die Schuld des Täters und diese seine Verantwortung."[9]

Dieser Grundsatz kann gewiß mit Zustimmung rechnen. Wer ist jedoch in diesem individuell-persönlichen Sinne dann verantwortlich zu machen etwa für Wirtschaftsprozesse, die zu einer enormen Erwerbslosigkeit führen? Wer und wie für die Folgen einer Hochleistungsmedizin, in der sich mitunter die Grenzen zwischen lebenserhaltenen Maßnahmen und menschenwürdigem Sterben zu verwischen drohen? Wer und wie für die enormen Risiken von Großtechnologien wie Kernkraft und Gentechnologie? Wer und wie für die dramatische Verunreinigung der Luft, die uns eine elementare Lebensgrundlage zu vernichten droht? Sollte es – wie gelegentlich geäußert – letzten Endes niemand sein, nur weil angesichts der Komplexität von Ursachen und Wirkzusammenhängen keine abgrenzbare Zuschreibung moralischer Verbindlichkeiten im Sinne unseres eingewöhnten ethischen Verantwortungsmodells mehr möglich ist?

Auf diese Fragen darf eine zeitgenössische Ethik der Verantwortung nicht mit einer allgemeinen und bloß appellativen Verantwortlichkeitsrhetorik antworten, die lediglich über normative Zieloptionen informiert und diese individualethisch für verbindlich erklärt.[10] Denn sie kann selbst dort keine geklärten Zuständigkeiten und anerkannten Verantwortlichkeiten für derlei Imperative und Appelle mehr voraussetzen, wo über deren Richtigkeit und Angemessenheit prinzipiell Einvernehmen herrscht. Statt dessen wird sie im Alltag unerbittlich mit dem Teufelskreislauf von Entschuldigungsmechanismen und wechselseitigen Schuld- und Verantwortungszuweisungen konfrontiert, die effektive Veränderungen schnell im Keim ersticken lassen. Will sie dieses Phänomen nicht von vornherein als Manifestation zeitgenössischer Unmoral wegerklären, sollte sie zunächst die Angemessenheit ihres jeweiligen Verantwortungsbegriffs testen – mit der möglichen Folge, entweder in bestimmten Praxisfeldern auf den Begriff moralischer Verantwortung gänzlich zu verzichten, weil ihm dort der sachliche Anhalt fehlt, oder aber ihr Verantwortungskonzept zu korrigieren und neu zu bestimmen. Die neue Herausforderung verantworteter Zeitgenossenschaft besteht also nicht sosehr in neuen normativen Zieloptionen, sondern in der Überprüfung ihres *moraltheoretisch formalen Konzepts moralischer Verantwortung*.[11]

In diesem Sinne möchte ich an das eingangs erwähnte Fallbeispiel anknüpfen und einige Aspekte der Programmatik „verantworteter Zeitgenossenschaft" im Medium der Umwelt- und Technikethik erörtern. Es wird sich zeigen, daß das traditionell unterstellte, eindimensionale Konzept moralischer Verantwortung in Richtung auf ein formalethisches Konzept konzertierter Verantwortung transformiert werden muß, wenn „verantwortete Zeitgenossenschaft" vor einer der drängendsten Herausforderungen der Menschheit gelingen will: der Bewahrung der Grundlagen für menschliches Leben und somit für „Zeitgenossenschaft" schlechthin.

Konzertierte Verantwortung ist freilich nicht allein das Erfordernis einer bereichsspezifischen Umwelt- bzw. Technikethik. In ihr wird nur das besonders eindrucksvoll deutlich, was moralische Verantwortung in allen Lebensbereichen einer hoch komplexen Welt auszeichnet: Der unhintergehbaren Einbindung allen Handelns in das Netz von sozialen Rahmenbedingungen, institutionellen Vorgaben und vorprägenden Handlungsmustern muß die Verschränkung moralischer Verantwortung zum „polyphonen Konzert" persönlicher Verantwortungswahrnehmung all jener entsprechen, die in unterschiedlichen Rollen – sei es als Einzelne, sei es in Gemeinschaft, sei es in institutionellen Korporationen – auf diese Vernetzung gestalterisch Einfluß nehmen können. Darin liegt der exemplarische Charakter der nachfolgenden Überlegungen für eine (theologische) Ethik insgesamt.

2 Der „Treibhauseffekt" – ein Fallbeispiel für die Schwierigkeiten des traditionellen formalethischen Begriffs moralischer Verantwortung

2.1 Der „Treibhauseffekt" und die Frage nach den moralischen Verantwortlichkeiten

Für eines der brisantesten ökologischen Szenarien unserer Zeit hat sich in der Öffentlichkeit der anschauliche Begriff „Treibhauseffekt" eingebürgert. Unter „Treibhauseffekt" haben wir das folgende Phänomen zu verstehen:[12] Menschliche Aktivitäten, insbesondere die stetig steigende Industrialisierung und der vergleichsweise luxuriöse Lebensstil breiter Bevölkerungskreise in den sog. entwickelten Ländern, verursachen eine enorme Freisetzung bestimmter gasförmiger Schadstoffe (Kohlendioxid durch Verbrennung fossiler Brennstoffe, Methan durch Viehhaltung usw.), die zu einer erhöhten Erwärmung der Erdatmosphäre führt. Diese erhöhten Durchschnittstemperaturen begünstigen die Verschiebung von Klimazonen mit vermehrten Hitzeperioden, die Ausbreitung der Wüstenzonen, das Abschmelzen der Polareiskappen mit einem beträchtlichen Anstieg des Meeresspiegels usw.; Effekte mit zum Teil dramatischen ökologischen wie ökonomischen Folgen für die Erdbevölkerung. Auch wenn viele Detailfragen innerhalb der Klimaforschung noch kontrovers diskutiert werden; unstrittig ist, daß der Schadstoffausstoß besonders durch die Verbrennung fossiler Brennstoffe weltweit reduziert werden muß – mittelfristig um etwa ein Drittel, langfristig sogar auf weniger als die Hälfte der heutigen Emissionswerte.

Natürlich muß das jeweilig geforderte Maß an Absenkung länderspezifisch gestaffelt sein. Immerhin liegen der durchschnittliche Primärenergieverbrauch und damit in etwa korrespondierend die Schadstoffemissionen eines US-Amerikaners oder einer Westeuropäerin um das 24-fache höher als beispielsweise in Indien oder in den Ländern Afrikas.[13] Dieses enorme Ungleichgewicht spiegelt den jeweiligen wirtschaftlichen bzw. konsumtiven Entwicklungsstand eines Landes wider. Ein geringer Pro-Kopf-Verbrauch muß deshalb keineswegs ein gutes Zeichen sein, sondern kann eher den mangelhaften Versorgungsgrad einer Bevölkerung signalisieren. Es ist deshalb ebenso unstrittig, daß bestimmte Länder ein Anrecht haben müssen, im Zuge einer behutsamen, *dauerhaft umweltverträglichen*[14] Entwicklung ihrer Volkswirtschaften die Schadstoffausstöße sogar zu steigern, um die elementarsten Bedürfnisse ihrer Bevölkerung befriedigen zu können. Infolgedessen müssen umgekehrt all jene Länder kräftiger reduzieren, die ihren im Schnitt hohen Lebensstandard durch einen gleichfalls enorm hohen Energieverbrauch teuer erkaufen.

Um diese Unterschiede kenntlich zu machen und vor allem um die Verantwortlichkeiten für die unaufschiebbaren Reduzierungsmaßnahmen besser beurteilen zu können, schlägt der Politikwissenschaftler Reinhard Loske folgende Klassifizierung der anthropogenen, also der von Menschen verursachten Schadstoff-ausstöße vor:[15] a) *Überlebensemissionen*, die notwendig sind, um durch einen gewissen Grad an Industrialisierung und Techni-sierung die elementaren Bedürfnisse einer Bevölkerung zu stil-len, b) *Verschwendungsemissionen*, die bei gleichem Verbrauchs-nutzen vermeidbar wären, wenn Energie und Rohstoffe nur effizi-enter eingesetzt würden und c) *Lebensstilemissionen*, die durch eine bestimmte Lebensweise einer Gesellschaft verursacht wer-den; ein Lebensstil, der weder den elementaren Bedürfnissen entspricht, noch sich im Weltmaßstab wenigstens prinzipiell ver-allgemeinern, also auf die gesamte Erdbevölkerung ausweiten läßt.

Im Hintergrund dieser Klassifikation steht die entwicklungs-politisch-ökologische Grundoption der *nachhaltigen Entwick-lung*[16]. Die Klassifikation der Überlebensemissionen entspricht der Option „Entwicklung", die sowohl den materiellen wie den sozialen Formen der Unterversorgung von Menschen durch eine kontinuierliche und gerechtigkeitsorientierte Steigerung men-schenwürdiger Lebenslagen begegnen will.[17] Die Klassifikatio-nen der Verschwendungsemissionen und der Lebensstilemissio-nen tragen dagegen der Option „Nachhaltigkeit" Rechnung: Die Weisen des Wirtschaftens wie die Stile des Lebens müssen im Verbund mit allen anderen Menschen quantitativ wie qualitativ ressourcenschonend wie tragfähig sein.[18]

Mit Blick auf die Umsetzung dieser entwicklungspolitisch-ökologischen Grundoption konzentriert sich die Frage nach der moralischen Verantwortung natürlich zunächst auf das maßgeb-liche Urteilskriterium für entwicklungsökologisches Handeln. Seine imperativische Fassung könnte etwa so lauten: „Handle so, daß die gerechte Verteilung und Entfaltung von Lebenslagen aller, die berechtigte Lebensbedürfnisse verkörpern, durch ressourcenschonende und tragfähige Wirtschaftsweisen und Le-bensstile verwirklicht werden!"

2.2 Moralische Verantwortung als rollenspezifische Verantwortungszuschreibung

Wer in welcher Situation und Weise für die Umsetzung dieses entwicklungsökologischen Imperativs verantwortlich zu zeichnen hat, hängt natürlich von der jeweiligen Rolle ab, die ein einzelner Akteur in einem bestimmten Handlungsgeflecht einnimmt.

Bezogen auf unser Beispiel, könnte man im Bereich der Verschwendungsemissionen die moralische Verantwortung vorrangig bei den einzelnen Herstellern und Anbietern technischer Produkte festmachen: Heizungen, Kraftfahrzeuge, Elektrogeräte und dergleichen müßten so entwickelt, produziert und verkauft werden, daß sie bei gleichem Nutzen einen möglichst geringen Verbrauch von Energie und Rohstoffen erfordern (Niedrigstromgeräte, Vier-Liter-PKW usw.). Im Bereich der Lebensstilemissionen träfe dann die moralische Verantwortung vorrangig die Verbraucher von technischen Produkten und Gebrauchsgütern. Jeder Verbraucher also hätte selbstkritisch seinen Lebensstil auf Sinn und Notwendigkeit hin zu befragen: Muß ich mein Mobilitätsbedürfnis immer durch Gebrauch eines eigenen PKWs befriedigen? Muß es in Berlin unbedingt ein Fruchtjoghurt sein, der von Stuttgart herbeispediert wird und dessen Bestandteile selbst wiederum aus allen Regionen der einen Europäischen Union stammen (Ein solcher Joghurt kann es – wie die jüngst vom Bundesumweltminister prämierte Arbeit einer Volkswirtin belegt[19] – immerhin auf 9000 km bringen!)? Unterlegt werden müßten diese beiden Formen individueller moralischer Verantwortung durch die moralische Verantwortung derer, die als politische Funktionsträger in Staat und Gesellschaft über die Rahmenbedingungen entwicklungsökologischen Handelns entscheiden und beispielsweise durch Rechtsverordnungen und wirtschaftliche Anreize (Wärmeschutzverordnungen, steuerlich günstige Abschreibungsmöglichkeiten von rationellen Energietechniken, Geschwindigkeitsbegrenzungen usw.) der Verschwendung von Energie und Rohstoffen sowie dem ungehemmten Ausleben von Lebensstilen gegensteuern könnten.[20]

Diese Zuordnung in herstellerorientierte und verbraucherorientierte Verantwortung entwicklungsökologischen Handelns macht sich eine Unterscheidung zunutze, die urspünglich in der Debatte über Technikverantwortung beheimatet ist.[21] Dort macht das Konzept der „verbraucherorientierten Verantwortung" die Benutzer eines Artefakts für dessen negative Folgen verantwortlich. Demzufolge trägt die Verantwortung etwa für die schädlichen Wirkungen eines 15-Liter-PKWs der Käufer, der diesen PKW schließlich nicht kaufen und benutzen *muß*! Andersherum argumentiert das Konzept der „herstellerorientierten Verantwortung". Verantwortlich für die negativen Effekte eines technischen Produkts sind jene, die ein Gerät erfinden, es produzieren und zum Gebrauch anbieten. Schließlich, so das inzwischen weitverbreitete und beliebte Argument, kann der Hersteller und Anbieter am besten die schädlichen Auswirkungen seines Produkts abschätzen. Zudem schafft er oftmals durch sein Produkt überhaupt erst bei potentiellen Anwendern die Nachfrage, indem er die Bedürfnisstruktur der Verbraucher durch entsprechende Werbung usw. stimuliert. Ein anderes Mal legt er die Verbraucherseite faktisch auf bestimmte Produkte fest, weil er es an sinnvollen Alternativen mangeln läßt.

3 Das traditionelle Konzept moralischer Verantwortung in der Krise

Zwar bietet sich für die Behandlung entwicklungsökologischer Probleme der Rückgriff auf die Technikethik schon deshalb an, weil Fragen der nachhaltigen Entwicklung insbesondere solche anthropogenen Veränderungen der ökologischen Lebensgrundlagen betreffen, die ihre Wirkmacht erst durch Technik entfalten können. Umweltethik ist infolgedessen wesentlich Technikethik, wobei Technik gerade nicht nur das Artefakt, sondern den Gesamtprozeß seiner Herstellung wie Anwendung umfaßt.[22] Bei näherer Betrachtung offenbart aber die auf den ersten Blick durchaus eingängige Verantwortungsverteilung an Verbraucher- bzw. Herstellerseite auch die engen Grenzen, ja die Unzulänglichkeiten des traditionellen Verantwortungskonzepts.

3.1 Verantwortungsdiffusion: Überforderung, Entkopplung, Entpflichtung

Knüpfen wir nochmals an die bereits erwähnten Argumente an, die prima facie *für* das Konzept der herstellerorientierten Verantwortung sprechen. Was aus der Perspektive der Anwender eines technischen Produkts plausibel erscheint, entpuppt sich aus der Perspektive des Herstellers (Produzent, Techniker) als sehr problematisch: Unterliegt nicht jeder Produzent den Mechanismen von nachfrageorientierten Produktangeboten, die ihn Marktbedürfnisse auch dann befriedigen lassen, wenn er selbst die Produktlinie[23] seines Angebots an irgendeinem Punkt für entwicklungsökologisch bedenklich hält? Sind Ingenieure und Techniker nicht vielzusehr auf Vorgaben des Produzenten verpflichtet und in Arbeitsteilungen eingebunden, als daß sie noch effektiv auf das Endprodukt Einfluß nehmen könnten? Und wo trifft die Basisannahme noch zu, daß gerade Hersteller technischer Produkte am besten die möglichen Negativfolgen zu veranschlagen in der Lage sind? Kennen beispielsweise die Hersteller von Unterhaltungselektronik tatsächlich die sozialen Folgekosten etwa im zwischenmenschlichen Zusammenleben einer Familie?

Gegenwärtig lassen sich zwei gegenläufige Tendenzen beobachten, wie die Herstellerseite auf den zunehmenden Verantwortungsdruck reagiert. Auf der einen Seite ist ein Gefühl von Überforderung, manchmal sogar von Ohnmacht feststellbar („Hahn-Tragik"), das sich bei Wissenschaftlern und Technikern einstellt, wenn sie die von ihnen nicht mehr steuerbaren Anwendungen ihrer Entdeckungen und Produktionen mit Schrecken zur Kenntnis nehmen und sich dennoch schuldig fühlen, weil sie es waren, die durch ihr wissenschaftlich-technisches Engagement die Verwendung negativ wirkender Produkte überhaupt erst möglich machten. Erinnert sei hier an Otto Hahn, der angesichts der militärisch-industriellen Nutzung seiner Kernforschungen sich zeit seines Lebens mit schweren Skrupeln plagte, obwohl er diese Effekte zu Zeiten seiner Grundlagenforschungen im Berlin der 30er Jahre kaum absehen konnte. Auf der anderen Seite ist bei vielen Herstellern ein Abbröckeln persönlichen Verantwortungsbewußtseins konstatierbar, sei es durch den Versuch, sich mit Verweis auf den hoch arbeitsteiligen Handlungskomplex Stück für Stück aus der Mitverantwortung auszukoppeln („Oppenheimer-Tragik"), sei es durch die grundsätzliche Ablehnung von moralischer Verantwortung überhaupt („Teller-Tragik").

In seiner literarisch-dramaturgischen Zuspitzung läßt Heiner Kipphardt die letztgenannten Verhaltensweisen durch die beiden Hauptakteure der US-amerikanischen Atom- und Wasserstoffbombenproduktion während des Zweiten Weltkriegs bzw. kurz nach seiner Beendigung beinahe schon prototypisch durchspielen: Hier J. Robert Oppenheimer, der gerne und mit etwas Stolz zugibt, „dieses Patentspielzeug gemacht", ja sogar „geeignete" Abwurfziele auf Japan vorgeschlagen zu haben, an denen die Atombombe ihre verheerenden Folgen am eindrucksvollsten würde „demonstrieren" können. Erst zu Zeiten der Wasserstoffbombe nagen in ihm Zweifel an der moralischen Verantwortbarkeit nuklearer Waffen, so daß er dem Entwicklungsprozeß der Wasserstoffbombe äußerst skeptisch gegenübersteht. Gleichwohl widerspricht er vehement dem Ankläger der Atomenergiebehörde, der ihn während der späteren Überprüfung seiner angezweifelten Staatsloyalität auf eine direkte Beteiligung am Abwurf des „Patentspielzeugs" festnageln will: „Der Abwurf der Atombombe auf Hiroshima, das war eine politische Entscheidung, nicht meine."[24] Dort Edward Teller, Physiker wie Oppenheimer, im Gegensatz zu ihm aber ungebrochener Verfechter der nuklearen Technik, der jedwede moralische Haftung für sein Tun abzustreifen scheint: „Haben Sie niemals moralische Skrupel hinsichtlich der Wasserstoffbombe gehabt?", wird er gefragt und verneint es. „Wie sind Sie mit dem Problem fertig geworden?"

„Ich habe es nicht als *mein* Problem angesehen." „Sie meinen",
fragt ungläubig ein Mitglied der Atomenergiebehörde weiter,
„man kann etwas machen, eine Wasserstoffbombe machen, oder
so etwas, und sagen: was jetzt damit wird, das ist nicht mein
Problem. Seht zu, wie ihr damit fertig werdet?"[25]

Natürlich sind höchst unterschiedliche Schattierungen und
Ausformungen dieser Tendenzen anzutreffen. Und doch mün-
den sie alle in ein Phänomen, das Gertrud Nunner-Winkler
„Verantwortungsdiffusion"[26] nennt. Solche Verantwortungsdiffusion zeigt sich in zwei typischen Weisen. Entweder wissen alle,
daß in einem bestimmten Problemzusammenhang etwas geschehen muß, aber weil generalisierend alle angesprochen werden, fühlt sich letztlich keiner verantwortlich. Oder, und dies
betrifft insbesondere Unterlassungen im Bereich „Umwelt und
Technik", alle wissen, daß etwas verändert werden muß (z. B.
Verringerungen der Schadstoffemissionen), alle wissen auch, daß
nur alle gemeinsam effektiv etwas erreichen können (Kumulativ-
effekt). Weil aber vereinzeltes Handeln erhebliche (ökonomische usw.) Nachteile für den positiv gesonnenen Einzelnen mit
sich bringt, erwarten alle *vor* ihrer eigenen Konversion generelle Lösungen im Zuge veränderter, *für alle* verbindlicher Rahmenbedingungen von seiten entsprechender staatlicher Institutionen. Jene wiederum begründen ihre Untätigkeit mit der man-
gelnden Honorierung durch den Wählerwillen usw. usw.

3.2 Das formale Grundmodell des traditionellen
   Verantwortungsbegriffs

Diese Erosion von Verantwortlichkeiten wird zu einem großen
Teil durch eine antiquierte Auffassung von Verantwortung verursacht. Das traditionelle Modell moralischer Verantwortung, wie
es beispielsweise im eingangs zitierten Grundsatz aufleuchtet[27],
verkörpert eine dreistellige Relation, deren formale Struktur aus
der Perspektive der ersten Person Singular wie folgt beschrieben werden kann: „Ich bin als Verantwortungs*subjekt* vor ande-

ren als Verantwortungs*instanz* für (die Folgen) von etwas als dem *Objektbereich* meiner Verantwortung genau dann verantwortlich, wenn dieses „etwas" auf mein Handeln oder Unterlassen zurückzuführen ist." Eine etwas differenzierte Variante dieses Modells bindet diese dreistellige Relation von Verantwortungssubjekt, Verantwortungsinstanz und Verantwortungsobjekt in eine Raum-Zeit-Matrix ein. Diese Matrix bildet sozusagen die vierte Dimension der Verantwortungsrelation und macht darauf aufmerksam, daß Verantwortung retrospektiv, also jetzt im Rückblick für bereits vollzogene Handlungen oder Unterlassungen übernommen werden muß (sog. Haftungsverantwortung) oder aber auch prospektiv, also jetzt in der Entscheidung für Zukünftiges (sog. Entscheidungsverantwortung).

Den Kern dieses Verantwortungsmodells bilden üblicherweise drei Bedingungen, an die moralische Verantwortung geknüpft ist.[28] Es ist erstens die Bedingung *eindeutiger Kausalität,* die die Zuschreibung von Verantwortung nur dann möglich macht, wenn die Ursache eines Geschehensereignisses nachweislich auf das Handeln oder Verhalten der zur Verantwortung gezogenen Person zurückgeführt werden kann. Zweitens gilt die Bedingung *willentlicher Entscheidung.* Ihrzufolge ist Verantwortlichkeit nur dann gegeben, wenn die betroffene Person zwischen zwei oder mehreren realen Handlungs- bzw. Verhaltensweisen alternativ hat wählen können und sich zu einer ganz bewußt entschlossen hat. Die dritte Bedingung ist die *wissentliche Überschaubarkeit*: Eine Person zeichnet für genau die Folgen und Effekte ihres Handelns oder Unterlassens verantwortlich, die sie „nach bestem Wissen und Gewissen" hat übersehen und abschätzen können.

Diese drei Bedingungen sind es, die moralische Verantwortung streng an ein einzelnes Handlungssubjekt zurückbinden. *Für* diese rigiden Bedingungen spricht, daß sie einen genuin moralischen Begriff von Verantwortung zu bilden vermögen. Denn während nämlich ein rein juristisches Verständnis von Verantwortung durchaus kollektive Adressaten kennt (Verbände, staatliche Institutionen, Firmen usw. als juristische Personen), richten sich hingegen moralische Ansprüche und Verbindlichkeiten ausschließlich an eigenständig agierende „sittliche" Personen, zu deren Moralfähigkeit gerade ihre jeweilige Eigenhandlungsmacht gehört. Unter Eigenhandlungsmacht ist hier die unvertretbar persönliche Entscheidung über ein Handeln im Bewußtsein einer sittlichen Verpflichtung gegenüber normativen Ansprüchen der Mitwelt zu verstehen. Sie freilich muß in jedem Einzelfall geprüft werden. Dem dienen die genannten strengen Bedingungen für eine zulässige Verantwortungszuschreibung.

3.3 Die Sollbruchstelle des traditionellen Verantwortungsbegriffs und seine eindimensionale Enge

Diese drei Bedingungen lassen sich aber – und hier deutet sich die Sollbruchstelle des herkömmlichen Verantwortungsbegriffs an – immer weniger in der zeitgenössischen, technisch hochzivilisierten Lebenwelt zur Anwendung bringen. Die Lebens- und Handlungszusammenhänge moderner Gesellschaften zeichnen sich wesentlich dadurch aus, daß alles Handeln einzelner Akteure
– erstens in der Reihe sog. langer Handlungsketten steht oder selbst solche auslöst, so daß die Ursächlichkeiten bestimmter Auswirkungen am Ende solcher Handlungsketten kaum mehr hinreichend eindeutig an das Handeln der einzelnen Akteure zurückgebunden werden können (vgl. die erste Bedingung);
– zweitens in ein zuweilen enges Korsett von normativen wie sozio-strukturellen Vorgaben und Verbindlichkeiten („Sachzwänge") eingefaßt ist, so daß die Frage, ob der Akteur wirklich hätte anders handeln können, nur schwerlich beantwortet werden kann (vgl. die zweite Bedingung);
– drittens in ein äußerst kompliziertes Handlungsgefüge mit schlecht überschaubaren Wechselwirkungen und unbekannten Synergieeffekten eingewoben ist; mit der Folge, daß die Konsequenzen der selbst verursachten Handlungslinie kaum noch über-

232

blickt werden können. Zudem ist menschliches Handeln immer häufiger ein „Handeln unter Risiko" bzw. ein „Handeln unter Unsicherheit"[29], was die Abschätzung möglicher Wirkungen zusätzlich erschwert (vgl. die dritte Bedingung).

Das Auseinandertreten der klassischen Bedingungen moralischer Verantwortung einerseits und der Realitäten moderner Lebenswelten andererseits führt immer häufiger dazu, die Rede von moralischer Verantwortung von Einzelpersonen zugunsten funktionaler anonymer Steuerungssysteme für gesellschaftliche Prozesse preiszugeben.[30] Diese verhängnisvolle Konsequenz kann nur dann verhindert werden, wenn das gewohnte Verständnis moralischer Verantwortung seine eindimensionale Enge überwindet, die sich unter der Bedingungen moderner Gesellschaften als Sollbruchstelle erweist. Die eindimensionale Enge besteht darin, daß ein Verantwortungssubjekt im Rahmen eines Handlungsgeschehens nur in *einer* Aktorrolle wahrgenommen und infolgedessen nur für diese zur moralischen Verantwortung gezogen wird. Genau darin offenbart sich die folgenschwere *Rollenblindheit* des traditionellen Verantwortungskonzepts.

Ein Blick auf das Modell zünftischer Handwerkerverantwortung, das für Walther Ch. Zimmerli bis in die Gegenwart hinein die Technikethikdebatte prägt[31], verdeutlicht die monierte eindimensionale Enge. Formal liegt auch hier die namhaft gemachte dreistellige Relation zwischen Verantwortungssubjekt *VS* („Wer?"), Verantwortungsinstanz *VI* („Vor wem?") und Verantwortungsobjekt *VO* („Für was?") zugrunde, und zwar in doppelter Weise: Zum einen ist das VS „Handwerker" verantwortlich vor der VI „Kunde" für das VO „Güte und Zweckdienlichkeit seines Produkts" sowie „Fairneß im Geschäftsabschluß". Zum anderen ist das VS „Handwerker" vor der VI „Zunft" verantwortlich für das VO „Einhaltung der geltenden Ständeregeln", die seine Verantwortlichkeiten dem Kunden gegenüber (Zweckdienlichkeit, Produktgüte sowie Geschäftsfairneß) im Detail normieren. Verhält sich das VS „Handwerker" in diesen beiden internen Verantwortungsrelationen regelkonform, kommt es seinen moralischen Verbindlichkeiten ausreichend nach. Alles weitere indes, etwa die kundenseitige Verwendung seines Produkts oder aber die zunftseitige Bestimmung angemessener Gütekriterien, sind für ihn externe Fragen, auf die er keinerlei Einfluß zu haben scheint und die deshalb auch seiner Verantwortung äußerlich bleiben. Hier treten an seine Stelle andere Verantwortungssubjekte: einerseits der Kunde, der in eigener Verantwortung die Folgen seiner Produktverwendung abzuschätzen und daraufhin sein Kauf- und Anwenderverhalten abzustimmen hat; andererseits die Zunft, die für die Angemessenheit der Gütekriterien sowie für die moralisch gebotenen Fairneßregeln von Geschäftsbeziehungen Sorge zu tragen hat.

4 „Polyphon konzertierte Verantwortung" – ein Ausweg?

Was für die spätmittelalterliche Zeit – dem historischen Ursprungsort der zünftisch orientierten Handwerker-/Technikverantwortung – noch plausibel gewesen sein mag, trifft in der modernen technischen Zivilisation auf grundsätzlich andere Bedingungen. Die *eine* Seite dieser veränderten Grundbedingungen wird häufig genannt und auf ihre Konsequenzen für Technikverantwortung ausgiebig analysiert: daß nämlich die Verwissenschaftlichung und Kompliziertheit technischer Artefakte weite Teile der Anwender außerstande setzt, sie in der Weise souverän zu beherrschen, daß sie wenigstens annähernd deren Folgewirkungen selbständig abzuschätzen in der Lage wären; oftmals mit der Folge, die Verantwortungsfrage weitgehend auf die „Fachleute" der Technik zu konzentrieren.[32] Die *andere* Seite dieser Veränderungen wird dagegen nur selten und zögerlich für die Konzeptualisierung von Technikverantwortung bedacht: daß nämlich in modernen Gesellschaften allen Beteiligten – dem Hersteller, dem Anwender wie den die normativen Rahmenbedingungen festsetzenden Autoritäten (vormals die Zunft) – ein erheblich weitergestecktes Spektrum an Einwirkungsmöglichkeiten auf Technikgeschehnisse zur Verfügung steht, als es das zünftisch orientierte Handwerkerverantwortungsmodell noch veranschlagt. Diese neuen Gestaltungsmöglichkeiten bedeuten auch neue Sphären persönlich moralischer Verantwortlichkeit in der Technik. Sie bilden damit die Grundlage für eine Neubestimmung der formalen Struktur moralischer Verantwortung, die ich „polyphon konzertierte Verantwortung" nennen möchte.

4.1 Die Rollenvielfalt moderner Verantwortungssubjekte

Illustrieren wir die neuen Möglichkeiten an dem Hauptakteur der vorgenannten zünftischen Handwerkerverantwortung. In einer modernen Gesellschaft hat das VS „Handwerker" auch auf die externen, also auf die von außen einwirkenden Rahmenbedingungen seines unmittelbar produzierenden und verkaufenden Handelns Einfluß – wie übrigens auch auf das unmittelbare Handeln anderer Verantwortungssubjekte, etwa auf das Handeln des Kunden, der das zuvor vom Handwerker produzierte und veräußerte Produkt zur Anwendung bringt. Sein Einfluß ist natürlich nur selten unmittelbar – also auf dem Wege beispielsweise eines direkten Verbotes, das er in bestimmten Situationen dem Kunden und Anwender gegenüber aussprechen und so bestimmte Negativeffekte verhindern könnte. Spätestens aber in seiner Rolle als Mitglied der sittlich wie rechtlich normierenden Öffentlichkeit wirkt der Handwerker / Techniker / Ingenieur auf die Rahmenbedingungen von Produktion und Anwendung technischer Artefakte (Rechtsverordnungen, wirtschaftliche und technologiepolitische Steuerungsinstrumente, Verordnungen des Verbraucherschutzes usw.) oder auch auf die gesellschaftliche Akzeptanz von Techniken ein. Mal in der Rolle als Mitglied der „scientific community" oder des jeweiligen Berufsverbandes, mal in der Rolle als Politik mitgestaltender Bürger wird er so bevorzugt seine technische Kompetenz aus Verantwortung für das eng verflochtene Technikgeschehen mit all jenen Kompetenzen verknüpfen, die andere, von ihm nicht abdeckbare Gesichtspunkte geltend machen können.

Eine ähnliche Rollenvielfalt einzelner Akteure läßt sich natürlich auch für die anderen Verantwortungssubjekte rekonstruieren. Als Kunde eines technischen Produkts mag mich für bestimmte Negativeffekte seiner Anwendung dann keine unmittelbare Verantwortung treffen, wenn ich bestimmte (Spät-)Folgen einer komplizierten Technik beim besten Willen nicht abschätzen kann. Gleichwohl stehen mir als Kunde und Anwender im Prinzip unterschiedliche Mitwirkungsmöglichkeiten offen, die Rahmenbedingungen von Technik mitzugestalten. Und sei es „nur" dadurch, daß ich die Funktionsträger des öffentlichen Lebens durch Wahl usw. damit beauftrage, meine diesbezüglichen Verbindlichkeiten im Rahmen von Politik und Verwaltung stellvertretend wahrzunehmen – was vermutlich die Regel ist.

So weitet sich aus der Perspektive jedes einzelnen Verantwortungssubjekts der Gegenstandsbereich, den es zu verantworten hat – und zwar durch die Wahrnehmung unterschiedlicher Rollen, denen diverse Vermittlungs- und Einwirkungsmöglichkeiten auf das Ensemble eines Handlungsgeschehens korrespondieren. Damit deutet sich in Umrissen ein erweitertes Verantwortungsmodell an: das Modell *polyphon konzertierter Verantwortung*. Konzertierte Verantwortung möchte die eindimensionale Enge und damit die Sollbruchstelle des traditionellen Verantwortungsverständnisses überwinden, ohne moralische Verantwortung einzelner Akteure entweder individualisierend zu überfrachten[33] oder aber in die Anonymität funktionaler Entscheidungs- und Verantwortungssysteme hinein aufzulösen. *Konzertiert* meint, daß Verantwortung einzelner Akteure nur rollenbewußt und rollenverschränkend konzeptualisiert bzw. wahrgenommen werden kann. *Polyphon* ist sie, weil die unterschiedlichen Rollen in der Regel gegenläufige Interessen und Einschätzungen spiegeln und nicht einfach im Gleichklang zusammenspielen. Der Kern dieses für Ergänzungen offenen Konzepts umfaßt vier Grundsätze:

4.2 Grundsatz I: personale Eigenverantwortung

Vom traditionellen, eindimensional verengten Verantwortungs-
begriff übernimmt das Konzept konzertierter Verantwortung die
Einsicht, daß moralische Verantwortung aus den bereits geltend
gemachten systematischen Gründen ausnahmslos an entschei-
dungsfähige sowie eigenhandlungsmächtige Personen zurückgebunden bleiben muß. Freilich bleibt solche Verantwortung nicht
notwendigerweise auf Individualakteure beschränkt. Sie kann
sich auch auf handlungsfähige Personen innerhalb kollektiv han-
delnder Gruppenakteure bzw. sog. Korporationen wie Firmenlei-
tungen, Verbände, öffentliche Verwaltung, Parlamente usw.[34] beziehen. Wenn Einzelpersonen zum Zwecke besserer Durchset-
zung eigener Interessen und Zielsetzungen ihr eigenes Handeln
mit dem Handeln anderer institutionell zum Gruppenhandeln
zusammenbinden, also *korporativ* miteinander handeln, so tragen sie dementsprechend auch persönliche Mitverantwortung für
die Gesamtfigur dieses Gruppenhandelns. Der Grad ihrer persönlichen Mitverantwortung bemißt sich nach dem Grad ihrer
jeweiligen Einwirkungsmöglichkeit innerhalb der Korporation.
„Jeder hat Mitverantwortung", definiert Hans Lenk diesen Ty-
pus moralischer Verantwortung, „entsprechend seiner strategischen Zentralität im Wirkungs- und Handlungsmuster, im Macht-
und Wissenszusammenhang des Systems – insbesondere, inso-
weit er das System, die Systemerhaltung stören kann – aktiv oder
durch Unachtsamkeit oder Unterlassung. Entsprechend der An-
ordnungsbefugnis nimmt die Verantwortung nach oben (mit
wachsender formaler Zentralität) zu. Jeder ist im System sozusagen für das System im ganzen mitverantwortlich, soweit dieses von seinen Handlungs- und Eingriffsmöglichkeiten abhängt.
Doch niemand ist allein für alles verantwortlich."[35]

4.3 Grundsatz II: Moralische Verantwortung als Geflecht interner und externer Verbindlichkeiten

Grundlage der polyphonen Rollenstruktur moralischer Verantwortung ist die handlungspragmatisch[36] gängige Unterscheidung zwischen einer *internen* und einer *externen* Relation menschlichen Handelns. Jedes Handeln ist eine Handlungsgestalt, in der sowohl die innere Beziehung zwischen Akteur, Intention, Mittel und Endprodukt als auch die Rahmenbedingungen des Handelns (von außen an das Handeln hinzutretenden Umstände wie normative oder institutionelle Vorgaben, vorfindliche Handlungsspielräume usw.) zu einem Ensemble aus externen Vorgaben und internen Freigestaltungselementen verschmelzen.

Wie das Beispiel der zünftischen Handwerkerverantwortung hinlänglich deutlich gemacht hat, besteht die Schwäche des eindimensional verengten Verantwortungskonzepts genau darin, daß sie Gestaltungsmöglichkeiten des Einzelnen nur auf die interne Relation bedenkt und folglich nur hier moralische Verbindlichkeiten ausmacht. Die externen Relationen werden dagegen als dem Einzelnen sich zuschickende, fast schon schicksalmäßig festgelegte wie festlegende Determinanten betrachtet. Diese Vorstellung aber ist strenggenommen äußerst naiv, in modernen, zumal in demokratisch verfaßten Gesellschaften mindestens anachronistisch. Menschen gestalten nicht nur ihre Einzelaktivitäten, sondern über sie ganze Handlungsgeschehnisse, ja Geschichte insgesamt. Damit formen sie – bewußt oder unbewußt – gerade die externen Relationen, in die ihre eigene Handlungsgestalt wie die der anderen eingewoben sind und aus denen sich die Handlungsgestalt je neu herausprofiliert.

Vollends deutlich wird die Prägekraft persönlicher Initiativen auf die externen Relationen des Handelns, wenn man bedenkt, daß im Prinzip jeder Einzelne die normative Landschaft einer Gesellschaft, also die Zieloptionen, Handlungsmaximen und ähnliches im ethischen wie im politischen Diskurs mitzugestalten berechtigt und gehalten ist.[37] Schon aus diesem Grund erstreckt sich moralische Verantwortung auch auf die externen Relationen eigenen Handelns, eine Verantwortungsdimension, die man als externe Verbindlichkeiten bezeichnen könnte. Wo es unter den Bedingungen moderner Gesellschaften um Technikverantwortung geht, gewinnen diese externen Verbindlichkeiten zunehmend an Bedeutung.

4.4 Grundsatz III: Drei typische Gestaltungssphären personaler Verantwortung und die Eigenheit ihrer Rollen

Diesen externen Verbindlichkeiten können Einzelpersonen in abgestufter Weise nachkommen. Grundsätzlich lassen sich mit Blick auf die externen Verbindlichkeiten drei typische Sphären der Gestaltung persönlich-moralischer Verantwortung unterscheiden: die Sphäre individueller, die Sphäre stellvertretender und die Sphäre gemeinschaftlicher Verantwortung. In jeder einzelnen dieser Sphären agiert eine Einzelperson in einer je spezifischen Rolle.

(1) *Die Rolle der unmittelbar handelnden Einzelperson in der Sphäre individueller Einzelverantwortung:*
Hier agiert jede Person unmittelbar und gestaltet die externen Relationen des Handlungsgeschehens direkt durch ihr individuelles Einzeltun. Bezogen auf das Fallbeispiel entwicklungsökologischen Handelns ist es beispielweise das Verbraucherverhalten, welches durch die Bevorzugung oder Mißachtung entwicklungsökologisch sinnvoller Produkte die Produzenten und Anbieter zur Veränderung ihrer Produktpalette bewegen kann. Freilich wirkt solches Verbraucherverhalten in der Regel erst kumulativ, also im Verbund mit vielen Verbrauchern. Oder es ist die Entscheidung eines Forschungsleiters, der über einen konkreten Freilandversuch gentechnisch manipulierter Organismen befinden muß. Weil seine Entscheidung in strittigen Situationen Symbol- und Präjudizcharakter haben kann, wirkt sein Handeln unmittelbar auf die Öffentlichkeit und damit auf die externen Relationen für mögliche Folgehandlungen ein. In dieser Sphäre zeichnet jede Einzelperson durch ihr eigenes Handeln oder Un-

terlassen für bestimmte Effekte unmittelbar verantwortlich. Entscheidend ist hier, daß dieses unmittelbare Einzelhandeln die externen Relationen für das eigene wie für das Handeln anderer beeinflussen kann, auch wenn der Einfluß in vielen Lebensbereichen (etwa beim Verbraucherverhalten) vorerst nur schwach meßbar sein mag.

(2) *Die Rolle der entfernt-vermittelt handelnden Einzelperson in der Sphäre stellvertretender Verantwortung:*
Gerade weil die Einwirkungsmöglichkeiten auf die externen Relationen, also auf die Rahmenbedingungen des Handelns, beim unmittelbaren Einzelhandeln häufig sehr begrenzt sind, delegieren Einzelpersonen einen Großteil ihrer externen Verbindlichkeiten auf andere Akteure; etwa auf Institutionen wie Parlamente u. ä., die kraft dieser Delegation *stellvertretend* durch ihr Verwaltungs- und Gesetzgebungshandeln weitreichende Entscheidungen beispielsweise über verbindliche Rahmenbedingungen für die Entwicklung und Anwendung technologischer Artefakte fällen oder über technologische Großprojekte befinden.

Der Raum stellvertretender Verantwortung besitzt unzweifelhaft gewichtige Vorteile. Denn in ihm kann die Verantwortungsfähigkeit für einschneidende Entscheidungen erheblich gesteigert werden, da eine Vielzahl unterschiedlicher Kompetenzen institutionell zusammengebunden sind und somit die Tragweite von Veränderungen ganz anders vermessen werden kann.[38] Aber auch im Raum stellvertretender Verantwortung ist das Einzelsubjekt nicht aus seiner moralischen Verantwortung entlassen. Vielmehr agiert es in der Rolle etwa des Wählers, der seine Handlungsvollmacht nicht nur formal delegiert, sondern durch die Position der von ihm Gewählten auch inhaltlich orientiert. Hauptakteure dieses Verantwortungsraumes sind natürlich die in Stellvertretung handelnden Korporationen, während der Einzelne nur indirekt vermittelt agiert, es sei denn, er ist selbst Funktionsträger der jeweiligen Korporation und nimmt deshalb im oben genannten Sinne innerkorporativer Mitverantwortung auch die Rolle eines unmittelbar Handelnden und individuell Verantwortlichen ein.

(3) *Die Rolle der mittelbar handelnden Einzelperson im Raum gemeinschaftlicher Verantwortung:*

Mangelnde Kontrolle, geringer Außendruck oder auch der Wunsch nach „Wiederbestätigung im Amt" lassen jedoch öffentliche Institutionen allzuschnell in Trägheit und geschäftsmäßige Routine verfallen. Nicht „individualistische Opferhandlungen", wohl aber die konsequente „Wahrnehmung der Staatsbürgerverantwortung" eines jeden kann diesen Tendenzen zur Erstarrung gegensteuern. Die „Veränderung der Rahmenbedingungen individuellen und organisatorischen Handelns", meint etwa Gertrud Nunner-Winkler, gelingt effektiver dadurch, „im öffentlichen Diskurs die Klärung über geteilte Ziele und kollektive Güter sowie über geeignete Mittel ihrer Realisierung (z. B. rechtliche oder steuerliche Regulierungen) soweit wie möglich voranzutreiben und durch eine Propagierung entsprechender Wahl- und Konsumentscheidungen wirksam werden zu lassen."[39]

Bevorzugte Sphäre solcher „Wahrnehmung von Staatsbürgerverantwortung" ist der Raum ziviler Öffentlichkeit, der sozusagen den intermediären Bereich zwischen der Ebene individueller und der Ebene stellvertretender Verantwortung bildet. Seine Hauptakteure sind Gemeinschaften, zu denen sich – oberhalb individueller Einzelaktionen, unterhalb staatlich organisiertem Institutionenhandeln – Einzelpersonen mehr oder minder fest organisiert zusammenschließen, um ihre jeweilige Interessenlage öffentlich zur Geltung zu bringen und in veränderte Rahmenbedingungen individuellen wie institutionellen Handelns umzumünzen. Ob in Bürgerinitiativen oder professionellen Lobbygruppen, ob in Verbänden oder sozialen Bewegungen, in diesen Gemeinschaftsakteuren ringen engagierte Menschen um die öffentliche Meinung, ringen um Beteiligungen an Projektentscheidungen, ringen um Einflußnahme auf den gesamtgesellschaftlichen Gestaltungs- und Definitionsprozeß. Die Rolle jedes Einzelnen ist hier diejenige eines vermittelt, gleichwohl direkt Handelnden; vermittelt, weil sie sich zu Gruppenakteuren

u. ä. zusammenschließen; direkt, weil sie sich selbst an den öffentlichen Aushandlungen der Zieloptionen und dergleichen beteiligen.

4.5 Grundsatz IV: Polyphones Konzert der rollenspezifischen Verantwortungsweisen

Die drei typischen Gestaltungsräume personaler Verantwortung unterscheiden analytisch das, was in der Alltagspraxis immer mehr facettenreich und vielstimmig zusammenspielt oder doch zusammenspielen sollte. Denn die Diskussion über die Technikfolgenabschätzung oder über die zumutbare Risikobelastung durch Technik und über die einzufordernde Risikobereitschaft zeigen, daß über die Akzeptanz von Technikfolgen und Risiko keine Instanz allein befinden kann und vor allem nicht befinden darf.[40] Vielmehr gilt es, für die Bewertung von Technik individuelle wie institutionelle Entscheidungskompetenzen und damit rollenspezifische Verantwortlichkeiten im Raum räsonierender Öffentlichkeit miteinander zu *verschränken*. Im Raum räsonierender Öffentlichkeit agieren die Hauptakteure aller drei Sphären der Verantwortung, öffentliche Institutionen wie Einzelpersonen, Bürgerinitiativen wie Berufsverbände, konzertiert und verknüpfen im Rahmen eines öffentlichen Diskurses ihre rollenspezifisch durchaus anders gewichteten Interessen, Zuständigkeiten und Kompetenzen. Vermehrt finden diese Formen kooperativ-konzertanter Verantwortung etwa in öffentlichen Anhörungsverfahren oder in bürgerbeteiligten Planungskommissionen[41] sogar festere und verbindlich organisierte Rahmen.

Ganz entscheidend ist natürlich das Verhalten jeder Einzelperson. Sie muß begreifen, daß die Verschränkung von Rollen und damit das Gelingen konzertierter Verantwortung maßgeblich davon abhängt, daß sie ihre jeweilige Rolle in allen drei Sphären der Verantwortung akzeptiert und offensiv gestaltet. Denn ihre moralische Verantwortung ist noch nicht abgegolten, wenn sie sich auf eine der drei Rollen zurückzieht und sich von den anderen dispensiert. Das schließt natürlich nicht aus, daß sie die Rollen nach Maßgabe ihrer jeweils verfügbaren persönlichen Voraussetzungen und Kompetenzen unterschiedlich gewichtet.

5 „Empowerment" der Betroffenen im Dienste „verantworteter Zeitgenossenschaft"

Die umwelt- und technologiepolitischen Debatten und Entwicklungen der letzten Jahrzehnte belegen, daß der Bereich gemeinschaftlicher Verantwortung zum zentralen Ort öffentlicher Urteilsbildung und Entscheidungsfindung avanciert. Denn hier gelingt die Verschränkung von Rollen und Perspektiven in besonderem Maße. Als Raum ziviler Öffentlichkeit bildet er ein bevorzugtes Forum, in dem Beurteilungsmaßstäbe von Technologien ausgehandelt werden, bevor sie von staatlichen Institutionen in verbindliche Handlungsrichtlinien überführt werden; in dem sich – wenn nötig – eine kritische Gegenöffentlichkeit zur offiziellen Lesart technologischer Probleme herausprofiliert, bei Bedarf die eingespielten Entscheidungsabläufe in der Sphäre stellvertretender Verantwortung unterbricht und die Stellvertreter zur Korrektur ihres politischen oder auch verwaltungstechnischen Handelns zwingt. Hier ist auch der Ort, an dem veränderte Lebensstile nicht nur modellhaft erprobt, sondern auch öffentlich publiziert und in gesamtgesellschaftliche Handlungsoptionen umgegossen werden können.

Freilich erfordert polyphon konzertierte Verantwortung auch Akteure, die ihre Rollen jeweils kompetent ausfüllen (können). Das mag zunächst vorrangig eine politiktheoretische Aufgabe sein: beispielsweise das Zueinander von institutionalisierter Entscheidungskompetenz korporativer Verantwortungssubjekte (öffentliche Verwaltung, Gesetzgebungsorgane usw.) einerseits und jenen Meinungsbildungsprozessen andererseits auszubauen, die eine stärkere Beteiligung möglichst breiter Bevölkerungsteile zulassen[42]. „Empowerment" heißt hier neuerdings das zentrale Stichwort, dessen deutsche Übersetzung „Ermächtigung" bekanntlich eher negativ konnotiert ist. „Empowerment" zielt im Kern darauf ab, betroffene Menschen zu befähigen, die Entscheidungen über ihre Lebenschancen in Schicksalsfragen wirkungsvoller in die eigenen Hände zu nehmen. „Empowerment" möchte eine möglichst große Zahl von betroffenen Menschen aus der Ohnmacht individueller, häufig wenig effektiver Einzelaktionen befreien und sie an den öffentlichen Entscheidungsraum heranführen. Dem dient der großzügige Ausbau der Sphäre gemeinschaftlicher Verantwortung. Denn nur sie ist in der Lage, nicht nur die Perspektiven unterschiedlicher Verantwortungsrollen zu verschränken, sondern jene gleichfalls unterschiedlichen Aktionsformen zu bündeln, die auf eine breitangelegte und tiefenwirksame Förderung entwicklungsökologisch verträglicher Handlungs- und Lebensmuster abzielen.[43]

Eine entwicklungsökologisch verantwortungsbewußte Ethik wird sich auf die weitere Entfaltung eines „integrativen Entscheidungs- und Verantwortungskonzepts"[44] konzentrieren und so ihren Beitrag zu einer „verantworteten Zeitgenossenschaft" leisten. Es ist ohnehin verwunderlich, daß die umweltethische Reflexion auf die Dimensionierung moralischer Verantwortung längst nicht mit den politisch bereits in einer beträchtlichen Zahl von Politikfeldern praktizierten Formen konzertierter Verantwortung Schritt hält. So wichtig es ist, sich – wie die (theologische) Ethik – mit Begründungsfragen und inhaltlichen Zieloptionen entwicklungsökologischen Handelns auseinanderzusetzen, so beantwortet dies nicht die Gretchenfrage nach Ansatzpunkten und Grenzen persönlich-moralischer Verantwortung unter den Bedingungen moderner Gesellschaften.

Das Konzept polyphon konzertanter Verantwortung versteht sich als ein Element der geschuldeten Antwort, von der nicht nur der Bereich Umwelt und Technik, sondern auch andere Problemfelder moderner Lebenswelten des Menschen profitieren.[45] Seine volle Tragweite und Paradigmatik wird dann deutlich, wenn man sich die tiefgreifende Prägekraft technischer Zivilisation insgesamt vergegenwärtigt, die gerade auch die (vermeintlich) eher individuell-privaten Lebenssphären erreicht: von der individuellen Freizeitgestaltung bis tief hinein in den intimen Bereich einer Lebensgemeinschaft. Deshalb ist der Diskurs über „verantwortete Zeitgenossenschaft" im Medium der Umwelt- und Technikethik keinesfalls ein beliebiges Fallbeispiel, sondern trifft nachgerade das Herz moderner Zeitgenossenschaft des Menschen. Daß – zugespitzt formuliert – jede Ethik der Verantwortung zukünftig eigentlich nur über die Reflexionsfigur einer Ethik der Technik konzeptualisiert werden kann – Technik hier umfassend verstanden als die spezifische Kultur des Menschen im Umgang mit seiner natürlichen wie mitmenschlichen Umwelt – legt sich natürlich als Schlußfolgerung nahe.[46] Diese Konsequenz ausführlich zu durchdenken, dürfte erst die angemessene Antwort auf Alfons Auers Mahnung sein: die Zeit, in die wir hineingestellt sind, gerade auch in ihren technischen Chancen wie Gefährdungen wahr- und anzunehmen.[47]

Anmerkungen

* Meine Mutter stand noch im Begriff, mir bei der Abschlußkontrolle der Druckfahnen dieses Buches behilflich zu sein. Ungleich größer ist mein Dank, daß ich von und an ihr lernen durfte, was „verantwortete Zeitgenossenschaft" im Ringen um eine menschenwürdige Gestaltung unserer Welt *in gelebter Praxis* heißen kann. In dieser Erinnerung sei ihr der vorliegende Beitrag gewidmet.

1 Internationale katholische Friedensbewegung Pax Christi: Aufstand für das Leben. Statt folgenlosem Geschwätz: Ermutigung zum ökologischen Handeln. Erklärung der Ad-hoc-Gruppe „Heilung der Schöpfung" vom 8.5.1992, S.4.

2 Auf diese inhaltlichen Fragen einer angemessenen politischen Handlungsstrategie kann und will ich hier nicht näher eingehen, da sie für die Zielrichtung meiner weiteren Überlegungen nicht relevant sind.

3 Vgl. F.-X. Kaufmann: Der Ruf nach Verantwortung, Freiburg/Brsg. 2. A. 1992.

4 Vgl. M. Weber: Politik als Beruf, in: ders., Gesammelte Schriften, Berlin 8. A. 1987

5 Vgl. H. Jonas: Das Prinzip Verantwortung, Frankfurt/M. 1984

6   A. Auer: Verantwortete Zeitgenossenschaft, in: G.W. Hunold / W. Korff (Hg.), Die Welt für Morgen. Ethische Herausforderung im Anspruch der Zukunft. München 1986, 426 – 437. Kaum ein anderes Stichwort bringt die tiefgreifende Wende der nachkonziliaren theologischen Ethik programmatisch mehr auf den Begriff wie „verantwortete Zeitgenossenschaft"; verantwortete Zeitgenossenschaft als das bewußte und freie Ja jedes einzelnen Menschen zu seiner ureigensten Aufgabe, die verschiedenen Sphären seiner Lebenswelt mit aufgeklärter Bedachtsamkeit und mitmenschlicher Solidarität zu gestalten – im Interesse der humanen Menschwerdung aller (vgl. zum Wandel der theologischen Ethik in nachkonziliarer Zeit besonders die Arbeiten von A. Auer: Autonome Moral und christlicher Glaube, Düsseldorf 1972 u. ö. und F. Böckle: Fundamentalmoral, München 1977 u. ö. Für einen Überblick sei verwiesen auf W. Nethöfel: Moraltheologie nach dem Konzil. Personen, Programme, Positionen. Göttingen 1987). Daß es moralischem Handeln im Blick auf die mannigfaltigen sittlichen Gebote und Verbote, Normen und Werte nicht einfach um autoritätsfixierte Hörigkeit geht, sondern um die Bewahrung menschlicher Würde des Handelnden, war im Umfeld des Zweiten Vatikanischen Konzils keine Überraschung. Ungewohnt dagegen war die überdeutliche Rollenbeschreibung, mit der das Konzil jeden einzelnen fortan in seine sittliche Pflicht nimmt: „Durch die Treue zum Gewissen sind die Christen mit den übrigen Menschen verbunden im Suchen nach der Wahrheit und zur wahrheitsgemäßen Lösung all der vielen moralischen Probleme, die im Leben der Einzelnen wie im gesellschaftlichen Zusammenleben entstehen." (GS 16) Jeder einzelne ist also nicht einfach Adressat moralischer Forderungen, die er geflissentlich in seinem Handeln umzusetzen hat, sondern – und hierin liegt die entscheidende Wende des Konzils – er ist zugleich auch Subjekt des Erkennens und Beurteilens moralischer Probleme und Verbindlichkeiten. Das Konzil konstatiert ebenso deutlich: „Die Würde des Menschen verlangt daher, daß er in bewußter und freier Wahl handle, das heißt personal, von innen her bewegt und geführt und nicht unter blindem inneren Drang oder unter bloßem äußeren Zwang." (GS 17) Diese Wende zum Subjekt darf freilich keinesfalls als Freibrief für subjektivistische Beliebigkeit im Umgang mit moralischen Verbindlichkeiten mißverstanden werden, wie etwa J. Ratzinger zu Recht warnt (vgl. ders., Gewissen und Wahrheit, in: Osservatore Romano (dtsch.), Nr. 13/14 vom 29. 3. 1991, S. 6.) Entscheidend ist vielmehr, daß es jeder Mensch selbst ist, der sich mit den Mitteln seiner Vernunft über seine moralischen Verbindlichkeiten aufklärt. Vgl. zu diesem Verständnis theonomer Au-

tonomie A. Lob-Hüdepohl: Kommunikative Vernunft und theologische Ethik = Studien zur theologischen Ethik 47, Freiburg i. Ue. / Freiburg i. Brsg. 1993, 366ff.

7 A. Auer: a.a.O. (Anm. 6), 427.

8 Ders., ebd., 431. „Verantwortete Zeitgenossenschaft" ist folglich das zeitgemäße Synonym für Sittlichkeit.

9 J. Hoffmeister: Art. Verantwortung, in: Wörterbuch der philosophischen Begriffe, Frankfurt/M. 2.A. 1955.

10 Darin besteht die Schwierigkeit vieler umwelt- bzw. technikethischer Entwürfe auch und gerade im Bereich theologischer Ethik. In ihrem Zentrum stehen Probleme wie die Begründungsfrage ökologischer Verantwortung insgesamt: Radikale Anthropozentrik oder ebenso radikale Physiozentrik, methodisch begründete Anthroponomie oder Biozentrik sind hier die gängigen Stichworte. Die Zahl der Veröffentlichungen ist kaum noch zu überschauen. Verwiesen sei deshalb nur auf wenige monographische Titel: G. Altner: Naturvergessenheit. Grundlagen einer umfassenden Bioethik. Darmstadt 1991; A. Auer: Umweltethik. Ein theologischer Beitrag zur ökologischen Diskussion. Düsseldorf 1984; B. Irrgang: Christliche Umweltethik, München 1992; M. Schlitt: Umweltethik, Paderborn 1992. Dann dominieren Einzelfragen wie etwa H. Frisch: Die Sorge um die Umwelt als Aufgabe christlicher Gemeinden, in: StdZ 113 (1988), 112 – 124; B. Irrgang: Ethische Implikationen globaler Energieversorgung, in: StdZ 114 (1989), 606 – 620. Weniger reflektiert erscheint die Verantwortungsproblematik im angezeigten engeren Sinne. Eine Ausnahme bildet B. Irrgang: Dimensionen des Verantwortungsbegriffes in der Technologie-Zivilisation, in: Ethica 2 (1994) 2, 155 – 169, der wenigstens eine kurze Bestandsaufnahme der Verantwortungsdebatte leistet.

11 Darin erwiese sie sich tatsächlich als kritisch-politische Ethik „verantworteter Zeitgenossenschaft": kritisch, insofern sie die Chancen und Grenzen moralischer Verantwortungsfähigkeit nüchtern prüft; politisch, weil sie sich über die – sei es destruktiven, sei es konstruktiven – Folgewirkungen jeder ihrer Verantwortungskonzeption im gesellschaftlichen Raum bewußt wird. In ähnlicher Weise weist Karl-Otto Apel auf die doppelte Verantwortungsproblematik jeder Ethik hin: Verantwortung nicht nur für die von ihr zu legitimierenden Handlungsorientierungen, sondern auch für die Zumutbarkeit wie Angemessenheit der Anwendung ihrer eigenen Kriteriologie und Axiomatik (vgl. K.-O. Apel: Über Diskurs und Verantwortung. Anwendungsprobleme der Diskursethik. Ein Interview. in: Concordia 17 (1990), 80 – 95, hier: 80ff.)

12 Vgl. dazu im Überblick E. G. Nisbet: Globale Umweltveränderungen. Ursachen, Folgen, Handlungsmöglichkeiten. Berlin 1994, bes. 77ff.

13 Enquete-Kommission „Vorsorge zum Schutz der Erdatmosphäre" des Deutschen Bundestages: Dritter Bericht. Schutz der Erde. Bundestagsdrucksache 11/8030 vom 24.5.1990.

14 Vgl. zur Zieloption einer dauerhaft umweltgerechten Entwicklung (als Übersetzung der üblichen Begrifflichkeit „sustainable development") Der Rat von Sachverständigen für Umweltfragen: Umweltgutachten 1994. Für eine dauerhaft-umweltgerechte Entwicklung. Stuttgart 1994, 45 – 49; H. J. Münk: Für eine dauerhaft-umweltgerechte Entwicklung. Anmerkungen zum Umweltgutachten 1994. in: StdZ 213 (1995), 55 – 66.

15 Vgl. R. Loske: Gewinner und Verlierer in der Weltverschmutzungsordnung. Versuch einer sozial-ökonomischen Typisierung klimarelevanter Emissionen. in: Blätter für deutsche und internationale Politik 36 (1991), 1482 – 1493, hier: 1189ff.

16 Eine erste offizielle Nennung erfuhr das Prinzip „sustainable development" im Bericht der World Commission on Environment and Development „Our Common Future" (sog. „Brundtland-Bericht" von 1987). Dort heißt es: „Im Grunde ist dauerhafte Entwicklung ein Prozeß der Veränderung, in dem die Ausbeutung von Rohstoffressourcen, die Art der Investitionen, die Ausrichtung technologischer Entwicklung und die institutionelle Veränderung miteinander harmonieren und sowohl die gegenwärtigen als auch die zukünftigen Möglichkeiten verbessern, die menschlichen Bedürfnisse zu befriedigen" (zitiert nach: Sustainable Netherlands. Aktionsplan für eine nachhaltige Entwicklung der Niederlande. Hrsg. vom Institut für sozial-ökologische Forschung, Frankfurt/M. o. J., 18.)

17 Entwicklung reagiert auf „Armut". Armut jedoch ist nicht nur materielle Armut, sondern Mangel an menschenwürdigen Lebenslagen insgesamt. Dieser Mangel bezieht sowohl materielle Unterversorgung (Hunger, Erwerbslosigkeit, Krankheit, Wohnungslosigkeit) wie auch soziale Unterversorgung (Bildung, politisch-soziale Partizipation, ethnisch, sexistisch oder religiös motivierte Ausgrenzung und Unterdrückung usw.) ein. Deshalb läßt sich Entwicklung" begreifen als die kontinuierliche Steigerung menschenwürdiger Lebenslagen.

18 Das Prinzip der Nachhaltigkeit (Dauerhaftigkeit, Tragfähigkeit, Zukunftsfähigkeit) fordert – ganz im Sinne einer intergenerationalen Gerechtigkeit –: a) die Nutzung einer Ressource darf nicht größer sein als die Rate

ihrer Regenerierbarkeit bzw. die Rate ihrer Substitution (Quantitätsschonung der Ressource); b) die Nutzung einer Ressource darf nicht ihre eigene Kernsubstanz oder die anderer Ressourcen angreifen (Qualitätsschonung der Ressource); c) die Freisetzung von Schadstoffen darf nicht größer sein als die Aufnahme- und Abbaufähigkeit der Eintragungsmedien in einer populationsangemessenen Raum-Zeit-Matrix (Tragekapazität).

19 Vgl. fairkehr 7/92, S. 15-18.

20 Ich unterstelle hier der Einfachheit halber die Effektivität der genannten Maßnahmen. Sie sollen nur fallbeispielhaft auf mögliche strukturelle Einflußnahmen aufmerksam machen.

21 Vgl. G. Ropohl: Neue Wege, Technik zu verantworten, in: H. Lenk / G. Ropohl: Technik und Ethik. Stuttgart 1987, 149 – 176, hier: 158ff.

22 Vgl. W. Ch. Zimmerli: Wandelt sich die Verantwortung mit dem technischen Wandel?, in: H. Lenk / G. Ropohl (Hg.): Technik und Ethik, Stuttgart 1987, 92 – 111, hier: 93f.

23 Mit „Produktlinie" ist der Gesamtprozeß der Herstellung, der Verwendung bis zur Entsorgung eines Artefakts gemeint. Vgl. dazu näher Projektgruppe Ökologische Wirtschaft: Produktlinienanalyse. Bedürfnisse, Produkte und ihre Folgen. Köln 1987, 33ff.

24 H. Kipphard: In der Sache J. Robert Oppenheimer, Frankfurt/M. 13.A. 1977, 12.

25 Ebd., 103.

26 G. Nunner-Winkler: Art. Verantwortung, in: Lexikon der Wirtschaftsethik, 1185 – 1192, hier: 1190.

27 Vgl. Anm. 9.

28 Vgl. zu diesen sog. Aktormerkmalen von Verantwortung auch G. Nunner-Winkler, a.a.O. (Anm.26), 1185ff.

29 „Handeln unter Risiko" ist ein Handeln unter Inkaufnahme von im Prinzip bekannten Negativeffekten, deren Eintreten freilich nur wahrscheinlich ist. Demgegenüber ist ein „Handeln unter Unsicherheit" ein Handeln, dessen mögliche Negativeffekte aus unterschiedlichen Gründen nicht bekannt sind. Vgl. dazu näher A. Evers / H. Nowotny: Über den Umgang mit Unsicherheit. Frankfurt/M. 1987, 34ff; W. Ch. Zimmerli: Der neueste Angriff auf das Individuum, in: EuS 5 (1994), 182 – 185, hier: 184.

30 Vgl. N. Luhmann: Soziale Systeme, Frankfurt/M. 1985, 528ff.

31 Vgl.W. Ch. Zimmerli: a.a.O. (Anm. 22), 100.

32 Vgl. ders.: a.a.O. (Anm. 22), 95f; 105ff.

33 In dieser Gefahr stehen solche Konzepte, die die einzelnen Ingenieure

im wesentlichen durch verstärkte Bemühungen um berufsspezifische Ethikkodizees moralisch „nachrüsten" wollen.

34   Zum Begriff der Korporation bzw. der korporativen Verantwortung vgl. auch M. Maring: Modelle korporativer Verantwortung, in: Conceptus 23 (1989), 25 – 41, der allerdings Korporationen nochmals von öffentlichen Institutionen unterschieden wissen will.

35   H. Lenk: Zwischen Wissenschaft und Ethik, Frankfurt/M. 1992, 182.

36   Zur handlungstheoretischen bzw. handlungspragmatischen Grundlegung einer (theologischen) Ethik ausführlicher A. Lob-Hüdepohl: a.a.O. (Anm. 6) bes. 76 – 83.

37   Vgl. G. Picht: Der Begriff der Verantwortung, in: ders., Wahrheit – Vernunft – Verantwortung. Philosophische Studien. Stuttgart 1969, 318 – 342, bes. 324 – 328. Im übrigen entspricht dieser Sachverhalt genau der bereits eingangs erinnerten Einsicht, daß „verantwortete Zeitgenossenschaft", also moralische Verantwortung, nicht nur *vor* den, sondern auch *für* die normativen Verbindlichkeiten besteht.

38   Vgl. ausführlicher F.-X. Kaufmann: a.a.O. (Anm. 3), 81ff.

39   G. Nunner-Winkler: a.a.O. (Anm. 26), 1191.

40   Vgl. zur Debatte über Technikfolgenabschätzung ausführlicher: F. Rapp: Die Idee der Technikbewertung, in: H. Lenk / W.Bungard (Hg.), Technikbewertung, Frankfurt/M. 1988, 98 – 117; H. Werbik / W. Zitterbarth: Technikbewertung als Problem der Konsensbildung, in: H. Lenk / W. Bungard (Hg.), a.a.O., 222 – 233; zur Debatte über Risikobewertung vgl. G. Ropohl (mit Kommentaren und Entgegnungen): Das Risiko im Prinzip Verantwortung, in: EuS 5 (1994), 109 – 194; D. Birnbacher: Ethische Dimensionen bei der Bewertung technischer Risiken, in: H. Lenk / M. Maring (Hg.), Technikverantwortung. Güterabwägung – Risikobewertung – Verhaltenskodizes. Frankfurt/M. 1991, 136 – 147.

41   Eine besondere Form dieser institutionalisierten Bürgerbeteiligung bei Planungsverfahren ist die von der Forschungsstelle für Bürgerbeteiligung und Planungsverfahren an der Bergischen Universität Gesamthochschule Wuppertal entwickelte „Planungszelle". Die Planungszelle „ist eine Gruppe von Bürgern, die nach einem Zufallsverfahren ausgewählt und für begrenzte Zeit von ihren arbeitstäglichen Verpflichtungen vergütet freigestellt worden sind, um, assistiert von Prozeßbegleitern, Lösungen für vorgegebene, lösbare Planungsprobleme" im Bereich von Stadt- und Regionalplanung zu erarbeiten. Vgl. dazu ausführlicher P. C. Dienel: Die Planungszelle. Eine Alternative zur Establishment-Demokratie. Opladen 3. erw. 1992, bes. 74ff.

42   M. Jänicke fordert in diesem Zusammenhang unter dem Stichwort

„Rekommunalisierung" eine strikte Dezentralisierung und Rückbindung öffentlicher Entscheidungen an eine möglichst untere gesellschaftliche Organisationsebene (vgl. M. Jänicke: Staatsversagen und Dezentralisierung. Erwägungen zu einer langfristigen Strategie des ökologisch-ökonomischen Umbaus. in: Blätter für deutsche und internationale Politik 36 (1991), 1053 – 1064).

43   Diese Einsicht machte sich auch die UN Konferenz zu Umwelt und Entwicklung zu eigen, wenn sie – übrigens zur Überraschung vieler – im dritten Teil ihres Aktionsplans für das nächste Jahrhundert („Agenda 21") unter der Leitlinie „Stärkung der Rolle wichtiger Gruppen" die wesentliche Stärkung von Basisorganisationen sowie die weitere Vernetzung betroffener Bevölkerungen auf einer möglichst unteren und alltagsnahen Organisationsstufe fordert. Vgl. UNCED: „Agenda 21" , hrsg. BM für Umwelt, Naturschutz und Reaktorsicherheit, Bonn 1993, 217ff, bes: Kap. 24 – 29.

44   G. Altner: Alle sind betroffen, in: EuS 5 (1994), 125f.

45   Nehmen wir den Bereich Entwicklungszusammenarbeit. Natürlich ist das Gros der Menschen im Norden nicht verantwortlich zu machen für die Kolonialgeschichte, deren negative Spuren auch heute noch ein Gutteil der sozialen und politischen Verwerfungen innnerhalb der Länder des Südens selbst oder in den Beziehungen zwischen Süd und Nord verursachen. Gleichwohl sind die Menschen des Nordens auch in einem engen Sinne moralisch verantwortlich, weil sie zumindest potentiell in der Lage („in der Rolle") sind, durch ihr politisches Engagement oder durch ihren Lebensstil an der Auflösung der politisch sozialen Verwerfungen mitzuarbeiten. Das gebietet ihre heutige Rolle im Handlungsgeschehen Süd-Nord, auch wenn sie nicht diejenige eines Kolonialherren oder eines politischen Funktionsträgers auf der Ebene internationaler Beziehungen ist.

46   In diese Richtung bewegt sich bereits Bernhard Irrgang, wenn er christliche Umweltethik nicht als eine bereichsspezifische Ethik neben anderen konzipiert, sondern als Ausarbeitung der ökologischen Grunddimensionierung menschlichen Handelns und aller Ethik insgesamt begreift. (Vgl. B. Irrgang: a.a.O. (Anm. 10), 16 u.ö.)

47   A. Auer: a.a.O. (Anm.6), 431.

Elmar Klinger

Die Kirchen auf dem Weg zum Volk

Der Prinzipienstreit
in der Ekklesiologie

Der französische Schriftsteller Georges Bernanos hat einen Roman geschrieben mit dem Titel „Die tote Gemeinde." Darin schildert er den Fall, daß in einem Dorf jemand umgebracht wurde. Die Bewohner sind von dem Verbrechen aufgeschreckt. Aber zwischen ihnen herrscht ein Klima des gegenseitigen Mißtrauens. Jeder meint, der andere könne es gewesen sein. Jeder traut jedem alles zu. Der Bürgermeister gibt dem Opfer die Schuld: es hätte sich nicht in Gefahr bringen sollen; nun habe er die Untersuchung am Hals. – Ein Sohn bringt sich um: der eigene Vater hatte ihn verdächtigt. – Tage zuvor hat man im Dorf einen Fremden gesehen. Daher meinen viele, er sei schuldig. Man könne sagen, das Verbrechen ginge sie gar nichts an. In Wirklichkeit aber wächst es aus ihrem eigenen Milieu.

Eine Gemeinde, die keine Einstellung zu sich findet, in der alles möglich ist und doch nichts weitergeht, nennt Bernanos eine tote Gemeinde. Sie will nicht zur Kenntnis nehmen, daß es das Verbrechen in ihr gibt, und wird es deshalb auch nicht los. Weil sie es verdrängt, bleibt sie ihm verfallen. Sie führt eine bloße Schattenexistenz.

Beim Gottesdienst vor der Beerdigung nennt der Pfarrer dieses Problem beim Namen. Er sagt: „Es gibt noch viele Gemeinden in der Welt, aber diese hier ist tot, obwohl sie schon lange gestorben ist. Ich wollte nicht daran glauben, solange ich da sein werde, sagte ich mir, ist alles gut; aber leider macht ein Mann allein keine Gemeinde aus. Ihr seht mich kommen und gehn, aber als das Verbrechen entdeckt worden ist, da seid ihr nie zu mir gekommen. Ein Verbrecher geht nur die Richter oder die Zeitungsleute an, nicht wahr. Es gelingt uns kaum, allen zusammen und mit gemeinsamen Kräften diesem Übel Herr zu werden. Gott hat das erlaubt. Darum hat er seine Kirche gegründet und die Gemeinde ist eine kleine Kirche in der großen. Es gibt keine Gemeinde ohne die große Kirche. Aber wenn die letzte Gemeinde umgekommen wäre, um einmal das Unmögliche anzunehmen, dann gäbe es keine Kirche mehr; weder eine große noch eine kleine, nichts mehr. Satan hätte sein Volk heimgesucht."

Die Kirche steht vor dem Problem, wesenlos zu sein. Sie kann sich mit vielem, was in ihr geschieht, nicht identifizieren. Und vieles andere, womit sie sich identifiziert, geschieht nicht, hat in ihr keinen Platz. Karl Rahner sprach daher von einer 'winterlichen Kirche'. Walter Benjamin nannte sie einen Schlafwagen ins Jenseits, und Friedrich Nietzsche süßduftende Höhlen, die Grüfte und Grabdenkmäler Gottes.

Ich beginne meinen Beitrag über die Kirchen und ihren Weg zum Volk Gottes mit diesen Feststellungen. Sie sind ein Befund, keine Beleidigung. Sie beschreiben Mängel, die es tatsächlich gibt. Selbsterkenntnis aber, sagt das Sprichwort, ist der erste Weg zum Besseren. Sie kann zur Genesung führen. Probleme sind ein Kennzeichen des Lebens. Wo sie angepackt werden, blüht es auf. Wo sie liegenbleiben und in Vergessenheit geraten, wird es schwach und stirbt es ab. Die Kirche lebt daher von ihrem Problemverhalten. Sie muß keine Patentrezepte für die Ewigkeit anbieten, sondern aufmerksam jenen Schwierigkeiten begegnen, die sie auf der Erde hat. – Wer allen Hasen nachläuft, fängt keinen. Wer einen fängt, kann wissen, wie es ist, wenn er alle hat, und daß er gar nicht alle braucht. – Niemand, der einen Kuchen ausprobieren will, muß den ganzen Kuchen essen. Es genügt ihm ein einziges Stück. Dann weiß er, wie der ganze Kuchen schmeckt. – Niemand kann alles machen. Aber das wenige, das er macht, soll er richtig machen. Es ist exemplarisch und kann viel bedeuten.

Ich möchte das Thema daher eingeschränkt verstehen: „Die Kirchen auf dem Weg zum Volk. Der Prinzipienstreit in der Ekklesiologie". Ich spreche nicht über alle Probleme auf diesem Weg, sondern über den Streit zwischen Volk-Gottes- und Communio-Ekklesiologie, der gegenwärtig in der Kirche ansteht und ausgefochten werden muß. Er ist ein Streit um ihre Prinzipien. Er entscheidet über ihr Problemverhalten in der heutigen Gesellschaft.

Ein Streit kann lähmen. Er kann auch anregen und mobilisieren. Aber vor allem ist er unvermeidlich. Ich möchte ihn auf dem Boden des Zweiten Vatikanum ausfechten, um es in Erinnerung zu rufen, um seinen Richtliniencharakter herauszustellen und um mitzuhelfen, es durchzuführen. Diese Auseinandersetzung erfolgt nicht im luftleeren Raum, sondern nach klaren Vorgaben.

1   Die Rückkehr des Volkes Gottes in die Kirche – eine Revolution[1]

Das Wort 'Volk' hat sehr verschiedene Bedeutungen. Wir sprechen vom Staatsvolk und meinen damit ein Volk, das zu einem Staat gehört, seine Untertanen. Die Juristen nennen es das Materialobjekt seiner Gesetzgebung. Mit Kirchenvolk etwa meinen wir die Laien. Aber es gibt neben diesem abgeleiteten auch einen ursprünglichen Sinn des Wortes. Beispiel dafür ist die Volkssouveränität. Sie verkörpert die oberste Rechtsquelle im Staat. Urteile ergehen im Namen des Volkes. Auf den Leipziger Demonstrationen wurde gerufen: Wir sind das Volk. Es besagt: Wir besitzen Souveränität. Wir haben Freiheit und Würde. Wir sprechen das Urteil über die Regierung.

Der abgeleitete und beiläufige Sinn des Wortes ist im kirchlichen Sprachgebrauch besonders weit verbreitet. Er hat geradezu einen Bedeutungswandel des Wortes 'Kirche' herbeigeführt.

Denn obwohl Kirche in der Bibel selber die Volksversammlung Gottes heißt, versteht die neuzeitliche Tradition darunter einfach die kirchliche Autorität. In ihrer Umschreibung bei Robert Bellarmin kommt das Volk überhaupt nicht mehr vor. Er nennt sie eine Versammlung, die einer bestimmten Autorität unterworfen ist, denselben Glauben verkündet und die gleichen Sakramente besitzt. Im 19. Jahrhundert ist das Volk identisch mit den Laien. Es ist Kirchenvolk und die Kirche selbst eine ungleiche Gesellschaft aus Priestern und Laien, eine Standesgesellschaft. Auch die Vorbereitungsdokumente von Lumen Gentium identifizieren das Volk mit den Laien. Ihm vor- und übergeordnet ist die Hierarchie.

Das Zweite Vatikanum überwindet die sekundäre und abgeleitete Bedeutung der Worte 'Volk' und 'Kirche'. Es gewinnt ihren grundsätzlichen und ursprunghaften Sinn zurück. Das Volk Gottes ist dem Aufbau der Kirche, ihrer Hierarchie, ebenso wie ihren Ständen – den Priestern, Laien und Ordensleuten – über- und vorgeordnet. Es ist mehr als die Hierarchie; denn es ist nicht um ihretwillen, sondern sie ist um seinetwillen da. Es ist Selbstzweck – gegenüber der Hierarchie – und kein Mittel, um einem Zweck der Hierarchie zu dienen.

Das Volk Gottes umfaßt Menschen verschiedenen Standes. Dazu gehören Männer und Frauen, Erwachsene und Kinder, Weiße und Schwarze, Priester und Laien. Es versteht sich selber jedoch nicht von den Standesunterschieden, sondern diese Unterschiede von sich selber und seinem ureigenen Auftrag her. Denn es ist ein priesterliches, prophetisches und königliches Volk. Alle seine Mitglieder haben an den Ämtern Christi Anteil. Sie dienen einer gemeinsamen Aufgabe, die sie in einer unterschiedlichen Funktion wahrnehmen. Auch die Funktion des Laien ist der Auftrag Christi generell. Er ist nicht von der Hierarchie, sondern von Christus selber abgeleitet. Trotz der Hierarchie besteht daher eine wahre Gleichheit zwischen allen Gläubigen. Sie wird ausdrücklich hervorgehoben. „Wenn auch einige nach dem Willen Christi als Lehrer, Spender der Geheimnisse und Hirten für andere eingesetzt werden, waltet dennoch unter allen eine wahre Gleichheit hinsichtlich der Würde und dem Tun, das allen Gläubigen in bezug auf den Aufbau des Leibes Christi gemeinsam ist." (LG 32; D 4158)

Diese Gleichheit ist auch die Grundlage des Begriffs der Kirche generell. Denn es gibt nicht – wie eine verkürzte Auffassung darzulegen sucht – das Volk Gottes um der Kirche willen, sondern die Kirche um seinetwillen. Sie ist seine Gemeinschaft in Christus. Es gibt diese Gemeinschaft wegen der Berufung aller Menschen zum Volke Gottes und nicht umgekehrt ihre Berufung, damit sie dieser Gemeinschaft angehören. Man ist ihr von sich aus verbunden. Die Inhalte des Lebens und der Lebensgestaltung entscheiden über den Umfang jeweiliger Verbundenheit mit ihr. Es gibt die volle Gemeinschaft, die partielle Gemeinschaft und die Hinordnung auf Gemeinschaft. Sie sind nach den Inhalten jeweiliger Verbundenheit zu unterscheiden. Sie sind Stufen der Kirchenmitgliedschaft und Formen der Einheit. Sie sind die Grundlage eines Dialogs in der Kirche, zwischen den Kirchen sowie mit den nichtchristlichen Religionen und Weltanschauungen.

Die Gemeinschaft des Volkes Gottes in der Kirche ist daher kein Besitzstand, sondern eine Aufgabe. Es gibt sie, aber sie muß auch noch entstehen.

Das Charakteristische dieses Begriffs von Kirche liegt nicht in der Vertikalität einer Hierarchie, auch nicht in der Horizontalität von Gemeinschaftserlebnissen, sondern in der Polarität seiner Aufgabenstellung, die Gemeinschaft des Volkes Gottes noch erst zu bilden. Nach der Lehre des Zweiten Vatikanums ist die Kirche eine Institution mit polarer Struktur. Sie ist Kirche nach innen – eine Institution der Gemeinschaft ihrer Mitglieder – und Kirche nach außen – Institution der Gemeinschaft aller Menschen in Gott und Christus überhaupt. Das Zweite Vatikanum hat daher auch zwei Konstitutionen von der Kirche verabschiedet: Lumen Gentium und Gaudium et spes. Ihre Themen sind die Kirche überhaupt und die Kirche in der heutigen Welt.

Grund dieser Polarität ist aber das Volk Gottes selber. Es ist der Selbstzweck von Kirche, ihr Worum-willen, der tiefste Sinn und die absolute Bedeutung ihrer Existenz.

Seine Rückkehr in das Zentrum der Ekklesiologie ist ein epochaler Vorgang. Er stellt das hierarchische Verhältnis zwischen Christen auf den Kopf. Er macht den Gott des Volkes Gottes in der Kirche zum Thema; denn Gott selber ist ihr tiefstes Geheimnis. Sie geht aus ihm hervor und ist in ihm begründet. Er verleiht ihr historische Existenz.

Mit der Rückkehr des Volkes Gottes in die Kirche auf dem Zweiten Vatikanum verändert sich die Kirche grundlegend. Sie hört auf, eine vollkommene Gesellschaft zu sein. Sie wird nun zu einer historischen Aufgabe; sie ist die Aufgabe, den Willen Gottes in der Gesellschaft heute zu leben und zu verkünden.

Die Ekklesiologie, die in vielen Dokumenten der Kirche des 19. und 20. Jahrhunderts eine Hierarchologie war, erfährt mit der Rückkehr des Volkes Gottes eine Erweiterung ihrer Thematik um Inhalte, die bislang vergessen waren, aber unverzichtbar zu den Grundlagen einer jeden Aussage von der Kirche gehören: nämlich politisch-soziale Inhalte, die traditionell in der Katholischen Soziallehre erörtert werden; anthropologische Inhalte, die in der Dogmatik zu behandeln sind sowie die zentralen Inhalte der Theologie überhaupt: Gott, Christus und der Hl. Geist. Alles Inhalte, die sich traditionell auf die verschiedensten Disziplinen verteilen, aber nun in ihrem Zusammenhang erörtert werden müssen.

Die Kirche ist um des Volkes Gottes, nicht das Volk Gottes um der Kirche willen da. Es ist die allgemeinste und grundlegendste Perspektive der Gemeinschaft, die sie in ihm bildet. Es ist ihre Herkunft und ihre Zukunft, ihre ureigene Aufgabe.

Die Kirche wendet sich an Menschen des Volkes Gottes, aber muß sich auch von ihnen her verstehen. Sie ist die Kirche dieser Menschen, der Menschen des Volkes, das Gott beruft, um einen neuen Himmel und eine neue Erde zu schaffen. Seine Mitglieder sind das Objekt und Subjekt ihrer Tätigkeit. Sie sind deren Objekt, sofern sie sich an sie wendet, und deren Subjekt, sofern sie sich von ihnen her versteht. Daher besitzt die Kirche selbst eine wirkliche Außenperspektive. Sie erschöpft sich nicht in dem, was sie gerade ist. Zu ihr gehört auch das, was sie in Zukunft wird. Sie ist eine prophetische Gemeinschaft, die Gemeinschaft eines prophetischen Volkes.

Ihre Sendung betrifft den ganzen Menschen – den Menschen, sofern er nicht nur ein geistiges, sondern auch ein materielles Wesen ist, den Menschen aus Fleisch und Blut, der Leib und Seele, Herz und Gewissen, Vernunft und Willen hat. Er, der eine und ganze Mensch, steht im Mittelpunkt ihrer Sendung.

Diese Ekklesiologie des Auftrags der Kirche ist ein Projekt ihrer Grundlegung im Volke Gottes. Es umfaßt kerygmatische, dogmatische und politische Gegebenheiten. Denn es ist das Projekt einer neuen Rede von Gott, nämlich von Gott, der sein Volk zusammenruft in Christus. Sie ist eine prophetische Rede. Sie überwindet den herkömmlichen Supranaturalismus, der ein Institutionalismus ist. Er hat nicht den Gott des Volkes Gottes, sondern den Gott seiner Feinde zum Thema, die es nicht befreien wollen, sondern unterdrücken. Zum Projekt dieser Ekklesiologie gehört auch die neue Rede vom Menschen. Sie überwindet den herkömmlichen Naturalismus der Anthropologie mit seinem Dualismus von Körper und Geist, Leib und Seele, Mann und Frau. Das zentrale Thema der neuen Rede vom Menschen ist die Würde des Menschen und seine Berufung zur Gemeinschaft mit anderen Menschen und mit Gott. Er ist ein personales Wesen. Er begnügt sich nicht, animal rationale zu sein: Er ist Ebenbild Gottes. Die neue Rede von Gott und Mensch führt zur neuen Rede von der Gesellschaft. Sie überwindet den Institutionalismus der Standesgesellschaft. Sie klagt vielmehr die Menschenrechte ein und verlangt eine partizipative Organisation von Gesellschaft und Staat.

Das Zweite Vatikanum ist das Programm einer Ekklesiologie des Volkes Gottes. Es überwindet und korrigiert die Fehler der supranaturalistischen Rede von Gott, der naturalistischen Rede vom Menschen und der institutionalistischen Rede von Kirche, Staat und Gesellschaft.

Es nimmt daher in seinen Hauptaussagen eine Weichenstellung vor. Dazu gehört seine Aussage über das Volk Gottes im zweiten Kapitel von Lumen Gentium, seine Aussage über die Offenbarung selbst im ersten Kapitel von Dei Verbum, sowie die gesamte Pastoralkonstitution Gaudium et spes.

Die neue Rede von Gott, Mensch und Gesellschaft bildet die Grundlage der gesamten Ekklesiologie. Daher steht in ihrem Mittelpunkt das neue Volk Gottes. Es ist die strukturelle Basis von Lumen Gentium, der Grundgedanke im Aufbau aller Kapitel. Denn das erste Kapitel behandelt das Geheimnis des Volkes Gottes, Gott selber, der es beruft durch Christus im Hl. Geist. Das zweite Kapitel behandelt den Auftrag dieses Volkes, die Verkündigung, Leitung und Heiligung der Welt durch seine Teilnahme an den Ämtern Christi. Das dritte Kapitel behandelt seine hierarchische Ordnung und das vierte Kapitel die Wahrnehmung seines Auftrags durch die Laien. Das fünfte und das sechste Kapitel behandeln die allgemeine und spezielle Berufung seiner Mitglieder zu einem Leben in Heiligkeit und Gerechtigkeit. Das siebte Kapitel macht eine Aussage über den endzeitlichen Charakter seiner Pilgerschaft durch die Geschichte. Und das achte Kapitel spricht von Maria im Geheimnis dieses Volkes: Sie ist ein Zeichen seiner Hoffnung und seines Trostes.

Das Volk Gottes ist die Grundlage der Ekklesiologie von Lumen Gentium. Das Konzil versteht sich auch selbst aus dieser Perspektive; denn es erklärt von sich, daß es „den Glauben des gesamten von Christus versammelten Volkes Gottes bezeug[t] und bekunde[t]" (GS 3; D 4303) und „seine Verbundenheit, Achtung und Liebe gegenüber der ganzen Menschheitsfamilie, deren Glied es ist, nicht beredter beweisen [kann] als dadurch, daß es mit ihr ein Gespräch über all diese verschiedenen Probleme beginnt" (GS 3; D 4303). Das Konzil ist die Kirche des Volkes Gottes. Es meint Volk in einem ursprünglichen Sinn und ist daher eine Revolution.

2 Hierarchische Gemeinschaft und Basisgemeinschaft – ein Prinzipienstreit

Das Volk Gottes ist ein Begriff, mit dem Kirche sich von ihren Mitgliedern, nicht ihre Mitglieder von sich selbst her versteht. Sie ist Kirche der Männer und Frauen, der Kinder und Erwachsenen, die zu ihr gehören. Sie ist Kirche der Frauen, Kirche der Jugendlichen, Kirche der Armen, Kirche der Laien. Dieser Wandel der Selbstbetrachtung verändert sie grundlegend; denn er macht die Basis zu ihrem zentralen Thema. Er ist eine Revolution.

Das Zweite Vatikanum hat sie wissentlich eingeleitet; denn es erhebt ja nicht nur das Volk Gottes in den Rang eines Schlüsselbegriffs der Ekklesiologie. Es ist sich der Tragweite dieses Vorgangs auch bewußt. Kardinal Suenens, der Hauptverantwortliche und Relator von Lumen Gentium, nennt das zweite Kapitel dieser Konstitution, die über das Volk Gottes handelt, eine „Kopernikanische Revolution". Marcel Lefebvre, der Erzfeind des Konzils und spätere Traditionalistenführer, sagt: „Das Vatikanum II ist das 89 [= 1789] in der Kirche"[2]. Er spricht von einem Riß, den es in der Kirche entstehen läßt, und fügt hinzu: „Was ist das für ein Riß? Wir können mit Sicherheit den Zeitpunkt seines Entstehens angeben: das Jahr 1789, und ihm einen Namen geben: die Revolution" (ebd., 138). Er zitiert auch Yves Congar, einen der wichtigsten Theologen des Konzils, der gesagt haben soll: „Die Kirche hat friedlich ihre Oktoberrevolution vollzogen" (ebd., 145). Bischof Casaldaliga aus Brasilien spricht von einer Unausweichlichkeit der Politik und von einer Revolution des Evangeliums[3].

Die Reihe dieser Zitate ließe sich beliebig fortsetzen. Sie zeigt, daß auf dem Konzil ein grundlegender Wandel stattgefunden hat, dessen Sinn jedoch weder in den historischen Analogien, noch in der dogmatischen Tragweite einheitlich beschrieben wird. Daher stellt sich die Frage nach dem Sinn des Wandels selber. Ist er geistlich oder weltlich, intellektuell oder politisch, ideell oder real zu verstehen? An der Beantwortung dieser Frage hat sich ein großer Streit entzündet. Er betrifft einen weiteren Grundbegriff der Ekklesiologie, nämlich Kirche als Gemeinschaft.

Das Zweite Vatikanum verwendet diesen Begriff. Es nennt die Kirche eine priesterliche, prophetische und königliche Gemeinschaft, eine Gemeinschaft der Gottes- und Nächstenliebe, eine Gemeinschaft des neuen Himmels und der neuen Erde. Es versteht daher Gemeinschaft von ihren Mitgliedern her. Sie sind das Volk Gottes, das Gott beruft, eine Gemeinschaft von Menschen in der Geschichte mit Gott und Christus zu sein. Sie sind das neue Volk Gottes. Dieser Standpunkt des Konzils ist meines Erachtens der Maßstab für die Lehrentwicklung in der Kirche nach dem Konzil. In ihr haben sich zwei Auffassungen von Kirche als Gemeinschaft entwickelt, nämlich Kirche als Basisgemeinschaft und Kirche als hierarchische Gemeinschaft. Ich möchte in diesem Kapitel beide Auffassungen vorstellen.

Schwerpunkt der Basisgemeindenekklesiologie ist geographisch betrachtet Lateinamerika. Denn sie wurde auf der Bischofskonferenz in Medellin 1968 entwickelt und von den Konferenzen in Puebla 1979 und Santo Domingo 1992 bestätigt. Sie hat aber gesamtkirchlichen Charakter. Man darf sie daher nicht regionalisieren und in ihrer Bedeutung auf Lateinamerika beschränken. Sie ist vielmehr die Grundlage einer Charakterisierung der Kirchlichkeit der Basisinitiativen und Basisgemeindebewegungen auf der ganzen Welt. Sie ist daher auch maßgebend für ihre Bewertung hier bei uns.

Medellin erläutert 1968 den Begriff einer Basisgemeinde folgendermaßen: „Das Leben der Gemeinschaft, zu dem der Christ aufgerufen wurde, muß er in seiner 'Basisgemeinschaft' finden; das heißt, in einer Gemeinschaft am Ort oder in der Umgebung, die der Wirklichkeit einer homogenen Gruppe entspricht und eine solche Dimension hat, daß sie die persönliche brüderliche Begegnung unter ihren Mitgliedern erlaubt. Daher soll die pastorale Bemühung der Kirche auf die Umwandlung dieser Gemeinschaften in eine 'Familie Gottes' ausgerichtet sein, indem sie beginnt, in ihnen als Sauerteig durch einen Kern – wenn er auch klein ist – wirksam zu sein; einen Kern, der eine Glaubensgemeinschaft, eine Gemeinschaft der Hoffnung und der Nächstenliebe bilden soll. Die christliche Basisgemeinschaft ist so der erste und fundamental kirchliche Kern, der sich in seinem eigenen Bereich für den Reichtum und die Ausbreitung des Glaubens, wie auch für die des Kults, der sein Ausdruck ist, verantwortlich machen muß. So ist sie Kernzelle kirchlicher Strukturierung, Quelle der Evangelisierung und gegenwärtig der Hauptfaktor der menschlichen Förderung und Entwicklung."[4]

Für jede Basisarbeit sind vier Leitgedanken wichtig:

(1) Personalität. Arbeit an der Basis ist Arbeit in Gruppen. Es besteht ein persönlicher Kontakt. Ihre Mitglieder unterstützen sich und hören sich gegenseitig an. Sie stimmen ihre Ziele aufeinander ab und bestärken sich gegenseitig in ihrem gemeinsamen Willen; denn sie sitzen alle im gleichen Boot.

(2) Sozial-politische Einstellung zu Problemen. Das ist ein oberstes Gebot. Thema gemeinsamer Erörterung sind kirchliche und gesellschaftliche Probleme, die einzelne in der Gruppe oder außerhalb der Gruppe betreffen, und bei denen wir eine Mitsprache fordern können. Nicht alles ist gleichzeitig erreichbar.

(3) Kirchlichkeit. Sie ist richtungsweisend für die Aufgabenstellung. Ein oberster Maßstab ist das Zweite Vatikanische Konzil.

(4) Geistliche Perspektiven. Basisarbeit ist geleitet von einer großen Vision, dem Glauben Jesu an das Reich Gottes. Sie ist Berufung zur Mitarbeit an seinem Aufbau in der heutigen Gesellschaft. Sie interpretiert in dieser Perspektive die gesamte Offenbarungswahrheit der Heiligen Schrift.

Eine Basisgemeinde ist nicht nur ein kirchlicher Verein, sondern Kirche selbst. Der traditionelle Unterschied von hörender und lehrender Kirche wird hier aufgebrochen; denn jeder, der ihre Botschaft lehrt, muß sie erst selber hören, und jeder, der sie wirklich hört, kann sie auch selber lehren; denn sie ist eine Botschaft der Hoffnung seines Lebens. In ihr besteht Gemeinsamkeit des Gebens und Nehmens, des Schenkens und Erhaltens zwischen beiden. Die Hörer der Kirche sind auch ihre Träger und daher ein Prinzip der Ekklesiologie. Die Umkehrung ist grundlegend für die Kirche der Basisgemeinden. Sie gibt ihr Durchschlagskraft und Perspektive. Ihre Gemeinden sind der Ort, an dem man das Menschsein in Christus zelebriert. Es feiert in ihm seine Befreiung. Basisgemeinden nennen sich daher selbst Kirche und sind mit dieser Benennung eine spezielle Herausforderung der Kirche bei uns; denn weder verstehen sich bei uns Gemeinden, die Basiszüge tragen, selbst als die Kirche, noch identifiziert sich die Kirche selbst mit diesen Gemeinden, noch wagt es die Pastoral, die Tätigkeit in ihnen zur Grundlage des Begriffs von Kirche überhaupt zu machen. Basisgemeinden sind daher kein exotisches Phänomen der Seelsorge auf einem anderen Stern, sondern praktizierte Ekklesiologie. Sie bilden eine Herausforderung der Kirche bei uns auf allen ihren Ebenen.

Die Ekklesiologie der hierarchischen Gemeinschaft – die sog. Communio-Ekklesiologie – wird vor allem in Deutschland vertreten. Wichtige Theologen, die diesen Standpunkt einnehmen, sind der Kardinal Ratzinger, die Bischöfe Kasper und Lehmann, die Theologen Pottmeyer, Kehl, Acerbi, Hilberath u. a. Er macht ebenfalls einen gesamtkirchlichen Anspruch geltend, lehnt die Basisekklesiologien jedoch entschieden ab. Ein wichtiges Dokument dieses Standpunkts ist die Bischofssynode 1985 in Rom. Dort heißt es: „Die 'Communio'-Ekklesiologie ist die zentrale und grundlegende Idee der Konzilsdokumente. [...] Was bedeutet der komplexe Begriff 'Communio'? Grundsätzlich ist damit die Gemeinschaft mit Gott durch Jesus Christus im Heiligen Geiste gemeint. Diese Gemeinschaft geschieht im Worte Gottes und in den Sakramenten. Die Taufe ist Zugang und Grund der kirchlichen Gemeinschaft, die Eucharistie Quelle und Höhepunkt des ganzen christlichen Lebens (vgl. LG 11). Die Gemeinschaft des eucharistischen Leibes Christi bedeutet und bewirkt bzw. baut die innige Gemeinschaft aller Gläubigen im Leib Christi, der Kirche, auf (vgl. 1 Kor 10,16)."[5]

Charakteristisch für diese Ekklesiologie sind bestimmte Schwerpunkte. Sie stellt das Institutionelle über das Personale: die Kirche besteht vorrangig aus der Gemeinschaft zwischen

Papst und Bischöfen. Sie ist hierarchische Gemeinschaft. Ein weiterer Schwerpunkt dieser Ekklesiologie liegt im Liturgisch-Spirituellen. Es wird behauptet, daß Weltliches von Geistlichem, nicht umgekehrt das Geistliche vom Weltlichen her gedacht und erörtert werden dürfe.

Gemeinschaft ist daher kein soziologischer Begriff, er steht auch nicht in irgendeinem Verhältnis zur Gesellschaft, sondern wird in Gott verankert. Kardinal Ratzinger schreibt dazu in der Zeitschrift 'Communio'. Er stellt zuerst die Frage „was denn der Begriff Communio in der Überlieferung und von ihr her auf dem Zweiten Vatikanischen Konzil bedeutet"[6], und beantwortet sie folgendermaßen: „Da ist zunächst festzustellen, daß Communio kein soziologischer, sondern ein theologischer Begriff und ins Ontologische hinunterreichender Begriff ist." Dann erklärt er weiter: „ Da ist zunächst einmal zu sagen, daß 'Kommunion' unter Menschen nur möglich ist durch ein sie umgreifendes Drittes. [...] Die Individualität trennt, das Personsein öffnet es! Weil es in seiner Höhe und Tiefe sich selbst überschreitet auf das größere Gemeinsame, den größeren Gemeinsamen hin. Das umgreifende Dritte, auf das wir so wieder zurückkommen, kann nur verbinden, wenn es einerseits größer ist als die einzelnen, über ihnen steht, andererseits ihnen selbst innerlich ist, sie alle von innen her berührt. [...] Dieses Dritte, das in Wahrheit das erste ist, nennen wir Gott. In ihm berühren wir uns. Durch ihn entsteht in die Tiefe reichende Communio, nicht anders. [...] Die Kommunion der Menschen untereinander wird möglich von Gott her, der durch Christus im Heiligen Geist Menschen zusammenführt, so daß sie Gemeinschaft – 'Kirche' im eigentlichen Sinn des Wortes werden. [...] Die Ekklesiologie 'von unten', die uns heute angepriesen wird, setzt voraus, daß man Kirche als eine rein soziologische Größe betrachtet und Christus als handelndes Subjekt aus dem Spiel läßt."[7]

Charakteristisch ist für diesen Standpunkt weiterhin eine Abwertung des Volk-Gottes-Begriffs im allgemeinen und auf dem Konzil im besonderen. Auf der Synode in Rom wird dieser Begriff nur sehr beiläufig eingeführt; denn Gemeinschaft ist ein zentraler Begriff der Volk-Gottes-Ekklesiologie. Umgekehrt ist dies jedoch nicht der Fall. Volk Gottes ist kein zentraler Begriff der Gemeinschaftsekklesiologien. Eher im Gegenteil. Sie grenzen das Volk Gottes aus und trennen es ab.[8] In fast allen Texten zur Communio-Ekklesiologie findet sich dieser Mangel. Die Bischofssynode von 1985 erwähnt das Volk Gottes an drei Stellen, gibt ihm keine Vorrangigkeit zu anderen Umschreibungen der Kirche, hebt die Heiligkeit der Kirche sogar von ihm ab und beschränkt Gemeinschaft auf die Verbindung zur Hierarchie.[9]

Die Communio-Ekklesiologie hat eine dualistische Auffassung vom Konzil. Sie behauptet andauernd, es wäre ein Formelkompromiß zwischen unvereinbaren Richtungen. Man vergleiche dazu H.J. Pottmeyer. Er spricht mit dankenswerter Offenherzigkeit von den zwei Ekklesiologien, die sich in den Texten des Zweiten Vatikanums finden und unverbunden nebeneinander stehen. Man vgl. dazu seinen Aufsatz „Die zwiespältige Ekklesiologie des Zweiten Vaticanums – Ursache nachkonziliarer Konflikte"[10] sowie seine zwei Beiträge in dem Sammelband 'Die Bischofskonferenz'. Dort schreibt er, „daß das *Konzil* zu keiner eindeutigen Ekklesiologie fand"[11], manches „spiegelt den Zwiespalt in der Ekklesiologie des Konzils wider"[12], es sei zu beachten, daß „wieder jene vorkonziliare *universalistisch-zentralistische Ekklesiologie* an Boden gewinnt, die sich in den Texten des Zweiten Vatikanums neben der *Communio-Ekklesiologie*, wenn auch relativiert, behaupten konnte"[13], die Feststellung der Synode 1985 zur Communio-Ekklesiologie sei im „Blick auf die in den Konzilstexten selbst nicht gänzlich gelungene Vermittlung zweier Ekklesiologien [...] eine wichtige Option in der Interpretation des Konzils."[14]

Zum Begriff einer hierarchischen Gemeinschaft selber schreibt Walter Kasper: er sei „eine typische Kompromißformulierung, welche auf ein Nebeneinander von sakramentaler Communio-Ekklesiologic und juristischer Einheitsekklesiologie hinweist. Man hat deshalb auch schon von zwei Ekklesiologien innerhalb der Texte des II. Vatikanums gesprochen. Der Kompromiß lei-

stete auf dem Konzil insofern gute Dienste, als er der Minorität die Zustimmung zur Kirchenkonstitution ermöglichte."[15]
Die Communio-Ekklesiologie hat eine geistliche Vision von Kirche, aber keine Vision von der Kirche in der heutigen Welt. Der Streit zwischen der lateinamerikanischen und der römisch-deutschen Auffassung ist unvermeidbar. Er wird auf vielen Ebenen ausgefochten, auf der materiellen ebenso wie der theologischen.

Daher stellt sich die Frage: Wie geht es weiter? Wer hat recht? Gibt es eine Lösung? Ich möchte mich im nächsten Kapitel umrißhaft mit dieser Lösung beschäftigen.

3 *Kirche und Kirchen – ein Traum von Leben in der heutigen Gesellschaft*

Über den Kaiser Franz Josef wird berichtet: In seinem Kabinett äußert jemand eine Meinung. Der Kaiser antwortet: Da haben's recht. Ein anderer widerspricht dieser Meinung. Darauf antwortet der Kaiser: Da haben's auch recht. Ein dritter wundert sich darüber und sagt: Wenn zwei sich widersprechen, haben sie doch nicht beide recht. Darauf antwortet der Kaiser: Da haben's auch wieder recht.

Ich möchte mich nicht in die Unverbindlichkeit des Kaiser Franz Josef retten – schon gar nicht hier in Berlin. Die Behauptung, Communio- und Basisgemeindeekklesiologie seien gleichzeitig im Recht, ist ohne Zweifel falsch; insofern beide sich ausschließen, können nicht beide richtig sein. Dies besagt schon das Widerspruchsprinzip. Und in der Tat lehnen die Communiologen Basisgemeinden mit ihrem kirchlichen Anspruch ganz entschieden ab. Schon das Wort 'Basis' ist in ihren Veröffentlichungen negativ umschrieben. Ja, man kann sagen, daß sie die Gegenbewegung zu diesen Gemeinden sind und ihre eigene Existenz dieser Gegnerschaft überhaupt verdanken. Der Konflikt beginnt schon beim Namen, daß eine Laienvereinigung sich selber Kirche heißt, sie geht weiter bei der Aufgabenstellung, daß Kirche sich von der Welt des Menschen und ihrer gesellschaftlichen Not her selber versteht und sie erreicht ihren Höhepunkt in der Rangordnungsfrage, daß eine wirkliche Gleichheit zwischen Vorgesetzten und Untergebenen besteht, daß Frauen nicht minderen Rechts in der Kirche sind, daß Schüler nicht nur von den Lehrern, sondern Lehrer auch von den Schülern lernen. Der Konflikt endet schließlich auf der gesamtkirchlichen Ebene. Zur Laiensynode in Rom wurden Laien aus der ganzen Welt eingeladen, nur keine Basisgemeindemitglieder. Die Communioekklesiologie ist ein Standpunkt der Kirchenbourgeoisie in Deutschland und in Europa. Es ist das „Amigo-System" der Ekklesiologie.

Ihr größter Gegensatz zu den Basisgemeinden besteht jedoch in der Sache dort, wo vom Wort her beide am meisten übereinstimmen – im Wort 'Gemeinschaft'. Die Communiologen verstehen darunter eine vorgegebene Ordnung, an die sich jemand hält und in die er aufgenommen wird. Sie ist Rechtsgemeinschaft. Sie ist eine Vereinigung von Personen, die sich ihr unterstellen und sie anerkennen.

Basisgemeinschaften sind jedoch eine Gemeinschaft, deren Mitglieder selbst die Ordnung bilden. Sie sind Lebensgemeinschaft. Sie entscheiden die Herrschaftsfrage im Sinn der Beherrschten, nicht der Herrschenden (Meyers Enz. Bd. 10, S. 18). Medellin nennt sie eine „Gemeinschaft der Hoffnung und der Nächstenliebe, [...] die Keimzelle kirchlicher Strukturierung, Quelle der Evangelisierung und [...] Hauptfaktor der menschlichen Förderung und Entwicklung" (143-144). Puebla nennt sie „eine Gemeinschaft des Glaubens, der Hoffnung und der Liebe" (641). Ihre Mitglieder sind bemüht, „den Egoismus und das Konsumdenken der Gesellschaft in Frage zu stellen und machen die Berufung zur Gemeinschaft mit Gott und ihren Brüdern deutlich, indem sie einen wertvollen Anstoß zum Aufbau einer neuen Gesellschaft, der 'Zivilisation der Liebe', geben" (642). Sie sind „Ausdruck der besonderen Zuneigung der Kirche zum einfachen Volk. In ihnen kommt die Religiosität des Volkes zum Ausdruck, dort wird sie gewertet und geläutert. Dort erhält es die konkrete Möglichkeit, an der kirchlichen Aufgabe und an der Verpflichtung, die Welt zu ändern, mitzuwirken" (643). – Basisgemeinden sind das Volk der Seligpreisungen, das Volk der Apokalypse, ein Sakrament des Reiches Gottes in der Welt, eine Gemeinschaft des neuen Himmels und der neuen Erde, ein Traum vom Leben in der heutigen Gesellschaft.

Sie sind unvermeidbar die große Revolution für eine Ordnung, die sich nicht von ihren Untergebenen, sondern ihre Untergebenen von sich her denkt. Daher stellt sich die Frage nach der Kirchlichkeit dieser Revolution. Sie ist die Prinzipienfrage der Ekklesiologie.

Die Revolution freilich nimmt ihren Gang von selbst. Man kann sie behindern. Man kann sie zweckentfremden. Man kann sie in die Irre führen. Sie kann auch scheitern. Aber wenn sie gescheitert ist, fängt sie unweigerlich von neuem an.

Denn niemand in der Kirche wird verhindern können, daß alles, was in ihr geschieht, von der Basis her zu sehen ist und auch gesehen wird. Niemand kann sich dieser Betrachtungsweise entziehen. Sie ist außerdem legitim. Man wird ihr recht geben müssen,wo sie Recht besitzt. Und jemand, der ihr dieses Recht verweigert, wird sich selbst ins Unrecht setzen.

Dieser Zustand ist aber schon die Revolution; denn er besagt, daß Kirche das Volk Gottes ist und sich von ihren Mitgliedern und deren Berufung her versteht. Dieser Perspektivenwechsel ist vollzogen und wird anerkannt. Er kann einen sehr unterschiedlichen Sinn besitzen. Er kann ebenso der Zerstörung wie der Versöhnung dienen. Er kann ebenso diskriminieren wie aufklären und erhellen. Aber er geht vonstatten. Er ist eine Realität.

Die Basisgemeinden sind ein grundsätzlicher Wandel des Lebens und Denkens in der Kirche. Aber diese Revolution hat keinen willkürlichen oder beliebigen Sinn. Vor allem ist sie nicht mit politischen Ereignissen dieses Namens zu verwechseln. Sie ist nicht die bürgerliche Revolution von 1789 und auch nicht die marxistische von 1917, wenngleich sie sich auf beide auch beziehen muß, um sie zu bewerten und sich von ihnen auch zu unterscheiden. Man darf sie auch nicht mit einer bloßen Revolte verwechseln, als ginge es ihr um den Austausch von Personal bei gleichzeitiger Übernahme und Beibehaltung von Strukturen.

Die Revolution der Basisgemeinden ist kirchlich zu verstehen und zu legitimieren. Sie ist eine Revolution der Gottes- und Nächstenliebe, des Reiches Gottes selber in der heutigen Gesellschaft. Man hat sie auch schon anthropologische Revolution genannt; denn sie will die zwischenmenschlichen Gegebenheiten so verändern, daß Gemeinschaft entsteht und nicht nur schön von ihr geredet wird; sie will gemeinschaftsfähig werden.

Vor der Aufgabe solchen Wandels steht aber die ganze Kirche. Sie hat das Problem der Gemeinschaftsfähigkeit ihrer Autoritäten und ihrer Mitglieder; sie muß das, was sie auf dem Zweiten Vatikanum zu sein behauptet, erst noch werden, das neue Volk Gottes, die unzerstörbare Keimzelle der Einheit, der Hoffnung und des Heils für das ganze Menschengeschlecht zu sein (LG 9). Sie muß die politisch-soziale Frage und überhaupt die gesellschaftliche Situation, in der sich der Mensch heute befindet, zum Kernproblem ihrer Pastoral erst noch erklären. Sie muß zeigen, daß sie die geistliche Gemeinschaft der menschlichen Gesellschaft heute ist. Sie ist der „Sauerteig und die Seele der in Christus zu erneuernden und in die Familie Gottes umzugestaltenden menschlichen Gesellschaft" (GS 40), wie sie in der Pastoralkonstitution von sich behauptet.

Dieses Programm ist die Grundlage und Richtschnur im Streit zwischen den Ekklesiologien. Wenn eine von ihnen Gesellschaft hypostasiert – im Sinn einer ewigen, unveränderlichen Ordnung – und Gemeinschaft spiritualisiert – im Sinne einer personalen Legitimation dieser Hypotasierung – wie dies in den Communio-ekklesiologien tatsächlich geschieht, dann steht sie nicht auf dem Boden des Zweiten Vatikanums.

Wer behauptet, der zentrale Gedanke dieses Konzils sei die Communio im Sinne der nach diesem Wort benannten Ekklesiologie und nicht das Volk Gottes im Sinne der Basisekklesiologie, oder behauptet, das Konzil sei gespalten und stelle beide Arten von Ekklesiologie unverbunden und gleichrangig nebeneinander, entfernt sich ebenfalls von diesem Boden.

Die Revolution des Konzils erstreckt sich unweigerlich auf die Autorität der Kirche selber und betrifft die sog. hierarchische Gemeinschaft, die Gemeinschaft von Papst und Bischöfen in der Kirchenleitung. Der Begriff einer „hierarchischen Gemeinschaft" enthält ein gesellschaftliches Element – die Hierarchie – und ein Element der personalen Bindung – die Gemeinschaft von Menschen, die sich für Menschen einsetzen. Beide Elemente können nicht voneinander abgeleitet werden, aber sind aufeinander wesentlich bezogen. Die Hierarchie ist eine gesellschaftliche Institution. Die Gemeinschaft der Kirche sind die Menschen selber, die Christus berufen hat, eine Keimzelle des Lebens und der Liebe, der Wahrheit und Gerechtigkeit in der Gesellschaft zu bilden. Sie leisten einen Dienst an Gott und an der Welt. Das Konzil nennt sie daher eine „Gemeinschaft in derselben Gottes- und Nächstenliebe" (LG 49), eine „Gemeinschaft des ganzen mystischen Leibes Jesu Christi" (LG 50), eine „Gemeinschaft unter den Erdenpilgern", die auch eine Gemeinschaft mit den Heiligen im Himmel ist (LG 50). Sie sind das neue Volk Gottes.

Ich bin der Überzeugung, dieser Wandel von der hierarchischen Gemeinschaft zu einer Basisgemeinschaft, in der nicht die Herrschenden, sondern die Beherrschten das Zentrum bilden, ist auch in der Hierarchie voll im Gang. Sie kann ihn nicht aufhalten. Denn er beschränkt sich nicht auf sie. Er ist auch ein Traum von Leben in der heutigen Gesellschaft. Sie befindet sich in einem umfassenden Prozeß der Umgestaltung, der Kirche und Kirchen einbezieht. Sie sind an ihm beteiligt. Sie müssen Verantwortung in ihm tragen.

Der Traum von Leben ist daher für sie sehr wichtig. Denn es heißt von den Träumen: Wenn einer sie hat, dann betreffen sie nur ihn persönlich. Wenn jeder sie hat, dann betreffen sie die Gesellschaft. Sie sind eine politische Realität.

Marthin Luther King sprach von diesen Träumen. Er sagte: „Wenn wir wirklich einen Schritt weiter gelangen wollen, wenn wir eine neue Seite aufschlagen wollen und einen neuen Menschen wollen, dann müssen wir damit anfangen, die Menschheit aus der langen und trostlosen Nacht der Gewalt herauszubringen. Könnte es nicht sein, daß der neue Mensch, den die Welt braucht, der gewaltlose Mensch ist? Longfellow hat einmal gesagt: 'In dieser Welt muß ein Mensch entweder ein Amboß oder ein Hammer sein.' Wir müssen die Hämmer sein, die eine neue Gesellschaft formen, nicht die Ambosse, die von der alten geformt sind. Dadurch werden wir nicht nur neue Menschen werden, sondern auch neue Macht erlangen. Es wird Macht sein, der Liebe eingeflößt ist, und Gerechtigkeit, die das dunkle 'gestern' in ein helles 'morgen' verwandelt."[16]

Ich nenne diese Umkehr von Hammer und Amboß – eine Metapher übrigens, die Bismarck in einem ganz anderen Sinn geprägt und verstanden hat, – Revolution. Sie ist kein Begriff der herkömmlichen Ekklesiologie. Aber der Prinzipienstreit, der in ihr tobt, wird mit diesem Begriff zutreffend beschrieben. Er schafft Klarheit über den Wandel, der in der katholischen Kirche seit dem Zweiten Vatikanum, und in anderen Kirchen seit langem ebenfalls vonstatten geht und der ihre Situation gesellschaftlich prägt: Sie sind Kirchen auf dem Weg zum Volk. In der Revolution dieser Einstellung wird Ökumene in der Zukunft möglich.

Anmerkungen

1   Vgl. zum folgenden Text ausführlicher: Elmar Klinger: Das Volk Gottes auf dem Zweiten Vatikanum, in: JBTh [7](1992) S. 305-319.

2   Offener Brief an die ratlosen Katholiken, Wien 1986, S. 149.

3   In Pursuit of the Kingdom, Mary Knoll, N.Y. 1990, S. 23.

4   Adveniat (Hg.): Dokumente / Projekte 1-3. Sämtliche Beschlüsse der II. Generalversammlung des Lateinamerikanischen Episkopates Medellin 24.8.-6.9.1968, Essen 1968, S. 143f.

5   Zukunft aus der Kraft des Konzils. Die außerordentliche Bischofssynode '85. Hrsg. von W. Kasper, Freiburg 1986, 33.

6   A.a.O.459.

7   A.a.O. 459-460.

8   Ein Beispiel für diese Trennung sind alle Aussagen von Kardinal

Ratzinger zum Thema Leib Christi und Volk Gottes. Er möchte sie im Sinn eines Gegensatzes zwischen Neuem und Altem Testament unterschieden wissen, übersieht aber, daß Paulus nicht nur die Theologie des Leibes Christi entwickelt, sondern auch das Wort Kirche am meisten verwendet und selber prägt; es bedeutet Versammlung des Volkes Gottes. Die Kirche als Leib Christi ist diese Versammlung. Vgl. die Aussagen Ratzingers in: ders., Das neue Volk Gottes, Düsseldorf 1969, 82, 84 u. a.; ders., Demokratie in der Kirche, Limburg 1970, 27-29; ders., Die Ekklesiologie des Zweiten Vatikanums, a.a.O., bes. 50f. Die Schwäche dieser Aussagen liegt in ihrem Christomonismus. Sie übersehen, daß Christus den Willen des Vaters tut, der größer ist als er. Dieser schickt ihn zu seinem Volk, damit er ihm seinen Willen offenbart. Jesus ist der Christus des Volkes Gottes. – Die Gründung der Kirche durch den historischen Jesus gehört zu den wenig geschätzten Lehren der Tradition in der Ekklesiologie des Kardinals.

Betreffend den Volk-Gottes-Charakter des Leibes Christi selber vgl. Lucien Cerfaux, La Théologie de l'Église suivant saint Paul, Paris 1941, ²1948, sowie neuerdings: Josef Hainz, Vom ,Volk Gottes' zum Leib Christi'. Biblisch-theologische Perspektiven paulinischer Theologie, in: Jahrbuch für biblische Theologie Bd. 7, Neukirchen 1992, 145-164; und: Alfons Weiser, Volk Gottes als Communio. Neutestamentliche Aspekte zu einer Kontroverse, in: Hans Heinrich Lechler und Alfred Schuchart (Hrsg.), Sich einmischen. FS für Ernst Leuninger, Frankfurt 1993, 83-93.

9 Vgl. die Passagen II, a, 3 und II, c, 2 in: Zukunft aus der Kraft des Konzils, a.a.O.

10 Trierer Theologische Zeitschrift 1983, 272ff.

11 Die Bischofskonferenz. Theologischer und juridischer Status. Hrsg. von Hubert Müller und Hermann J. Pottmeyer, Düsseldorf 1989, 44.

12 Ebd.

13 A.a.O. 45.

14 A.a.O. 64. - Vgl. von demselben Autor außerdem: Die Kirche als Mysterium und als Institution, in: Concilium 22 (1986) 474-480, und: Kirche als Communio. Eine Reformidee aus unterschiedlichen Perspektiven, in: Stimmen der Zeit 210 (1992) 579-589.

15 Walter Kasper, Kirche als communio. Überlegungen zur ekklesiologischen Leitidee des II. Vatikanischen Konzils, in: ders., Theologie und Kirche, Mainz 1987, 282-283.

16   Christian Zippert (Hg.): Ich habe einen Traum. Texte und Reden von
     Martin Luther King, Wuppertal 1994,37.

Albert Gerhards

Gottesdienst und Menschwerdung

Vom Subjekt liturgischer Feier[1]

1 Ausgangspunkt: die Diskrepanz zwischen Anspruch und Wirklichkeit – Wie erleben Menschen heute Liturgie?

Während eines Forums auf dem Berliner Katholikentag 1990 zum Thema „Wie feiern wir heute Liturgie?" wurde eine Umfrage unter den Teilnehmenden vorgenommen. Unter anderem sollten sie Erwartungen und Wünsche für eine zukünftige Liturgie äußern. Auf einem der Zettel stand zu lesen:

„Für die Zukunft wünsche ich mir, daß meine vier Söhne wieder am Gottesdienst teilnehmen, und das wird nur sein, wenn die Starre und Kälte aus der Liturgie verschwindet. Meine Söhne sind voller Leben. Und so sollte unsere Kirche sein."[2]

Diese Äußerung ist symptomatisch für die Einschätzung von Kirche und Liturgie bei denen, die noch zur Kirche gehen. Das sind bekanntlich in vielen städtischen Gemeinden inzwischen weniger als 4 % derer, die noch nicht aus der Kirche ausgetreten sind. Dieser noch immer nicht gebremsten Auswanderungstendenz steht die in vielen Sparten unserer Gesellschaft wahrnehmbare Sehnsucht nach Ritual gegenüber. Mythos und Magie gelten keineswegs mehr als zu vernachlässigende Relikte vergangener Epochen.[3] In einer immer unübersichtlicher werdenden Welt der scheinbar unbegrenzten Kommunikationsmöglichkeiten und explosionsartig expandierender naturwissenschaftli-

275

cher Erkenntnis sind immer mehr Menschen auf der Suche nach Koordinaten, die ihr Leben verorten, ihm das Gefühl von Halt und Bestand und damit Sinn vermitteln. Der Markt ist heute voll von Sinnanbietern unterschiedlichster Provenienz und Qualität. Christliches Sinnangebot ist dabei unter erheblichen Konkurrenzdruck geraten.[4] Interessanterweise mischen sich selbst Naturwissenschaftler in die Frage nach dem „Warum" ein. Der Physiker Stephen W. Hawking schreibt in seinem Bestseller „Eine kurze Geschichte der Zeit. Die Suche nach der Urkraft des Universums":

„Die übliche Methode, nach der die Wissenschaft sich ein mathematisches Modell konstruiert, kann die Frage, warum es ein Universum geben muß, welches das Modell beschreibt, nicht beantworten. Warum muß sich das Universum all dem Ungemach der Existenz unterziehen? Ist die einheitliche Theorie so zwingend, daß sie diese Existenz herbeizitiert? Oder braucht das Universum einen Schöpfer, und wenn ja, wirkt er noch in irgendeiner anderen Weise auf das Universum ein? Und wer hat ihn erschaffen?" Hawking ist der Frage nach dem Warum auf der Spur. Am Ende schreibt er: „Wenn wir die Antwort auf diese Frage fänden, wäre das der endgültige Triumph der menschlichen Vernunft – denn dann würden wir Gottes Plan kennen."[5]

Die kirchliche Überlieferung und in ihr die Liturgie hat die Frage nach dem Warum nicht gestellt, sondern das Universum als Gottes gute Schöpfung preisend anerkannt. Durch die Organisation der Zeit in Woche, Monat und Jahr sowie durch rituelle Begleitung und festive Überhöhung der Lebenswenden hatten die Kirchen des Ostens und Westens den Menschen für lange Zeit Deutungssysteme an die Hand gegeben, die trugen – im Westen selbst dann noch, als das antike Weltbild durch neuzeitliche Wissenschaft zerbrochen war. Wenn es stimmt, daß heute Mythos und Magie unbeschadet moderner wissenschaftlicher Erkenntnisse wieder um sich greifen, weil die Menschen auf der Suche nach sinnstiftenden Systemen sind, dann verwundert es, daß die Kirchen mit ihren dem antiken mythischen Weltbild entstammenden Ritualen so wenig Erfolg haben. Sicherlich gibt es viele soziokulturelle Faktoren, die hier nicht in extenso zu behandeln, wenngleich mit zu berücksichtigen sind. Hier interessiert vor allem die Frage, unter welchen Bedingungen christlicher Gottesdienst in unserer Gesellschaft wieder sinnstiftend und damit der Menschwerdung dienend sein kann.

Dazu nehme ich im folgenden auf den Liturgiebegriff des Zweiten Vatikanischen Konzils Bezug, den es zu hinterfragen gilt, um zu einem tragfähigen Ansatz zu kommen.

2 Der Liturgiebegriff des Konzils und die Frage nach der „Wirkungsdimension" liturgische Feier

Artikel 7 der Liturgiekonstitution bietet eine Art Definition des Liturgieverständnisses.[6] Es zeichnet sich dadurch aus, daß vornehmlich Christus als der Handelnde angesehen wird. Dies wird im ersten Abschnitt in der Aufzählung der verschiedenen Gegenwartsweisen offenkundig, wobei die Affirmation der Gegenwart Christi im Wort und in der singenden und betenden Gemeinde seinerzeit als ein Novum empfunden wurde. Im folgenden Abschnitt kommt der dialogische Charakter der Liturgie zur Sprache, die demnach nicht mehr einseitig kultisches Geschehen als Verherrlichung Gottes ist, sondern zugleich die Heiligung des Menschen bewirkt. Dies geschieht primär durch Christus, der sich die Kirche zugesellt (consociat), sekundär durch die Kirche, die Christus anruft und durch ihn dem Vater den Kultus leistet. Der darauffolgende Abschnitt lautet wörtlich:

„Mit Recht gilt also die Liturgie als Vollzug des Priesteramtes Christi; durch sinnenfällige Zeichen wird in ihr sowohl die Heiligung des Menschen bezeichnet und in je eigener Weise bewirkt, als auch vom mystischen Leib Jesu Christi, d. h. dem Haupt und den Gliedern, der gesamte öffentliche Kult vollzogen."

Im letzten Abschnitt wird daraus gefolgert, daß jede Feier als Werk Christi und der Kirche „im vorzüglichen Sinne heilige Handlung" (actio sacra praecellenter) ist, deren Wirksamkeit (efficacitas) kein anderes Tun der Kirche erreicht. Zwar erschöpft sich das Handeln der Kirche nicht in der Liturgie (SC 9), doch gilt sie als „Gipfel, dem das Tun der Kirche zustrebt und zugleich die Quelle, aus der all ihre Kraft strömt" (SC 10).

Auffallend ist das Bestreben, die Einheit des descendenten und ascendenten Geschehens festzuhalten. Die aus der klassischen Sakramententheologie bekannten Begriffe (z. B. significare, efficere) werden mit teils biblisch orientierten Formulierungen verbunden, die die gott-menschliche Kommunikation beschreiben.

In diesem Konzept ist die Erfahrungsebene intendiert, auch wenn dies nicht explizit zum Ausdruck kommt. Die Wirksamkeit des liturgisch-sakramentalen Geschehens resultiert nicht nur dogmatisch gesprochen ex opere operato, sondern auch und insbesondere ex opere operantium. Liturgie ist hier zumindest intentional als kommunikative Handlung beschrieben, in der Wort und Zeichen Ausdrucksgestalten personaler Begegnung sind. Der Konzilstext drückt dies mit der von Papst Pius X. eingeführten Kategorie der „tätigen Teilnahme" aus (SC 14). Es kommt darauf an, daß Herz und Stimme der Gläubigen zusammenklingen „und daß sie mit der himmlischen Gnade zusammenwirken (cooperentur), um sie nicht vergeblich zu empfangen" (SC 11).[7]

An dieser Stelle muß freilich kritisch nachgefragt werden: wie ernst ist es dem Konzil mit diesem Dialog? Handelt es sich nicht um einen bloß fingierten Dialog, der keinen Spielraum für Veränderung, für Wandlung nicht nur der Gaben, sondern auch und vor allem der Menschen und ihrer Äußerungen bietet? Man hat beim Betrachten der Liturgiekonstitution und der nachfolgenden Liturgiereform den Verdacht, daß man auf der theologischen Ebene behauptet hat, was man auf der anthropologischen zu verhindern suchte.[8]

Dies gilt auch für ein neues römisches Dokument der Liturgiereform, die „Vierte Instruktion zur ordnungsgemäßen Durchführung der Konzilskonstitution über die Liturgie (Nr. 37-40) mit dem Titel „Römische Liturgie und Inkulturation" vom 25. Januar 1994. Inkulturation wird hier immer noch als Zugeständnis aufgrund von Schwierigkeiten der Gläubigen mit der römischen

Liturgie verstanden. Immerhin hatte Papst Johannes Paul II. in seiner Enzyklika „Redemptoris missio" im Jahre 1990 auf den Zusammenhang von Inkulturation und Inkarnation aufmerksam gemacht, hier freilich bezogen auf die Evangelisation. Diese bewirke eine „innere Umwandlung der authentischen kulturellen Werte durch deren Einfügung in das Christentum und die Verwurzelung des Christentums in den verschiedenen Kulturen."[9]

Hier ist kritisch anzufragen: Wird in der Instruktion von 1994 nicht ein Kulturbegriff vorausgesetzt, der im 19. Jh. entwickelt wurde und durch die Moderne überholt ist? Zeigt nicht gerade die „Postmoderne", daß wir mit einer zunehmenden Gleichzeitigkeit des Ungleichzeitigen, einer immer stärkeren Individualisierung und Privatisierung rechnen müssen? Ist nicht vorab zu fragen, wie Evangelium und Glaubenspraxis im Leben des einzelnen Menschen inkarnieren können, wie gleichsam von innen her Gemeinde Jesu Christi auferbaut werden kann, damit deren kommunikative Äußerungen aus Vergangenheit und Gegenwart – darunter in erster Linie die Liturgie – in Freiheit angenommen werden können?

Diese Fragen stehen vor dem Hintergrund der Frustrationen, die viele in bezug auf den Gottesdienst haben. Die Verantwortlichen für die Liturgie leiden vielfach unter dem zweifachen Druck, der „von oben" und „von unten" auf ihnen lastet. Ist das Projekt Liturgiereform womöglich an dem Konflikt zwischen dem Bestreben, die Einheit zu wahren, und dem Wunsch nach berechtigter Vielfalt gescheitert? Anders ausgedrückt: Läßt sich communio verordnen, oder muß sie nicht von innen und von unten wachsen?

3   *Die Schwierigkeit: Verschränkung theologischer und anthropologischer Kategorien oder: das Problem Theorie und Praxis*

Die Theologie, insbesondere die Praktische Theologie und darunter die Liturgiewissenschaft, bemüht sich um eine angemessene Verhältnisbestimmung von theologischem Anspruch und anthropologischen Gegebenheiten. Im Jahre 1991 legten deutsche Liturgiewissenschaftlerinnen und Liturgiewissenschaftler in einer „Standortbestimmung" ihr Verständnis des Fachs und seiner Aufgaben vor. Darin heißt es:

„Liturgiewissenschaft fragt, wie die skizzierte Wechselbeziehung zwischen Gott und Mensch, die im Paschamysterium Jesu Christi ihr Fundament besitzt, in der liturgischen Versammlung ihren angemessenen Ausdruck findet. Dies bedeutet, daß die Liturgiewissenschaft die theologische und die anthropologische Dimension der gottesdienstlichen Feier gleichermaßen zu berücksichtigen hat."[10]

Was heißt aber „angemessener Ausdruck der Wechselbeziehung"? Was geschieht mit dem Menschen, wenn er mit Gott in Kontakt kommt? Ist nicht der liturgische Gestus so stilisiert, daß er nicht einmal im entferntesten mehr als Ausdruck existentieller Befindlichkeiten erfahren werden kann? Wenn der Mensch Gott begegnet, kann er nachher nicht mehr derselbe sein wie vorher. Sollten wir Gott nicht zutrauen, was wir von manchen menschlichen Begegnungen her kennen?

Dann aber bekommt die Frage nach der Wirksamkeit eine erfahrungsbezogene Dimension, die zugleich theologische Relevanz hat. Theologische und anthropologische Betrachtungsebene stehen nicht neben- oder gar übereinander, sondern sind miteinander verwoben. Freilich stehen wir in einer theologischen Tradition, die diese Bereiche gern trennte. Die bekannten Dualismen und Dichotomien Natur und Übernatur, Leib und Seele, Gott und Welt, Logos und Mythos, Sacrum und Profanum sprechen für sich. Nicht daß diese Dualitäten als solche zu leugnen wären; zu fragen ist jedoch nach ihrer spannungsvollen und damit kreativen Wechselbeziehung.

Es läßt sich zeigen, daß die Debatten der vergangenen Jahrzehnte über den Gottesdienst meist versucht haben, die Polarität nach der einen oder anderen Seite hin aufzulösen. Wenn man die drei Jahrzehnte seit der Liturgiekonstitution des Zweiten Vatikanischen Konzils kategorisieren will, so lassen sich folgende

Entwicklungslinien skizzieren: Ausgangspunkt war – trotz bedeutender Reformbemühungen der Päpste Pius X. und Pius XII. – ein stark verobjektiviertes Liturgieverständnis, das lange Zeit exklusiv den Klerus betraf. Die Reformen des 20. Jh. haben die Rolle des „Volkes" wiederentdeckt und der Liturgie vor Ort wieder ihre kirchliche Dimension zugesprochen. Im Grunde bleibt es aber – auch auf dem Konzil – bei einem auf den objektiven Vollzug bezogenen Verständnis, auch wenn nun betont wird, daß „Herz und Stimme zusammenklingen" sollen (SC 11). Seit den sechziger Jahren bahnte sich in unseren westlichen Gesellschaften aber jene als „zweite Aufklärung" bezeichnete Entwicklung an, deren negative Folgeerscheinungen als hemmungsloser Egoismus und Zerstörung jeglicher objektiver Ordnungsfaktoren beklagt werden. In der liturgischen Praxis äußerte sich dies unter anderem im Ignorieren kirchlicher Vorgaben. Nicht die Hinordnung auf etwas Vorgegebenes (Gottesdienst als Gott geschuldete Verehrung), sondern die Frage nach dem Effekt stand im Vordergrund; Kreativität war gefragt.

Trotz vieler sicherlich anerkennenswerter Bemühungen um „lebendigen Gottesdienst" wurde und wird aber übersehen, daß in dieser Perspektive immer noch versucht wird, über die „Sache" einen lebendigen Gottesdienst zu bewerkstelligen. Im Grunde handelt es sich um eine Fortschreibung des vorkonziliaren Liturgieverständnisses in neuer Verpackung. Bezeichnenderweise hat ein prominenter Vertreter der Liturgischen Bewegung diese Entwicklung schon im voraus erkannt und vor einer zu kurz greifenden, allein an der „Sache" ansetzenden Liturgiereform gewarnt: Im Jahr 1964 fand in Mainz ein liturgischer Kongreß statt, der die reiche Ernte der kurz zuvor verabschiedeten Liturgiekonstitution feiern und deren Verwirklichung einleiten sollte. Dabei ging man stillschweigend davon aus, daß sich die Reform in Anpassungen wie Vereinfachungen und Gebrauch der Muttersprache bei den Lesungen erschöpfen könne, um die gewünschte „tätige Teilnahme" zu erzielen. Man setzte voraus, daß die Liturgie an sich „verständlich" sei. Romano Guardini, der zu diesem Kongreß eingeladen, aber aus gesundheitlichen Gründen verhindert war, sprach in einem Brief an Johannes Wagner das Problem der Liturgiefähigkeit des heutigen Menschen auf eine radikale Weise an und stellte damit das Reformprogramm insgesamt in Frage:

„Ist vielleicht der liturgische Akt, und mit ihm überhaupt das, was 'Liturgie' heißt, so sehr historisch gebunden – antik, oder mittelalterlich, oder barock – daß man sie der Ehrlichkeit wegen ganz aufgeben müßte? Sollte man sich nicht zu der Einsicht durchringen, der Mensch des industriellen Zeitalters, der Technik und der durch sie bedingten soziologischen Strukturen sei zum liturgischen Akt einfach nicht mehr fähig? Und sollte man, statt von Erneuerung zu reden, nicht lieber überlegen, in welcher Weise die heiligen Geheimnisse zu feiern seien, damit dieser heutige Mensch mit seiner Wahrheit in ihnen stehen könne?"[11]

Diese Sätze sind heute auf eine geradezu bestürzende Weise aktuell. Haben die Kritiker der Liturgiereform recht, die sagen, die Reform sei am Eigentlichen vorbeigegangen? Liegt die Lösung in der Rückkehr zum Alten, oder müssen ganz neue Gestalten gefunden werden, die den Menschen von heute gemäß sind? Es geht doch, wenn wir Guardini recht verstehen, um Erfahrung der Nähe Gottes in einer Welt, die solche Erfahrung anscheinend nicht mehr zuläßt.

Das Dilemma der erneuerten Liturgie besteht darin, daß sie in Kontinuität zu den vergangenen Epochen, in denen, wie Guardini sagt, „die Welt von Gott voll" war, die Nähe Gottes behauptet, was jedoch der Erfahrung der Menschen meist widerspricht. Wie aber Gott „durch die Ferne hin die Treue halten" – in einer Zeit, in der sich der Effekt auf Knopfdruck einzustellen hat, auch im Bereich personaler Beziehungen? Ist der heutige Mensch zum „liturgischen Akt" wirklich nicht mehr fähig, weil er womöglich in seiner Welt die Spuren Gottes nicht mehr findet, von denen das liturgische Symbol lebt? Weil seine Sprache von der der Liturgie (und der Bibel) so verschieden ist, daß er in den traditionellen Antworten seine Fragen nicht aufgehoben findet?[12]

Halten wir fest: Anders als in der Zeit der Liturgischen Bewegung des 19. und frühen 20. Jahrhunderts erscheint der Ansatz einer liturgischen Erneuerung an einem objektiven Liturgiebegriff nicht mehr möglich. Der Ansatzpunkt ist vielmehr im handelnden Subjekt zu suchen.[13] Dabei kommt es darauf an, den Subjektbegriff so zu fassen, daß er nicht in die Beliebigkeit abgleitet. Hier können Erkenntnisse aus Entwicklungspsychologie[14] und der Bildungstheorie[15] hilfreich sein.

Die im Personkern des einzelnen Menschen gründende Gottesbeziehung verhilft diesem zum Menschsein und baut Kirche auf als Gemeinschaft beziehungsfähiger Subjekte. Die Liturgie als zentraler Selbstvollzug der Kirche gründet einerseits auf dieser Gottesbeziehung (Gemeinschaft von Getauften), stärkt und nährt andererseits die Gottesbeziehung der einzelnen Mitglieder und verhilft ihnen damit zum erfüllten Menschsein.

Die Frage nach der „richtigen" Liturgie ist also nicht primär eine ästhetische oder gar rubrizistische, sondern eine personale: Wie feiert eine Gemeinschaft, daß sie sich gleichsam als Emmausgemeinschaft, als Weggemeinschaft erfährt, in deren Mitte der Herr ist (Mt 18,20)?

Selbstverständlich kann keine Gemeinschaft bei Null anfangen. Wir sind angewiesen auf die Erfahrungen der Menschen vor und neben uns, bedürfen des Korrektivs von außen und der steten Ausrichtung auf die Offenbarung. Darin ist die Berechtigung des römischen Insistierens auf die „Einheit des Ritus" zu erblicken. Je mehr sich eine Gemeinde aber als Gemeinschaft erfährt, um so mehr wird sie ihre Charismen entdecken, um der Liturgie als Heiligung des Menschen und Verherrlichung Gottes (SC 10) immer neuen Ausdruck zu geben und damit den Reichtum der Schöpferkraft Gottes zu bezeugen. „Neu" bedeutet dabei nicht unbedingt „nie dagewesen", sondern meint in erster Linie die Art und Weise des Vollzugs: das „neue Lied", das die Kirche bis zum Jüngsten Tag anzustimmen hat, hat stets den gleichen Inhalt. Dennoch muß es immer wieder neu erklingen.

Damit stehen wir aber immer noch vor dem ungelösten Theorie-Praxis-Problem: Wie können wir unseren Gottesdienst Tag für Tag, Sonntag für Sonntag so feiern, daß er uns Menschen zur

Menschwerdung dienen kann? Es wurde deutlich zu machen versucht, daß es von der Sache her kaum geht. Es führt auch nicht weiter, bei einem abstrakten Kirchenbegriff anzusetzen. Kirche als Grundsakrament konstituiert sich aus Personen. Liturgie als Grundvollzug von Kirche ist in ihrem Wesen personales Geschehen. Dies soll im folgenden vertieft werden.

4 Der personale Ansatz

4.1 Schöpfungs- und inkarnationstheologischer Ausgangspunkt: die Selbstmitteilung Gottes

Der Anspruch des Christentums besteht darin, daß es etwas zu sagen hat, weil Gott gesprochen hat. Judentum wie Christentum stehen unter dem „Anspruch Gottes". Gottes Sprechen und Handeln sind an geschichtliche Ereignisse, für die Kirche an die historische Gestalt Jesu gebunden. Bekenntnis („Jesus ist der Herr", Röm 10, 9) und Aussage („Gott hat ihn von den Toten auferweckt", ebd.) gehören zusammen.

„Jesus und Gott sind die beiden Subjekte der Bekenntnisformeln. ,Herr Jesus', die Anrufungsformel, und Gott hat ihn von den Toten auferweckt', eine Aussageformel, stehen nebeneinander. Sie bewirken aber in dem menschlichen Subjekt, das sich die beiden Formeln in Anrufung und Aussage zu eigen macht, eine Aktualisierung bzw. eine neue Weise der Gegenwart Jesu und Gottes, die als Heil des Bekennenden angesprochen wird."[16]
Westliche Theologie hat bekanntlich die heilsgeschichtliche Rede von Gott weitgehend verlernt. Die Liturgie ist ihr darin leider weitgehend gefolgt, im Unterschied zu den orientalischen Kirchen. Besonders deutlich wird dies am Beispiel der Normalpräfation der Sonntage der römischen Liturgie: die spekulative Dreifaltigkeitspräfation wurde zur allgemeinen Sonntagspräfation. Der heilsgeschichtliche Gehalt der Sonntagsfeier – das Paschamysterium Christi – geriet in Vergessenheit. Die Liturgiereform hat versucht, dieses Defizit zu beseitigen. So enthält das

vierte Hochgebet nach orientalischem Vorbild eine ausgedehnte Anamnese der Heilsgeschichte; Gott erscheint nicht mehr ausschließlich als der Seiende, sondern stärker als der Handelnde in Schöpfung, Offenbarung und Erlösung:

„Als er (der Mensch) im Ungehorsam deine Freundschaft verlor und der Macht des Todes verfiel, hast du ihn dennoch nicht verlassen, sondern voll Erbarmen allen geholfen, dich zu suchen und zu finden."

Nicht anders die Präfation für die Sonntage VIII, die als heilsökonomisches Pendant zur ontologischen Dreifaltigkeitspräfation gelten kann:

„Die Sünde hatte die Menschen von dir getrennt, du aber hast sie zu dir zurückgeführt durch das Blut deines Sohnes und die Kraft deines Geistes."

Nicht mehr das verobjektivierte Heilswerk steht im Mittelpunkt des Gedenkens, sondern der einst und jetzt handelnde Gott selbst. Dies ließe sich an verschiedensten Elementen der nach-, aber auch der vorvatikanischen Liturgie verifizieren; allerdings: Theologie und Frömmigkeit haben die personal-dynamische Dimension liturgischer Gottesbeziehung bislang kaum wahrgenommen.

4.2 Die konkrete menschliche Person als Adressat des göttlichen Engagements

Die göttliche Heilssorge ist konkret. Dies geht aus vielen Evangeliumsberichten von Begegnungen Jesu mit Menschen unterschiedlichster Provenienz und Verfassung hervor. Dem entspricht die Konkretheit des christlichen Ethos, die sich in der Gerichtsrede zuspitzt:

„Was ihr dem Geringsten getan/nicht getan habt, das habt ihr mir getan/nicht getan" (Mt 25, 40.45).

So zielt die Liturgie vor allem in ihren Formen sakramentaler Verdichtung letztlich auf den einzelnen Menschen, freilich innerhalb der Gemeinschaft. Dies entspricht der Eigenart der für heutige Sakramententheologie fundamentalen Kategorie der Begegnung.[17] Keine Sakramentenformel steht im Plural, im Innersten handelt es sich auch auf der Zeichenebene stets um einen ganz persönlichen Akt. Selbst der Segen – in der Regel kommunitär gespendet – kennt die dichtere individuelle Variante. Nun ist aber Liturgie wesentlich als dialogisches oder kommunikatives Geschehen zu begreifen. Damit ist das traditionelle Schema von Sender bzw. Spender und Empfänger als unzureichend disqualifiziert. Der Partner muß nicht nur „verstehen", sondern auch „mitspielen" können – wenn auch mit unterschiedlichem Bewußtheitsgrad. Dies impliziert die Anerkennung der Personwürde des menschlichen Partners. Er ist niemals bloßes Objekt (der Verkündigung oder gar Belehrung, der Erbauung oder der Spendung), sondern Mitwirkender – nicht im Sinne der Werkgerechtigkeit, sondern im Sinne der biblischen Bundestheologie.

4.3 Liturgisches Handeln als rituelles Tun

Nicht nur im kirchlichen Bereich, sondern allgemein ist rituelles Tun konstitutiv, insofern es Ausdruck für das Wahrnehmen der Grenzen für die Verfügungsmacht des Ichs bedeutet. Rituale bezeichnen kosmische Orientierung und soziale Ordnung durch Herstellen und Einüben von Beziehungen in Abgrenzung (Tabu) und Entgrenzung (rites de passage)[18]. Beziehungen sind konstitutiv für das Personwerden. Die Gottesbeziehung artikuliert sich liturgisch durch Akte der Verkündigung (persönliches Zeugnis) sowie durch Akte der Anerkennung Gottes, wodurch zugleich Begrenzung (das „Opfern" von Zeit, Selbstbestimmung etc.) und Entgrenzung (Lösung aus der Ichbefangenheit, Wachsen am andern) erfahren wird. Hier geht der Gottesdienst der biblischen Religion mit der Religionsgeschichte weitgehend konform. Singulär ist für Israel der Gedanke der Erwählung und für die Kirche der des sacramentum mundi als Fortsetzung der biblisch verbürgten Heilsgeschichte. Dies setzt aber die Erfahrung sakramentaler Gnade bei den einzelnen voraus.

4.4 Die ekklesiale Dimension als Frucht personaler Gottesbeziehung

Die Erfahrung der sakramentalen Gnade (z. B. in Taufe und Eucharistie) ist nur durch Beziehung möglich. Dabei ist immer menschliche Kommunikation im Spiel, da die Gottesbeziehung in Gestalten menschlicher Vermittlung aktuiert wird. Dies hat anthropologische Gründe, insofern die einzelne Person sich als solche nur in Gemeinschaft (wiederum Abgrenzung und Entgrenzung) erfährt. Die Grunddimensionen des Gottesdienstes haben alle kommunitären Charakter, wenn auch die sakramentale Handlung im engeren Sinn, wie bereits gesagt, personal ausgerichtet bleibt. Die Gottesdienstversammlung ist keine kollektive Überperson, sondern soll dem einzelnen Menschen zum Personsein verhelfen.

5   Konsequenzen eines personalen Ansatzes für die Liturgie

(1) Der personale Ansatz impliziert den Übergang von einer universalistischen zu einer eucharistischen Ekklesiologie und einem entsprechenden Liturgieverständnis.

In einem Buch über die Communio-Ekklesiologie schrieb Klaus Hemmerle: „Seit die Communio-Ekklesiologie als Thema angeklungen ist, darf und wird sie nicht mehr zum Verstummen kommen. Sie hat zu Beginn des letzten Konzils die frühere ‚Pyramiden-Ekklesiologie' endgültig abgelöst, die den Bauplan der Kirche von der obersten Spitze der Hierarchie in einer Stufenfolge bis zur Basis der Laien zu lesen pflegte. Die Unterschiede sind keineswegs nivelliert, aber sie werden nunmehr neu interpretiert. Durch die außerordentliche Synode (1985) ist die Communio-Theologie des Konzils verdeutlicht, und durch die letzte Synode in Rom (1987) hat sie sich in einem breiteren Rahmen durchgesetzt. Dieser Anfang muß Geschichte machen!"[19]

Gottesdienst ist auf dieser Linie als „Begegnungsereignis" von Personen zu beschreiben, die als Versammlung von

Christusgläubigen an einem Ort Kirche sind. Diese Versammlung muß dann freilich auch als Lebensraum gestaltet werden. Surrogate oder Schablonen dürfen nicht länger geduldet werden.

(2) Partner Gottes ist der liturgiefeiernde Mensch, dessen Menschsein (und damit auch seine liturgische Subjekthaftigkeit) erst in Gemeinschaft zur Entfaltung kommt. Damit ist einem rein korporativen Verständnis eine Absage erteilt. Gottesdienst konstituiert sich als Beziehungsgeflecht, das sich nicht in einem unpersönlichen „Rollenspiel" erschöpfen darf.

(3) Die Befindlichkeit der konkreten Menschen ist nicht bloß dispositiv, sondern konstitutiv. Dies impliziert z. B. das Wahr- und Ernstnehmen der Lebensgeschichte der einzelnen Menschen mit ihren Begrenzungen und Leiden. Persönliche Zeugnisse – nicht nur des amtlichen Predigers – gewinnen zunehmend an Bedeutung. Um der naheliegenden Gefahr des Subjektivismus zu entgehen und um communio über die sichtbare Versammlung hinaus erfahrbar zu machen, ist das Korrektiv von Formen und Formeln, wie sie Bibel und Tradition vorgeben, selbstverständlich weiterhin gültig.

(4) Gottesdienst ist Gottes Dienst an der Personwerdung des Menschen. Dieser zunächst selbstverständlich klingende Satz erweist sich bei näherer Betrachtung als explosiv: Gottesdienst ist, was dem Menschen dient! Dies erfordert z. B. ein größtmögliches Maß an Integration und Inklusivität (was nicht heißt, daß nicht auch gruppenspezifische Gottesdienste stattfinden sollen). Hier ist der Anspruch der „Ganzheitlichkeit" zu orten, insofern alle genetischen Schichten des Lebensglaubens, die im Menschen koexistieren, angesprochen werden müssen. Dabei ist der Gottesdienst auf seine vielfältigen Wirkungsweisen (pädagogisch, psychologisch, therapeutisch) hin zu überdenken. Im Gottesdienst müssen die getrennten Lebensbereiche zu einer Einheit finden, Logos und Mythos wieder versöhnt wer-

den. Dabei handelt es sich nicht um Zweck-, sondern um Sinn-dimensionen.

6   Ausblick: Gottesdienst – ein „offenes Kunstwerk"?

Welche Chancen hat christlicher Gottesdienst im Zeitalter der „Postmoderne"? Er steht erstmals seit Jahrhunderten in echter Konkurrenz zu nichtkirchlichen Ritualen. Vom theologischen Selbstverständnis her hat er die Gratwanderung zwischen Rationalismus und Magie zu vollziehen. Dazu ist ein neuer Umgang mit den alten Formen, aber auch eine Kompetenz im Erwerb einer neuen Formensprache vonnöten. Die Kirche – d. h. wir – kann dies aus sich selbst heraus nicht leisten. Das ist auch gut so: Sollte die derzeitige Aporie nicht eine Einladung sein, nach „Verbündeten" Ausschau zu halten? Wertvolle Anhaltspunkte geben Strömungen der Gegenwartskunst, die den Betrachter / die Betrachterin in den schöpferischen Prozeß einbeziehen. Die Form ist nicht mehr bis ins letzte Detail festgelegt, und doch bildet das Objekt einen festen Referenzpunkt im Dialog. Die Liturgie ist demzufolge kein abgeschlossenes Gegenüber im Sinne des traditionellen Bühnentheaters, sondern eine dynamische, alle einbeziehende Aktion, in der die Akteure das werden, was sie darstellen, und zwar nicht nur für die Dauer der Feier, sondern gerade auch für die „Liturgie des Alltags".[20] Richard Schaeffler hat dies prägnant zum Ausdruck gebracht: „Denn in der Feier des Gottesdienstes vollzieht der Mensch nicht nur Bildhandlungen für die wirksame Gegenwart Gottes, sondern wird selbst im Vollsinne, was er immer schon ist: Bild, d. h. Gegenwartsgestalt Gottes in der Welt. Und die Gemeinschaft der Glaubenden setzt im Gottesdienst nicht nur derartige wirksame Heilszeichen, sondern wird selbst im Vollsinne das, was sie immer schon ist: „Sacramentum Salutis", wirksames Zeichen der göttlichen Heilsgegenwart. Und nur weil der einzelne Christ und die Gemeinschaft der Glaubenden dies ist und im Gottesdienst immer neu dies wird, können sie auch „der Welt" einen Dienst tun, den ihnen keine andere Gruppe von Menschen abnehmen kann".[21]

Anmerkungen

1   Bei den folgenden Ausführungen handelt es sich um eine Skizze, die die Grundlage einer demnächst erscheinenden größeren Arbeit darstellt.

2   Albert Gerhards, Anneliese Knippenkötter, Birgit Osterholt-Kootz, Stephanie Scharfenberg (Hg.), Wahrhaftig, Gott ist bei euch! Wie feiern wir heute Liturgie?, Paderborn: Bonifatius 1994, 34.

3   Vgl. zu diesem Phänomen H.-J. Höhn, Gegen-Mythen. Religionsproduktive Tendenzen der Gegenwart, QD 154, Freiburg 1994.

4   Vgl. dazu A. Gerhards (Hg.), Die größere Hoffnung der Christen. Eschatologische Vorstellungen im Wandel, QD 127, Freiburg 1990.

5   Stephen Hawking, Eine kurze Geschichte der Zeit. Die Suche nach der Urkraft des Universums, rororo Sachbuch 8850, Reinbek bei Hamburg 1991, 217f.

6   Vgl. J. A. Jungmann, Kommentar zur Konstitution über die heilige Liturgie, in: LThK² E.1, 22: „Im dritten Absatz sollte zwar, wie schon in der Vorbereitenden Kommission betont wurde, keine Definition der Liturgie gegeben werden. Dies soll der wissenschaftlichen Erörterung überlassen bleiben. Aber es wird der Bereich der Liturgie umschrieben, so wie er den Gegenstand dieser Konstitution bilden soll ..."

7   Vgl. dazu: F. Kohlschein, Bewußte, tätige und fruchtbringende Teilnahme, in: Th. Maas-Ewerd (HG.), Lebt unser Gottesdienst? Die bleibende Aufgabe die Liturgiereform, Freiburg-Basel-Wien 1988, 38-62; B. J. Hilberath, „Participatio actuosa". Zum ekklesiologischen Kontext eines pastoralliturgischen Programmes, in: H. Becker – B. J. Hilberath – U. Willers (Hg.), Gottesdienst – Kirche – Gesellschaft. Interdisziplinäre und ökumenische Standortbestimmungen nach 25 Jahren Liturgiereform, St. Ottilien 1991, 329-338 (Pietas Liturgica 5).

8   Vgl. K. Richter, Liturgiereform als Mitte einer Erneuerung der Kirche, in: ders. (Hg.), Das Konzil war erst der Anfang. Die Bedeutung des II. Vatikanums für Theologie und Kirche, Mainz 1991, 53-74.

9   VAS 114, 6.

10   A. Gerhards / B. Osterholt-Kootz, Kommentar zur „Standortbestimmung der Liturgiewissenschaft", in: LJ 42 (1992), 122-138, hier 125.

11 R. Guardini, Der Kultakt und die gegenwärtige Aufgabe der liturgischen Bildung, in: ders. Liturgie und liturgische Bildung ²1992, 15f.

12 Vgl. A. Gerhards, Romano Guardini als Prophet des Liturgischen. Eine Rückbesinnung in postmoderner Zeit: Guardini Stiftung (Hg.), Guardini weiterdenken, Berlin 1993, 140-153 (Schriftenreihe des Forum Guardini 1).

13 Ansätze dazu gab es bereits in der Zeit der liturgischen Bewegung. Neben R. Guardini sei der weithin unbekannte Aachener Pfarrer Josef Thomé genannt; vgl. A. Gerhards, Pfarrer Josef Thomé (1891-1980). Mündiges Christsein als Voraussetzung liturgischen Feierns, in: LJ 43 (1993), 128-133.

14 Vgl. D. Funke, Im Glauben erwachsen werden. Psychische Voraussetzungen der religiösen Reifung, München ²1990.

15 Vgl. R. Englert, Religiöse Erwachsenenbildung. Situation – Probleme – Handlungsorientierung, Stuttgart-Berlin-Köln 1992 (=Praktische Theologie heute 7).

16 H. Waldenfels, Kontextuelle Fundamentaltheologie, Paderborn u. a. ²1988, 27.

17 Vgl. A. Gerhards, Stationen der Gottesbegegnung. Zur theologischen Bestimmung der Sakramentenfeiern, in: M. Klöckener – W. Glade (Hg.), Die Feier der Sakramente in der Gemeinde. Festschrift für Heinrich Rennings, Kevelaer 1986, 17-30; als Beispiel einer auf der Begegnungsdimension aufbauenden neueren Sakramententheologie sei genannt: L. Lies, Sakramententheologie. Eine personale Sicht, Graz-Wien-Köln 1990.

18 Vgl. W. Jetter, Symbol und Ritual, Göttingen 1978.

19 K. Hemmerle, Im Austausch Gestalt gewinnen. Nach-Denkenswertes zur Bischofssynode 1987 über „Die Berufung und Sendung der Laien in Kirche und Welt", in: J. Müller / E. J. Birkenbeil (Hg.), Miteinander Kirche sein. Idee und Praxis, München 1990, 2-18, hier 12.

20 Vgl. die Handreichung „Kunst und Kultur in der theologischen Aus- und Fortbildung", hg. vom Sekretariat der Deutschen Bischofskonferenz, Bonn 1993 (Arbeitshilfen 115), darin: A. Gerhards, Die Künste und die Kirche. Anmerkungen zu einem spannungsvollen Dialog, 9-4; ders., Die Künste und die Kirche. Anmerkungen zu einem spannungsvollen Dialog aus liturgiewissenschaftlicher Sicht, in: StdZ 119 (1994), 232-238.

21 R. Schaeffler, Die Stellung des Kultus im Leben des Menschen und der Gesellschaft. Eine anthropologische Grundlegung, in: K. Baumgartner

291

u. a., Unfähig zum Gottesdienst? Liturgie als Aufgabe aller Christen, Regensburg 1991, 33f.

IV. Herausforderungen

Ottmar Fuchs

Wenn die Diakonik in die Kirche einbricht

Die Entgrenzung zum Nächsten
als Leitmotiv der Pastoral

1 Spannungen im Kirchenverständnis

Auf breiter „Front" scheint die Kirche gegenwärtig an Boden zu verlieren. Der quantitative Rückgang in verschiedenen Bereichen gilt dafür als Symptom. Die Austrittszahlen steigen dramatisch an, die Zahl der GottesdienstbesucherInnen sinkt unverhältnismäßig stark, aufgrund des Priestermangels drohen katastrophale Zustände in der Pastoral, und die innerkirchlichen Polarisierungen über das Selbstverständnis und die Praxis der Kirche (nicht zuletzt hinsichtlich der Bewältigung der Krise) vertiefen sich.

1.1 Krisenbewertung und Kirchenbild

Die Frage nach der Definition und Bewertung dessen, was als Krise erfahren wird, hängt bereits mit der Frage danach zusammen, welche Kirchenbilder man vertritt und welche Kirchenerfahrungen (oder -projektionen) dahinterstehen. Entscheidend ist also, wie man die jeweilige Krise deutet. So hat das Vatikanum I auf den zunehmenden gesellschaftlichen Einflußverlust und auf den politischen Machtverlust der Kirche mit einer um so schärferen Kirchenräson (auf institutioneller und dogmatischer Ebene) nach innen reagiert und sich damit in der Grenzziehung nach außen defensiv verteidigt, während das II. Vatikanum anders reagierte: nämlich in einer offensiven Öffnung der Kirche zur Welt hin, verbunden mit einer eigenen theologischen Methode, nämlich die „Zeichen der Zeit" diesbezüglich richtig zu entschlüsseln.[1]

Im ersten Fall wird die Krise als eine maligne definiert und möglichst viel von dem als „Krebsgeschwür" identifiziert, was die Krise verursacht. Letzteres fällt dann dem Skalpell der Ausgrenzung und Verteufelung zum Opfer (wie bestimmte Errungenschaften der Moderne in den ersten Jahrzehnten dieses Jahrhunderts durch den Antimodernismus bekämpft wurden). Im zweiten Fall gewinnt die Kirche ein positiveres Verhältnis zu dem, was die Krise auslöst, z. B. zur Freiheit des Subjektes und zur interreligiösen Toleranz, und setzt sich von den eigenen Inhalten her dazu neu in Beziehung (z. B. in der Berufungstheologie des II. Vatikanums, welche die Mündigkeit aller ChristInnen begründet, oder in der Einsicht, daß sich die universale Wahrheit in verschiedenen geschichtlichen Formen zeigen kann). Dies geschieht durchaus mit dem gesteigerten Bewußtsein, dadurch auch der eigenen Identität in einer neuen situationsbezogenen Weise näherzukommen.

Mit den oben angedeuteten beiden Reaktionen gehen auch unterschiedliche (sozial-)psychologische Reaktionen Hand in Hand. Auf dem Frust quantitativer Rückgänge gedeiht immer beides recht gut: entweder der Rückzug ins Getto, verbunden mit der größenwahnsinnigen Vorstellung, die säkulare Umwelt sei an allem schuld und die ganze Welt müßte sich, um des Heiles teilhaftig zu werden, in dieses Getto hineinintegrieren; oder es kommt geradezu zu einer Explosion an Kreativität in der qualitativen Neubesinnung auf ein anderes Verhältnis zwischen Kirche und Welt (wobei die Welt natürlich immer auch in der Kirche selber ist), verbunden mit der Rückbesinnung auf alte Bilder, die dieses Verhältnis ausdrücken, z. B. das Bild vom Sauerteig (vgl. Mt 13,33), nämlich von der

Arbeit am Reich Gottes in Kirche und Welt, ohne selbst sauer zu werden.[2]

Auf diesem Hintergrund wird die theologische Frage um so brisanter, welches Verhältnis die Kirche zur Gesellschaft einnimmt, was gleichzeitig beinhaltet, welches Verhältnis die Kirche nicht nur zu dem hat, was die Gläubigen an religiöser Integration aufbringen (Gottesdienstbesuch und Glaubenszustimmung), sondern auch zu dem, was sie im darüber hinausgehenden Alltag in persönlichen Beziehungen, im Beruf, in der Freizeit und in sonstigen Zusammenhängen von Wirtschaft und Gesellschaft sind, tun und erleiden. Daß Glaube und Kultur auch nach der Klage von Paul VI. in seinem Sendschreiben (1975) „Evangelii nuntiandi" (Nr. 20) vielerorts so auseinanderfallen, hat seinen Grund nicht nur in der angeblich so schlimmen Säkularisierung der Lebensräume, sondern besonders auch darin, daß von einem ganz bestimmten Kirchen- und Glaubensbild her die außerhalb der Kirche befindlichen Lebensräume wenig gefragt waren bzw. sind.

1.2 Erstes Kirchenbild: In Proexistenz für die Welt

Im Kirchenbild des „Sauerteigs" besteht der positive theologische Bezugspunkt des Verhältnisses von Kirche und Gesellschaft (wie bei jeder Beziehung der Kirche zu einem Inwelts- und Umweltsbereich) darin, daß die Kirche für die ansatzhafte Verwirklichung des Reiches Gottes in der Geschichte verantwortlich zeichnet: in Wort und Tat, in Verkündigung und Diakonie, in Symbolen der Transzendenz und im Handeln der Nächstenliebe. Der Kirche entscheidende Aufgabe liegt darin, das Reich Gottes zu verkünden und mit Gottes Hilfe diesem Reich Gottes durch Menschlichkeit und Gerechtigkeit soweit wie möglich reale Existenz in der Gesellschaft zu verschaffen. Entsprechend dem Sprechhandeln Jesu (vgl. Lk 11,20): Wenn ich mit dem Finger meiner Hand die Menschen von Zwangszuständen befreie, wenn ich sie von Krankheiten heile, wenn ich mit ihnen solidarisch bin, wenn ich im Namen Gottes ihre Schuldbelastungen wegnehme und wenn ich ihnen Gottes Hoffnung verkünde, dann hat dies alles mit dem Reich Gottes zu tun, dann kommt in solcher Barmherzigkeit und Gerechtigkeit Gottes Wirklichkeit selbst zum Zuge.

Die Kirche ist nichts anderes (und das ist viel) als das symbolische (in Wort und Sakrament) und soziale (in der Gemeinschaft und Solidarität nach innen und nach außen) „Mittel" für die Verkündigung und ansatzhafte Verwirklichung der erlösenden „Herrschaft" eines menschenfreundlichen Gottes unter den Menschen. Reich Gottes meint das Geschenk des Glaubens an einen Gott, der alle Menschen in ihrer persönlichen und strukturellen Gebrochenheit hochschätzt, der sie unbedingt als SünderInnen (noch bevor sie sich bekehrt haben) liebt und niemals fallenläßt, auch und gerade nicht im Tod. Reich Gottes meint von daher die um so mehr ermöglichte Kraft, in der je eigenen geschichtlichen und gesellschaftlichen Situation für Gerechtigkeit und Solidarität zwischen Menschen und Völkern zu leben und dafür zu arbeiten und zu kämpfen. „Basileia" ist das neutestamentliche Wort für das „Reich Gottes". So geht es nicht um eine Verkirchlichung der Welt, sondern um ihre „Basileisierung". Was dabei für die Kirche „herausspringt", darf sie getrost von der Gnade Gottes abhängig machen und als nicht produzierbares Geschenk empfangen.

Was die Kirche aufgrund der biblischen Offenbarung hoffnungschenkend und ermutigend Reich Gottes zu nennen vermag, geht in seiner faktischen Präsenz selbstverständlich über sie hinaus: und zwar nicht nur im Liebes- und Gerechtigkeitshandeln vieler Menschen, sondern auch in den Transzendenzvorstellungen vieler Religionen und in nichtreligiösen Symbolisierungen (in Bildern der Kunst, in Meditationszusammenhängen, in der Poesie, in der Musik usw.), welche die Hoffnung in hoffnungsarmen Situationen aufrechterhalten, auch im immer wieder drohenden Sinnlosigkeitsverdacht bei dem Risiko, Gerechtigkeit und Freiheit in dieser Welt praktisch zu vertreten. Weit über die Kirchengrenzen hinaus wird entsprechend gebetet bzw. meditiert und mitmenschlich gelebt.

Eine Kirche die sich in ihrem Gesellschaftsbezug nicht über, sondern unter den Reich Gottes-Inhalt stellt, sieht die ausschlag-·gebenden Kontakte und Austauschprozesse zwischen Kirche und Umwelt immer unter den unteilbaren Kriterien des Reiches Gottes selbst und bestimmt von diesem Bezugspunkt her die gemeinsamen Anknüpfpunkte und Veränderungsansprüche, sowohl auf der religiös-symbolischen wie auch auf der sozial-praktischen Ebene. Die Kirche hat darin, strikt gesehen, keinen Selbstwert, sondern bezieht ihren Wert von dem Dienst her, den sie zugunsten des Reiches Gottes in der Welt einnimmt. Nicht Kirchenräson ist das Ziel, sondern Proexistenz, also ein Sein zugunsten heilender Gottes- und solidarischer Menschenbeziehung.[3]

In diesem Horizont kann die Umwelt der Kirche nicht mehr für die Aufrechterhaltung der Kirche funktionalisiert werden, sondern diese Umwelt ist ausnahmslos Lebensbereich der Kirche und der Christen/innen selbst. Die Identität der Kirche besteht demnach darin, für die anwachsende Humanisierung in Religion und Politik, in Kirche und Gesellschaft einzustehen und dafür zu kämpfen, und zwar gleichermaßen in sich selbst wie auch außerhalb ihrer selbst.

Genau dies ist das Kirchenbild des II. Vatikanums, insbesondere der Pastoralkonstitution „Gaudium et spes", wo die Kirche die Sorgen und Hoffnungen aller Menschen die ihren sein läßt und sich selbst daraufhin befragt, inwiefern die Menschen sie diesbezüglich als teilend und befreiend erfahren. So entwirft die Kirche von ihrer befreienden Wirkung in der Welt her (also von „außen") ihre eigene innerkirchliche Identität und Gestaltung. Man begnügt sich nicht mehr nur mit dem Glaubenssatz nach innen, daß die Kirche Sakrament des Heiles für die Welt sei, sondern holt sich von der Welt gleichsam das Feedback dafür ein, ob man denn tatsächlich von der Welt als teilend und befreiend erlebt wird.

1.3 Zweites Kirchenbild: Integralistisch und exklusiv

Wird die Kirche als Selbstzweck verhandelt, indem die Grenzen des Reiches Gottes auf die Kirchengrenzen reduziert werden und die Zugehörigkeit zum Reich Gottes strikt an die Zugehörigkeit und Mitgliedschaft in der Kirche gebunden wird, dann wäre dies das integralistische Kirchenbild, in dem der alte Satz des Cyprian gültig bleibt: Außerhalb der Kirche kein Heil (auch nicht über den Tod hinaus). Wer sich da noch entsprechend angst machen läßt, kann sich nur noch dem Zwang der Selbsteingliederung unterwerfen, um der entsprechenden Dotierungen teilhaftig zu werden.

Daß aber das vulgär-theologische Verständnis und die rigoristische Interpretation des Satzes „Extra ecclesiam nulla salus" auch lehramtlich verurteilt wurde, das letzte Mal sehr deutlich durch Pius XII. im Jahr 1948,[4] bleibt unberücksichtigt. Nicht erst das II. Vatikanum (Lumen Gentium 15f) weiß von der wahren Heilsmöglichkeit für alle Menschen, insbesondere begründet im allgemeinen Heilswillen Gottes, aber auch begründet in der Heilsnotwendigkeit der Kirche, insofern sie jene in Jesus Christus bis zum äußersten gehende Liebe Gottes verkündigt (und hoffentlich auch in der Tat darstellt), die notwendig für alle Menschen gilt. Die Kirche ist damit das notwendige „Unterpfand" dafür, daß „die Menschheit in der Welt vom Heilswillen Gottes durchwaltet ist."[5] Wo Menschen in ihrer Sehnsucht und in ihrem Glauben nach einem solchen Gott suchen und ihn in ihren Formen finden, wo sie in ihrem Handeln Gerechtigkeit und Barmherzigkeit leben, sind sie „dessen teilhaftig, wofür dieses Siegel (sc. die Kirche) das Unterpfand ist."[6]

Wo dieser feine, aber entscheidende Unterschied zwischen der Kirche als exklusiver Ursache oder Unterpfand des universalen Heiles nicht gesehen wird, kann auch Gott nicht mehr als Ursache des universalen Heiles aufgefaßt werden, sondern sein Heilsradius muß sich dann auf die Kirchengrenzen begrenzen: Die Kirche ist dann nicht mehr Instrument für die Liebe Gottes, sondern Gott wird zum

Instrument für die ausgrenzende und nicht mehr alle Menschen liebende Kirche.[7]

In diesem Kirchenbild wird das Reich Gottes exklusiv mit der Kirche identifiziert und auf den Kirchenbereich regionalisiert, ·mit der fundamentalistischen Attitüde, daß die eigenen Fundamente (Glaube, Kirche, Kultur, Weltanschauung) von vornherein das Gute oder doch Bessere repräsentieren. Während andere Religionen, Kultur- und Gesellschaftsbereiche unter dem prinzipiellen Vorbehalt stehen, schlecht oder schlechter zu sein. Alles, was nicht Kirche ist, kann dann nur gut oder besser werden, wenn es sich in die Kirche hineinbegibt. Kirchenräson ist identisch mit Reich Gottes-Verkündigung. Mission stellt sich dar als ein einseitiges Unternehmen der Gläubigen an den Gottlosen. Und da die „Welt" ohnehin keine Eigengüte besitzt, darf man sie auch entsprechend für die Ziele der Kirche be- und ausnutzen. In der Instrumentalisierung dessen, was die Welt an menschlicher Intelligenz, an Kraft, an Technik und Medien zu bieten hat, braucht man dann nicht mehr kleinlich zu sein. Reaktionärste Einstellung verbindet sich dann mit perfektester Computerisierung.

Bei diesem Kirchenbegriff ist man weitgehend an der bekenntnisorientierten und liturgischen Integration der Gläubigen im Glaubens- und Gottesdienstbereich orientiert. Ob die Beteiligten arm oder reich sind, in welchen spezifischen Lebensverhältnissen sie sich bewegen, ist dabei relativ uninteressant. Die Hauptsache ist, daß die Armen und Reichen den gleichen Glauben glauben, den die Kirche vorsetzt. Diese „Gleichheit" in der gemeinsamen Spiritualität ist das wichtigste und macht es dann auch relativ unnötig, daß die (möglicherweise sogar gottgegebenen) sozialen Schichten versuchen, die Zustände, in die sie hineingeboren wurden, zu verändern. Jede obrigkeitliche Zucht- und-Ordnung-Politik in Kirche und Staat kann sich eine solche stabilisierende Religion nur wünschen.

1.4 Schwierige Spannungen

Was die Diskussion um so schwieriger macht, ist die Tatsache, daß (sich) diese beiden Kirchenkonzeptionen nicht in Reinkultur begegnen, sondern in Mischverhältnissen, in denen die eine Seite mehr integralistisch, die andere mehr proexistent argumentiert. Zusätzlich ist zu bemerken: Es handelt sich hier nicht nur um eine Auseinandersetzung zwischen Menschen, sondern auch um biographische Auseinandersetzungen vieler Menschen mit ihrer eigenen kirchlichen Vergangenheit. Indem ich hier das proexistente Kirchenbild vertrete, kämpfe ich zugleich gegen das integralistische Kirchenbild an, das ich von Kindheit und Seminarerziehung her im Bauch habe.

Hinsichtlich der beiden Kirchenbilder möchte ich also nicht mißverstanden werden: Freiheit und Pluralität sind auch diesbezüglich nicht teilbar. Niemand kann Christsein in seiner ganzen Gestalt verwirklichen, jeder Mensch hat seine eigenen Schwerpunkte und Möglichkeiten. So suchen die einen aufgrund ihrer biographischen und psychologischen Gegebenheit mehr die religiöse Integration und die Sicherheit liturgischer Vorgänge, während andere sich lieber auf die Aktivitäten verlegen, in denen es praktisch um Gerechtigkeit und Barmherzigkeit zwischen den Menschen und Völkern geht.[8] Theologisch steht dahinter der Glaube, daß Gott jeden Menschen so liebt, wie er ist und wie er als solcher auch mit all seiner Begrenzung, aber auch mit seinen Möglichkeiten im Glauben vorkommen darf. Es werden sich dann auch Gruppen in der Kirche bilden, in denen sich Menschen mit ähnlichen Anliegen und Vorstellungen zusammentun.

Entscheidend ist dabei nur, daß sich die verschiedenen Gruppierungen (mit den unterschiedlichen Kirchenbildern) gegenseitig nicht verteufeln und sich selbst gegenüber den anderen verabsolutieren, sondern daß sie sich als die begreifen, die sie sind, nämlich als Partialität innerhalb der Gesamtheit der Kirche, in der sich alle gegenseitig ergänzen, auch miteinander streiten, aber gerade sich im Streit gegenseitig schätzen lernen. Wo eine kirchliche Richtung mit institutioneller Macht die andere an den Rand drängt und beseitigen will, muß massiv Einspruch erhoben werden. Das Grundproblem liegt dabei vor allem darin, wie man nicht fundamentalistisch mit fundamentalistischen, sich selbst verabsolutierenden Einstellungen umgeht.

Auch ist mit dieser Skizze nicht in Abrede gestellt, daß die Kirchen und Gläubigen selbstverständlich immer beides brauchen: eine Gemeinschaft „nach innen" und eine von ihr getragene Gottesbeziehung, wo sie die Erfahrung des Getragenwerdens und der Geborgenheit machen können, auch die Erfahrung konservativer (und dieses Wort ist ein Wertbegriff und darf nicht mit reaktionär identifiziert werden) Treue zu überbrachten Bräuchen, Liturgien und Inhalten. Es wird und muß in der Kirche immer Menschen geben, die dafür eine besondere Verantwortung übernehmen. Nur braucht es dazu eben auch immer jene Selbstentäußerung dieser kirchlichen Gemeinschaft „nach außen" in bezug auf das Reich Gottes in Kirche und Welt, die nicht selten dazu angetan ist, bisherige Gemeinschaftserfahrungen nach innen zu verändern, zu gefährden und aufzureißen auf neue Notwendigkeiten und Möglichkeiten zu. Es gibt durchaus Beispiele in unseren Pfarrgemeinden und in unseren Studentengemeinden, wo beide Wirklichkeitsweisen der Kirche von unterschiedlichen oder auch von den gleichen Personen realisiert werden, dergestalt, daß beispielsweise die Gottesdienstgemeinde, auch wenn sie etwas nicht selbst tut oder auch kritisch anschaut, dennoch im Ernstfall den größeren Sympathisantenkreis für jene Initiativen bildet, die sich zugunsten notleidender und ungerecht behandelter Menschen (etwa der Flüchtlinge im Pfarrgebiet) engagieren und entsprechend kantige sozialpolitische Optionen vertreten.

1.5 Begegnung statt Verkirchlichung

So möchte ich die Ermutigung aussprechen, die oft so beklagte Entinstitutionalisierung der Religiosität als eine Chance für die neue Kirchenbildung aufzufassen. Darin also das Zeichen der

Zeit zu sehen: selbst nicht zuerst auf die Verkirchlichung der Menschen auszusein, sondern diesbezüglich vorbehaltlos den Menschen in ihren Sehnsüchten, Freuden und Sorgen zu begegnen, sie nicht vorschnell integrieren zu wollen, auf entsprechende Zugriffe zu verzichten und in einer solchen „absichtslosen" Beziehung auch etwas Neues für uns selbst und für unsere Identität zu entdecken. Ich bin wirklich überzeugt: Je mehr die Menschen uns als solche erfahren, die ihnen hinsichtlich unserer eigenen Institution relativ absichtsarm begegnen, wo sie merken, der oder die geht mit mir jetzt so um, weil ich ihm bzw. ihr wichtig bin, und nicht etwa, weil dahinter ein Kirchensystem steht, das auf eine quantitative Erfolgskategorie aus ist, wenn wir also mit den Menschen um ihrer selbst willen umgehen (genau das ist Reich Gottes im Sinne Jesu), brauchen wir uns um die Mitgliederzahl überhaupt keine Sorgen mehr zu machen.

Denn genau das ist es, was vielen fehlt in unserer Gesellschaft: daß man mit ihnen nicht rollen- oder zielspezifisch umgeht (wobei Ziele und Rollen von vorgegebenen Institutionen oder Konzernen diktiert sind), sondern daß sie in eine Beziehung aufgenommen werden, wo sie werden können, wer sie darüber hinaus und authentisch sind. Wir blockieren uns selbst, wenn wir in dieser Krise der Kirche kirchenfixiert reagieren. Damit produzieren wir eine problemerzeugende Problemlösung. Wo die Seelsorge, also die Sorge um das Heil der Menschen, zur Zählsorge, also zur reduzierten Sorge um die Kirche als Mitglieder werbender Verein wird, durchkreuzt die Kirche nicht nur ihre Identität, sondern letztlich auch ihre Wirkung.

Es gibt allerdings in der Bundesrepublik, vor allem im Zusammenhang mit den sich neu konstituierenden kirchlichen Institutionen in den ostdeutschen Ländern, wieder starke Kräfte, die weniger mit den korrespondierenden Bereichen und Initiativen der Gesellschaft zusammenarbeiten wollen, als darauf zu setzen, durch innerkirchliche Doppelung von Institutionen und Strukturen wieder eigene Milieus aufzubauen. Die neu eröffneten Ressourcen an Geld und Freiheit in der Gesellschaft werden vielleicht zu selbstverständlich mit der Strategie verbunden, von neuem eine katholische Institutions- und Milieubildung in der Gesellschaft anzugehen. So kann man hören: wir brauchen keinen Religionsunterricht in der staatlichen Schule mit den damit verbundenen Bildungsauflagen, sondern wir nehmen in unseren Gemeinden selbst die Katechese der jungen Leute in die Hand. Oder: Wir brauchen keine theologischen Fakultäten an staatlichen Universitäten mit der damit verbundenen Wissenschaftlichkeit und Freiheit der Theologie: es genügen uns kirchliche bzw. päpstliche Hochschulen.

Solche Tendenzen, die die Kirche vor den gesellschaftlichen Einbindungen retten wollen, treffen sich eigenartigerweise mit den Strategien derer, die der Kirche nicht sehr gut gesonnen sind und sie ebenfalls aus den gesellschaftlich relevanten Bereichen hinausbringen wollen. Eine sich nur auf kirchliche Institutionen zurückziehende Kirchenbildung verstärkt just die Funktion, die der Kirche von außen, nicht selten unter Berufung auf sozialpsychologische und soziologische Kompensations- und Kontingenzbewältigungsparadigmen, zugewiesen wird, mit der Wirkung, sie auf den privaten Bereich der Leidbewältigung bereichsspezifisch ab- und auszugrenzen. Gerade eine neokonservative Gesellschafts- und Wirtschaftspolitik möchte die Religion zu gern auf diese Funktion zurechtstutzen, damit sie die eigentlich wichtigen Abläufe in der Wirtschaft nicht stört, sondern kompensatorisch und therapeutisch stützt.

Außerdem wird man, was den missionarischen Aspekt anbelangt, über eine neu forcierte Milieubildung auf die Menschen in der Gesellschaft wenig Eindruck machen. Denn erstens bleiben diese Milieus winzig und vermitteln eher den Eindruck eines Gettorückzugs. Zum zweiten wird dann auf die einzelnen Gläubigen abgewälzt, wofür sich die Institutionen der Kirche selbst zu verausgaben hätten: nämlich in dieser Gesellschaft zu leben und sich *darin* (und nicht etwa nur: daneben) aus christlicher Existenz heraus zu entwerfen. Dies bedeutet nicht, daß ChristInnen nicht auch das Recht hätten, in ihren Feiern und Gottesdiensten unter sich zu sein und untereinander ihre Erfahrungen auszutauschen. Ohne diese identitätsbildende Gemeinschaft nach innen gibt es auch keine Verausgabung nach außen. Nur darf dies nicht zeitlich eingeteilt werden, als müsse man erst zu einem Selbstand kommen, damit man danach auf andere zugehen kann. Aus verschiedenen Humanwissenschaften wissen wir mittlerweile, daß dies blanker Unsinn ist: denn die eigene Identität, auch die einer Gemeinschaft, bildet sich gerade in der Auseinandersetzung und Beziehung zur Umwelt aus. Das Nach-innen-Zusammenkommen und Nach-außen-Wirken ist ein wechselseitiger dynamischer Prozeß, der niemals abgeschlossen ist. Und wer ihn mit Gewalt durch Kommunikationsabbruch abschließt, holt sich Lebensverlust, schließlich den Tod einer Gemeinschaft ins Haus.

2 Diakonische „Inkulturation"

2.1 Nicht Rückzug, sondern institutionelle Hingabe

Diese Überlegungen gelten nicht nur für die gläubigen Einzelpersonen, sondern auch für die systemischen Größen der Kirchen, also auch für ihre institutionellen Rollenträger. So sind letztere nicht nur für die Glaubensverkündigung verantwortlich und dafür, daß die Gläubigen von ihrem Glauben her ihr Leben in der Gesellschaft gestalten, sondern auch dafür, daß die institutionellen Ressourcen der Kirche die Gläubigen in ihrer Verantwortung in der Gesellschaft mitbegleiten: etwa ein von der Gemeinde finanziell unterstützter und solidarisch mitgetragener sozialer Arbeitskreis, der sich als solcher am Ort der Not (z. B. wo Flüchtlinge im Pfarrgebiet leben) einfindet und mit ähnlichen institutionellen Gebilden aus anderen größeren Institutionen zusammenarbeitet (etwa mit gewerkschaftlichen, politischen und wohlfahrtsorientierten Gruppierungen). Dann werden die Gläubigen in ihrer christlichen Verantwortung in der Gesellschaft nicht allein gelassen, sondern soweit wie möglich von den institutionellen Möglichkeiten der Kirche getragen.

Ein Beispiel aus der aktuellen Diskussion um das Kirchenasyl: Das Wort bereits benennt den institutionellen Aspekt des Handlungsträgers: die „Kirche" ist es, die mit ihren strukturellen und gebäudlichen Möglichkeiten Asyl gewährt. Wenn auch nicht historische Erinnerungen des Kirchenasyls auf das Heute übertragen werden können, so bildet doch nach wie vor die institutionelle Dimension des zivilen Ungehorsams in einer gesteigerten Gerechtigkeit Betroffenen gegenüber einen entscheidenden Streitpunkt. Von seiten einiger deutscher Bischöfe wird denn auch deutlich gemacht:[9] Ein Kirchenasyl könne es weder nach staatlichem noch nach kirchlichem Rechtsverständnis geben. Dennoch seien „Ausnahmesituationen" denkbar, in denen Menschen aufgrund einer Gewissensentscheidung von Abschiebung bedrohten Asylbewerbern Schutz gewähren könnten. Eine spezielle Aufgabe der Kirche sei dies aber nicht. Deswegen gebe es auch keinen Konflikt zwischen der Kirche und dem Staat, sondern immer nur zwischen der Rechtsordnung und Einzelchristen.

Im Klartext: Wer Asyl gewährt, tut dies als christliche Privatperson aufgrund ihres Gewissens. Die Kirche als Institution hat damit nichts zu tun. Es stellt sich die Frage: Braucht die Kirche als Institution diesbezüglich also kein Gewissen zu haben? Was steckt hier für ein Kirchenbegriff dahinter, wenn er nichts mit den Kirchenmitgliedern zu tun hat, wenn es ernst wird? Dann kann man sich natürlich leicht aus dem Konflikt mit dem Staat heraushalten. Dabei übersieht man aber, daß es sich bereits um RollenträgerInnen der Institution handelt, wenn kirchliche Hauptamtliche sich solche private Gewissensentscheidungen leisten und dafür kirchliche Ressourcen bereitstellen. Die irenisch angesteuerte Theorie der Trennung von Kirche und Gewissen, von Kirche und Zivilcourage trifft nicht einmal die Praxis, geschweige denn daß sie ekklesiologisch richtig sein kann. Denn auch die Institution Kirche steht im Dienst an der je größeren Gerechtigkeit für Betroffene, die auch gegen die offizielle Definition der Verfolgungsländer (mit Hilfe entsprechender Institutionen wie Amnesty International oder journalistischen Recherchen) deutlich machen können, daß sie bei Rückkehr in ihrem Leben höchst gefährdet sind.

Es ist nicht nur die Aufgabe der einzelnen Christen, sondern auch der Institution Kirche, von den Betroffenen her die Situation zu definieren und in klassischer Epikie zivilen Ungehorsam zu leisten, damit die Intention des Asylgesetzes, daß niemand in eine Lebensgefährdung hinein abgeschoben wird, auch in jedem Einzelfall faktisch gerettet wird, damit die Legalität nicht hinter die Legitimität zurückfällt. Nicht als Widerstand gegen die Rechtsordnung oder gegen den demokratischen Staat, sondern als „Sensoren" für die Orte, wo seine Gesetzgebung überfordert ist und wo mit seinem Recht am einzelnen unrecht geschähe. Es geht um die praktische Optimierung der inhaltlichen Demokratie, nämlich Gerechtigkeit und Unantastbarkeit der Menschenwürde für alle zu vertreten. Ohne solche wachsame Zivilcourage verkäme auch jeder anfangs demokratische Staat sehr schnell zu einer dumpfen Majoritätsarithmetik. Ohne entsprechende solidarische Bewegungen von Minoritäten her entstehen nämlich auch keine majoritätsfähigen Verbesserungen der Rechtsordnung.

Selbstverständlich ist die Kirche kein rechtsfreier Raum: die Gesetze des Staates gelten auch in ihr. Dies bedeutet aber nicht, daß sie ein gerechtigkeitsfreier Raum wäre, in dem gerade um der größeren Gerechtigkeit willen staatliche Gesetze eingehalten oder aber, wenn sie bestimmten Menschen gegenüber als ungerecht ausarten, durch entsprechendes Verhalten überboten werden. Hält sich die Kirche als Institution aus solchen inhaltlichen Prozessen heraus und delegiert sie das ganze nur an die Einzelpersonen, dann abstrahiert sie sich von diesen Reich-Gottes-Vollzügen weg und entzieht den einzelnen ihre strukturelle und damit auch politisch-öffentliche Hilfestellung.

Selbstverständlich können Gläubige auch als einzelne in anderen Gruppierungen (z. B. Selbsthilfegruppen) an den Orten der Not entsprechend christlich handeln und sich dort mit einsetzen. Doch hat ihre christliche Intention dann gerade jenen intimen Charakter, der eben diese Motivation aus den öffentlichen Repräsentanzen in der Gesellschaft heraushält.

Eine von kirchlichen Institutionen unterstützte Initiative aber hat gesellschaftspolitisch öffentlichen Charakter, und zwar nicht nur in ihren Taten, sondern auch in ihrer christlichen Herkunft. Damit eröffnet sich auch in einer ganz anderen Weise die öffentlichkeitsbezogene Möglichkeit, humanes Handeln aus christlicher Perspektive zu verantworten und (auch gegenüber anderen Gruppierungen, denen ähnliches faktisch am Herzen liegt) zu optimieren: nicht aus profilneurotischen Motiven heraus, sondern im dynamischen Wettstreit darum, wie man den Betroffenen gegenüber um so gerechter werden kann.[10]

Wenn die Kirche dagegen auf eine solche, auch auf ihre eigenen Institutionen wieder zurückwirkende Beziehung zur Umwelt verzichtet und nur auf ihre Selbsterhaltung nach innen setzt, koppelt sie sich zugleich von der Dynamik der Geschichte und der Gesellschaft ab. Dabei unterwirft sich die Institution Kirche einem ausgegliederten und ausgliedernden Religionsbegriff und einer Privatisierung und strukturellen Marginalisierung, die allesamt nicht von ihrer Theologie gedeckt sein können, weil sich ihre eigene Botschaft vom Evangelium auf alle Lebensbereiche ganzheitlich bezieht.[11] Jede allzu forcierte Verkirchlichung dann doch sehr enger Lebensbereiche führt unter den gegebenen Verhältnissen zwangsläufig zu einer kirchlichen Randgruppenexistenz und damit zu einer (thematischen) Entchristlichung all der gesellschaftlichen Bereiche, die nicht verkirchlicht werden können.

2.2 Auf dem Weg zu einer neuen Ökumene

Dies hat auch für die ökumenische Zusammenarbeit Konsequenzen, nämlich zwischenkirchliche Marginaldifferenzen und Grenzziehungen hintanzustellen und gemeinsam die entscheidenden Aufgaben der christlichen Kirchen in der Geschichte zugunsten aller Menschen und zugunsten ihrer Zukunft in Angriff zu nehmen. Dabei könnten die Kirchen ganz gut das, was im konziliaren Prozeß bereits an solcher Zusammenarbeit entstanden ist, als die

Basis ihrer eigenen am Aufbau des Reiches Gottes orientierten Kirchenbildung begreifen: uneigennützig in der konfessionellen Selbstbehauptung und proexistent im Dienst an der Gerechtigkeit. Damit wird nicht nur die Selbsteingliederung der Menschen in die Kirchen wichtig, sondern auch die Selbstzugliederung der Kirchen zu Initiativen, Gruppen und Bewegungen, die das Notwendige begriffen haben.

Die Kirchengrenzen verlieren nicht ihre identitätsbildende Bedeutung, aber sie relativieren sich hinsichtlich des Reiches Gottes, das über sie hinaus geht, insbesondere im ökumenischen Bereich. Auch hier hat sich in den letzten Jahren einiges verlagert. Während man (bezeichnenderweise) zunächst Ökumene vor allem so verstand, auf der Bekenntnis- und Glaubensebene entsprechende Konsenspapiere zu erstellen (die natürlich von ExpertInnen entworfen wurden und in der Regel wenig mit der Basis des Kirchenvolkes zu tun hatten), entdeckte und verstärkte der „konziliare Prozeß" eine demgegenüber andere Ökumene: nämlich sich an den Notzonen der Erde als ChristInnen und Teilkirchen einzufinden und dort in dieser gemeinsamen praktischen Verantwortung für das Reich Gottes eine Ökumene zu erfahren, die in dem Maße wächst, als sie sich entsprechend verausgabt.

Abgesehen davon, daß hier ein beträchtlicher Teil des gesamten Volkes Gottes beteiligt ist, reduziert sich das ökumenische Handeln hier nicht auf eine bloße Beziehungsklärung zwischen den Kirchen (also in diesem Sinn noch kirchenintern), sondern entwirft sich im größeren Zusammenhang der Reich-Gottes-Verantwortung aller Kirchen für die Menschheitsgeschichte. So steht man in der Solidarität und in der Praxis für Gerechtigkeit, Frieden und Bewahrung der Schöpfung zusammen und kann sich von daher um so mehr den Dissens auf der Bekenntnisebene zugestehen. Wenn es um ökumenische Themen geht, geht es nicht nur um Bekenntnisvergleich und Konsensversuche, sondern um all jene ökumenischen Bewegungen und Inititativen, die im Bereich der proexistenten Praxis oft schon längst ohne gegenseitiges Integrationsansinnen zusammenarbeiten, wie etwa der Weltgebetstag der Frauen.[12]

2.3 Gemischte und entgrenzende Sozialformen

In unserer gesellschaftlichen Umgebung sind zunehmend verstärkte Sortierungen zwischen unterschiedlichen Lebensbereichen und Bevölkerungsgruppen festzustellen. Ausländische Mitbürger/innen wohnen in den von Deutschen immer mehr geräumten Altbauvierteln der Großstädte, während sich die besserverdienenden Einheimischen in deren Randbereiche begeben. Ähnliches geschieht zwischen den ärmeren und reicheren Bevölkerungsschichten. Dazu kommt eine ansteigende Trennung zwischen den Arbeitszentren, den Vergnügungszentren, den Einkaufszentren und den Wohngebieten, was eine zunehmende motorisierte Mobilität verlangt und die darin vorkommenden Menschen untereinander und psychisch aufspaltet. Auch wenn sich die Menschen massenhaft nahe kommen, laufen sie ebenso massenweise aneinander vorbei: In den Arbeitszentren, wo sie funktionsgeleitet in dichtester Nähe nebeneinander doch nicht viel miteinander zu tun haben (wollen), in den Konsumzentren, wo man massenweise aneinander vorbeiläuft und einkauft, aber auch in geballten Wohnzentren, wo man oft wenig Kontakt hat. Nicht zuletzt ist an jene Entmischung zu denken, in denen allzu früh körperlich und geistig behinderte Kinder in Sonderinstitutionen gelangen, obgleich sie durchaus in den normalen Kindertagesstätten aufgenommen werden könnten.

Wenn ausländische Flüchtlinge aus deutschen Städten in Bussen weggefahren werden mußten, weil ein beträchtlicher Teil der einheimischen Bevölkerung sie bis zur Vernichtungsandrohung nicht haben wollte, dann zeigt sich darin die Spitze des Eisbergs der in der Gesellschaft immer wieder vorherrschenden Entmischungs- und Entsolidarisierungsstrategien. Will die Kirche die Humanisierung der Gesellschaft im Horizont des Reiches Gottes betreiben, dann wird sie sich für die Durchmischung

311

der auseinanderdriftenden sozialen Räume einsetzen und jenen Tendenzen entgegenarbeiten, wonach die Spaltungen zwischen gesund und krank, behindert und nichtbehindert, einheimisch und fremd, arm und reich im Bewußtsein wie auch in der gesellschaftlichen Praxis Platz greifen. Dies ist ein Kampf gegen die Mentalität, die angesprochenen Minoritäten möglichst frühzeitig in Sonderbereiche und mehr oder weniger geschlossene Systeme einzuweisen. Wo man nämlich die anderen nicht mehr zu Gesicht bekommt, sind sie auch immer leichter über Verwaltungsakte der Schädigung und Zerstörung preisgegeben.

Aus der Perspektive des Evangeliums dürfte es eine wichtige Aufgabe in den Kirchengemeinden sein, in sich selbst den angedeuteten Entmischungstendenzen massiv entgegenzuwirken. Dafür gibt es hoffnungsvolle Anzeichen. Kirchliche Kindertagesstätten, in denen Kinder lernen, mit behinderten Kindern ebenso umzugehen wie mit Kindern aus anderen Religionen und sozialen Schichten, leisten Enormes für die frühe Vernetzung unterschiedlicher Menschen und Kulturen. Denn die Kinder haben dann von vornherein gelernt, mit solchen Menschen in normalen Alltagssituationen zu leben.

So könnte man eine diakonische Jugendarbeit auch dahingehend verstehen, daß sie sich nicht nur mit sich selber beschäftigt, sondern beispielsweise kooperative Sprachlerngruppen mit Ausländerkindern und -jugendlichen gestaltet und begleitet. Dadurch wächst kulturelle Neugier aneinander. Und wenn sich ChristInnen – über eigene Telefondienste sich verständigend und informierend – bei Einbruch der Dunkelheit schützend vor die Wohngebäude stellen, in denen Asylbewerber/innen wohnen, dann tun sie auch hier einen gar nicht ungefährlichen Dienst für die Vermenschlichung der Umwelt. So wird die Kirche zur glaubwürdigen Initiative des Reiches Gottes in der Welt. Weil dort eine soziale Mentalität antreffbar ist, in der sich die Menschen nicht nur anpassen müssen, sondern auch erfahren, wie sich andere und Verhältnisse ihnen gegenüber anpassen. Dies ist natürlich nicht möglich, wenn sie in den Pfarrgemeinden mentalitätsmäßig geschlossene Gesellschaften vorfinden, wo die Gesunden, Unbehinderten und Einheimischen unter sich bleiben wollen.

So gibt es jene Erfahrungen, in denen sich ChristInnen aufgrund einer realen Notwahrnehmung (beispielsweise anläßlich eines Asylbewerberheims im Pfarrgebiet) zusammentun, direkte Kontakte und Beziehungen aufnehmen und von daher innerhalb kurzer Zeit ihre bisherigen Vorstellungen und politischen Einstellungen umkrempeln. Wo man sich einer ganz bestimmten diakonischen Option praktisch aussetzt, verändert sich auf einmal die ganze Welt. Umwälzungen in der kirchen- und gesellschaftspolitischen Sicht stellen sich ein, weil man den direkten Kontakt mit den Erfahrungen der betroffenen Menschen aufgenommen hat. Dies ist eine „Kerngemeindebildung" im inhaltlichen Sinn des Wortes, insofern der Kontakt mit benachteiligten Menschen tatsächlich den Kern jeder Gemeindebildung ausmacht.

Ausschlaggebend wird für die erfahrungshaltige Ermöglichung solcher Schritte sein, daß es auf der direkten Begegnungsebene persönliche Beziehungsfelder gibt, in denen sich Einheimische und Fremde kennen- und schätzenlernen. Dafür gibt es schon viele überzeugende Beispiele in unseren Gemeinden und Familien, aber auch an vielen Arbeitsplätzen und in den Universitäten. Ich kann mich gut an eine Initiative in einer Gemeinde erinnern, im Pfarrgebiet wohnende „Asylanten" kennenzulernen und „ihnen zu helfen": „Wir gingen hin und erlebten zu unserer Überraschung ein spontanes Fest, das das halbe Haus wegen unseres Besuches gefeiert hat. Wir haben viel gelernt dabei: Wir sind nach Hause gegangen als Beschenkte und hatten uns doch eingebildet, wir müßten etwas geben. Dieser Abend hat unsere diesbezügliche Mentalität gründlich verändert." Wenn an der Basis christlicher Gemeinden der Umgang der ChristInnen mit den Fremden vor ihrer eigenen Haustüre derart aufgebaut und kultiviert wird, dann wächst die kommunikative Kraft des ganzen Christenvolkes zum respektvollen Umgang mit Fremden (im eigenen Land und darüber hinaus) im sozialen und politischen Alltag.[13]

Mit den seit vielen Jahrzehnten entstandenen und damit gegebenen sozialen Strukturen und bürokratischen Möglichkeiten, wie sie unsere Pfarrgemeinden aufweisen, wäre eine kaum überschätzbare Ressource zu solch diakonischer Gemeinschaftsbildung gegeben: Man müßte nur das Bewußtsein, die Mentalität und die Vorzeichen der Optionen entsprechend verändern. Es geht nicht darum, unsere Kirchengemeinden in eine letztlich destruktiv und defensiv wirkende Überforderung zu stürzen, als müßte man dann noch mehr tun als bisher. Es geht überhaupt nicht um mehr Aktivitäten, sondern um neue Entscheidungskraft, um mehr Mut und Zivilcourage für das Notwendigere, das jeweils zu tun ist. Vielleicht kann und muß dann von manchem abgerüstet werden, was bislang recht gut läuft. Und es dürfte mit Blick auf Jesus selbst klar sein, daß es sich dabei nicht um irgendeinen Bestandteil der Gemeindebildung handelt, sondern um ihren Kern! Die Identität der Kirche steht hier selbst auf dem Spiel!

Ein weiterer Aspekt der Entlastung in dem, was an diakonischer Verantwortung auf Christen zukommt, ist die Suche nach Menschen und Gruppen, die sich in ihrem praktischen Engagement ebenfalls für Barmherzigkeit und Gerechtigkeit unter Menschen und Völkern einsetzen, gleichgültig, aus welchen Motivationen, Glaubensherkünften und Weltanschauungen heraus sie dies tun. Der theologische Satz, daß, wo die Liebe ist, auch Gott sei, ist durch und durch praktisch zu nehmen. Deshalb werden Christen mit allen Menschen diesbezüglich guten Willens zusammenarbeiten und in jeder Tat der Akzeptanz und der Gerechtigkeit (ohne Vereinnahmung auf der Weltanschauungsebene) die Gegenwart der Liebe Gottes selber vorfinden. Anders formuliert: Gerade wenn es um das Reich Gottes und um seine Gerechtigkeit geht, sind wir Christen in dieser Welt nicht allein. Und es wäre eine Aufgabe der Verkündigung, auf all die vielen Menschen und Gruppen und Initiativen hinzuweisen, die praktisch genau das verfolgen, was Christen von ihrem Glauben her für wichtig und notwendig halten.

Diese Entgrenzung nach außen um des Reiches Gottes willen

gehört zu jener Entgrenzung nach innen dazu, die auch zunehmend in unseren Pfarrgemeinden gelebt wird: nämlich, daß jede(r) Bedrängte, gleichgültig welchen Glaubens und welcher Weltanschauung er / sie ist oder nicht ist, seinen oder ihren Platz ·in der Mitte der Gemeinde und dort das Sagen (bezüglich des Notwendigen) hat.

Beide Solidarisierungen finden sich an den Orten ein, wo die Betroffenen leben und Hilfe brauchen. Hier reicht die Kirche gerade an den Stellen in die Gesellschaft hinein, und die Gesellschaft reicht in die Kirche hinein, wo sie sich in dieser Weise solidarisiert: mit den Benachteiligten und Notleidenden auf der einen und mit denen, die sich um die Betroffenen sorgen, auf der anderen Seite. Dieser Gesellschaftsbezug und eine solche diakonische „Anpassung" an die Verhältnisse der Gegenwart sind genau das Gegenteil von einer opportunistischen Verbindung mit der Umwelt, in der man sich besonders mit den mächtigen Menschen und Strukturen um der eigenen Einflüsse willen arrangiert. Die Innen-Außen-Frage der christlichen Identität der Gläubigen wie auch der kirchlichen Identität selbst bekommt aus solcher Perspektive neue Konturen durch dynamische Austauschprozesse von Kirche und Welt, zwischen Christen und Nichtchristen, an und in den Angst- und Notzonen und damit an den not-wendigen Stellen von Gesellschaft und Politik.

Aus christlicher Perspektive handelt es sich dabei um die geschichtliche Verankerung der Gottesherrschaft mit allen Kräften guten Willens, um die an der Nächsten-, Fremden- und Feindesliebe orientierte Inkulturation des Evangeliums jenseits jeglicher imperialistischen Attitüde. Kirche zeigt sich hier überaus verklammert in und mit der „Welt". Die Praxis des Reiches Gottes übersteigt die Grenzen der Kirche in erlebbarer Weise an eben diesen Übergängen. Je mehr Kirche und Christen sich auf diesen Weg machen, desto mehr stellen sie die praktischen Ermöglichungsbedingungen dafür bereit, auch der Verkündigung ihres Gottes Glauben schenken zu können.

Bei solchem Engagement kann man nicht mehr kalkulieren, was dabei „herauskommt" und wer „wiederkommt". Aber eines ist von unserem eigenen Glauben her klar: Jede Hoffnungs- und Humanitätssteigerung, welche durch religiöse und kirchliche Initiativen ermöglicht und vorangetrieben wird, ist (auch ohne daß die Adressaten deswegen schon in den Innenbereich der Kirche wanderten) durch und durch eine Arbeit am Reich Gottes in dieser Welt und gehört damit wesentlich zur kirchlichen Verantwortung.

Im Sinne der Pastoralkonstitution des II. Vatikanums befragt sich die Kirche dann von der Welt her auf ihre solidarische Beteiligung. Gestaltet die Kirche von daher die Zeit, die sie in dieser Geschichte hat, dann braucht sie um ihr Überleben nicht bange sein. Hier liegt die Verheißung Jesu: „Euch aber muß es zuerst um sein Reich und um seine Gerechtigkeit gehen; dann wird euch alles andere dazugegeben." (Mt 6,33)

2.4 Befreiende Gottesverkündigung

Man fragt sich, woher Jesus die Kraft hatte, ein solches Leben konsequent bis zum Ende durchzuhalten und auszuhalten. Die Antwort auf diese Frage führt zu seiner Gottesbeziehung. Er glaubt an den Gott Israels und befindet sich in der Begegnungstradition dieses Volkes mit Jahwe. So betet er mit den Worten der Psalmen und prophetischer Texte, so kennt er die alten Geschichten von Gottes helfendem und erlösendem Handeln an seinem Volk. Jesus erfährt diese Gottesbeziehung offenbar unüberbietbar und intensiv tragend. Dafür findet er ein eigenes Wort, nämlich die Anrede „Abba", das Kinderwort für einen liebenden und mütterlichen Vater.

Von daher ist verständlich, daß er sich wochenlang in die Wüste zurückzieht, deshalb erzählt er in Gleichnissen von der Liebe und Gerechtigkeit Gottes, deshalb glaubt er an das kommende Reich Gottes, deshalb klagt er schließlich in höchster körperlicher, psychischer und spiritueller Not mit den Worten des Psalms 22! Dies können nur Andeutungen dafür sein, wie sehr die Gottesbeziehung das Herzstück seiner Existenz bildete, wie sehr er sich dafür Zeit nahm und wie vital seine Gottesbegegnung im Ich-Du-Dialog war. Für Jesus werden Gott und sein Reich nicht nur konkrete Praxis in der mitmenschlichen Tat, sondern – diese tragend und ermöglichend – in der im Glauben als Realität ·erfahrbaren Weggenossenschaft Gottes in Solidarität und Verheißung.

Dieser Aspekt der Liebe Christi, die er nicht nur selber den Menschen angedeihen läßt, sondern von Gott empfängt, ist mir in unserem Zusammenhang sehr wichtig. Denn wir können uns gegenseitig nicht ständig mit Appellen zur Nächsten- und Fremdenliebe ohrfeigen. Gott ist zuerst Gnade und Gratuität, erst dann Anspruch und Leistung. So steht auch die Suche danach an, was uns ein Leben lang in dieser Liebe trägt.

In der Beziehung zu Gott „löst" sich für die Menschen die Angst- und Anerkennungsproblematik, die ja entwicklungs- und tiefenpsychologisch der entscheidende Raum ist, worin die Identität des Menschen entsteht. Entängstigende Anerkennung schafft Freiheit, positive Selbsterfahrung, Vertrauen auf Selbstbestimmung, ermöglicht Mut zum Wagnis der Grenzüberschreitung und Demut zur Opferbereitschaft. Auf solche Anerkennung darf sich der Mensch verlassen und sich eben darin davon erlösen lassen, seine Anerkennung narzißtisch produzieren und gegen andere durchsetzen zu müssen. Wer derart vertrauen kann, kann auch in Freiheit etwas riskieren, der wird fähig werden auch zum Verzicht, weil er sich im Angesicht eines solchen Gottes nicht mehr als einer verstehen kann, der zu kurz gekommen ist. Nicht wenige Menschen kommen wohl deswegen immer wieder tatsächlich in bedrängender Weise zu kurz, weil diejenigen, die alles Nötige und darüber hinaus noch viel mehr haben, das unersättliche Gefühl nicht losbekommen, sie kämen trotzdem (im Vergleich mit noch Reicheren und Mächtigeren) ständig zu kurz. Sozialexperten haben der bundesrepublikanischen Gesellschaft eben diesen Charakterzug bescheinigt.

Wenn Menschen ihre unerschöpfliche, ja unendliche Sehnsucht nach Angstfreiheit und Anerkennung in der Unerschöpflichkeit und Unendlichkeit einer sie bergenden und akzeptierenden Gotteswirklichkeit suchen, müssen sie diese Sehnsucht nicht in den immer wieder begrenzten und deshalb grenzenlos ausgebeuteten Möglichkeiten irdischer Leistungen, Besitztümer und Mächte stillen, und sie müssen dann diese ihre Unersättlichkeit nicht mehr auf Kosten der Schwächeren und Fremden durchsetzen. Wo sich Menschen in Gott „festmachen" (so die Übersetzung des hebräischen Wortes für Glauben: „aman"), brauchen sie nichts anderes mehr endgültig festzuhalten, sie brauchen sich nicht mehr in Menschen festzukrallen und sie als Verfügungsmasse zu mißbrauchen. Wer sich so in die Hand Gottes eingeschrieben weiß und von diesem Grundvertrauen her sein Leben organisiert, der weiß sich getragen und muß nicht mehr die Getragenheit seiner Existenz selbstmacherisch in die Hand nehmen. Verlassen sich Menschen auf die unendliche Liebe und Verheißung Gottes, dann können sie aus solcher Be-Gabung auch den Mitmenschen „unendlich" viel gönnen. So strohig diese Bemerkungen klingen, so vital kann die Wirkung der darin angedeuteten spirituellen Erfahrungen sein.

3   Option für die Anderen

3.1 Für eine „ökologische" Pastoral

Bei solcher diakonischen Inkulturation des Evangeliums geht es auch mit besonderer Brisanz um „Interkulturation". Dies ist ein höchst notwendiger Dienst an der Gesellschaft in einer Zeit, wo fremdausschauende und fremdgläubige Menschen zunehmend gewalttätiger Ausgrenzung ausgeliefert sind. Was im politischen Bereich der Gesellschaft gefordert ist, muß im kleinen der Erziehung, der Bildung und der Gemeinwesenarbeit erlebt und erworben werden. Wir werden in und zwischen den Kirchen so etwas entdecken dürfen wie einen ökologischen Umgang miteinander, wie eine ökologische Pastoral. Mit Pastoral meine ich jetzt nicht nur das Handeln der Hauptamtlichen, sondern, ganz im Sinne des II. Vatikanums, die Erfahrungsseite der Kirche und damit das ganzheitliche Handeln ihrer Gläubigen und Institutionen, dergestalt daß Wort und Tat zusammenkommen und dadurch die Botschaft des Evangeliums authentisch erfahrbar werden lassen.

Die ökologische Seite dieser Pastoral ist grundgelegt in der Schöpfungstheologie, im Schöpfungsakt Gottes selbst, der darin besteht, daß Gott das Geschaffene sein läßt. Ich denke, wir haben die Schöpfungstheologie noch viel zu wenig auf die kirchliche Pastoral ausgelegt: in Richtung auf eine christliche Existenz, die die unterschiedlichen Formen der Natur, die verschiedenen Kulturen und die vielen unterschiedlichen Menschen und Religionen buchstäblich sein läßt, gleichsam in der Nachfolge des Schöpfers das Geschaffene beschützt in seinem Da- und Sosein. Solche Pastoral beinhaltet eine tiefe Achtung gerade derer, die nicht zu uns gehören, der anderen also. Würden wir diese „Option für die Anderen" tatsächlich verwirklichen, dann bräuchten wir viel weniger die Option für die Armen und Unterdrückten: Denn arm und unterdrückt werden Menschen vor allem dann, wenn sie nicht in ihrer Andersheit gleichstufig und in ihren Lebensrechten anerkannt, sondern ausgegrenzt und letztlich um ihre Lebensmöglichkeiten gebracht werden. Die Option für die Anderen ist deshalb ein integraler Bestandteil jeder diakonischen Option.

Dies wäre eine große Herausforderung für die Kirche, nach Bildungsmöglichkeiten zu suchen, die nicht von vornherein explizit oder subkutan von der Superiorität der eigenen Kultur, auch nicht von der angeblichen Überlegenheit der kulturellen Ausformung des Glaubens im eigenen Lande ausgeht, sondern diesbezüglich alternatives Verhalten lehr- und lernbar macht. Wie man einer fremden Kultur gegenübertritt, ohne ihr in der Erstreaktion abwehrend und mißtrauisch begegnen zu müssen. Wie man vielmehr ein alternatives Reaktionsmuster lernt, das emotional tief greift: nämlich das gleiche Grundvertrauen, das uns hinsichtlich unserer eigenen Kultur durch die Geburt abverlangt wurde (denn niemand von uns hat etwas dazu getan, daß er hier hineingeboren wurde: uns blieb überhaupt nichts anderes übrig, wollten wir überleben, als diese Kultur anzunehmen) –, daß wir dieses Urvertrauen nun freiwillig von vornherein auch wenigstens ansatzhaft und als Primärreaktion auf andere Kulturen übertragen, nicht um sie gänzlich zu bestätigen (wenn wir erwachsen geworden sind in unserer eigenen Kultur, durchschauen wir auch ihre Mängel und verhalten uns dazu partiell kritisch), sondern in ihrem notwendigen Existenzrecht für die Menschen, die darin groß geworden sind, zu akzeptieren und anzuerkennen.

Dann ist nicht mehr das Mißtrauen, sondern das Vertrauen das Grundmodell in der Begegnung unterschiedlicher Kulturen und Lebensweisen. Erst in einer solchen Beziehung kann dann auch von um so heftigerer gegenseitiger Kritik die Rede sein, weil dann nicht mehr die Gefahr zu befürchten ist, daß durch die Kritik ihres Soseins die anderen in ihrem Dasein gefährdet werden. Dann lösen die Kirchen und ChristInnen ein, worauf sie selbst in ihrer auch sündigen Existenz immer wieder angewiesen sind: nämlich daß Gott sie sein läßt und ihnen immer wieder neue Lebens- und Optimierungschancen gibt.

3.2 Näher am Strom des Lebens

Zu einer ökologischen Pastoral gehört auch die Wertschätzung der religiösen Weisheit im Volk. Wie sehr sich hierzulande die Kirche vom tatsächlichen Leben der Menschen abgelöst hat, ist mir nicht hier, sondern bei einem längeren Aufenthalt in Südafrika aufgegangen: näherhin am Beispiel der Verbindung von Ahnenverehrung und christlicher Beerdigungsliturgie wie Auferstehungshoffnung. Die Sorgfalt, mit der in den letzten Jahrzehnten diesbezüglich von der schwarzen Bevölkerung selbst die Inkulturation des Evangeliums in die Hand genommen, wie von ihren Priestern und KatechetInnen behutsam begleitet wurde, bis hin zu höchst gelungenen Prozessen der Afrikanisierung vormals europäisch kirchlicher Vorgaben, hat mich schlagartig mit der Frage konfrontiert: wo sind bei uns solche Prozesse im Gange? Wo haben wir hierzulande Kontakt mit dem Grundwasser, aus dem heraus sich die Lebenskraft der Menschen speist? Kulturen und Subkulturen sind Ausdruck tiefverwurzelter Lebenskraft. Es ist die von Paul VI. aufgeworfene Frage, wieweit das Evangelium in unserer eigenen Kultur Platz greift und sich damit unvermischt, aber auch ungetrennt verbindet. Was not tut, ist die Diakonie an der ganzheitlichen kulturellen Identität der Menschen, weil sonst Glaube und Evangelium von ihrer Lebensbasis und Vitalitätstiefe abgetrennt werden und in den Subjekten Spaltungen verursachen, die die christliche Verkündigung nicht mehr als Gnade, sondern als Gesetz erfahren lassen.

So muß die schwarze Bevölkerung jetzt nicht mehr, wie vor einigen Jahrzehnten, verheimlicht vor dem Missionar, zusätzlich zum offiziellen Beerdigungritus den eigenen Ahnenkult vollziehen, weil letzteres ja offiziell als heidnisch galt. Heute hat man längst gesehen, daß beides inhaltlich zusammengehört, sich gegenseitig bereichert, so daß nun der Beerdigungsritus zusammen mit dem Ahnenkult vollzogen werden kann.[14] So gelangt die christliche Botschaft in die alten tiefen Wurzeln der eigenen Kultur hinein, nicht ohne sie von ambivalenten Ängsten zu läutern. Hier wird nicht verdoppelt und neben dem, was Menschen am Herzen liegt, einfach eine andere (meist imperative) Struktur errichtet, an der sie auch teilhaben sollen, sondern Kultur und Evangelium entfalten sich zu einem integralen Geschehen mit sich ergänzenden kulturellen und religiösen Symbolhandlungen.

So wäre es eine wichtige Aufgabe der Kirche, allenthalben die Orte aufzusuchen, wo ähnliches möglich und nötig wäre: daß das Evangelium tatsächlich die Wurzeln menschlichen Lebens und Erlebens erreicht, wo es zusammentrifft mit dem, was die Menschen zutiefst betrifft, ängstigt, sorgt, was sie aber auch als Hoffnung und Sehnsucht angeht. Hier wäre eine neue Konzentration auf das fällig, was man Volksfrömmigkeit nennt, in ihren verschiedenen subkulturellen Formen und Richtungen. Darüber zu informieren und sich damit auseinanderzusetzen, brächte für alle Beteiligten viel Gewinn: Ich denke nur an die Tatsache, daß ein beträchtlicher Teil der (auch kirchenfernstehenden) Bevölkerung mit unmittelbarer Evidenz daran glaubt, daß ihre eigenen Verstorbenen in irgendeiner Form weiterleben und die Zurückgebliebenen schützen und nach wie vor auf ihrer Seite stehen. Es können durchaus gerade diejenigen sein, die bei irgendeiner Spiegelumfrage antworten würden, daß sie nicht unbedingt an ein Leben nach dem Tode glauben. Was der Glaube des Volkes ist, ist viel komplexer und vielschichtiger, als flächendeckende empirische Umfragen es zutage bringen könnten.[15] Es sind andere methodische Zugänge und (z. B. volkskundliche) Wissenschaften, die sich am Detail abmühen, gefragt. Es wäre dies auch der Raum, wo unsere älteren Menschen Gelegenheit bekommen, von der Weisheit ihres eigenen Glaubens und Lebens zu erzählen.

Für die Ablösung des kirchenoffiziellen Handelns von tatsächlichen Erfahrungen gibt es aber auch massivere Beispiele, die um so trauriger machen. Da verkündet ein Kaplan in einer Gemeinde, daß er heiraten wird. 90 Prozent der Gemeinde möchten ihn trotzdem behalten, weil sie ihn als einen hervorragenden Seelsorger erfahren haben. Als das Ordinariat aufgrund der kirchenrechtlichen Bestimmungen die Suspendierung ausspricht, gibt es viele Kundgebungen des Ärgernisses, das diese Entscheidung hervorruft. Die Begründung von seiten des Kirchenrechtes lautet nun kurioserweise, daß es ein öffentliches Ärgernis sei, wenn ein verheirateter Priester weiterhin im Amt bliebe. Hier wird unübersehbar klar: das kirchenrechtlich definierte Ärgernis steht in diametralen Gegensatz zum real existierenden Ärgernis in der Gemeinde. Es war ein öffentliches Ärgernis in der Gemeinde, daß der Kaplan weg mußte!

Oder: Bei einer Veranstaltung mit Kaplänen sagt einer höchst präzise, wobei ihm die anderen hemmungslos beipflichten: Ein Großteil von dem, was ich pastoral tue und verantworte und was Menschen tatsächlich als erlösend und befreiend, als aufbauend und schützend erfahren, ist entweder kirchenrechtlich verboten oder befindet sich zumindest offiziell in der Grauzone dessen, was nicht mehr so ganz koscher ist. Auch hier: Wir haben offensichtlich eine progressive Spaltung zwischen tatsächlicher und offizieller, zwischen menschenbezogener und menschenreglementierender Pastoral. Dieses „Schisma" meine ich, wenn ich von dem Inkulturationsdefizit und -verlust rede: wo immer mehr tatsächliche Erfahrung und das auseinanderbricht, was von seiten offizieller Regelungen als Erfahrung zu gelten hat.

4 Diakonie in Kirche und Amt

4.1 Gotteserfahrung und Menschengerechtigkeit

Jesus hat „das ganze Gesetz samt den Propheten" auf die beiden Gebote der Gottes- und Nächstenliebe zurückgeführt (vgl. Mt 22,37-40). Zweifellos kann auch das Wesen der Kirche entsprechend konzentriert zum Ausdruck gebracht werden: auf die Verkündigung der Liebe Gottes (als Zuspruch der Liebe Gottes den Menschen gegenüber wie auch als entsprechende Antwort der Menschen Gott gegenüber) und auf den (dadurch ermöglichten) Anspruch der Liebe den Menschen gegenüber. Verkündigung der Heilstaten Gottes und die Praxis der zwischenmenschlichen Gerechtigkeit und Barmherzigkeit, Martyria und Diakonia, bilden so die nicht mehr hintergehbaren Grunddimensionen des christlichen und kirchlichen Selbstvollzugs.

Christologisch handelt es sich um die beiden Weisen der Realpräsenz des Auferstandenen in seiner Kirche: in den gepredigten Worten und gefeierten Zeichen der Erinnerung (am dichtesten in der Eucharistiefeier) und in der Begegnung mit Christus in den Kranken, Nackten und Obdachlosen (vgl. Mt 25,31-46) und überhaupt in den leidenden Menschen (vgl. Röm 8,26). Die Kirche weiß sich im Dienst dieser Realpräsenz Christi unter den Menschen zugunsten der Wirklichkeit, die Jesus Christus bleibend am Herzen liegt, nämlich der Wirklichkeit des Reiches Gottes in unserem Äon: als gläubige Hoffnung auf Gott und als Solidarität mit den Menschen.

Aus dieser Perspektive gehört die Liturgie als „Gottesdienst" zur Martyria, während die Koinonia (Gemeinschaftsbildung) als ein Moment der Diakonie angesehen werden kann. Denn eine Kommunikation kann im christlichen Sinn immer nur dann gelingen, wenn sie gerechte Strukturen und barmherzige Intentionen zugunsten aller, besonders aber der Benachteiligten, aufbaut. D. Wiederkehr hat bereits das allzu beliebte mythische Dreierschema (Liturgie, Martyrie und Diakonie) aufgegeben und spricht von diesen vier Grundvollzügen der Gemeinde, ohne allerdings die Martyria und Diakonia der Liturgia und Koinonia vorzuordnen, wie ich es vorschlage.[16] Denn Liturgie und Gemeinschaftsbildung sind m. E. immer nur dann authentisch christlich, wenn sie tatsächlich durch die Botschaft von der Liebe Gottes in Wort und Sakrament bzw. seine diakonale Präsenz unter den Gemeinschafts- und Gesellschaftsformen der Menschen zur Geltung bringen. Martyria und Diakonia selbst indes benötigen keine Bedingungen ihrer christlichen Authentizität mehr: Sie sind selbst die authentischen „Gebote" und damit Kriterien der Christlichkeit.[17]

Diese beiden Gebote sind für Jesus gleich wichtig, das letztere ist dem ersteren gleich. Er betont diese Gleichwichtigkeit als Korrektur zum Fragesteller, der eigentlich nur nach dem einen und dem wichtigsten Gebot gefragt hatte. In der Antwort geht Jesus darauf zwar ein und benennt zunächst die Gottesliebe als das wichtigste Gebot, aber es bleibt nicht das einzig „Wichtigste", es gibt ein zweites superlatives Gebot, das dem ersten gleich ist, die Nächstenliebe. Diese Aussage hört sich wie eine Selbstanalyse Jesu an. Denn darauf läuft seine Rede von Gott und seine Praxis unter den Menschen gerade hinaus, daß er seinen Gottesbezug mit einem ganz bestimmten Menschenbezug verbindet. Indem er heilt und vergibt, Freuden und Leiden teilt, konkretisiert er jene Menschenliebe, die zu seiner Gottesverkündigung gehört. Und indem er den liebenden Abba-Gott verkündet, konkretisiert er jene Gottesliebe, die zu seiner Menschenbeziehung paßt. Die Kirche ist erst dann der Raum der Repräsentanz Christi, wenn in ihr eben jene Martyria und Diakonia geschehen.

Das Verhältnis beider Dimensionen zueinander ist das der

Ermöglichung und Verdankung. Gottes Liebe ermöglicht den so geliebten Menschen, die Menschen zu lieben; und: Für dieses heilende Leben verdankt sich der Mensch Gott bis hinein in die Doxologie, die Gottes Ehre um seiner Heilstaten willen preist. Und selbstverständlich existieren beide Grundvollzüge zwar unvermischt, aber doch auch ungetrennt ineinander, insofern die Gottesverkündigung selbst diakonisch sein muß (und nicht etwa einen angsteinflößenden Gott vermittelt) und insofern die Diakonie die Praxis ist, in der Gott unter den Menschen am dichtesten erfahren, entdeckt und sprachlich vermittelt werden kann.

Bei K. Rahner findet sich folgende Beschreibung dieses Tatbestandes: „ich meine, daß die Einheit von Gottes- und Nächstenliebe, die Erfahrung, daß dort, wo wir den Armen, Verfolgten, Deklassierten die Stange halten, eine geheime Gnadenerfahrung ist oder sein kann, und daß eine letzte, durch die Gnade radikalisierte Transzendentalität des Menschen in das Geheimnis Gottes hinein und eine Selbstentäußerung in Nächstenliebe die zwei Aspekte des einen christlichen Lebens, die Einheit von Gottes- und Nächstenliebe, darstellen."[18]

Damit sind wir im Grunde direkt im Herzen der Theologie des 2. Vatikanums angelangt, dessen Ziel es war, Glaube und Leben, Lehre und Pastoral, Sakramente und Erfahrung zusammenzubuchstabieren. Daß die Frage nach der Erfahrbarkeit von Glaubensinhalten in „dogmatischen Konstitutionen" aufgeworfen wird, stellt ein nicht zu unterschätzendes Signal für die Gleichstufung von Gottesglauben und Nächstenliebe dar, für die es angesichts der Kirchengeschichte höchste Zeit war.[19] Von daher war es nur folgerichtig und unumgänglich, daß auch die jeweilige kontextuelle Wirklichkeit der Zeichen der Zeit und die Wichtigkeit derer, welche ja überhaupt Erfahrungen machen können, nämlich der Menschen selbst, in der Situations- und Weltbezugstheologie sowie in der Berufungs- bzw. Volk-Gottes-Theologie des 2. Vatikanums vorangetrieben wurde.

Die unüberbietbare Bedeutsamkeit von Martyria und Diakonia besteht darin, daß sie der Verfügbarkeit der Glaubensgemeinschaft entzogen sind. So weiß sich die Kirche auf die Gegebenheit des Evangeliums in Schrift und Tradition, auf die Gegenwart Christi in Wort und Sakrament angewiesen: als Gnade und Appell, jedenfalls als etwas, was sie selbst nicht herstellen könnte oder müßte (was sie allerdings herzustellen hat, ist der praktische Entwurf ihrer selbst, wie er *aus* der Begegnung mit dem erzählten und in Zeichen vergegenwärtigten Christus entsteht). So weiß sich die Kirche andererseits auch angewiesen auf das Wort der Leidenden, insofern sie nicht darüber befinden kann, ob die Leidenden für sie wichtig sind oder nicht, ob Bedrängte der Hilfe würdig sind oder nicht, ob sich ein Umgang mit ihnen rentiert oder nicht, sondern insofern sie sich von vornherein als die „Nächste" zu den Armen begreift und sich in der Begegnung mit ihnen, im Hören auf sie und im Leben und Handeln mit ihnen gestaltet. Ob sie mit Leidenden und Armen Kontakt aufnimmt oder nicht, liegt nicht in der Beliebigkeit ihrer Entscheidung, sondern ist ein für allemal vorentschieden in dem Gottesglauben, den sie vertritt: nämlich im Glauben an einen Gott, der sich selbst auf die Seite der Armen und Leidenden gestellt hat.

Die Leidenden müssen sich nicht erst als Nächste beweisen (etwa durch die zusätzliche Qualifikation, daß sie zum eigenen Kultur- und Glaubenskreis gehören), sondern Christ und Christin definieren sich selbst von vornherein und prinzipiell als Nächste zu den Armen (vgl. Lk 10, 25-37). Die Armen haben die vorzügliche Kompetenz, die Ungerechtigkeitssituation zu definieren und entsprechende Veränderungen einzuklagen. Über ihren Kopf bzw. über ihre Stimme hinweg kann nicht mehr gelebt oder agiert werden, auch nicht in den Formen jener Fürsorglichkeit, in denen die Gesunden und Reichen bestimmen, was für die Kranken und Armen das Richtige ist.

Die Kirche hat sich von beiden etwas sagen zu lassen: Von Christus, wie er in der Wort- und Zeichenverkündigung begegnet, und von Christus, wie er in den Armen begegnet. Beides gilt für die Nachfolge der Christen/innen, beides gilt für die kirchlichen Sozialgebilde, beides gilt füglich für die Struktur des kirchlichen Amtes.

Auch die Konkretionen des kirchlichen Amtes müssen diesem doppelten „Existential" der Kirche entsprechen. Um so wichtiger werden dann haupt-, neben- und ehrenamtliche Verantwortliche in der Kirche, die eben dafür besondere Sorge tragen, daß das „Wesen" der Kirche kontextuelle Erfahrung wird: „es muß ein dem Wesen der Kirche entsprechendes Amt in der Kirche geben; in diesem einen Amt sind verschiedene Vollmachten impliziert, die dem Wesen der Kirche entsprechen..."[20] Dabei kann die Kirche auch neue gleichstufige oder gestufte Weihestufen errichten und „auch sakramental übertragen..., wenn sie dies will und für opportun in einer bestimmten Zeit hält."[21]

Hat das kirchliche Amt etwas mit dem Wesen der Kirche zu tun und definiert sich dieses Wesen der Kirche in dem eben angedeuteten zweifachen Sinn, dann wird man das kirchliche Amt am geeignetsten in jener dualen Grundstruktur aufzufassen haben, in der das presbyterale Amt die Dimension der Martyria und das diakonale Amt die Dimension der Diakonia in der Kirche verantworten. Diese duale Grundstruktur läßt sich dann je nach Gegebenheit und Notwendigkeit in unterschiedlichen, gesellschaftlichen und kulturellen Situationen in beide Richtungen weiter differenzieren. In der Gleichrangigkeit beider Amtsbereiche spiegelt sich das doppelte Gebot oder Wesen der Kirche zur Gottes- und Nächstenliebe, zur Martyria und Diakonia wider.[22]

Im Sinne der theologischen Erkenntnis der „Zeichen der Zeit" im II. Vatikanum gilt: Aufgrund vieler tatsächlicher sozial engagierter Aufbrüche in den Basisbewegungen der armen Länder sowie in den sozialen Initiativen in und außerhalb der Gemeinden in den Industrieländern sowie auf dem Hintergrund der ganzen Ökumene (was die Verbindung von Glaube und konziliaren Prozessen für Gerechtigkeit, Frieden und Bewahrung der Schöpfung anbelangt), legt sich auch eine neue Organisation des kirchlichen Ordo nahe. Und zwar dergestalt, daß das in dieser Form zweifach aktualisierte Wesen der Kirche auch entsprechend in der Struktur des Weiheamtes vorkommt. Kurz: Wenn man den Presbyter dominant im Martyriabereich ansiedelt[23], dann wird ein Diakonat einzurichten sein, das erstens tatsächlich dominant in der konkreten Diakonie zu Hause ist und das zweitens gleichstufig zum Presbyteramt aufzufassen wäre.

Im Grunde geht es um eine theologische und praktisch zu realisierende Präzisierung des bedeutsamen ersten Schrittes des Konzils, den Diakonat wieder als eigenen Ordostand zu revitalisieren. Was allerdings daraus geworden ist, zeugt von einer eigenartigen theologischen und praktischen Profilschwäche, die daher rührt, daß man nicht konsequent genug die ersten Schritte des Konzils in Richtung auf seine ekklesiologische Gesamtkonzeption weitergeschritten ist, sondern eher nach dem ersten Schritt unschlüssig auf der Stelle trat oder im Kreise lief.[24]

Auch praktisch wird es höchste Zeit, daß die „Träger" der Diakonie eine „gleichberechtigte Beteiligung an den gemeindlichen, diözesalen und weltkirchlichen Entscheidungs- und Kirchenleitungsgremien" genießen: „Nur so werden auch die Deklamationen der 'Hochschätzung' kirchenpolitisch glaubhaft."[25] Diese Überlegungen hätten nicht zuletzt auch Konsequenzen für eine diesbezüglich gleichstufige kirchliche Tarifpolitik. Die sehr viel geringere Bezahlung z. B. von Erzieherinnen und Sozialarbeitern gegenüber Pfarrern und PastoralreferentInnen ist theologisch nicht begründbar.

Die spezifische Sakramentalität dieses dualen Amtes besteht also darin, für die allgemeine Sakramentalität der Kirche als eschatologischen Vorschein des Reiches Gottes in der Welt (durch Martyria und Diakonia) Sorge zu tragen. Das Amt hat insofern tatsächlich hierarchische Qualität, als es das schützt, was der Kirche von ihrem Ursprung her heilig ist: nämlich vom Willen Gottes, von der Herrschaft des „Heiligen" schlechthin her, wie sie sich in Christus verleiblicht haben. Er ist der Ursprung der bleibenden Heiligkeit von Martyria und Diakonia in der Kirche und des dualen kirchlichen Amtes, das für beides in besonderer Weise verantwortlich zeichnet.[26] Die kirchenamtliche Autorität

(i. S. des Ordo) liegt damit nicht nur beim presbyteralen Amt, das für die Vergegenwärtigung Christi in Wort und Zeichen verantwortlich zeichnet, sondern auch und gleichstufig dazu beim diakonalen Amt, insofern es sich auf die Autorität der Armen beruft. Denn auch diese Autorität kann sich nach Mt 25, 35ff. auf die ureigene Einsetzung durch Jesus Christus berufen.[27]

Man kann das ganze auch andersherum entwickeln, was für manche vielleicht sympathischer erscheint: nämlich den gegenwärtigen Diakon auf seinem Niveau als sakramentale Vorstufe zum „eigentlichen" Priesteramt zu belassen (zumal die bisherigen Diakone praktisch ohnehin meist presbyterbezogene Funktionen übernommen haben) und das gegenwärtige Priesteramt entsprechend zu teilen, nämlich zwischen Presbyter/in und Diakon/in im Priesteramt selbst.[28] Immerhin hat auch das gegenwärtige Priesteramt den Diakonat bereits (wenn auch nicht gleichstufig, sondern nur als Vorstufe) in sich, und immerhin erfolgt in der Priesterweihe ausdrücklich der spezifische Auftrag, die Armen nicht zu vergessen. Dieser bislang rezessive diakonale Anteil des Priesteramtes sollte auf dem Niveau des priesterlichen Amtes selbst (das durch den Vorsitz der Eucharistiefeier und durch die Gemeindeleitung charakterisiert ist) als gleichstufiges eigenes Amt (zum presbyteralen Amt im Priesteramt) entfaltet werden. Man wird dann genauer zusehen, welche gegenwärtigen Diakone (aufgrund ihrer tatsächlichen diakonischen Leitungsfunktion) in der Diakonie bzw. zwischen Diakonie und Martyria zu priesterlichen Diakonen geweiht werden.[29]

Taufe und Firmung gehören dann dominant in den spezifischen Bereich der Eingliederung in die Glaubensgemeinde, Buße und Krankensalbung (besonders im Blick auf Jesu Heilungsgeschichten den Sündern und Kranken gegenüber) in den Bereich der diakonischen Zuwendung. (Damit lösten sich so manche praktischen Probleme der Diakone in der Krankenhausseelsorge; umgekehrt verhindern diese Überlegungen die Gefahr der Reduktion des Presbyteramtes auf den kultischen Bereich.) Die Ehe (als besonderer Fall der christlichen Koinonia) kann man sich gut in beiden Bereichen vorstellen (je nach Lebens- und Arbeitsfeldern sowie nach dem Eheverständnis der Partner/innen), während die Weihevollmacht für Priester und Diakone selbstverständlich in den Händen (als Handauflegung) der Bischöfe liegt.[30]

Folgende Graphik mag meinen Vorschlag veranschaulichen:

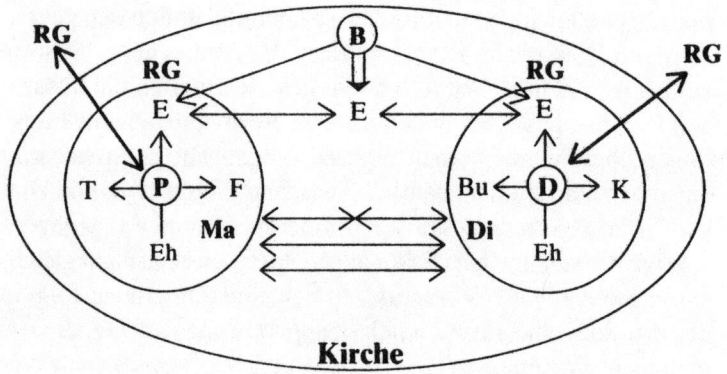

Zur Erklärung:

(B = Bischof, P = Presbyter, D = Diakon, E = Eucharistie, T = Taufe, F = Firmung, Bu = Buße, K = Krankensalbung, Eh = Ehe, Ma = Martyria, Di = Diakonia, RG = Reich Gottes).

Die beiden Kreise stehen für die gleichstufigen Bereiche von Martyria und Diakonia und befinden sich insgesamt in der sie umfassenden Ellipse der Kirche. In diesen Kreisen gibt es einmal die für diese Selbstvollzüge charakteristischen Sakramente der Taufe und Firmung im Bereich der Martyria bzw. der Buße und Krankensalbung im Bereich der Diakonie. Dabei handelt es sich nicht um eine exklusive, sondern dominanzmäßige Zuteilung. Überhaupt ist das ganze Schema auf keinen Fall statisch, sondern plastisch zu verstehen, als Momentaufnahme dynamischer Vorgänge des Ineinander-Übergehens und des Austausches. Um aber klar zu bekommen, was im kirchlichen Leben zum

330

Austausch kommt, muß das eigenständige Profil der sich austauschenden Selbstvollzüge deutlich bleiben, damit kein die Eigenwichtigkeiten der beiden Bereiche zerstörendes Mischmasch entsteht.

Das Sakrament der Eucharistie gehört als Feier und Ausdruck der verantwortlichen Gemeinschaftsbildung in beide Bereiche hinein und ist zugleich Feier und Ausdruck der Zusammengehörigkeit beider Bereiche in der Kirche. Für diese Zusammengehörigkeit von Martyria und Diakonia in ihrer gleichstufigen Profilierung wie auch in ihrem Austausch ist auf diözesanem Niveau insbesondere der Bischof verantwortlich. Zu dieser Verantwortung gehört auch, daß in beiden Bereichen und zwischen ihnen auf den unterschiedlichen Niveaus (von kleineren Pfarreien bis hin zu größeren Institutionen) genügend Personen für die entsprechende eucharistische Leitungsverantwortung zur Verfügung stehen (durch die Ausübung der Weihevollmacht im priesterlichen Presbyterat und Diakonat). Das Sakrament der Ehe kann in beiden Bereichen angesiedelt sein.

Die beiden „Reich Gottes"-Pfeile signalisieren die welt- und gesellschaftsbezogene Verantwortung des kirchlichen Selbstvollzugs: als Aufbau des Reiches Gottes innerhalb und außerhalb der Kirche und als Austausch zwischen diesen beiden. Die drei Pfeile zwischen den beiden Kreisen stehen für die vielfältigen gegenseitigen Informationsbeziehungen und für das Ineinandergreifen der beiden Bereiche, nicht zuletzt auch dafür, daß die beiden Kreise nicht nur ungetrennt nebeneinander existieren, sondern auch sich immer wieder aufeinander zu bewegen und sich gegenseitig teilweise an den Stellen überlappen, wo beide Dimensionen verwirklicht werden.[31]

Übrigens wird die gemeinsame Eucharistie nicht nur die Dimension der Einheit in und zwischen den Sozialformen der Diakonie und Martyria im liturgischen Vollzug erlebbar einbringen, sondern sie hat auch für die beiden Bereiche selbst eine jeweilig unterscheidbare Bedeutungsdimension, die dann auch ihre Feier in der Diakonie bzw. in der Martyria in einen eigenen Sinnzusammenhang bringt.

Vielleicht lassen sich von daher auch alte Begriffe, die die kirchliche Dogmatik für die Charakterisierung der Eucharistiefeier gefunden hat, mit neuer Brisanz verstehen: Die Eucharistiefeier ist Worterinnerung und Taterinnerung, Memoria der Worte Jesu und seiner Zeichenhandlung des Letzten Abendmahles, und eben darin die Erinnerung seiner radikalsten Diakonie für die Menschen, insofern Jesus um dieser Diakonie willen sein Leben am Kreuz geopfert hat, und zugleich die Erinnerung an die göttliche Bestätigung dieses „Opfers" durch die Auferstehung. Es handelt sich also tatsächlich um ein Erinnerungsmahl und um ein Opfergedächtnis.

So wird die Feier der Eucharistie im Bereich der Diakonie deren diakonale Dimension aktivieren, während die gleiche Feier in den Bereichen der Martyria deren presbyterale Dimension entfaltet. Und daß sich beides in diesem einzigen Sakrament der Eucharistie ereignet, zeigt zugleich, wie beide Bereiche zusammengehören. Diese Zusammengehörigkeit kann dann auch in entsprechenden gemeinsamen Eucharistiefeiern zwischen Menschen, die dominant im Bereich der Martyria bzw. der Diakonie arbeiten (in den Gemeinden selbst oder auch zwischen den verschiedenen Institutionen dieser Bereiche), erlebt werden.

Anmerkungen

1   Vgl. R. Bucher, Die Theologie, das Fremde. Der theologische Diskurs und sein anderes, in: O. Fuchs (Hrsg.), Die Fremden, Düsseldorf 1988, 302-319.

2   Vgl. Bischof J. Wanke in seinem Hirtenbrief zur österlichen Bußzeit, Erfurt 1992.

3   Zum Begriff der Proexistenz vgl. das von H. Schürmann entworfene proexistente Selbstverständnis Jesu, in: Jesu ureigener Tod. Exegetische Besinnungen und Ausblicke, Freiburg i. B. 1975. Vom Beispiel Jesu her meint Proexistenz nicht etwa hegemoniale „Fürsorge", sondern eine Für-Existenz, die aus dem gleichstufigen Mitleben mit den Betroffenen kommt.

4   Vgl. DS 3866-3873; vgl. zu diesem Thema ausführlich O. Semmelroth,

Die Kirche als Sakrament des Heils, in: J. Feiner / M. Löhrer (Hrsg.), Mysterium Salutis. Grundriß heilsgeschichtlicher Dogmatik. Das Heilsgeschehen in der Gemeinde, Band VI/1, 309-355, 334ff.

5   Semmelroth, 337.

6   Semmelroth, ebd. 340.

7   Vgl. dazu W. Beinert, Der Dienst der Kirche, in: Feiner / Löhrer (Hrsg.), Mysterium Salutis VI/1, 287-307,303.

8   Vgl. O. Fuchs, Ämter für eine Kirche der Zukunft. Ein Diskussionsanstoß, Luzern 1993, 9ff, 100ff.

9   Z. B. Bischof Lehmann und Kardinal Wetter: vgl. KNA Informationsdienst Nr. 20/19. Mai 1994, 3 (Streit um „Kirchenasyl": logische Folge des neuen Asylrechts?), bzw.: Focus Nr. 21, 21. Mai 1994, 11 („Gerichtsurteil muß nicht immer das letzte Wort sein"). Vgl. zur ganzen Diskussion K. Barwig / D. R. Bauer (Hsrg.), Asyl am Heiligen Ort. Sanctuary und Kirchenasyl. Vom Rechtsanspruch zur ethischen Verpflichtung, Ostfildern 1994.

10   Vgl. zu diesem Wechselspiel O. Fuchs, Heilen und befreien. Der Dienst am Nächsten als Ernstfall von Kirche und Pastoral, Düsseldorf 1990, 132-167.

11   Vgl. Paul VI., Evangelii nuntiandi vom 8.12.1975 (Deutsch: Trier 1976) Nr. 18 und 47.

12   Vgl. U. Bechmann, Der Weltgebetstag der Frauen – Praxis interkonfessioneller Arbeit, in: Diakonia 25 (1994) 2, 125-130.

13   Vgl. dazu O. Fuchs, Im Brennpunkt: Stigma. Gezeichnete brauchen Beistand, Frankfurt 1993, 236ff.

14   Vgl. H. Kuckertz (ed.), Ancestor Religion in Southern Africa, Lumko Missiological Institute, Transkei 1981.

15   Vgl. M. Ausel, Monumente des Todes – Dokumente des Lebens? Christliche Friedhofs- und Grabmalgestaltung heute, Altenberge 1988; zum Thema der Volksfrömmigkeit vgl. M. N. Ebertz / F. Schultheis (Hrsg.), Volksfrömmigkeit in Europa. Beiträge zur Soziologie popularer Religiosität aus 14 Ländern, München 1986.

16   Vgl. D. Wiederkehr, Grundvollzüge christlicher Gemeinde, in: L. Karrer (Hg.), Handbuch der Praktischen Gemeindearbeit, Freiburg i. Br. 1990, 14-38.

17   Bei genauerem Hinsehen allerdings ist die Zuordnung der Liturgia zur Martyria und der Koinonia zur Diakonia nicht exklusiv zu sehen, sondern nur in einer gewissen Dominanz. Denn Koinonia gibt es auch im Martyriabereich, besonders als Gemeinschaft der Hörenden und Betenden und der in der Doxologie lobenden Gemeinde. Und umgekehrt ge-

hören manche liturgischen Vollzüge zum Bereich der Diakonie, etwa die Krankensalbung beim Krankenbesuch und die Sündenvergebung im Bußsakrament. Die jeweilige Zuordnung ist unterschiedlich: hier die Liturgie im Dienste der Diakonie, dort die Koinonia im Dienste der Martyria.

18 K. Rahner, In Sorge um die Kirche (Schriften zur Theologie 14), Zürich-Einsiedeln-Köln 1980, 206.

19 Vgl. dazu E. Klinger, Armut, Eine Herausforderung Gottes. Der Glaube des Konzils und die Befreiung des Menschen, Zürich 1990.

20 Rahner, Sorge 127.

21 Rahner, ebd. 127, vgl. auch 122ff. Zum folgenden vgl. Fuchs, Ämter.

22 Nur um Mißverständnissen vorzubeugen: Diakonia meint nicht nur caritatives Verhalten im engeren Sinn, sondern beinhaltet auch das politische Engagement zugunsten der möglichst weitgehenden Bekämpfung und Beseitigung der strukturellen Ursachen von Leid und Benachteiligung. Diakonia beinhaltet dann auch das Teilen von Leiden, das nicht aus der Welt zu schaffen ist. Die christliche Diakonia bezieht ihre Erfolgsdefinition also nicht nur daher, daß Leid beseitigbar ist, sondern auch daher, daß bei diesbezüglicher Erfolglosigkeit auch das mitgehende Mitaushalten von Leid ein Erfolg im Sinne des Reiches Gottes ist, nämlich des Gottes, der in Jesus das Leiden der Menschen an den eigenen Leib herangelassen und ausgehalten hat.

23 Vgl. Wiederkehr, Grundvollzüge 21. Von der Wortbdeutung handelt es sich beim presbyterialen Dienst ursprünglich um jene „Ältesten", die den „Jüngeren" die „alten" Geschichten erzählen. Mit der Zeit handelte es sich dabei weniger um eine Frage des Alters denn um eine Frage der Funktion. Die Presbyter waren in der Tat in der Alten Kirche für die Tradition des Glaubens verantwortlich, sie waren die Garanten der Überlieferung in Verkündigung und Liturgie, in Unterweisung und in Zeichenhandlungen, insbesondere im Vorsitz der Eucharistiefeier.

24 Vgl. Fuchs, Heilen, 202-206.

25 Wiederkehr, Grundvollzüge 28.

26 Vgl. R. van Kessel, Gemeinde am Leben, Freiburg. i. Br. 1990, 146ff.

27 Vgl. van Kessel, ebd. 153.

28 Um es ausdrücklich zu sagen: selbstverständlich sind meine Überlegungen jenseits der geltenden disziplinären Zulassungsbedingungen zum Amt angesiedelt und beziehen sich strikt auf Frauen und Männer, Verheiratete und Unverheiratete, die allein aufgrund ihrer Berufung, Kompetenz und Tätigkeit zu den Wesensaufgaben des Ordo zum Amt zuge-

lassen werden. Der Ausschluß Verheirateter und der Ausschluß von Frauen macht aus der hier dargestellten ekklesiologischen Perspektive heraus überhaupt keinen Sinn.

29 Zur Möglichkeit und Notwendigkeit, auch dem Diakon die Eucharistievollmacht zu verleihen, sofern er mit einer Leitungsaufgabe betraut ist, vgl. Rahner, Sorge 135.

30 Welche besondere Aufgabe für das Episkopat aus dieser Ämterstruktur erwächst, kann hier nicht näher verfolgt werden. Eine wichtige Verantwortung wird sicher darin liegen, die Pluralitätsfähigkeit und Einheit in und zwischen den Bereichen der Martyria und Diakonia zu fördern und für ihre gegenseitig gleichstufige Wichtigkeit einzutreten.

31 Vgl. dazu das Schema der sich überlappenden Kreise der Martyria und Diakonia in Fuchs, Heilen 105.

Werner Simon

Interkulturelles/Interreligiöses Lernen als Herausforderung

Überlegungen zu einem religionspädagogischen Aufgabenfeld

1 Interkulturelles und interreligiöses Lernen als Aufgabe und als eine Herausforderung an das religionspädagogische Handeln

(1) Religionspädagogik ist eine praktisch-theologische Disziplin. Sie reflektiert als solche auf die Praxis religiöser Erziehung und Bildung im Horizont des christlichen Glaubens und im Kontext der je konkreten sozial-kulturellen Bedingungen und Voraussetzungen. In diesem Kontextbezug bedenkt sie die Möglichkeiten und die Dringlichkeiten des erziehlichen und unterrichtlichen Handelns. Religionspädagogik ist von diesem ihrem Ansatz her „kontextuelle" Theologie: eine Theologie im Kontext der „Zeichen der Zeit".

Ein „Zeichen der Zeit", das in diesem Zusammenhang besondere Aufmerksamkeit verdient, ist die zunehmend multikulturell und multireligiös geprägte Situation des gesellschaftlichen Zusammenlebens. Menschen unterschiedlicher Sprache, Nationalität, Kultur und Religion leben alltäglich – Nachbarn und Fremde zugleich – miteinander, oft nebeneinander, nicht selten gegeneinander. Ein „Lernen zwischen den Kulturen"[1] und ein „Lernen zwischen den Religionen" wird dringlich, wo Fremdheit verunsichert und gewachsene Identitäten in Frage stellt.[2] Es sind vor allem die Konsequenzen der interregionalen und internationalen Wanderungsbewegungen, die Grundlagen des tradierten Modells einer kulturell und religiös mehr oder weniger geschlossenen Gesellschaft verändern und zu einer Neubesinnung herausfordern. Diese Wanderungsbewegungen sind zum einen Folge einer im Zuge der Entwicklung moderner marktorientierter Industriegesellschaften gestiegenen Arbeitsmobilität, die auch in dem zu dieser Entwicklung parallel verlaufenden Urbanisierungsprozeß zur Auswirkung kommt. Sie sind zum anderen Folge einer wachsenden und nicht nur ökonomisch bedingten internationalen Vernetzung. Die Gründe, die einzelne zur Wanderungsentscheidung bewegen, sind vielfältig. Es sind neben Arbeitsmigranten Menschen auf der Flucht vor lebensbedrohender Verfolgung, Unterdrückung, Krieg, Hunger und Armut, die ihre Heimat verlassen, um in der Fremde eine neue Lebenschance zu suchen.

1992 lebten in der Bundesrepublik Deutschland rund 6,5 Millionen Ausländer. Das sind 8% der Gesamtbevölkerung. 1991 besuchten rund 800 000 ausländische Schülerinnen und Schüler die Schulen der westlichen Bundesländer. Die demographische Entwicklung läßt einen weiter wachsenden Anteil ausländischer Kinder vor allem in den Kernstädten der Verdichtungsräume erwarten. Rund 60% der ausländischen Kinder und Jugendlichen leben in diesen Ballungsgebieten. So entstehen vielfach regionale multikulturell und multireligiös geprägte Teilgesellschaften insbesondere in großstädtischen Lebenszusammenhängen.[3]

(2) Die Begegnung zwischen den Kulturen wird ein Moment des Vollzugs des eigenen Glaubens dort, wo in der einen Ortskirche der gemeinsame Glaube in der Gleichzeitigkeit einer Vielfalt unterschiedlicher kultureller Glaubensgestalten gelebt, gefeiert, bezeugt und überliefert wird. Die Begegnung zwischen den Kulturen wird darüber hinaus zur Aufgabe dort, wo in der Konsequenz der internationalen Migration die Vielfalt der Religionen zu einem Moment des alltäglich erfahrenen Lebenszusammenhangs wird.[4]

Dies führt zum einen dazu, daß den christlichen Konfessionskirchen neu die „Katholizität" und der „ökumenische" Horizont von Kirche und christlichem Glauben bewußt werden. Die Botschaft des Evangeliums bedarf der Inkulturation in den unterschiedlichen Kulturen der Völker, ohne daß dabei eine bestimmte kulturelle Ausprägung absolut gesetzt werden darf. Evangelisation, die diesem Postulat entspricht, impliziert insofern immer auch die Aufgabe eines interkulturellen Lernens. Dies hat Konsequenzen für das Verhältnis von Ortskirche und Weltkirche: „Als Ortskirche ist sie zur 'Inkulturation' verpflichtet, als Weltkirche ist sie angewiesen auf den Austausch von Beziehungen, Erfahrungen und Lebensmodellen."[5]

Auch in dieser Hinsicht gilt: „Christsein im Horizont einer Weltkirche ist auf interkulturelles Lernen angewiesen."[6]

Die Notwendigkeit eines „Lernens zwischen den Kulturen" stellt sich jedoch nicht nur in einer intrareligiösen Perspektive, sie stellt sich auch in einer interreligiösen Perspektive als die Notwendigkeit eines „Lernens zwischen den Religionen". „In Prozessen interkulturellen Lernens muß es auch um das Verstehen der religiösen Lebensform gehen, in der Menschen ihren Glauben in sozialer und kultureller Vermittlung konkret leben."[7] Ansätze eines interkulturellen Lernens, die die religiöse Dimension der kulturellen Prägung ausblenden, bleiben blind gegenüber einem wesentlichen Moment kulturellen Selbstverständnisses. Darüber hinaus könnte gerade der Religion eine wichtige Brückenfunktion zukommen: „Sie verbindet Menschen über Volks- und Sprachgrenzen hinweg, gleichzeitig aber verwurzelt und beheimatet sie."[7]

Es scheinen sich aber dem interreligiösen Dialog unüberwindliche Hindernisse entgegenzustellen. Denn Religion „hat es mit der Erfahrung von Wahrheit zu tun, die in die Mitte der Existenz reicht und den ganzen Menschen erfaßt. Religiöse Wahrheit wird als unbedingt gültig erlebt."[9]

(3) Das Zusammenleben zwischen Menschen unterschiedlicher kultureller Prägung und religiöser Bindung kann nur dort gelingen, wo Minderheiten und ihre Kulturen nicht unterdrückt, ausgegrenzt, abgesondert oder benachteiligt werden. Wie kann „interkulturelle Erziehung" das in diesem Zusammenhang dring-

liche und der Gesamtgesellschaft aufgegebene „Lernen zwischen den Kulturen" fördern und begleiten? Das solchem interkulturellen Lernen immanente Ziel wäre eine Gesellschaft, „in der verschiedene Kulturen ohne Assimilationsdruck oder Segregationszwang (Absonderungszwang) in einem vielfältigen Austausch stehen und die imstande ist, den Dialog verschiedener Kulturen zu fördern"[10].

Interkulturelle Erziehung[11] zielt auf die Förderung und Stärkung der für diesen Dialog grundlegenden Fähigkeiten und Einstellungen. Sie will befähigen zur Empathie. Kinder und Jugendliche sollen lernen, ihnen zunächst fremde Standpunkte, Lebensformen und Überzeugungen anderer Personen, Gruppen und Gemeinschaften wahrzunehmen, einfühlend nachzuvollziehen und so besser zu verstehen. Das Verständnis für die vielfältigen kulturellen Prägungen und Ausdrucksformen läßt dabei zugleich auch die eigene kulturelle Prägung, die eigenen Wertorientierungen und Sinndeutungen deutlicher bewußt werden. So können Vorurteile, Stereotypen und Mißverständnisse abgebaut und korrigiert werden. Gleichzeitig können Respekt und Toleranz in einer wechselseitigen Achtung der unterschiedlichen Überzeugungen wachsen und eingeübt werden. Interkulturelle Erziehung will darüber hinaus befähigen zur Solidarität. Sie ermutigt und fördert die Bereitschaft, einzutreten für die Achtung der Rechte gerade auch des „fremden" Anderen, für die Aufhebung von Diskriminierungen und Benachteiligungen, im Widerspruch gegen alte und neue ideologische Blickverengungen eines ethnozentrischen Rassismus.

(4) Die Option für ein interkulturelles Lernen ist zugleich die Option eines in der Tradition der europäischen Aufklärung stehenden freiheitlichen Rechtsstaates. Er achtet die pluralen Wertorientierungen und Überzeugungen seiner Bürgerinnen und Bürger. Diese Achtung gründet selbst wiederum in einer wertorientierten Bejahung der Menschenwürde jedes einzelnen Menschen und universaler Menschenrechte als einer vorstaatlichen Norm alles politischen Handelns, die in der verfassungsmäßigen Garantie individueller Grund- und Freiheitsrechte ihre Entsprechung

und Anerkennung findet. Er folgt dabei dem Prinzip einer weltanschaulichen Neutralität, die es ihm verbietet, sich mit einer bestimmten Weltanschauung oder Religion zu identifizieren, sie zu bevorzugen oder zu benachteiligen. Eben darin ist das Prinzip der weltanschaulichen Neutralität ein Freiheit ermöglichendes und sicherndes Prinzip: „Jeder hat das Recht auf die freie Entfaltung seiner Persönlichkeit, soweit er nicht die Rechte anderer verletzt und nicht gegen die verfassungsmäßige Ordnung oder das Sittengesetz verstößt" (Grundgesetz, Art. 2,1).

Und: „Niemand darf wegen seines Geschlechts, seiner Abstammung, seiner Rasse, seiner Sprache, seiner Heimat und Herkunft, seines Glaubens, seiner religiösen oder politischen Anschauungen benachteiligt oder bevorzugt werden" (Grundgesetz, Art. 3,3).

Diese politische Grundoption impliziert zugleich eine Option für den Dialog als eine Grundform des gesellschaftlichen Austauschs und des Umgangs mit pluralen Sinn- und Wertorientierungen – auch im Raum der öffentlichen Schule.

Wie aber kann „religiöse Erziehung" im Raum der öffentlichen Schule beitragen zu der der Schule aufgegebenen „interkulturellen Erziehung" in einer kulturell und religiös plural geprägten Gesellschaft? Das macht den Kern des „harten Pluralismus"[12] aus, daß er auch dort Toleranz gebietet, wo einander ausschließende Wahrheitsansprüche in einer nicht aufhebbaren Differenz nebeneinander stehen, ohne daß es angesichts der bestehenden Differenz erlaubt wäre, die Idee der Wahrheit als solche aufzugeben zugunsten eines Relativismus, der jeden Wahrheitsanspruch von vornherein in Frage stellt.

„Die Toleranz, die hier angestrebt wird, ist nicht ein indifferentes ‚Geltenlassen', weil man ohnedies nichts Genaues weiß und darum jede im Dialog vorgebrachte Meinung ebenso falsch wie richtig sein kann, sondern eine Toleranz, die in der Gewißheit gründet, daß die Richtigkeit der eigenen Überzeugung durch das Geltenlassen anderer Überzeugungen nicht in Frage gestellt ist."[13]

Auch für den interkulturellen Dialog der Religionen gilt der

Grundsatz, daß „erst in der Wahrnehmung der Differenz und der Spannung zwischen Menschen, Kulturen und Religionen, erst in der Zulassung der Andersartigkeit ... tragfähige Gemeinsamkeit eingeübt werden"[14] kann.

(5) Die nachfolgenden Überlegungen bedenken Möglichkeiten religionspädagogischen Handelns im Raum der Schule. Die Grenzen schulischer Erziehung und unterrichtlichen Lernens sollten dabei stets in Erinnerung gehalten werden. Gesamtgesellschaftliche Aufgaben können nicht auf Erziehungsaufgaben reduziert und an die Schule delegiert werden. Sie sind zunächst den Erwachsenen aufgegeben und fordern ein gesellschaftliches Engagement und politisches Handeln. „Die Schule ist überfordert, wenn ihr offizieller Lehrplan interkulturelles Lernen enthält, der geheime Lehrplan der Gesellschaft aber unverändert auf Diskriminierung setzt."[15]

Schulische Erziehung zielt auf eine Veränderung von Einstellungen der Lernenden. Es verändert und löst damit noch nicht gesamtgesellschaftliche Strukturprobleme: „Ethnische und kulturelle Vielfalt und religiöser Pluralismus allein sind nicht hinreichend, wenn sich die Fremden nicht auch als Bürger am politischen Gemeinwesen beteiligen dürfen."[16] Auch das „Lernen zwischen den Religionen" ist zunächst eine Herausforderung an die gesellschaftlich verfaßten Religions- und Weltanschauungsgemeinschaften. Es darf nicht auf den Lernort Schule beschränkt bleiben. Denn: „Jeder interreligiöse Dialog im Religionsunterricht ist nur so gut wie der Dialog der Religionen in der Gesellschaft insgesamt."[17]

2 Das englische Modell – Aporien eines religionsphänomenologischen Ansatzes interkulturellen / interreligiösen Lernens

(1) Religionsunterricht wird an den staatlichen Schulen Englands[18] seit dem Bildungsgesetz von 1870 in konfessionsübergreifender Form (non-denominational) erteilt. Das Bildungs-

gesetz von 1944 ermächtigt die lokalen Schulaufsichtsbehörden (local education authorities), Lehrplankommissionen einzuberufen, in denen Vertreter der Religionsgemeinschaften, der Lehrerschaft und der Administration gemeinsam den für den jeweiligen Schulaufsichtsbezirk verbindlichen Lehrplan (agreed syllabus) entwickeln, der unter Berücksichtigung der örtlichen Situation die inhaltliche und methodische Struktur des Faches beschreibt. Bis in die 1960er Jahre dominierte das Modell einer christlich orientierten religiösen Unterweisung (religious instruction), das in der Folgezeit zunehmend durch das Modell einer für alle religiösen und weltanschaulichen Orientierungen offenen religiösen Erziehung (religious education) abgelöst wurde. Die Immigration aus den Ländern des Commonwealth und den ehemaligen Kolonien verwandelte vor allem in den Industriestädten die multikonfessionelle in eine multireligiöse Situation. Christliche und jüdische Schüler besuchen gemeinsam mit Muslimen, Hindus, Buddhisten und Sikhs den Religionsunterricht, dem in diesem Zusammenhang eine Schlüsselfunktion auch für das interkulturelle Lernen zuwächst. Die neueren Lehrpläne seit dem 1975 veröffentlichten Birmingham Agreed Syllabus versuchen, der pluralen kulturellen und religiösen Prägung der Schüler in einem religionsphänomenologischen Ansatz Rechnung zu tragen, der ausgeht von lebensweltlichen Phänomenen der Religion und der von ihnen her Religion als eine Dimension menschlicher Weltdeutung und Lebensgestaltung zu erschließen sucht. Der Swann-Report der von der britischen Regierung eingesetzten Untersuchungskommission zur Erziehung von Kindern aus ethnischen Minderheiten von 1985 unterstreicht:

„Wir sind der Überzeugung, daß die breitere phänomenologische Annäherung an die religiöse Erziehung entschieden vorzuziehen ist als das beste und in der Tat das einzige Mittel, das Verständnis aller Schüler, von welchem religiösen Hintergrund sie auch immer herkommen, von der Pluralität der Glaubensvorstellungen im gegenwärtigen England zu erweitern, sie zu einem Verständnis vom Wesen des Glaubens und der religiösen

Dimension im menschlichen Erleben zu bringen und ihnen zu helfen, die unterschiedlichen und manchmal gegensätzlichen Lebenseinstellungen zu würdigen und die Schüler so zu befähigen, ihre eigene religiöse Position zu bestimmen (und zu begründen)"[19].

Das Bildungsreformgesetz von 1988 legt fest, daß neue Lehrpläne einerseits dem entsprechen sollen, daß die religiösen Traditionen in Großbritannien vor allem christlich geprägt sind. Sie sollen andererseits aber auch den anderen Hauptreligionen in Großbritannien angemessen Rechnung tragen.

(2) Der religionsphänomenologische Ansatz beschreibt Religion als ein Phänomen der Lebenswelt der Schülerinnen und Schüler, als einen Erfahrungsbereich und ein Wissensgebiet, das es wert ist, in das Curriculum schulischen Lernens aufgenommen zu werden, weil es die Sicht der Schüler auf das Leben weitet und vertieft. Religion begegnet in der Lebenswelt der Schüler in der Gestalt pluraler Religionen. Es gilt, einerseits dieser Pluralität Rechnung zu tragen, es bedarf andererseits vermittelnder beschreibender Kategorien, die es erlauben, im Vergleich Analogien und Differenzen zwischen den Religionen angemessen zu erfassen. Der religionsphänomenologische Ansatz übernimmt in diesem Zusammenhang vor allem formale und deskriptive Kategorien einer phänomenologisch orientierten Religionswissenschaft. Gilt das Interesse in den unteren Klassen den Mythen, Riten und der sozialen Dimension von Religion, so finden in den höheren Klassen mehr die lehrhaften, die ethischen und die Momente persönlicher religiöser Erfahrung Aufmerksamkeit und Beachtung. Die phänomenologische Zugangsweise bemüht sich um eine „objektive" Erschließung „subjektiven" religiösen Bewußtseins. „Vom Religionslehrer wird erwartet, daß er Werturteile vermeidet und eine Haltung sympathischer Neutralität allen Religionen gegenüber einnimmt."[20]

Reichweite und Grenzen des religionsphänomenologischen Ansatzes schulischer religiöser Erziehung wurden in den letzten zehn Jahren breit und intensiv diskutiert. Die Aporien, die in diesem Zusammenhang zutage traten, reichen in ihrer Bedeutung über die Diskussion des konkreten Modells hinaus und bleiben auch für zukünftige Überlegungen bedenkenswert.

(3) Die Stärken des Modells liegen auf der Hand: die lebensweltliche Orientierung der Erschließung von Religion, das Verständnis von Religion und Glaube als einer lebensgestaltenden Kraft, die Einübung religiöser Toleranz in Achtung vor dem Selbstverständnis der in den verschiedenen Religionen lebenden Menschen. Michael Grimmit unterstreicht die lebensgeschichtliche Relevanz eines solchen kontextuellen Ansatzes religiösen Lernens: „Ihren eigenen Glauben und die Glaubensvorstellungen ihrer direkten Nachbarn zu erforschen heißt, ihre eigene Lebenswelt und ihr religiöses Bewußtsein zu erforschen und ihre Wertschätzung der täglichen Erfahrungen, die von höchster Bedeutung für sie sind, zu vertiefen. Darüber hinaus sollte beachtet werden, daß die Erforschung eines lebendigen Glaubens in diesem Kontext auch bedeutet, die Kultur zu untersuchen, deren integrierter Teil der Glaube ist – die Lebenswelt der Schüler und ihrer Familien."[21]

Bedenken bestehen jedoch gegenüber Implikationen des phänomenologischen Ansatzes, die zugleich Schwächen des Ansatzes im Hinblick auf die gestellte Aufgabe eines die Wahrheitsfrage nicht ausblendenden interreligiösen Dialogs deutlich werden lassen.

Unterliegt der phänomenologische Ansatz dort, wo er als Ansatz die Wahrheitsfrage ausblendet oder subjektiviert und eine prinzipielle Neutralität gegenüber den verschiedenen religiösen Orientierungen postuliert und für möglich hält, nicht einer Selbsttäuschung? Religiös gebundene Kritiker geben zu bedenken, daß eine solche neutrale Sicht das Phänomen selbst säkularisiert, indem es den für jede Religion wesentlichen Verbindlichkeitsanspruch suspendiert und neutralisiert. Andererseits verweisen religiös nicht gebundene Kritiker darauf, daß die phänomenologische Methode dort, wo sie in der Wahrnehmung religiöser Phänomene die Perspektive religiöser Selbstdeutung wählt, einübe „in die religiöse Wahrnehmung des Lebens, weil sie die Religion vom Standpunkt gläubiger Menschen her erschließt".[22]

Ist das Postulat der Neutralität nicht selbst eine wertbezogene Entscheidung? Sie verweist den Wahrheitsanspruch in den Privatbereich und entzieht ihn damit zugleich der öffentlichen Diskussion. „Wird die Wahl zwischen unterschiedlichen Glaubenssystemen aber nicht mehr öffentlich diskutabel, vielmehr zur puren Angelegenheit der persönlichen Präferenz deklariert, so steht am Ende des Respektes vor allen Wahrheiten der Indifferentismus und der Agnostizismus...“[23] Verkennt das Postulat einer universalen Empathie nicht die eigene Standortbezogenheit subjektiver Wahrnehmung und das Gewicht und die Rolle des jeweiligen Vorverständnisses im hermeneutischen Zirkel des Verstehens fremder Überlieferung?

Auch in pädagogischer Perspektive erweist sich das Postulat der Neutralität als problematisch. „Das Ausklammern der Wahrheitsfrage steht nämlich auch im Widerspruch zu den Interessen der Schülerinnen und Schüler, in einer pluralistischen Gesellschaft dadurch besser zurechtzukommen, daß sie eine eigene Identität und eigene Überzeugungen ausbilden lernen.“[24]

Die Übernahme von Werten wird nur dort möglich, wo zugleich auch deren Verbindlichkeit erfahren werden kann. Der von einem bestimmten Standpunkt aus erteilte Religionsunterricht gibt dabei den Heranwachsenden Orientierungshilfen im Hinblick auf die Erarbeitung ihres eigenen persönlichen Standpunktes. In der Begegnung mit einem als nicht beliebig erfahrenen Standpunkt des Lehrers erleben und erfahren Schüler die Nicht-Beliebigkeit auch der eigenen Standortbestimmung. Sowohl aus pädagogischen wie auch aus Gründen des religiösen Selbstverständnisses ist es deshalb notwendig, zwischen den Ansprüchen der Religionen zu unterscheiden. „Wie kann man das Bewußtsein für die Vielfalt der Religionen wecken, ohne in irgendeiner Form die Probleme des Wahrheitsanspruches darzulegen, in dem sich die Weltreligionen unterscheiden? Die Kinder sollen ein Gefühl dafür bekommen, daß die Unterschiede in den Religionen nicht zufällig und willkürlich sind, sondern wichtig und der Behandlung in der Schule wert.“[25]

Der Pluralismus der Religionen verweist somit auf Formen

der Begegnung und des Dialogs, welche die Überzeugungen der Gesprächspartner in ihrem Wahrheitsanspruch ernst nehmen und achten und diese Pluralität in einer nicht relativierenden Toleranz bejahen. „Toleranz ist als Wert anzuerkennen, aber sie kann auch Indikator für Indifferenz und Neutralität gegenüber anderen Gruppen sein. Toleranz mag ermöglichen, daß unterschiedliche Gruppen und Kulturen in ein und derselben Gesellschaft friedlich koexistieren, aber sie fördert nicht notwendigerweise Interaktion und Kooperation, die die Merkmale einer wahrhaft pluralistischen Gesellschaft sind."[26]

3 Religionstheologische Modelle einer Verhältnisbestimmung und ihre Implikationen für ein dialogisch strukturiertes interreligiöses Lernen

Jeder religionspädagogische Ansatz einer Theorie interreligiösen Lernens, der den Wahrheits- und Verbindlichkeitsanspruch der verschiedenen Religionen nicht ausblendet oder relativiert, impliziert religionstheologische Grundannahmen über das Verhältnis der Wahrheit der eigenen Religion zur Wahrheit der anderen Religionen und eben darin über Möglichkeiten und Grenzen und über die möglichen Ziele einer dialogischen Begegnung zwischen den Religionen. Für einen solchen Dialog gilt der Grundsatz, daß er sich „den realen Differenzen auszusetzen und nichts auszublenden" hat und daß „jeder das Recht (hat), den eigenen Standort zum Ausdruck zu bringen"[27]. Der Dialog zwischen den Religionen ist kein wertfreier Dialog, sondern ein Dialog, der von bestimmten unterschiedlichen Standpunkten her geführt wird. Er ermöglicht ein „Lernen über religiöse Traditionen von Religion aus"[28]. In diesem Zusammenhang ist festzuhalten, „daß weder die Ideologie der Superiorität noch die Ideologie der Gleichheit geeignet ist, den Herausforderungen zu begegnen, die sich hinsichtlich der Probleme der religiösen Bildung im öffentlichen Schulwesen stellen. Superiorität führt zur Leugnung anderer Wahrheitswege, Gleichheit zu ihrer Relativierung"[29].

Hans-Georg Ziebertz gelangt aufgrund einer breiten Literatur-analyse zu fünf idealtypischen religionstheologischen Grund-mustern einer Verhältnisbestimmung, die zugleich idealtypische Grundmuster möglicher subjektiver, das unterrichtliche Handeln bewußt oder unbewußt leitender Lehrertheologien beschreiben.[30]

(1) *Das Modell der Exklusivität.* Allein der von Gott in Jesus Christus erschlossene Weg der Erlösung führt zum Heil. Es kann von daher außerhalb des Christusglaubens keine anderen Wege zum Heil geben. Der Glaube an Gottes Offenbarung in Jesus Christus ist insofern heilsnotwendig.

Das beschriebene Modell bestreitet die Wahrheitsfähigkeit anderer religiöser Traditionen. Die Frage eines interreligiösen Dialogs stellt sich allenfalls im Hinblick auf eine mögliche Kon-version. „Eine religiöse Tradition, die nur die Legitimität ihrer eigenen Spiritualität erkennt und die anderer Traditionen und Personen nicht wahrnimmt, kann nur die Haltung von Opposition, Rückzug oder Vereinnahmung einnehmen."[31]

(2) *Das Modell der Inklusivität.* Gott will das Heil aller Men-schen. Von diesem allgemeinen Heilswillen Gottes her dürfen die anderen Religionen verstanden werden als von Gott gewoll-te Wege einer positiven Gottesbeziehung und als Zeichen seiner Gnade. In Jesus Christus erweist sich dieser allgemeine Heils-willen Gottes in einer endgültigen und nicht mehr überbietbaren Form. Gottes Offenbarung in Jesus Christus erschließt insofern zum einen das relative Eigenrecht der anderen Religionen, sie erweist zum anderen aber auch ihre relative Vorläufigkeit.

Das Modell der Inklusivität anerkennt in einer standortge-bundenenen theozentrischen Interpretation der Religionsge-schichte den relativen Eigenwert der anderen Religionen. Es weitet den Horizont einer exklusivistischen Selbstbefangenheit. Andererseits kann es aber in eben dieser seiner standortgebun-denen Perspektive kaum der für den interreligiösen Dialog maß-geblichen hermeneutischen Grundregel Rechnung tragen, „daß die fremde religiöse Tradition möglichst so zu präsentieren ist, daß ihre Vertreter sie als ihre eigene Deutung annehmen kön-nen".[32]

(3) *Das Modell der Parallelität.* Jede der geschichtlich konkreten Religionen beansprucht Wahrheit und Verbindlichkeit. Die Pluralität dieser Wahrheitsansprüche ist innerhalb der Geschichte nicht auflösbar und aufhebbar. Deshalb soll jede Religion au-·thentisch ihren Weg gehen und weiterentwickeln. Erst im Ende der Zeit und vom eschatologischen Ziel her kann Gewißheit gegenüber der Geschichte gewonnen und erhofft werden. Die erhoffte eschatologische Versöhnung kann jedoch nicht in der Geschichte vorweggenommen werden.

Das Denken im Modell der Parallelität ermöglicht eine positive Toleranz und Achtung in der Begegnung der konkreten geschichtlichen Religionen. Es wehrt einer relativierenden Vereinnahmung, aber auch einer exklusivistischen Ausgrenzung fremder religiöser Traditionen. Ein Dialog wird möglich. Offen bleibt die Antwort auf die Frage nach den Zielen und damit der Sinnperspektive dieses interreligiösen Dialogs.

(4) *Das Modell der Wesensgleichheit.* Das Modell der Wesensgleichheit geht in seinen verschiedenen (philosophischen, phänomenologischen, psychologischen) Ausprägungen davon aus, daß die konkreten geschichtlichen Religionen kulturell vermittelte Gestaltwerdungen einer ursprünglichen geschichtstranszendenten und universalen Religiosität bzw. Religion sind und darin zugleich eine kulturtranszendente Unmittelbarkeit der Zuwendung Gottes bezeugen. Kulturelle Unterschiede sind nicht Wesensunterschiede. Sie sind auf einer sekundären Ebene anzusiedeln und in einem ursprungsbezogenen Sinn zweitrangig.

Auch das Denken im Modell der Wesensgleichheit eröffnet Möglichkeiten eines toleranten Austausches zwischen den Religionen. Indem es jedoch den Dialog auf die Basisannahme gründet, daß die in der interkulturellen Begegnung bewußt werdenden bleibenden Differenzen letztlich nur „un-wesentlich" sein können und deshalb relativiert bzw. in ein zu suchendes geschichtstranszendentes Allgemeines aufgehoben werden müßten, wird es der Herausforderung eines „harten Pluralismus" kaum gerecht. Karl Ernst Nipkow gibt gegenüber diesem dem Modell der Wesensgleichheit impliziten 'Dogmatismus' zu bedenken: „Ich wehre mich ... in Respekt vor der Eigenart, der geschichtlichen Kontingenz und der Unbedingtheit der je eigenen religiösen Erfahrung, die Gläubige in ihren Religionen machen, gegen jeden Versuch, ihnen von außen eine Verleugnung ihres besonderen Standortes und einen Verzicht auf die Artikulation ihrer ganz bestimmten religiösen Erkenntnis zuzumuten."[33]

(5) *Das Modell des Pluralismus.* Dieses Modell geht aus von der gegebenen Pluralität der Religionen und dem Anspruch jeder einzelnen dieser Religionen, Verbindliches zu sagen. Es plädiert für ein relationales Wahrheitsverständnis, das die Einzigartigkeit der einzelnen Religionen anerkennt, ohne daß diese Einzigartigkeit jedoch im Sinne einer Ausschließlichkeit verstanden werden soll. Es gilt, in einer theozentrischen Öffnung des Horizontes der einzelnen Religionen die Fülle der göttlichen Offenbarung und die Größe Gottes im Dialog der Religionen zu bezeugen und zu entdecken.

Auch in diesem Modell bleibt die Frage offen, wie jenseits von „Superiorität" und „Relativität" im Dialog der Überzeugungen und Gewißheiten letztverbindliche Wahrheit als dialogische Wahrheit zur Sprache gebracht werden kann. Der Verzicht auf Letztverbindlichkeit kann nicht zu den Voraussetzungen dieses Dialoges gemacht werden. Wie aber kann letztverbindliche Wahrheit dialogisch bezeugt werden? „Wie kann unter Berücksichtigung der religiösen Pluralität ein übergreifendes theologisches Bewußtsein gewonnen werden, das sich für eine religionspädagogische Theorie anbietet und fruchtbar machen läßt?"[34]

Die systematisch-theologische Diskussion dieser Frage ist offen. Es stellen sich mehr Fragen, als daß ein Konsens in den Antworten bereits gefunden wäre. Wäre es denkbar, daß in einer praktisch-theologischen Wendung der Frage vielleicht neue Perspektiven auch für die systematisch-theologische Reflexion der angesprochenen Probleme sichtbar werden könnten?

4 Aufgaben und Schwerpunkte

4.1 Der „ökumenische" Horizont interreligiösen Lernens

„Menschen verschiedener religiöser Gemeinschaften werden gemeinsam und freiwillig eine Welt schaffen, die von Menschen verschiedener Gemeinschaften Zustimmung findet und an der sie gemeinsam teilhaben können."[35] In dieser Vision beschreibt Wilfred Cantwell Smith die Zielperspektive eines zukunftsbezogenen interkulturellen und interreligiösen Lernens. Es ist die Perspektive eines „ökumenischen Lernens", das die interkonfessionelle und interreligiöse Begegnung einbettet und vermittelt mit einem „Lernen für eine bewohnbare Erde" im Horizont einer weltumspannenden gemeinsamen ethischen Verantwortung.[36] Es ist der Horizont eines solchen an einem friedlichen und gerechten Zusammenleben und an der Bewahrung der Schöpfung interessierten Lernens, der das „Lernen zwischen den Religionen" herausfordert und ihm Dringlichkeit verleiht. Nicht wenige sehen im Frieden zwischen den Religionen den Schlüssel zum Frieden zwischen den Völkern und den Kulturen.[37]

Was können wir wissen? Was sollen wir tun? Was dürfen wir hoffen? – In diesen Teilfragen entfaltet Immanuel Kant die Grundfrage, was der Mensch sei. Sie sind zugleich Grundfragen einer an der Entfaltung des Menschseins interessierten Bildung und Erziehung. Und es ist die Antwort auf die religiös bedeutsame Frage nach dem, was wir hoffen dürfen, die den Horizont auch unserer Suche nach der Wahrheit und den Horizont der Verantwortung für unser Handeln bestimmt. Religionen bezeugen Verheißungen, aus denen heraus wir unser Leben gestalten dürfen.

Es ist die ethisch-praktische Perspektive der gemeinsamen Aufgaben der Lebensgestaltung, die einlädt auch zum Dialog über die Hoffnungen, aus denen heraus wir leben und handeln. Dies bedeutet nicht eine pragmatische Verkürzung der religiösen Wahrheitsfrage. Es bedeutet auch nicht die Reduktion von Religion auf Ethik. Der Sinnhorizont ethisch verbindlichen Handelns wird gerade nicht ausgeblendet. Die praktische Wendung der religiösen Wahrheitsfrage schlägt vielmehr die Brücke zwischen der religionspädagogischen Perspektive eines interreligiösen und interkulturellen Lernens und der allgemeinpädagogischen Perspektive einer Allgemeinbildung, die qualifizieren will für das gegenwärtige und zukünftige Leben und Zusammenleben. „Allgemeinbildung bedeutet, in der hier angesprochenen Perspektive, ein geschichtlich vermitteltes Bewußtsein von zentralen Problemen der gemeinsamen Gegenwart und der voraussehbaren Zukunft gewonnen zu haben, Einsicht in die Mitverantwortlichkeit aller angesichts solcher Probleme und Bereitschaft, sich ihnen zu stellen und am Bemühen um ihre Bewältigung teilzunehmen."[38]

Interreligiöses Lernen ereignet sich dort, wo in der Auseinandersetzung mit „Schlüsselproblemen" und „Schlüsselfragen" menschlicher Existenz und des sozialen Zusammenlebens die verschiedenen religiösen Motivationen und die verschiedenen kulturellen Traditionen nicht ausgeblendet, sondern bewußt als lebensgestaltende Kraft und als mögliche Horizonte eines verheißungsvollen Lebens thematisiert werden. Stellvertretend seien einige Themen genannt, denen im Hinblick auf das angestrebte interreligiöse Lernen eine Schlüsselfunktion zukommen könnte: Friede – wie wird er möglich? Gerechtigkeit – was sind ihre Voraussetzungen? Natur / Schöpfung – wie sollen wir mit ihr umgehen? Glück und Heil – was macht das Leben lebenswert? Angst und Mut – wem oder worauf kann ich vertrauen? Verantwortung – woher weiß ich, was „richtig" oder „falsch", was „gut" oder „böse" ist? Wer ist mein Nächster?[39]

Es geht in diesem Zusammenhang nicht darum, „Religionen" als neutrale weltanschauliche Systeme zu beschreiben und zu analysieren, sondern darum, „die Menschen, die sich zu (ihnen) bekennen oder wenigstens in ihrer Herkunft von (ihnen) geprägt sind, in ihren jeweiligen Lebensorientierungen und Zielsetzungen, Gemeinschaftsformen und Abgrenzungen, Glaubensäußerungen und Zurückhaltungen, Empfindsamkeiten und Befürchtungen"[40] besser verstehen zu lernen, und es geht zugleich darum, „dem faktischen Verhältnis von Nähe und Distanz immer wieder nachzuspüren, seine Bedingungen zu erkennen und die Grenzen mit Gelassenheit auszuhalten – denn es sind nicht nur die Grenzen der anderen, sondern auch die eigenen"[41].

4.2 Die Doppelaufgabe schulischer religiöser Erziehung

Interkulturelles Lernen im schulischen Religionsunterricht orientiert sich am Leitbild einer Schule, „die multikulturell zusammengesetzt ist und ein versöhntes Miteinander dieser unterschiedenen Kulturen zu erlernen sucht"[42]. Das in diesem Zusammenhang angestrebte „Lernen zwischen den Religionen" findet statt in einer Situation, in der traditionelle konfessionelle Prägungen auf seiten der Schüler oft fehlen. Säkulare und Orientierungsmuster einer individualisierten Religiosität prägen das Bewußtsein einer Mehrheit der Kinder und Jugendlichen. Es dominiert das Deutungsmuster „einer umfassenden Relativierung aller Unterschiede, der innerchristlichen und der interreligiösen; es ist nicht das Miteinander eines Dialogs von Unterschieden."[43]

Religionspädagogisch stellt sich in dieser Situation die Doppelaufgabe, zum einen in einem „Zeugnis-Diskurs"[44] den Schülerinnen und Schülern die Erarbeitung und Bildung einer persönlichen religiösen Überzeugung zu ermöglichen, zum anderen in Formen dialogischen Lernens einzuüben in ein versöhntes Miteinander des Zusammenlebens der verschiedenen Religionen und Konfessionen. „Vertrautmachen mit dem Christentum und interreligiöses und interkulturelles Lernen müssen Hand in Hand gehen."[45]

Ein „Zeugnis-Diskurs" kann aber nicht von einem wertneutralen Standpunkt aus geführt werden. Es bedarf daher eines pluralen Angebots religiöser Bildung und Erziehung, das der Pluralität der in der Lebenswelt der Schüler begegnenden Religionen angemessen Rechnung trägt. Das Lernen in der Begegnung mit authentischen Zeugen führt ein konfessorisches Moment in den Unterricht ein, das die Rechte der Eltern und Schüler auf

Religions- und Gewissensfreiheit berührt. Es kann und darf von daher nicht für alle Schüler verbindlich gemacht werden.

Die Bedeutung eines konfessorisch und dialogisch strukturierten religiösen Lernangebots für das interkulturelle Lernen liegt darin, daß in ihm die verschiedenen religiösen Gemeinschaften „in authentischer Selbstinterpretation" zu Wort kommen können, daß andererseits aber zugleich in vielfältigen Formen dialogischer Begegnung ein soziales Lernen ermöglicht wird, „in dem die anderen nicht mehr Lernobjekte, sondern KommunikationspartnerInnen werden"[46].

Es geht in solchen Begegnungen nicht darum, „daß das Fremde das Eigene würde oder um andere Vereinnahmungen des Fremden, vielmehr darum, Identität in der Wahrnehmung und Reflexion von Differenz auszubilden"[47], ohne daß diese Differenz ängstigt, verdrängt oder geleugnet werden müßte.

Das hier in den Blick genommene interreligiöse Lernen ist daher angewiesen auf kooperative Arbeits- und Organisationsformen. Denkbar sind Formen epochaler Kooperation zu bestimmten Themenfeldern, Möglichkeiten eines Team teaching, projektorientiertes Lernen, die Vernetzung differenzierender und integrierender Lernphasen. Erfahrungs- und lebensweltbezogenes Lernen fordert eine Öffnung des schulischen Lernens zum Gemeinwesen und zu den lokalen Gemeinschaften hin. Exkursionen und Einladungen in den Unterricht erschließen neue Lernchancen. Ganzheitliche und handlungsorientierte Ansätze fördern ein situations- und erfahrungsorientiertes Lernen.

Interkulturelles Lernen zielt auf die Ausbildung der Fähigkeiten zur Empathie und zur Rollendistanz, auf die Ausbildung der Fähigkeit, vom andern her wahrzunehmen und zu verstehen. Bei der altersstufenbezogenen Entfaltung und Konkretisierung der beschriebenen Grundaufgabe dürfen die entwicklungsbedingten Voraussetzungen und Grenzen des sozialen Perspektivenwechsels nicht aus dem Blick verloren werden.[48] Die Entwicklung von einer autozentrischen zu einer allozentrischen Wahrnehmung stellt sich selbst als eine Lernaufgabe und bedarf so einer eigenen und bewußten, den Bedingungen der jeweiligen Entwicklungsstufe Rechnung tragenden erziehlichen Förderung und Begleitung.

4.3 Den universalen Horizont der eigenen christlichen Tradition neu entdecken

„Der unverstellt wahrgenommene Pluralismus und die ernstgenommene Wahrheitsfrage gebieten es, den Weg des interreligiösen Dialogs und Lernens bei der je eigenen Religion zu beginnen."[49] Die Relecture' der eigenen Glaubensüberlieferung im Kontext der 'Zeichen der Zeit' läßt in oft überraschender Weise bisher übersehene, vergessene oder ausgeblendete Momente der Tradition neu entdecken, die darin eine neue unvermutete Aktualität gewinnen können.

So läßt das „Lernen zwischen den Religionen" neu aufmerksam werden auf den in den biblischen Zeugnissen überlieferten universalen Horizont göttlicher Zuwendung, auf den auch die Heilsgeschichte Israels bleibend bezogen ist. Gott ist „Schöpfer des Himmels und der Erde", und er hat den Menschen geschaffen „als sein Bild und Gleichnis" (Gen 1,26). Diese Gottebenbildlichkeit macht alle Menschen in einer ursprünglichen Weise zu Geschwistern. Gottes Bund mit Noah gilt der ganzen Menschheit (Gen 9), und Gott schließt seinen Bund mit Abraham, damit durch ihn Segen erlangen alle Völker (vgl. Gen 12,3). Gott „will, daß alle Menschen gerettet werden und zur Erkenntnis der Wahrheit gelangen" (1 Tim 2,4). „Und man wird von Osten und Westen und von Norden und Süden kommen und im Reich Gottes zu Tisch sitzen" (Lk 13,29).

Der eschatologische Horizont setzt Kirche in eine „Vorläufigkeit" zum Reiche Gottes: er macht sie zum „Sakrament". Sie soll „Zeichen und Werkzeug" sein „für die innigste Vereinigung mit Gott wie für die Einheit der ganzen Menschheit" (Vat. II, Lumen Gentium 1). Der eschalotogische Horizont christlicher Existenz ruft so zugleich in Erinnerung, daß wir noch auf dem Weg sind und noch nicht am Ziel, daß die Fülle der Wahrheit noch nicht voll offenbar geworden ist. So verstanden sich die frühen Christen als „Fremde und Gäste" (1 Petr. 2,11) in dieser Welt. Der Hebräerbrief deutet die Existenz der christlichen Gemeinde in Bildern, die der Frühzeit der Geschichte Israels entnommen sind: in Bildern der Wanderschaft, des Zeltlagers, der Fremdlingschaft (vgl. Hebr 13,14). Das Volk Israel lebt aus der Erinnerung an die eigene Fremdlingschaft in Ägypten und gewinnt von dieser Erinnerung her Motive für den Umgang mit den Fremden im eigenen Land: „Er (Jahwe) liebt die Fremden und gibt ihnen Nahrung und Kleidung – auch ihr sollt die Fremden lieben, denn ihr seid Fremde in Ägypten gewesen" (Dtn 10,18f). „Wenn bei dir ein Fremder in eurem Lande lebt, sollt ihr ihn nicht unterdrücken. Der Fremde, der sich bei euch aufhält, soll euch wie ein Einheimischer gelten, und du sollst ihn lieben wie dich selbst, denn ihr seid selbst Fremde in Ägypten gewesen. Ich bin Jahwe, euer Gott" (Lev 19,33 f.; vgl. auch Ex 23,9; Lev 24,22; Num 15,16).

Jesus macht das Verhalten gegenüber Fremden und Obdachlosen zum Maßstab des endzeitlichen Gerichts (vgl. Mt 25,35). Die Goldene Regel kehrt das Prinzip des „do ut des" um: „Alles, was ihr also von anderen erwartet, das tut auch ihnen. Darin besteht das Gesetz und die Propheten" (Mt 7,12).

Es sind solche Motive eines ethnozentrische Blickverengungen überwindenden Glaubens, die dem interkulturellen Lernen auch innerhalb des christlichen Religionsunterrichts ein zugleich fachspezifisches wie auch über die Fachgrenzen hinaus bedeutsames Profil verleihen können.

Anmerkungen

1   Vgl. Mariano Delgado, Glauben lernen zwischen Kulturen. Auf dem Weg zu einer interkulturellen Religionspädagogik, in: Werner Simon / Mariano Delgado (Hg.), Lernorte des Glaubens. Glaubensvermittlung unter den Bedingungen der Gegenwart (= Schriften der Katholischen Akademie in Berlin 6), Berlin / Hildesheim 1991, 171-212.

2   Vgl. Werner Simon, Angst vor Fremden abbauen. Sozial- und lernpsychologische Überlegungen zu einer Aufgabe ethischer Erziehung, in: Religionsunterricht an höheren Schulen 34 (1991) 26-35.

3   Vgl. Horst-Hennek Rohlfs / Ursel Schäfer (Hg.), Jahrbuch der Bundesrepublik Deutschland 1993/94, München 1993, 69-78 („Ausländer").

4   Vgl. in diesem Zusammenhang u. a. : Gabriele Yonan, Weltreligionen in Berlin. Einheit in der Vielheit (= Miteinander leben in Berlin, hg. v. d. Ausländerbeauftragten des Senats), Berlin [2]1993.

5   Martin Jäggle, Interkulturelles und interreligiöses Lernen. Probleme und Anliegen, in: Österreichisches Religionspädagogisches Forum 2/1992, 39-50, hier 39. Vgl. auch: Ders., Religionspädagogik im Kontext interkulturellen Lernens, in: Hans-Georg Ziebertz / Werner Simon (Hg.), Bilanz der Religionspädagogik, Düsseldorf 1995, 243-258.

6   Ebd.

7   Jürgen Lott, Die Begegnung mit fremder Religiosität als Bestandteil eigener religiöser Sozialisation. Religionsunterricht und „interkulturelles Lernen", in: Ders. (Hg.), Religion – warum und wozu in der Schule? (= Forum zur Pädagogik und Didaktik der Religion 4), Weinheim 1992, 321-340, hier 325.

8   Rupert Leitner / Anton Schrettle, Interreligiöses Lernen als unverzichtbarer Aspekt interkulturellen Lernens, in: Österreichisches Religionspädagogisches Forum 2/1992, 37-38, hier 37.

9   Karl Ernst Nipkow, „Oikumene": Der Welt-Horizont als notwendige Voraussetzung christlicher Bildung und Erziehung im Blick auf die nichtchristlichen Religionen, in: Johannes Lähnemann (Hg.), Das Wiedererwachen der Religionen als pädagogische Herausforderung (= Pädagogische Beiträge zur Kulturbegegnung 10), Hamburg 1992, 166-189, hier 174.

10 Jäggle, Interkulturelles und interreligiöses Lernen ... a.a.O. (Anm.5), 44.

11 Vgl. Christoph Th. Scheilke / Peter Schreiner (Bearb.), Interkulturelles Lernen. Zeitschriften – Aufsätze – Bücher (= Im Blickpunkt 12), Münster 1993. – Zur Einführung auch: Georg Auernheimer, Einführung in die interkulturelle Erziehung, Darmstadt 1990. – Vgl. auch die von Johannes Lähnemann herausgegebene Reihe der „Pädagogischen Beiträge zur Kulturbegegnung" (Hamburg 1983 ff.). Sie dokumentieren u. a. die Ergebnisse der Nürnberger Foren zum Aufgabenbereich „Erziehung zur Kulturbegegnung": Johannes Lähnemann (Hg.), Kulturbegegnung in Schule und Studium. Türken-Deutsche, Muslime-Christen (1983); Ders. (Hg.), Erziehung zur Kulturbegegnung. Modelle für das Zusam-

menleben von Menschen verschiedenen Glaubens. Schwerpunkt Christentum-Islam (1986); Ders. (Hg.), Weltreligionen und Friedenserziehung. Wege zur Toleranz. Schwerpunkt Christentum-Islam (1989); Ders. (Hg.), Das Wiedererwachen der Religionen als pädagogische Herausforderung (1992). – Vgl. auch: Johannes A. van der Ven / Hans-Georg Ziebertz (Hg.), Religiöser Pluralismus und Interreligiöses Lernen (= Theologie & Empire 22), Weinheim / Kampen 1994; Stephan Leimgruber, Interreligiöses Lernen, München 1995.

12   Vgl. Nipkow, „Oikumene"... a.a.O. (Anm. 9), 172-175 („Zum Charakter des religiösen Pluralismus").

13   Philipp Harnoncourt, Dialog und Ökumene der Kirchen, in: Theologisch-praktische Quartalschrift 142 (1994) 52-56, hier 53.

14   Hans-Günter Heimbrock, Interreligiöses Lernen. Religionsunterricht in Deutschland zwischen Singularismus und Multikulturalität, in: Der evangelische Erzieher 45 (1993) 573-586, hier 586. – Vgl. auch: Dietrich Zilleßen, Konventioneller Religionsunterricht in multikultureller Lebenswelt?, in: Lott (Hg.), Religion ... a.a.O. (Anm. 7), 301-320; ders., Das Fremde und das Eigene. Über die Attraktivität von Fremdreligionen, in: Der evangelische Erzieher 43 (1991) 564-571.

15   Jäggle, Interkulturelles und interreligiöses Lernen ... a.a.O. (Anm. 5), 41.

16   Jürgen Lott, Interkulturelles Lernen und das Studium der Religionen, in: Jahrbuch der Religionspädagogik 8. 1991 (1992) 71-85, hier 85.

17   Heimbrock, Interreligiöses Lernen ... a.a.O. (Anm. 14), 581.

18   Vgl. Herbert Schultze / Hermann Kirchhoff (Hg.), Christliche Erziehung in Europa, Band 1: England, Stuttgart / München 1975; John M. Sutcliffe (Hg.), A Dictionary of Religious Education, London 1984. – Zur neueren Entwicklung: Brian Gates, Die Eine und die Vielen. Weltreligionen in kirchlichen und staatlichen Schulen Großbritanniens, in: Der evangelische Erzieher 35 (1983) 566-577; Frank Lyons, Religionsunterricht in England, Religionspädagogische Beiträge 13/1984, 137-155; Michael Grimmit, Die gegenwärtigen Probleme der religiösen Erziehung in England, in: Jahrbuch der Religionspädagogik 3.1986 (1987) 191-202; Rieuwert Wissink, Zum Religionsunterricht in England. W. Owen Cole (Ed.), Religion in the multi-faith school, Amersham 1983, in: Jahrbuch der Religionspädagogik 5.1988 (1989) 279-286; George Reilly, Zwischen Freiheit und Tradition. Religionsunterricht in England, in: Katechetische Blätter 114 (1989) 882-885; Gerald J. Miller, Gottesdienst und religiöse Erziehung in Schulen in Newcastle upon Tyne, in: Jahrbuch der Religionspädagogik 8.1991 (1992) 13-25; Michael Grimmit, Religionspädagogik im pluralistischen und multikulturellen

Kontext, in: Ebd., 37-54; Hans-Günter Heimbrock, Leben in multikultureller Gesellschaft. Lernaufgaben für die Religionspädagogik, in: Ebd., 55-70, hier 57-63; John M. Hull, Religious Education in England: Curriculare und theologische Fragestellungen, in: Lähnemann (Hg.), Das Wiedererwachen der Religionen ... a.a.O. (Anm. 9), 223-235; Carol Fry, Religionsunterricht in Großbritannien, in: Der evangelische Erzieher 44 (1992) 42-53; Rupert M. Deppe, Der Religionsunterricht in der Bundesrepublik Deutschland und in England, in: Religionsunterricht an höheren Schulen 35 (1992) 387-393; Hans-Georg Ziebertz, Religionsunterricht in der Diskussion, in: Religionsunterricht an höheren Schulen 36 (1993) 186-198, hier 192 f. – Vgl. auch zum Kontext: Carsten P. Thiede, Religion in England. Darstellung und Daten zu Geschichte und Gegenwart (= Religion in Europa), Gütersloh 1994.

19 Hier zitiert nach: Grimmit, Die gegenwärtigen Probleme ... a.a.O. (Anm. 18), 197.

20 Lyons, Religionsunterricht ... a.a.O. (Anm. 18), 143.

21 Grimmit, Die gegenwärtigen Probleme ... a.a.O. (Anm. 18), 198/199.

22 Lyons, Religionsunterricht ... a.a.O. (Anm. 18), 145.

23 Heimbrock, Leben in multikultureller Gesellschaft ... a.a.O. (Anm. 18), 59.

24 Ebd.

25 Lyons, Religionsunterricht ... a.a.O. (Anm. 18), 148.

26 Grimmit, Religionspädagogik ... a.a.O. (Anm. 18), 39.

27 Nipkow, „Oikumene" ... a.a.O. (Anm. 9), 179.

28 Hans-Georg Ziebertz, Interreligiöses Lernen. Herausforderung der religiösen Erziehung durch Theologien des interreligiösen Dialogs, in: Katechetische Blätter 116 (1991) 316-327, hier 326. – Vgl. auch: Ders., Empirische Struktur von Unterrichtskonzepten, in: Der evangelische Erzieher 45 (1993) 546-561; Johannes A. van der Ven / Hans-Georg Ziebertz, Religionspädagogische Perspektiven zur interreligiösen Bildung, in: Ziebertz / Simon (Hg.), Bilanz ... a.a.O. (Anm. 5), 259-273.

29 Ders., Zwischen Superiorität und Relativität. Religionstheologische Konzepte in empirisch-religionspädagogischer Perspektive, in: Österreichisches Religionspädagogisches Forum 3/1993, 5-19, hier 9. – Vgl. in diesem Zusammenhang auch: Ernst Feil, Besitz der Wahrheit oder Glaubensgewißheit? Voraussetzungen für den interreligiösen Dialog, in: Stimmen der Zeit 212 (1994) 193-202.

30 Vgl. ders., Interreligiöses Lernen ... a.a.O. (Anm. 28), 316-323; ders.,

Neue Epoche der Theologie? Theologien im Dialog, in: Katechetische Blätter 117 (1992) 587-596; ders., Zwischen Superiorität und Relativität ... a.a.O. (Anm. 29), 10-13.

31 Grimmit, Religionspädagogik ... a.a.O. (Anm. 18), 49.

32 Nipkow, „Oikumene" ... a.a.O. (Anm. 9), 180.

33 Ebd., 177/178.

34 Ziebertz, Empirische Struktur ... a.a.O. (Anm. 28), 547.

35 Wilfred Cantwell Smith, The Meaning and End of Religion, London 1978, 200 f. Hier zitiert nach: Grimmit, Religionspädagogik ... a.a.O. (Anm. 18), 54.

36 Vgl. in diesem Zusammenhang: Nipkow, „Oikumene" ... a.a.O. (Anm. 9). Ferner: Ders., Ökumenisches Lernen – Interreligiöses Lernen – Glaubensdialog zwischen den Weltreligionen. Zum Wandel von Herausforderungen und Voraussetzungen, in: Gottfried Orth (Hg.), Dem bewohnbaren Erdkreis Schalom. Beiträge zu einer Zwischenbilanz ökumenischen Lernens, Münster 1991, 301-320. – Zum Ansatz des „ökumenischen Lernens" auch: Orth (Hg.), Dem bewohnten Erdkreis Schalom, a.a.O.; Friedrich Johannsen / Harry Noormann (Hg.), Lernen für eine bewohnbare Erde. Bildung und Erneuerung im ökumenischen Horizont, Gütersloh 1990; Richard Schlüter, Ökumenisches Lernen in den Kirchen – Schritte in die gemeinsame Zukunft. Eine praktisch-theologische Grundlegung, Essen 1992; Ralf Koerrenz, Ökumenisches Lernen, Gütersloh 1994; Richard Schlüter (Hg.), Ökumenisches und interkulturelles Lernen. Eine theologische und pädagogische Herausforderung, Paderborn / Frankfurt a. M. 1994; ders., Religionspädagogik im Kontext ökumenischen Lernens, in: Ziebertz / Simon Hg.), Bilanz ... a.a.O. (Anm. 5), 176-192.

37 Vgl. Hans Küng / Karl-Josef Kuschel (Hg.), Erklärung zum Weltethos. Die Deklaration des Parlamentes der Weltreligionen, München 1993; Diess. (Hg.), Weltfrieden durch Religionsfrieden. Antworten aus den Weltreligionen, München 1993. – Das V. Nürnberger Forum zum Aufgabenbereich „Erziehung zur Kulturbegegnung", das vom 28.9.-1.10.1994 stattfand, stand unter dem Thema „‚Das Projekt Weltethos' in der Erziehung". Die Beiträge werden in der von Johannes Lähnemann herausgegebenen Reihe „Pädagogische Beiträge zur Kulturbegegnung" im Verlag Rissen (Hamburg) publiziert werden.

38 Wolfgang Klafki, Konturen eines neuen Allgemeinbildungskonzepts, in: Ders., Neue Studien zur Bildungstheorie und Didaktik. Beiträge zur kritisch-konstruktiven Didaktik, Weinheim-Basel 1985, 12-30, hier 20. – Vgl. auch: Ders., Grundzüge eines Allgemeinbildungskonzepts, in: Ders.,

Neue Studien zur Bildungstheorie und Didaktik. Zeitgemäße Allgemeinbildung und kritisch-konstruktive Didaktik. 2., erweiterte Auflage, Weinheim-Basel 1991, 43-81.

39   Vgl. in diesem Zusammenhang auch die von Adel Theodor Khoury und Peter Hünermann herausgegebene Taschenbuchreihe „Die Antwort der Weltreligionen" (Freiburg 1983 ff.), ferner die von Michael Klöckner und Udo Tworuschka herausgegebene Schriftenreihe „Ethik der Religionen – Lehre und Leben" (München / Göttingen 1984 ff.). Auch: Adel Theodor Khoury (Hg.), Das Ethos der Weltreligionen, Freiburg 1993.

40   Hans Zirker, Interkulturelles Lernen – im Verhältnis zum Islam, in: Religionspädagogische Beiträge 28/1991, 17-40, hier 35. Vgl. auch: Ders., Christentum und Islam. Theologische Verwandtschaft und Konkurrenz, Düsseldorf 1989.

41   Ebd., 37.

42   Norbert Mette, Begegnung mit dem Fremden. Herausforderung für den Religionsunterricht, in: Katechetische Blätter 118 (1993) 815-823, hier 822.

43   Nipkow, „Oikumene".... a.a.O (Anm. 9), 183.

44   Vgl. Jürgen Werbick, Zurück zu den Inhalten? Die Forderung nach einer „materialkerygmatischen Wende" in der Religionspädagogik – ihre Berechtigung und ihre Zwiespältigkeit, in: Religionspädagogische Beiträge 25/1990, 43-67.

45   Nipkow, „Oikumene" ... a.a.O. (Anm. 9), 184.

46   Orth (Hg.), Dem bewohnten Erdkreis Schalom ... a.a.O. (Anm. 36), 8. Hier zit. nach Heimbrock, Leben in multikultureller Gesellschaft ... a.a.O. (Anm. 23), 69.

47   Lott, Interkulturelles Lernen ... a.a.O. (Anm. 16), 83/84.

48   Vgl. etwa: Robert L. Selman, Die Entwicklung des sozialen Verstehens. Entwicklungspsychologische und klinische Untersuchungen, Frankfurt/M. 1984. – Vgl. in diesem Zusammenhang auch: Klaus Goßmann, Ökumenische Erziehung, in: Werner Böcker u. a. (Hg.), Handbuch Religiöser Erziehung, Band 1, Düsseldorf 1987, 267-278.

49   Nipkow, „Oikumene" ... a.a.O. (Anm. 9), 178.

Autorenverzeichnis

Baum, Gregory: geb. 1923, Dr. theol., Professor für Theologie und Sozialethik an der McGill University in Montreal/Kanada.

Delgado, Mariano: geb. 1955, Dr. theol., Dr. phil., PD für Fundamentaltheologie an der Theologischen Fakultät der Universität Innsbruck und Wissenschaftlicher Assistent am Seminar für Katholische Theologie der Freien Universität Berlin.

Fuchs, Ottmar: geb. 1945, Dr. theol., Professor für Pastoraltheologie an der Theologischen Fakultät der Universität Bamberg.

Gerhards, Albert: geb. 1951, Dr. theol., Professor für Liturgiewissenschaft an der Katholisch-Theologischen Fakultät der Universität Bonn.

Klinger, Elmar: geb. 1938, Dr. theol., Professor für Fundamentaltheologie an der Theologischen Fakultät der Universität Würzburg.

Lob-Hüdepohl, Andreas: geb. 1961, Dr. theol., Wissenschaftlicher Mitarbeiter am Seminar für Katholische Theologie der Freien Universität Berlin.

Merklein, Helmut: geb. 1940, Dr. theol., Professor für Exegese des Neuen Testaments an der Katholisch-Theologischen Fakultät der Universität Bonn.

Meyer-Wilmes, Hedwig: geb. 1953, Dr. theol., Professorin für Feministische Theologie an der Katholischen Universität Nimwegen.

Niewiadomski, Józef: geb. 1951, Dr. theol., Mag. phil., Professor für Dogmatik an der Philosophisch-Theologischen Hochschule Linz.

Peters, Tiemo Rainer: geb. 1938, Dr. theol., Akademischer Rat an der Katholisch-Theologischen Fakultät der Universität Münster.

Simon, Werner: geb. 1950, Dr. theol., Professor für Religionspädagogik an der Theologischen Fakultät der Universität Mainz.

Waldenfels, Hans: geb. 1931, Dr. theol., Dr. theol. habil., Professor für Fundamentaltheologie und Religionswissenschaft an der Katholisch-Theologischen Fakultät der Universität Bonn.

Zenger, Erich: geb. 1939, Dr. theol., Professor für Zeit- und Religionsgeschichte des Alten Testaments an der Katholisch-Theologischen Fakultät der Universität Münster.